Zur Bedeutung rückläufiger Einwohnerzahlen für die Planung

CIP-Kurztitelaufnahme der Deutschen Bibliothek

Zur Bedeutung rückläufiger Einwohnerzahlen für die Planung: Forschungsberichte d. Arbeitskreises „Soziale Entwicklung u. Regionale Bevölkerungsprognose" d. Akad. für Raumforschung u. Landesplanung.
— Hannover: Schroedel, 1978.
 (Veröffentlichungen der Akademie für Raumforschung und Landesplanung: Forschungs- u. Sitzungsberichte; Bd. 122)
 ISBN 3-507-91461-1

NE: Akademie für Raumforschung und Landesplanung (Hannover) / Arbeitskreis Soziale Entwicklung und Regionale Bevölkerungsprognose

VERÖFFENTLICHUNGEN
DER AKADEMIE FÜR RAUMFORSCHUNG UND LANDESPLANUNG

Forschungs- und Sitzungsberichte
Band 122

Zur Bedeutung rückläufiger Einwohnerzahlen für die Planung

Forschungsberichte des Arbeitskreises „Soziale Entwicklung und regionale Bevölkerungsprognose" der Akademie für Raumforschung und Landesplanung

Inv.-Nr. A20587

Geographisches Institut
der Universität Kiel
ausgesonderte Dublette

HERMANN SCHROEDEL VERLAG KG · HANNOVER · 1978

Zu den Autoren dieses Bandes

Karl Schwarz, Dr., 60, Abteilungspräsident im Statistischen Bundesamt, Wiesbaden, Ordentliches Mitglied der Akademie für Raumforschung und Landesplanung.

Paul Jost, Dr., Dipl.-Volkswirt, 48, Ministerialrat beim Minister für Umwelt, Raumordnung und Bauwesen des Saarlandes.

Welf Selke, Dr., Dipl.-Geograph, 34, Mitarbeiter beim Bundesminister für Raumordnung, Bauwesen und Städtebau, Bonn.

Gerhard Gröner, Dr., 44, Regierungsdirektor beim Statistischen Landesamt Baden-Württemberg, Dozent an der Universität Hohenheim.

Wolfgang Schütte, Dr.-Ing., 62, Referent beim Regionalverband Mittlerer Neckar in Stuttgart.

Hans-Joachim Hoffmann-Nowotny, Prof. Dr., 43, Soziologisches Institut der Universität Zürich.

Karl König, Dipl.-Meteorologe, 59, Direktor des Amtes für Statistik und Stadtforschung der Stadt Augsburg, Korrespondierendes Mitglied der Akademie für Raumforschung und Landesplanung.

Siegfried Schmeling, Dr.-Ing., 57, Baudirektor im Bauaufsichtsamt Kassel.

Heinrich Klose, Dr.-Ing., Dipl.-Ing., 38, Leiter des Kreisplanungsamtes Kassel und der Planungsstelle des Zweckverbandes Raum Kassel.

Gerd Markus, Dipl.-Volkswirt, Master of Social Science, 34, Regierungsdirektor, Planungsbeauftragter des Senators für Soziales, Jugend und Sport in Bremen.

Karl-Heinz Dehler, Dr., 27, federführender Stadtentwicklungsplaner der Stadt Hanau.

Best.-Nr. 91 461
ISBN 3-507-91461-1

Alle Rechte vorbehalten · Hermann Schroedel Verlag KG Hannover · 1978
Gesamtherstellung: Druckerei Gustav Piepenbrink, Hannover
Auslieferung durch den Verlag

INHALTSVERZEICHNIS

Seite

Karl Schwarz, Wiesbaden	Vorwort	VII
Paul Jost, Saarbrücken	Raumwirksame Effekte einer Bevölkerungsimplosion	1
Karl Schwarz Wiesbaden	Auswirkungen der Wanderungen auf die Bevölkerungsentwicklung und die Altersstruktur	15
Welf Selke, Bonn-Bad Godesberg	Der Bevölkerungsrückgang in der Bundesrepublik Deutschland und seine Bedeutung für die Raumordnungspolitik	35
Gerhard Gröner, Stuttgart	Landwirtschaftliche Bevölkerung und ländlicher Raum seit 1960 in Baden-Württemberg	53
Wolfgang Schütte, Stuttgart	Planerische Richtwerte als Vorgaben für das künftige Entwicklungspotential der Regionen in Baden-Württemberg	91
Hans-Joachim Hoffmann-Nowotny, Zürich	Zur Soziologie demographischer Prozesse	105
Karl König, Augsburg	Geburtenrückgang und Konsequenzen für die Stadtentwicklung	129
Siegfried Schmeling, Kassel	Die Bedeutung sozialer Verhaltensweisen für die Vorbereitung von Planungsentscheidungen für die Stadtentwicklung	161
Heinrich Klose, Kassel	Bevölkerungsentwicklung und ihre Auswirkungen auf die Infrastruktur im Landkreis Kassel	187
Gerd Markus, Bremen	Bevölkerungsprognosen im Rahmen langfristiger städtischer Entwicklungs-Rahmen-Planung	207
Gerd Markus, Bremen	Infrastrukturelle Folgen abnehmender Einwohnerzahlen	229
Karl-Heinz Dehler, Hanau	Planungsprobleme bei städtischem Einwohnerrückgang	247

Vorwort

In der Bundesrepublik Deutschland wurden 1975 und 1976 nur noch rd. 600 000 Kinder geboren; das sind mehr als 40 % weniger als vor 10 Jahren. Die Zahl der Neugeborenen deutscher Eltern hat sich im gleichen Zeitraum von über 1 Mio. sogar auf rd. 500 000 jährlich oder auf die Hälfte vermindert, und eine Wiederzunahme ist nicht in Sicht. Analysiert man diese Zahlen weiter, fehlen von der zur Erhaltung des Bevölkerungsstandes auf lange Sicht erforderlichen Geburten zur Zeit über 30 %.

Diese Entwicklung führte zu wachsenden Überschüssen der Sterbefälle über die Geburten. Im Jahre 1964 z. B. hatte die Bevölkerung des Bundesgebietes einen Geburtenüberschuß von über 400 000, in den Jahren 1975 und 1976 dagegen eine negative Geburtenbilanz von 149 000 bzw. 130 000. Für die deutsche Bevölkerung allein betrug sie weit über 200 000 und entsprach damit der Einwohnerzahl von Städten wie Kassel, Wiesbaden oder Kiel.

Bliebe es beim gegenwärtigen generativen Verhalten, würde die deutsche Bevölkerung im Bundesgebiet bis zum Jahre 1990 um 3 Mio. und bis zum Jahre 2000 um 6 Mio. auf 52 Mio. abnehmen. Setzt man die Modellberechnungen fort, wären im Jahre 2030 sogar nur noch 39 Mio. Einwohner vorhanden.

Besonders starke Bevölkerungsabnahmen wären ohne Zuwanderung in den nächsten 10 bis 20 Jahren in den Ballungsgebieten zu erwarten, weil hier das Niveau der Geburtenhäufigkeit nur noch etwa die Hälfte des Reproduktionsminimums ausmacht. Aber auch in den ländlichen Gebieten ist das Niveau der Geburtenhäufigkeit stark gefallen. Nach dem Stand von 1974 gibt es nur noch 26 Landkreise mit lediglich 2,5 Mio Einwohnern, in denen die gegenwärtige Geburtenhäufigkeit für die langfristige Erhaltung des Bevölkerungsstandes ausreicht. Damit werden bei gleichbleibend niedriger Geburtenhäufigkeit in einigen Jahren kaum noch ländliche Gebiete vorhanden sein, die ohne Bevölkerungsrückgang Menschen an die Ballungsgebiete abgeben könnten.

Es versteht sich von selbst, daß solche Entwicklungstrends, die vor 10 oder 15 Jahren als irreal angesehen worden wären, von der Raumordnung, der Landesplanung und der Stadtplanung nicht negiert werden können, sondern sehr sorgfältig auf ihre Konsequenzen untersucht werden müssen. Damit beschäftigt sich nun schon seit Jahren der Arbeitskreis „Soziale Entwicklung und regionale Bevölkerungsprognose" der Akademie für Raumforschung und Landesplanung. Er hat insbesondere viele Anregungen aus der wissenschaftlichen Plenarsitzung 1975 in Duisburg mit dem Thema „Planung unter veränderten Verhältnissen" aufgegriffen. Es sei hier aus dem Geleitwort zitiert, das der Veröffentlichung der Ergebnisse dieser Plenarsitzung in „Forschungs- und Sitzungsberichte", Band 108, vorangestellt wurde:

„Mehr als 20 Jahre Nachkriegszeit waren geprägt von einer Vermehrung der Bevölkerungszahl, der Wirtschaftskraft, des Wohnungsbestandes, der Flächen für Siedlungen, Verkehr usw. Seit einiger Zeit kündigt sich ein Wendepunkt an, vornehmlich durch starken Rückgang der Geburtenzahlen und Minderung des Wirtschaftswachstums. Diese Veränderungen der Grunddaten räumlicher Planung bedingen eine Veränderung der Zielsetzungen und ggf. auch des Instrumentariums für Stadtentwicklung, Regionalplanung, Landesplanung und Raumordnung. Voraussetzung dafür ist eine Klärung grundsätzlicher demographischer, ökonomischer und planerischer Probleme."

Gewiß konnte sich der Arbeitskreis nicht mit allen diesen Problemen befassen. Dazu war er weder zeitlich noch personell in der Lage. Einige Problemkreise lagen auch außerhalb seiner Kompetenz. Trotzdem knüpfen die Mitglieder und Gäste des Arbeitskreises an die vorliegende Veröffentlichung, die sich an den „Forschungs- und Sitzungsbericht" (Band 95) „Untersuchungen zur kleinräumigen Bevölkerungsbewegung" anschließt, die Hoffnung, zum Stichwort „Planung unter veränderten Verhältnissen" vor allem unter demographischen Gesichtspunkten einen wesentlichen Beitrag geleistet zu haben.

Zum rechten Verständnis der hier vorgestellten Arbeiten ist zu beachten, daß die Autoren aus den verschiedensten Erfahrungs- und Tätigkeitsbereichen kommen. Der Raumordnung und Landesplanung verbunden sind die Herren SELKE und JOST, der Regionalplanung die Herren SCHÜTTE und KLOSE, der Stadtplanung die Herren DEHLER, MARKUS und SCHMELING, der Bundes-, Landes- oder Städtestatistik die Herren SCHWARZ, GRÖNER und KÖNIG. Mit Herrn HOFFMANN-NOWOTNY konnte auch ein Soziologe als Autor gewonnen werden. Dabei ging der Arbeitskreis von der Überlegung aus, daß gerade die Soziologie zu den Ursachen und Konsequenzen des Geburtenrückgangs Wichtiges zu sagen hat.

Aus der Herkunft der Autoren wie auch der übrigen Mitglieder und Gäste des Arbeitskreises ergaben sich zwangsläufig Rückwirkungen auf die Auswahl und die Behandlung des Themas „Bedeutung rückläufiger Einwohnerzahlen für die Planung". So mußten wichtige Teilaspekte vernachlässigt werden. Die Zusammensetzung des Arbeitskreises kommt aber auch darin zum Ausdruck, daß einige Beiträge auf die Verhältnisse in einem ganz bestimmten Gebiet oder in einer ganz bestimmten Stadt abgestellt sind oder sich aus einem aktuellen beruflichen Auftrag der Autoren ergaben. Trotzdem wird der interessierte Leser auch in den mehr monographischen Beiträgen wichtige Hinweise auf generelle Probleme finden.

Bei der Ordnung der Beiträge empfahl es sich, die speziell auf Raumordnung und Landesplanung bezogenen Arbeiten an den Anfang zu setzen und die stadtplanerisch orientierten Beiträge nachzuordnen. Jedoch sollte der mehr an Fragen der Raumordnung und Landesplanung interessierte Leser beachten, daß die mehr an den Problemen der Städte orientierten Beiträge auch aus allgemeiner Sicht von großer Bedeutung sind. Sie machen insbesondere deutlich, daß Planung rationaler betrieben werden muß, als das vielerorts vielleicht bisher geschehen ist. Widerspruch wird möglicherweise der Beitrag DEHLERS hervorrufen, weil er einen neuen Prognosebegriff bildet und zu einem Umdenken in Fragen der Zusammenarbeit zwischen Planern und politischen Entscheidungsträgern auffordert. Ähnlich kritische Aussagen sind aber auch in anderen Beiträgen zu finden. Sie spiegeln die Atmosphäre des wissenschaftlichen Gesprächs im Arbeitskreis wider, wo die Meinungen oft aufeinanderprallten, aber nie versucht wurde, dogmatisch zu werden.

Im ganzen wird der Leser aus den Beiträgen den Eindruck gewinnen, daß unter veränderten Verhältnissen, d. h. in einer Situation, in welche der Planer nicht überschüssiges Potential, sondern Defizite zu verteilen hat, manche liebgewordenen Vorstellungen über Bord geworfen werden müssen, und daß in einer solchen Situation nicht weniger, sondern mehr Planung notwendig ist.

Der Arbeitskreis, der im ganzen zuletzt im März 1977 und dann noch einmal im Juli 1977, verkleinert auf einen Redaktionsausschuß, zusammengetreten ist, schließt mit dieser Veröffentlichung seine Tätigkeit ab. Als Vorsitzender möchte ich allen danken, die darin mitgewirkt haben.

Es besteht kein Zweifel, daß mit der Auflösung des Arbeitskreises die Aufgaben unter dem Stichwort „Bedeutung rückläufiger Einwohnerzahlen für die Planung" nicht gelöst sind. Selbst die Analyse der demographischen Lage, in der wir uns befinden, ist höchst unvollständig. Noch mehr mangelt es an neuen „Zielvorstellungen" für die räumliche Ordnung und an einem Konsens über die zu ihrer Erreichung erforderlichen Strategien. Die bisherigen Denkanstöße sollten daher für die Akademie Anlaß sein, mit alten und neuen Sachverständigen, vielleicht auch mit anderen Arbeitsmethoden, auf diesem Gebiet weiterzuarbeiten.

Wiesbaden, im Juli 1977

Karl Schwarz

Raumwirksame Effekte einer Bevölkerungsimplosion

von

Paul Jost, Saarbrücken

I. Vorbemerkungen

Es dürfte keinem Zweifel unterliegen, daß Größe und Zusammensetzung einer Bevölkerung nahezu alle Bereiche ihres gesellschaftlichen Lebens mitbestimmen. Nicht nur alle Bedürfnisse gehen letztlich von der Bevölkerung aus, deren Größe und Altersstruktur entscheiden auch über die Größe des Erwerbspotentials, des Produktionsfaktors Arbeit also, den eine Bevölkerung zur Befriedigung ihrer Bedürfnisse bereitzustellen vermag. Größe und Zusammenstellung der Bevölkerung bestimmen daher — ceteris paribus — nicht nur von den Bedürfnissen her, sondern auch über den Produktionsfaktor Arbeit den Umfang des Sozialprodukts. Da die verschiedenen Altersgruppen unterschiedliche, zum Teil spezifische Bedürfnisse haben, ist die Altersstruktur der Bevölkerung auch für die Zusammensetzung des Sozialprodukts eine wichtige Bestimmungsgröße. Veränderungen der Größe und Altersstruktur einer Bevölkerung werden demnach auch dynamische Prozesse in Gang setzen, von denen wir im folgenden diejenigen zu isolieren versuchen, die das räumliche Gefüge beeinflussen.

Diese Arbeit wird durch zwei Tatbestände erschwert:

Das ist zum einen das Trägheitsmoment in der öffentlichen Meinung, die nur widerstrebend Abschied nimmt von dem gewohnten und liebgewonnenen Entwicklungsschema, dessen Lieblingsvokabel „Wachstum" heißt. Dieses Trägheitsmoment ist unschwer daran abzulesen, daß diese Vokabel sich auch dann noch hartnäckig behauptet, wenn ernst zu nehmende Rechnungen bestenfalls Stagnation erwarten lassen. So wird die bis 1985 für die Bundesrepublik prognostizierte Bevölkerungsentwicklung euphemistisch als „Nullwachstum" umschrieben, obwohl die letzte offizielle Bevölkerungsvorausschätzung, die sogenannte 4. Koordinierte[1]), einen biologischen Verlust von 1—2 Millionen Menschen und die seit Ende 1973 praktizierte Ausländerpolitik nicht einmal die Aufrechterhaltung des heutigen Ausländerbestandes, keinesfalls aber einen Ausgleich für den prognostizierten Bevölkerungsverlust erwarten lassen.

So steht die öffentliche Meinung einem Schrumpfungsprozeß wie dem vorliegenden ziemlich hilflos gegenüber. Aber auch die Wissenschaft ist darauf keineswegs ausreichend vorbereitet. Sie hat zwar in der Diagnose und Steuerung von Wachstumsprozessen ansehnliches vorzuweisen. Aber ein zureichendes diagnostisches und therapeutisches Instru-

---

[1]) Koordinierte Bevölkerungsvorausschätzung, in ihren Ergebnissen dargestellt in: Wirtschaft und Statistik 1973, S. 82 ff., und von WERNER LINKE: Voraussichtliche Bevölkerungsentwicklung bis 1985. In: structur, 1973, Heft 8, S. 169 ff.

mentarium für Schrumpfungen globaler Art hat sie bisher nicht zu entwickeln vermocht, wohl deshalb, weil die bisherigen Schrumpfungsprozesse — sie waren entweder vorübergehender Natur oder auf Sektoren bzw. Regionen beschränkt — kein geeignetes intellektuelles Übungsfeld abgegeben haben. In Zukunft dürfte es daran, so fürchten wir, nicht mehr fehlen.

II. Unzureichende Perspektiven

Viele Beobachter halten unser gegenwärtiges Fortpflanzungsverhalten für eine relativ harmlose Erscheinung. Was sollte es wohl, so fragen sie, einer Bevölkerung von 62 Millionen schaden, wenn sie durch Geburtendefizit bis 1985 1—2 Millionen Einwohner verliert? In der Tat nimmt sich ein Sterbeüberschuß von knapp 2 Promille, wie ihn die untere Variante der 4. koordinierten Bevölkerungsvorausschätzung bis 1985 ausweist, auf den ersten Blick nicht gefährlich aus. Und dies ist der gängige Zeithorizont, in dem Politik und öffentliche Meinung reflektieren. Entwicklungspolitisch relevante Spekulationen über die Zukunft richten zudem ihren Blick so sehr auf einzelne Aspekte, daß ihnen das demographische Gesamtgeschehen verborgen bleibt: So kommt es dem Rentenbericht darauf an, die Kassenlage der sozialen Rentenversicherung für einen 15jährigen Zeitraum zu prognostizieren. Outputs einer solchen Betrachtung müssen demnach die Zahl der Beitragszahler (Erwerbstätigen), ihr beitragspflichtiges Einkommen und die Zahl der Rentner nach der Höhe ihrer Rentenansprüche sein. Auf diesen Output hat aber unser Geburtendefizit *noch* fast keinen Einfluß. Das Bundesraumordnungsprogramm schließlich beschränkt seine Analysen und Prognosen so sehr auf Globalgrößen wie Gesamtbevölkerung und Erwerbspotential, daß es aus der rapiden Veränderung des Altersaufbaues keine politischen Konsequenzen zu ziehen vermag.

Wenn die entwicklungspolitisch relevanten Fakten auch nur in groben Umrissen erfaßt werden sollen, scheint es uns unumgänglich, den Zeithorizont weit über das Jahr 1985 hinaus auszudehnen und außer der Veränderung von Globalgrößen wie Gesamtbevölkerung und Erwerbspotential auch die Veränderung des Altersaufbaues zu prognostizieren und hinsichtlich ihrer Wirkungen zu analysieren.

Eine Ausweitung des Zeithorizonts scheint uns erforderlich, weil abrupte Änderungen im Fortpflanzungsverhalten bekanntlich[2] selbst dann über mehrere Generationen hinweg wirken, wenn diese Änderungen von kürzerer Dauer sind, als eine Generation an Jahren umfaßt. Zudem muß in 15 bis 20 Jahren, wenn inzwischen das Fruchtbarkeitsniveau nicht wieder beträchtlich ansteigt, die allgemeine Geburtenrate rapide abnehmen, da sie dann ja erstmalig von einer Elterngeneration hervorgebracht wird, die dem gesunkenen Fruchtbarkeitsniveau entspricht, während die heutigen Geburtenraten noch einer Elterngeneration zu verdanken sind, die einer höheren Fertilität entstammt.

Die Veränderung des Altersaufbaues schließlich hat schon gegenwärtig mit Macht eingesetzt und läßt gravierende Auswirkungen auf das vorhandene räumliche Verteilungsmuster von Infrastruktureinrichtungen erwarten, von denen die Raumstruktur im ganzen in Mitleidenschaft gezogen wird.

---

[2] Vgl. hierzu insb. GERHARD MACKENROTH: Bevölkerungslehre. Berlin 1953, S. 108 ff.

III. Die Bevölkerungsimplosion in idealtypischer Sicht

Der Bevölkerungstypus, den die Menschheit bisher eindeutig präferiert, hat seit Anwendung neuzeitlicher Hygiene im größten Teil der Welt ein Wachstum in Gang gesetzt, das mit der ebenso griffigen wie — mit Recht — beunruhigenden Vokabel „Bevölkerungsexplosion" in das öffentliche Bewußtsein Eingang gefunden hat. Dieser Bevölkerungstypus ist dadurch gekennzeichnet, daß jede nachfolgende Generation größer ist als die vorausgegangene im gleichen Alter gewesen ist; die entsprechende Alterspyramide hat also einen sehr breiten Sockel.

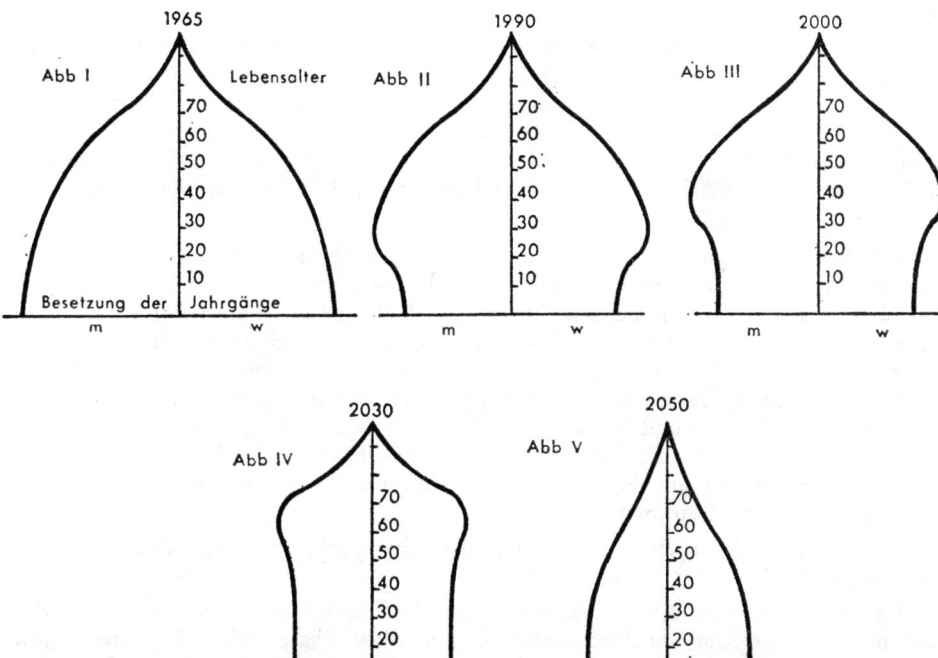

Das Modell der Bevölkerungsimplosion, dargestellt anhand typischer Alterspyramiden für ausgewählte Zeitpunkte: 1965, 1990, 2000, 2030, 2050.

Was sich seit einigen Jahren bei uns angebahnt hat, ist das genaue Pendant zur Bevölkerungsexplosion: Die Fruchtbarkeit ist so stark abgesunken, daß die Bevölkerung langfristig mit zunehmender Geschwindigkeit implodiert. Nachfolgend sollen in aller Kürze die markantesten Stadien dieses Prozesses in idealtypischer Sicht beschrieben werden, d. h. unter Vernachlässigung der insbesondere durch die beiden Weltkriege verursachten Unregelmäßigkeiten unserer Alterspyramide und der Annahme, daß das niedrige Fruchtbarkeitsniveau der Gegenwart ebenso beibehalten wird wie die gegenwärtigen Sterbewahrscheinlichkeiten. Wir analysieren demnach die Entwicklungsstadien für den Idealtypus einer implodierenden Bevölkerung und wollen versuchen, die Auswirkungen aufzuzeigen, die durch bevölkerungsbedingte Veränderung des Infrastrukturgefälles vermittelt werden.

Bei den folgenden Betrachtungen wollen wir die Bevölkerung der Bundesrepublik ab Mitte der sechziger Jahre jeweils in ihrer äußeren an Idealtypen angelehnten Form beobachten. Es wird damit bewußt auf die Darstellung reiner Bevölkerungstypen im Sinne WINKLERS[3]) verzichtet und statt dessen an die durch die jeweilige Altersgliederung vorgegebene, mehr bildliche Form angeknüft. Diese Form ist gewiß nicht imstande, den inneren Charakter der jeweiligen bundesdeutschen Bevölkerung, ihre inneren Baugesetze, sozusagen ihren Genotypus, darzustellen. Wir knüpfen unsere Betrachtungen vielmehr an den jeweiligen Phänotypus unserer Bevölkerung an, weil es in erster Linie dessen Veränderungen sind, von denen hauptsächlich die Wirkungen auf die Raumstruktur ausgehen, denen wir hier nachgehen wollen.

Wenn man die Bevölkerung der Bundesrepublik Mitte der 60iger Jahre demnach mit dem Profil eines Bienenstocks (Abb. I) vergleicht, dann läßt die rapide gesunkene Geburtenzahl dieses Gebilde immer mehr die Form einer auf dem Stiel stehenden Birne annehmen, weil die Alterspyramide vom Sockel her mit Kalendergeschwindigkeit eingeschnürt wird. Bis 1990 ist der Sockel dann schon bis zu den 20jährigen (Abb. II), im Jahr 2000 bis zu den 30jährigen (Abb. III) und im Jahr 2030 bis zu den dann 60jährigen eingeschnürt (Abb. IV).

Erst Mitte nächsten Jahrhunderts, wenn alle Jahrgänge aus höherem Fruchtbarkeitsniveau abgestorben sein werden, wird der Altersaufbau allmählich in seinen dem niedrigen Fruchtbarkeitsniveau entsprechenden Dauerzustand übergeben, erst dann sind die Voraussetzungen gegeben, die allmählich — nach einem theoretisch unendlich langen Zeitraum — eine stabile Bevölkerung im Sinne LOTKAS[4]) entstehen lassen, also eine Bevölkerung mit konstanter Geschlechts- und Altersgliederung, mit konstanter allgemeiner Geburten- und Sterbeziffer und folglich gleichbleibender Schrumpfungsrate. Erst gegen 2050 wird unsere Bevölkerung die Form einer sehr schlanken, *am Sockel leicht eingeschnürten* Glocke annehmen, die sowohl einen stark gesunkenen Bevölkerungsstand indiziert als auch weiteres, stetiges Schrumpfen.

Was die Veränderungen des Bevölkerungsstandes angeht, so lassen sich deutlich drei Phasen unterscheiden:

Bis gegen 1990 wird die Bevölkerung wegen der Überhänge aus fruchtbareren Perioden nur sehr langsam abnehmen. Man könnte diese Phase daher Stagnationsphase nennen. Danach beschleunigt sich der Schrumpfungsprozeß, weil einerseits die Jahrgänge mit hohen Sterbewahrscheinlichkeiten noch sehr stark besetzt sein werden und weil andererseits dann die ersten schwachen Jahrgänge aus der Stagnationsphase ins Heiratsalter kommen und daher ein weiteres starkes Absinken der Geburtenzahlen zu erwarten ist. Es handelt sich hier um die zweite *Talfahrt* verringerter Geburten, die der gegenwärtigen im Generationsabstand folgt und die wegen der Streuung des Heiratsalters und des Alters der Mütter weniger steil verlaufen wird als die *gegenwärtige erste Talfahrt*[5]) der implodierenden Bevölkerung. Diese Schrumpfungsphase, gekennzeichnet durch wachsende Schrumpfungsraten, ja sogar durch steigenden absoluten Bevölkerungsrückgang, hält an, bis die Bevölkerung etwa Mitte des nächsten Jahrhunderts in eine Phase mit annähernd gleichbleibender Altersgliederung und verfestigter Schrumpfungsraten hinein gleitet. Man könnte diese Phase, in der, wie oben dargelegt, eine stabile Bevölkerung zu entstehen beginnt, Konsolidierungsphase nennen.

---

[3]) WILHELM WINKLER: Typenlehre der Demographie. Wien 1952, S. 16 ff.
[4]) ALFRED J. LOTKA: Zur Dynamik der Bevölkerungsentwicklung. Allg. Stat. Archiv, V, 1932, S. 587.
[5]) Vgl. hierzu MACKENROTH, a. a. O., S. 108 ff.

Gewiß werden sich diese Veränderungen nicht gleichmäßig über das Bundesgebiet verteilen. Dazu schwanken die regionalen Fruchtbarkeitsniveaus[6]) — heute jedenfalls — noch zu sehr um den immer noch sinkenden Mittelwert. Entscheidend für unsere Überlegungen ist allein die Tatsache, das Fruchtbarkeit und Geburtenziffern in allen Teilen der Bundesrepublik, wenn auch mit unterschiedlichem Tempo und von unterschiedlichem Ausgangsniveau aus, rapide gesunden sind. Der Rückgang der Geburtenzahlen, die allmähliche Einschnürung der Alterspyramide von ihrer Basis her, ist es nämlich, wodurch die Bevölkerungsimplosion ihre raumstrukturellen Wirkungen entfaltet, wie noch zu zeigen sein wird.

Die Verringerung der Geburtenziffern wird die Bevölkerung der Bundesrepublik erst auf sehr lange Sicht sehr stark dezimieren. Die durch die Bevölkerungsimplosion hervorgerufene Verringerung des Bevölkerungsstandes ist daher für unser Problem bis in die neunziger Jahre hinein vergleichsweise uninteressant. Die globalen Schrumpfungsraten sind bis dahin zu gering, als daß davon gravierende Auswirkungen zu erwarten wären.

Viel durchschlagender als die Schrumpfung der Einwohnerzahl sind die Veränderungen, die der Altersaufbau einer implodierenden Bevölkerung im Laufe der Zeit erleidet: Bis heute sind vom Geburtenrückgang erst die Jahrgänge bis zur Schwelle der Grundschulpflicht betroffen. Bis Ende des Jahrzehnts sind alle Grundschuljahrgänge, ein halbes Jahrzehnt später auch die der Sekundarstufe I dezimiert. Drei Jahre danach schrumpfen die Jahrgänge der Sekundarstufe II und dann schließlich, in den neunziger Jahren, die Hochschuljahrgänge.

Das alles geschieht in einem Zeitraum, in dem die Gesamtbevölkerung noch kaum abnimmt, den wir daher Stagnationsphase genannt haben. Die aufeinanderfolgende Schrumpfung der genannten Jahrgangsgruppen trifft diese wie eine tiefe *Talfahrt*, die mit Kalendergeschwindigkeit fortschreitet. Von dieser *Talfahrt* bleibt keine deutsche Provinz, kaum eine deutsche Stadt verschont, und es wird ihr, *es sei denn, die Fruchtbarkeit stiege wieder an*, keine Bergfahrt mehr folgen. Letzteres trifft in vollem Umfang nur in idealtypischer Sicht zu, d. h. unter Vernachlässigung der auch vor Beginn der Bevölkerungsimplosion vorhandenen Unregelmäßigkeiten der Altersstruktur unserer Bevölkerung. Berücksichtigt man diese Unregelmäßigkeiten, dann wird deutlich, daß im nächsten Jahrzehnt wieder ansteigende Geburtenzahlen zu erwarten wären, wenn die Fruchtbarkeit unserer Bevölkerung nicht weiter absinken würde, denn es kommen nunmehr die stärkeren Jahrgänge der fünfziger und sechziger Jahre ins Heiratsalter. Aber diese zu erwartende Abweichung der Geburtenzahlen gegenüber unserer idealtypischen Ausgangsposition wird sich in Grenzen halten, zum einen, weil nachfolgende Wellen — bei gleicher Fruchtbarkeit — wegen der Streuung des Heiratsalters und des Alters der Mütter immer schwächer sein müssen als die vorausgegangenen, zum anderen, weil die Abwärtsbewegung der Fruchtbarkeit unserer Bevölkerung noch nicht ganz zu Ende gekommen zu sein scheint. Wir halten es deshalb für vertretbar, für die Ableitung prinzipieller raumpolitischer Konsequenzen der Bevölkerungsimplosion unsere idealtypische Sicht nicht zu verlassen.

Die regionalen Unterschiede der Fruchtbarkeitsniveaus sind zwar noch sehr beträchtlich, und es sind daher auf lange Sicht sehr unterschiedliche Schrumpfungsraten des Bevölkerungsstandes zu erwarten. Die Abnahmerate der Fruchtbarkeit zeigt dagegen seit Beginn der Bevölkerungsimplosion nur eine vergleichsweise geringe regionale Streuung. Daher gelten die hieran anzuschließenden entwicklungspolitischen Überlegungen — cum grano salis — überall.

[6]) KARL SCHWARZ: Der Rückgang der Geburtenhäufigkeit in regionaler Sicht. Wirtschaft und Statistik, Heft 5, 1973, S. 294.

Fassen wir zusammen: Die Bevölkerungsimplosion wird von zweierlei für unser Problem entscheidenden Effekten begleitet:

1. Die Verringerung der Geburtenzahlen schnürt die Alterspyramide vom Sockel her, mit Kalendergeschwindigkeit aufsteigend, ein. Dadurch wird die Altersgliederung ganz entscheidend verändert. Wir wollen diesen Effekt, der schon kurz- und mittelfristig räumliche Wirksamkeit entfaltet, den Altersstruktureffekt[7]) der Bevölkerungsimplosion nennen.

2. Der Bevölkerungsstand wird, bis 1990 kaum merklich, danach sich beschleunigend und etwa ab Mitte des nächsten Jahrhunderts mit langfristig nahezu konstanter Schrumpfungsrate dezimiert. Wir wollen diesen Effekt, der erst von der Schrumpfungsphase an für unser Problem Bedeutung erlangt, den Schrumpfungseffekt der Bevölkerungsimplosion nennen.

IV. Demographisch bedingte Verstärkung des infrastrukturellen Ausstattungsgefälles

Die Einschnürung der Alterspyramide, die am Sockel schon mit Macht eingesetzt hat und zu immer höheren Lebensaltern fortschreitet, löst eine ganze Reihe entwicklungspolitischer Konsequenzen aus, die mit den Veränderungen der Alterspyramide synchronisiert sind und mit Ausweitung des Zeithorizonts ihr Ausmaß verstärken und schließlich ihren Charakter verändern. Werden auf kurze und mittlere Sicht Konsequenzen vor allem dadurch ausgelöst, daß die Auslastung von zentralen Einrichtungen für die junge Generation immer geringer wird und von daher ein ökonomischer Druck zur Vergrößerung der Versorgungsbereiche entsteht, so werden auf lange Sicht, d. h. unter Einbeziehung der Schrumpfungsphase durch den allgemeinen Bevölkerungsrückgang, die gesamte Infrastruktur und schließlich auch das Erwerbspotential in die Wirkungskette mit einbezogen.

Ein gegenwärtig schon akutes Beispiel möge unsere Überlegungen demonstrieren: Während bei einer Geburtenziffer von 18,3, dem Bundesdurchschnitt von 1963, noch 911 Einwohner ausgereicht haben, um — bei durchschnittlicher Altersgliederung — einen Kindergarten, bestehend aus 2 Gruppen zu 25 Kindern, mit allen 3- bis 6jährigen zu füllen[8]), steigt die erforderliche Einwohnerzahl bei einer Geburtenrate von 11,0 — dem nach der zweiten Variante der 4. koordinierten Bevölkerungsvorausschätzung erwarteten Bundesdurchschnitt zwischen 1972 und 1985 — auf 1515[9]). Überall da, wo das Defizit an Kindergärten mindestens so groß war wie die inzwischen eingetretene Verringerung der Kinderzahl — und das ist vielerorts der Fall —, führt die Schrumpfung der Kinderzahl,

---

[7]) Dieser Effekt würde auch bei explodierender Bevölkerung eintreten, wenn ihre Geburtenrate nur rasch und stark genug sinken würde, selbst wenn die verringerte Geburtenrate einem Nettoreproduktionsindex 1 entsprechen würde. Dieser Teil unserer Überlegungen deutet somit die Schwierigkeiten an, die den betreffenden Nationen bevorstehen, wenn sie ihre Fruchtbarkeit rasch und wirksam drosseln. Mögen dort auch die über die Infrastruktur vermittelten räumlichen Effekte wegen des geringen Ausstattungsniveaus gering bleiben, die ökonomischen Auswirkungen, die sich aus einer Veränderung des Altersaufbaues — insb. Verringerung der Erwerbstätigen im Verhältnis zu den Rentnern für mehrere Jahrzehnte — ergeben würden, müßten in Anbetracht des niedrigen Durchschnittseinkommens dort noch viel gravierender sein als in der Bundesrepublik.

[8]) Erforderliche Bevölkerung $= \dfrac{2 \times 25 \times 1000}{18{,}3 \times 3} = \underline{911}.$

[9]) Erforderliche Bevölkerung $= \dfrac{2 \times 25 \times 1000}{11 \times 3} = 1515.$

ohne daß zusätzliche Investitionen erforderlich wären, zu einer Verbesserung des diesbezüglichen Versorgungsniveaus, mißt man dies nur an der Relation Kindergartenplätze : Kinder. Wo dagegen noch gar keine Kindergärten vorhanden sind, werden entsprechend größere Einzugsgebiete erforderlich. In extrem ländlichen Gebieten, in denen die wenigsten Ortschaften die nunmehr erforderliche Einwohnerzahl erreichen, wird es demnach erheblich schwieriger werden als bisher, die erforderliche Kinderzahl ohne kostspieligen und für Kleinkinder nicht unproblematischen Transport zusammenzufassen. Damit werden sich hier die Chancen erheblich verringern, erstmalig Kindergärten einzurichten, es sei denn, ihre Träger sind bereit, pro Kind erheblich mehr als bei höheren Kinderzahlen auszugeben.

Auch für die verschiedenen Schularten werden entsprechend größere Einzugsgebiete erforderlich, es sei denn, die Bildungspolitik ist nicht nur bereit, sondern auch in der Lage, die durchschnittlichen Klassenfrequenzen ebenso stark abzusenken wie die Kinderzahl sinkt und damit entsprechend höhere Kosten pro Schüler aufzuwenden. Verständlicherweise sind zuverlässige Aussagen darüber, ob auf Seiten der Gebietskörperschaften nicht nur die Bereitschaft, sondern auch die wirtschaftliche Tragfähigkeit dazu vorhanden sind, auf lange Sicht kaum zu machen. Mehr als begründete Spekulationen sind darüber nicht möglich. Da aber von der Reaktion des Staates — im weitesten Sinne — auf Altersstruktur- und Schrumpfungseffekt der Bevölkerungsimplosion in erster Linie darüber entschieden wird, welche Konsequenzen dieser generative Verhaltenswandel in der Raum- und Siedlungsstruktur auslösen wird, können wir dieser Frage nicht ausweichen.

Auf den ersten Blick hat es den Anschein, als ob für den Staat keine Notwendigkeit bestehen würde, sein unter der Annahme höherer Geburtenraten geplantes Bildungsbudget zu reduzieren, so daß also pro Schüler um so viel höhere Beträge zur Verfügung stünden wie die Schülerzahlen abnehmen. In diesem Falle würden die Klassenfrequenzen eben entsprechend dem Geburtendefizit abnehmen, und die Einzugsgebiete brauchten nicht vergrößert zu werden. Und so lange die Bevölkerungsimplosion die Erwerbsquote noch nicht beeinträchtigt — und das ist bis 1985 nicht der Fall —, sollten auch die ehemals geplanten — hohen — Anteile am Sozialprodukt ausreichen, um die für die Reduzierung der Klassenfrequenzen erforderliche Erhöhung der Kosten pro Schüler abzudecken. Aber hier sind, so glauben wir, einige Vorbehalte anzubringen. Die letzten Jahre haben uns ja nicht nur einen grundlegenden Wandel im generativen Verhalten unserer Bevölkerung beschert, sie haben auch deutliche Zeichen dafür gesetzt, daß die goldenen Zeiten raschen wirtschaftlichen Wachstums, wie wir sie seit der Währungsreform von 1948 erlebt haben, vorbei sind. Dies nicht nur, weil das lange Zeit sehr niedrige Energiepreisniveau nun, so scheint es, nachhaltig stark gestiegen ist. Auch die ökologischen Probleme der Menschheit sind so drängend geworden, daß sie mit den bisherigen Mitteln nicht mehr aufgeschoben werden können. Ob man zu den Anhängern des club of Rome gehört oder nicht, man muß doch zur Kenntnis nehmen, daß die Bewältigung des Umweltschutzes in den kommenden Jahrzehnten von allen Industrienationen gewaltige Investitionen erfordert, die wesentlich höhere Anteile am Sozialprodukt als bisher in Anspruch nehmen werden. Mögen diese Aufwendungen direkt über die öffentlichen Haushalte oder indirekt — nach dem Verursacherprinzip — über die Produktpreise finanziert werden, sie stehen für andere — öffentliche oder private Zwecke — nicht mehr zur Verfügung. Auch der technische Fortschritt, wichtigster Träger wirtschaftlichen Wachstums, scheint immer schwieriger zu werden. Kenner der Szene sehen einen fundamentalen Mangel an technischen Innovationen, sie beklagen die Stagnation neuer Technologien[10].

---

[10]) So GERHARD MENSCH: Die Alarm-Schwelle ist erreicht. In: Wirtschaftswoche, 29. Jg. (1975) Nr. 11 S. 50 ff.

Mögen alle diese Gründe auch nicht ausreichen, langfristig das wirtschaftliche Wachstum zum Stillstand zu bringen, sie erhärten die Befürchtung, daß wir uns auf bescheidenere Zuwachsraten einzustellen haben. In einer Bevölkerung, die jahrzehntelang in dieser Hinsicht verwöhnt war, muß das den Verteilungskampf verschärfen. Alles in allem scheint damit kein Klima für eine beträchtliche Erhöhung der Bildungsausgaben je Schüler heraufzuziehen. Wir sind daher der Meinung, daß die Erleichterungen, die die Bevölkerungsimplosion uns hinsichtlich des Bildungsetats gegenüber früheren Prognosen bringen wird, dankbar aufgenommen werden, um sie anderen vordringlichen Aufgaben zuwenden zu können. Von dieser Annahme gehen die folgenden Überlegungen aus.

Nichts hat kurioserweise unsere vielbeklagte „Bildungsmisere" stärker verursacht als die Ausrufung des „Bildungsnotstandes" zu Beginn der sechziger Jahre; hat dieser Appell doch das öffentliche Bewußtsein nachhaltig verändert und dies wiederum die amtliche Bildungspolitik zu drastischen Reaktionen herausgefordert. Mobilisierung der Bildungsreserven, Herstellung der Chancengleichheit, Brechung des Bildungsmonopols sind die Schlagworte, die der Bildungspolitik jener Zeit ihr Gepräge gegeben haben. Der Appell an die Bildungsbereitschaft der Nation hatte einen so gewaltigen Erfolg, daß trotz enormer Leistung im Schulbau und in der Lehrerbildung die mittleren und oberen Etagen des Bildungswesens dem provozierten Ansturm nicht mehr gewachsen waren. Während die Hochschulen immer stärker in den numerus clausus flüchten, behelfen sich Realschulen und Gymnasien mit Provisorien. Dies ist die Bildungslandschaft, über die nunmehr der Altersstruktureffekt der Bevölkerungsimplosion hereinzubrechen beginnt. Versuchen wir, die Auswirkungen ausfindig zu machen, die er im Bildungswesen und anderen Infrastrukturbereichen hervorrufen wird.

Während heute noch vielfach Gemeinden von 6000 Einwohnern aufgrund der hohen Geburtenraten Ende der fünfziger, Anfang der sechziger Jahre ein zweizügiges Hauptschulsystem füllen können, werden 1985 schon fast doppelt so viel Einwohner nötig sein, um unter den gesetzten Prämissen eine solche Schule auszulasten, die doch nur das gesetzlich geduldete Betriebsminimum darstellt. Im Gegensatz zu den Kindergärten, wo angesichts des weit verbreiteten Ausstattungsdefizits die Bevölkerungsimplosion nicht selten Verbesserungen des Ausstattungsniveaus bewirkt, ist im Bereich der Pflichtschulen nur mit Erschwernissen in Form von vergrößerten Einzugsgebieten zu rechnen[11]).

Sollten die Übergangsquoten auf weiterführende Schulen noch weiter ansteigen, so werden die Konsequenzen des Geburtenrückganges für diesen Bildungssektor entsprechend abgemildert, für die Berufsschulen allerdings noch verschärft, wenn nicht die bevorstehende Reform der beruflichen Bildung den Anteil der Schule an der gesamten Berufsausbildung erhöht. Die geringsten Schwierigkeiten sind im Hochschulbereich zu erwarten, da hier die schon vorhandene und noch weiter zunehmende Überfüllung erst einmal abzubauen ist. Das wird demographischer Gründe wegen erst in den neunziger Jahren geschehen.

Der Altersstruktureffekt der Bevölkerungsimplosion trifft nach und nach alle altersspezifischen Bildungseinrichtungen, vom Kindergarten bis zur Hochschule, mit der Folge, daß die zur Auslastung erforderlichen Einzugsgebiete vergrößert werden müssen. Das bedeutet, daß unter sonst gleichen Umständen die Maschenbreite der Versorgungsnetze wesentlich vergrößert, ein großer Teil der heute noch ausgelasteten Schulen aufgegeben werden müssen.

---

[11]) Vgl. hierzu im einzelnen PAUL JOST: Entwicklungspolitische Überlegungen zur Schrumpfung der Geburtenrate am Beispiel des Saarlandes. Informationen aus dem Institut für Raumordnung, 1973, S. 71 ff.

Die Tatsache, daß der Altersstruktureffekt als ein mit Kalendergeschwindigkeit fortschreitender Vorgang in Erscheinung tritt, eröffnet Ausgleichsmöglichkeiten; dies um so mehr, als die verschiedenen Stufen unseres Bildungswesens höchst unterschiedlich frequentiert sind: So könnten die durch schrumpfende Schülerzahlen in den Grundschulen schon jetzt entstehenden Überkapazitäten zum Ausgleich von noch bestehenden Engpässen in der Sekundarstufe I herangezogen werden, soweit Austauschbarkeit vorhanden ist. Die bevorstehende Einführung der Vorschulen könnte ebenfalls freiwerdende Kapazitäten der Grundschulen auffangen. Aber alle diese Ausgleichsmöglichkeiten sind spätestens dann erschöpft, wenn das Wellental des Schülerdefizits die höchsten Etagen des Bildungswesens erreicht hat. Sie schaffen also nur vorübergehend Abhilfe, und auch das nur insoweit, als freiwerdende sachliche und personelle Kapazitäten in andere Bereiche des Bildungswesens umgesetzt werden können. Sie beseitigen aber nicht die fundamentale Konsequenz des Altersstruktureffekts, nämlich das Erfordernis, die Einzugsgebiete aller Bildungseinrichtungen und damit die Maschenbreite ihrer Versorgungsnetze der Reihe nach zu vergrößern.

Auch für andere Einrichtungen, die nicht ausschließlich, aber überwiegend von jungen Leuten frequentiert werden, wie Sporthallen, Schwimmbäder, Sportplätze usw., gelten, wenn auch abgeschwächt, die gleichen Überlegungen.

Wir müssen demnach feststellen, daß der Altersstruktureffekt der Bevölkerungsimplosion generell die Maschenbreite der Versorgungsnetze aller Einrichtungen vergrößert, die ausschließlich oder überwiegend jungen Leuten dienen.

V. Zentrale Orte und ihre Verflechtungsbereiche

Betrachtet man in Übereinstimmung mit der Wissenschaft und der Ministerkonferenz für Raumordnung Verflechtungsbereiche zentraler Orte als Kumulation aller vorwiegend in den zentralen Orten jeweils konzentrierten zentralen Einrichtungen, dann wird nach den vorausgegangenen Betrachtungen erkennbar, daß das gegenwärtig praktizierte Netz zentraler Orte in der Bundesrepublik von den Auswirkungen der Bevölkerungsimplosion nicht unberührt bleiben kann. Versuchen wir die Frage anzugehen, in welcher Weise das Zentralortsnetz tangiert wird.

Die Ministerkonferenz für Raumordnung hatte 1968 in ihrer Entschließung über zentrale Orte und ihre Verflechtungsbereiche[12]) Einwohneruntergrenzen gewählt, die mit Rücksicht auf extrem ländliche Verhältnisse mit 5000 Einwohnern für den Nahbereich[13]) und 20 000 für den Mittelbereich[14]) sehr niedrig angesetzt waren. Damals reichten diese Mindestzahlen in ländlichen Gebieten mit ihren meistens überdurchschnittlichen Geburtenziffern gerade noch aus, um die geforderten Mindesteinrichtungen auszulasten: für das Kleinzentrum[15]) eine Hauptschule, für das Mittelzentrum[16]) zum Abitur führende Schulen und Berufsschulen.

---

[12]) Entschließung der MKRO vom 8. Februar 1968.
[13]) Nahbereich ist der Verflechtungsbereich um jeden zentralen Ort zur Deckung des Grundbedarfs. Vgl. Entschließung vom 8. Februar 1968, a. a. O., Ziff. 5a und 7.
[14]) Mittelbereich ist der Verflechtungsbereich um jedes Ober- und Mittelzentrum zur Deckung des gehobenen Bedarfs. Vgl. Entschließung vom 8. Februar 1968, a. a. O., Ziff. 5b und 7.
[15]) Das Kleinzentrum steht in der vierstufigen Hierarchie der MKRO an letzter Stelle. Vgl. Entschl. vom 18. 2. 1968, Ziff. 2.
[16]) Das Mittelzentrum steht an zweiter Stelle. Vgl. Entschl. vom 8. 2. 1968, Ziff. 2.

Obwohl auch heute noch ländliche Gebiete durchweg höhere Geburtenraten haben als Verdichtungsräume, 5000 Einwohner werden in keinem Fall mehr ausreichen, eine mindestens zweizügige Hauptschule auszulasten, sobald die schwachen Jahrgänge das Hauptschulalter erreicht haben. Gerade in den ländlichen Räumen ist nämlich die Geburtenrate noch stärker gesunken als in Verdichtungsräumen. Dies läßt sich unzweifelhaft daran ablesen, daß die Standardabweichung von der bundesdurchschnittlichen Geburtenziffer zwischen 1961 und 1971 in den Kreisen und kreisfreien Städten von 3,0 auf 2,0 zurückgegangen ist[17]). Demnach muß der Altersstruktureffekt in ländlichen Räumen besonders stark zum Tragen kommen, denn dessen Wirksamkeit wird nicht durch die absolute Höhe der Geburtenrate, sondern allein durch das Ausmaß ihres Rückganges bestimmt. Bedenkt man weiter, daß ländliche Räume durchweg noch einen Nachholbedarf für die Übergangsquote auf weiterführende Schulen haben, dann wird deutlich, daß hier ein aus demographischen Gründen überhöhter Altersstruktureffekt der Bevölkerungsimplosion durch bildungsspezifische Tatbestände noch zusätzlichen Auftrieb erhält. Unter den gesetzten Prämissen dürfte demnach die künftig anzusetzende Untergrenze kaum unter 10 000 Einwohnern liegen.

Nicht viel anders ist die Situation für die Mittelbereiche zu beurteilen. Wenngleich in extrem ländlichen Mittelbereichen durch künftig noch steigende Übergangsquoten auf weiterführende Schulen der Altersstruktureffekt im Bereich des mittleren und gehobenen Bildungswesens abgeschwächt werden könnte: 20 000 Einwohner werden in keinem Falle mehr ausreichen, um künftig Realschule und Gymnasium mit den von der MKRO geforderten mehreren Fachrichtungen[18]) künftig auszulasten. Steigende Übergangsquoten verschärfen aber den Altersstruktureffekt im Bereich der Hauptschulen und Berufsschulen.

Der durch den Altersstruktureffekt schon auf mittlere Sicht hervorgerufene Druck zur Vergrößerung der Mindestversorgungsbereiche von Schulen erhält zusätzlich räumliche Wirksamkeit dadurch, daß auch für diejenigen zentralen Einrichtungen, die nicht ausschließlich, aber mindestens überdurchschnittlich von jungen Leuten frequentiert werden, die zur Auslastung erforderliche Mindesteinwohnerzahl ansteigen wird. Aber auch bei den meisten privaten Dienstleistungsbranchen ist eine von den geschilderten demographischen Prozessen völlig unabhängige, quasi autonome Betriebsgrößenprogression festzustellen, die in vielen Fällen über die Nachfragesteigerung hinausgeht, so daß eine immer stärkere Konzentration privater Dienstleistungsbetriebe in immer weniger Standorten, in der Regel in Orten höherer Versorgungsstufen, stattfindet. Auch der seit einem Jahrzehnt zu beobachtende Trend des Einzelhandels, Shopping Center und Verbrauchermärkte außerhalb der Städte an bedeutenden Straßenknotenpunkten zu errichten, spricht nur scheinbar gegen den im ganzen überwiegenden Trend zur räumlichen Konzentration. Mit diesen Standorten realisiert der Einzelhandel nur eine besondere Art räumlicher Konzentration, die außerhalb der traditionellen Zentren stattfindet und das lokale Versorgungsniveau besonders derjenigen zentralen Orte unterer Stufe — mindestens im Verhältnis zu anderen — senkt, die im Einzugsbereich solcher Einzelhandelsbetriebe liegen.

Wengleich durch den Altersstruktureffekt — zunächst — nur altersspezifische Einrichtungen betroffen werden, so ist doch zu bedenken, daß zwischen der Gesamtheit aller in den zentralen Orten und entsprechend ausgestatteten Selbstversorgungsorten räumlich konzentrierten Dienstleistungseinrichtungen überwiegend komplementäre Beziehungen

---

[17]) KARL SCHWARZ: Der Rückgang der Geburtenhäufigkeit in regionaler Sicht. Wirtschaft und Statistik, Heft 5, 1973, S. 294.
[18]) Zentralörtliche Verflechtungsbereiche mittlerer Stufe in der Bundesrepublik Deutschland. Entschließung der Ministerkonferenz für Raumordnung vom 15. Juni 1972.

bestehen, d. h. daß die Existenz der einen Dienstleistung an einem Ort die Bedingungen für die Niederlassung anderer Einrichtungen begünstigt. Erzwingt die Bevölkerungsimplosion aber, wie wir gesehen haben, einen Rückzug altersspezifischer Einrichtungen auf weniger Standorte, dann müssen über die dominierenden komplementären Beziehungen auch andere Versorgungseinrichtungen in Mitleidenschaft gezogen werden, von denen ohnehin, wie oben dargelegt, ein Teil autonomen Tendenzen zur räumlichen Konzentration unterliegt.

Die gleichen Auswirkungen sind auch in Selbstversorgungsorten zu erwarten, sobald die geburtenschwachen Jahrgänge die betreffenden altersspezifischen Einrichtungen erreichen. Auch hier müssen also die Mindesteinzugsbereiche ausgedehnt werden. Liegt die Einwohnerzahl solcher Orte gegenwärtig nicht weit über dem heute schon erforderlichen Minimum für die betreffende Versorgungsstufe, wird sich künftig ein Übergang von der Selbstversorgung zur zentralörtlichen Versorgung für Gebiete dieses Versorgungstyps nicht vermeiden lassen.

Fassen wir zusammen: Der Altersstruktureffekt der Bevölkerungsimplosion erfordert generell eine Vergrößerung der Versorgungsbereiche altersspezifischer Einrichtungen. Da ein nicht geringer Teil dieser Einrichtungen unabdingbare Ausstattungsmerkmale zentraler Orte sind, wird ein Teil der zentralen Orte unterer und mittlerer Stufe, soweit die Einwohnerzahlen ihrer Verflechtungsbereiche in der Nähe der heutigen Minima liegen, aufgegeben werden müssen. Ebenso wird ein Teil derjenigen Selbstversorgungsorte, deren Einwohnerzahl für die jeweilige Versorgungsstufe an der unteren Grenze liegt, die betreffenden Versorgungsfunktionen verlieren und insoweit auf zentralörtliche Versorgung umsteigen müssen. Dieser Funktionsverlust, den der Altersstruktureffekt primär nur im Bereich altersspezifischer Einrichtungen auslöst, wird über die zwischen altersspezifischen und anderen Dienstleistungseinrichtungen bestehenden komplementären Beziehungen auf ein ziemlich breites Funktionsspektrum ausgeweitet. Demnach wird unter den gesetzten Prämissen die Maschenbreite des Zentralortsnetzes generell ausgedehnt werden müssen.

VI. Siedlungsstruktur

Wenngleich es der Wissenschaft bis heute nicht gelungen ist, alle Bestimmungsgründe von Wohnentscheidungen zu identifizieren und zu quantifizieren[19], so gibt es doch keinen Zweifel, daß die Entscheidung der Bevölkerung, sich hier oder da zum dauernden Wohnen niederzulassen, das Endprodukt von Entscheidungsprozessen ist, bei denen die Erreichbarkeit von zentralen Einrichtungen einen nicht geringen Stellenwert hat. So gesehen läßt sich die Siedlungsstruktur als ein räumlicher Zusammenhang beschreiben, in dem die Häufigkeit positiver Niederlassungsentscheidungen oder — anders ausgedrückt — die Größe der Wohnorte positiv korreliert mit der Erreichbarkeit von Arbeitsplätzen einerseits und zentralen Einrichtungen andererseits. Bedenkt man, daß mit steigendem Lebensstandard Leistungen des räumlich hochgradig in zentralen Orten und entsprechend ausgestatteten Selbstversorgungsorten konzentrierten tertiären Sektors eine immer größere Bedeutung im täglichen Leben der Bevölkerung erlangen[20]), dann drängt sich der Schluß auf, daß die Erreichbarkeit von zentralen Einrichtungen, sämtlich dem tertiären Sektor

---
[19]) Vgl. hierzu insb. HORST RÖDER: Ursachen, Erscheinungsformen und Folgen regionaler Mobilität. Beiträge zum Siedlungs- und Wohnungswesen und zur Raumplanung, Hrsg. Werner Ernst und Rainer Thoss, Münster 1974.
[20]) Vgl. hierzu JEAN FOURASTIÉ: Die große Hoffnung des 20. Jahrhunderts. Köln-Deutz 1954, S. 32.

im Sinne FOURASTIÉ's zugehörig, ihren Stellenwert für die Wohnentscheidungen der Bevölkerung in Zukunft noch wesentlich erhöhen und damit die künftige Siedlungsstruktur in noch stärkerem Maße bestimmen wird als die gegenwärtige. Wenn aber aus den oben dargelegten Gründen die Maschenbreite des Zentralortsnetzes generell vergrößert und die Zahl der zentralen Orte folglich reduziert werden muß, dann verschlechtert sich die Erreichbarkeit zentraler Einrichtungen für alle Bewohner im Verflechtungsbereich aufzugebender zentraler Orte. Damit nimmt die Eignung der betroffenen Gebiete, mindestens im Verhältnis zu allen übrigen, als Wohnort ab.

Erfahrungsgemäß folgt die Wohnbevölkerung nur mit beträchtlichem time-lag den Veränderungen der siedlungsstrukturellen Bedingungen. Ein Abwanderung aus den betroffenen Gebieten wird demnach nur mit zeitlicher Verzögerung in Gang gesetzt werden. Die durch die Verschlechterung der Ereichbarkeiten induzierte und durch nachfolgende Abwanderungen verstärkte Senkung des Mietniveaus dürfte in den betroffenen Gebieten Gegenkräfte *gegen allzustarke Wanderungsverluste mobilisieren. Wenn die sogenannte „Kumulationsthese zutrifft, wonach mit steigendem Sozialstatus höhere Anforderungen an die Gesamtheit aller Versorgungseinrichtungen gestellt werden"*[21]*), dann müßte die durch Bevölkerungsimplosion hervorgerufene Verschlechterung des Versorgungsniveaus einen sozial differenzierten Wanderungsprozeß einleiten, der, verstärkt durch die Verschärfung des Mietengefälles, einen Prozeß sozialer Umschichtung in Gang bringt, der die betroffenen Gebiete, wenn auch nicht mit Massenabwanderung, so doch mit sozialer Erosion bedroht.*

Innerhalb des Zeitraums, in dem sich in den betroffenen Gebieten durch den Altersstruktureffekt der Bevölkerungsimplosion die Versorgungslage der Bevölkerung, ausgedrückt in Erreichbarkeiten zentraler Einrichtungen, verschlechtert, dürften daher ebenso gravierende, dadurch induzierte Abwanderungen nicht zu befürchten sein. Ganz anders ist in dieser Hinsicht der Zeitraum zu beurteilen, in dem die Gesamtbevölkerung stark abnehmen wird, ab Beginn der Schrumpfungsphase also. Von da an beginnt sich der Schrumpfungseffekt der Bevölkerungsimplosion bemerkbar zu machen. Dann nämlich werden auch diejenigen zentralen Einrichtungen, die nicht ausschließlich oder vorwiegend von jungen Leuten frequentiert werden, in das gleiche Auslastungsdefizit geraten, dem bis dahin primär die altersspezifischen und sekundär die komplementären zentralen Einrichtungen ausgesetzt waren. Es kommt hinzu, daß zu Beginn der Schrumpfungsphase, in den neunziger Jahren, die zweite, wenn auch abgeschwächte Welle des Geburtendefizits anläuft, die der gegenwärtigen im Generationsabstand folgen muß. Der Schrumpfungseffekt wird demnach die Versorgungslage auf breiter Front verschlechtern. Dies geschieht nicht nur in den vom Altersstruktureffekt bis dahin betroffenen Gebieten, sondern zieht weitere Gebiete, deren Zentralortsnetz bisher wegen immer noch ausreichender Einwohnerzahlen erhalten bleiben konnte, mit hinein in den Abwärtstrend. Der Schrumpfungseffekt erhält zusätzlichen Auftrieb dadurch, daß sich der Altersstruktureffekt gegenüber den siebziger Jahren verstärkt. Alles dies müßte den oben angedeuteten Abwanderungstrend verschärfen.

Es würde eingehender Feldstudien bedürfen, um die Teile des Bundesgebietes exakt zu umreißen, in denen die beschriebenen Anpassungsvorgänge in erster Linie zu befürchten sind. Aber auch ohne solche, sehr aufwendigen Feldstudien lassen sich folgende prinzipiellen Aussagen zur regionalen Differenzierung der beschriebenen Prozesse machen:

---

[21]) Vgl. hierzu insb. Standortentscheidung u. Wohnortwahl; kleine Schriften der Gesellschaft für Regionale Strukturentwicklung, Bonn 1974, S. 70 ff.

Zwar wird die Vergrößerung der Versorgungsbereiche zunächst nur durch den Altersstruktureffekt, später verstärkt und kumuliert mit dem Schrumpfungseffekt, überall unter den gesetzten Prämissen erzwungen, aber die Auswirkungen auf die Relationen der regionalen Versorgungslagen und die damit induzierten Wanderungsvorgänge werden sehr unterschiedlich sein. So wird etwa ein Mittelbereich von 100 000 Einwohnern, dessen Alterspyramide es gegenwärtig noch erlaubt, Gymnasien und Realschulen mehrfach anzubieten, in seiner Versorgungsqualität nicht entscheidend beeinträchtigt, wenn er künftig statt Sechszügigkeit nur noch Vierzügigkeit wird anbieten können. Hat dagegen ein Mittelbereich von 30 000 Einwohnern heute gerade noch ein dreizügiges Gymnasium, wie es die Ministerkonferenz als Mindestausstattung fordert, so wird er künftig diesen Mindeststandard nicht mehr halten können.

Eine wesentliche Beeinträchtigung des Versorgungsniveaus durch die Bevölkerungsimplosion wird demnach fast ausschließlich in den ländlichen Räumen stattfinden, deren Bevölkerungsdichte nur für Verflechtungsbereiche in der Nähe der gegenwärtigen Mindestbevölkerung ausreicht. Ein Großteil dieser Räume steht, folgt man den Prognosen des Bundesraumordnungsprogramms, ohnehin unter Abwanderungsdruck[22]).

VII. Wanderungen

Wenngleich die im BROP prognostizierten Wanderungsströme nicht als durch die von uns beschriebene Bevölkerungsimplosion induziert dargestellt werden — das Bundesraumordnungsprogramm hat die entscheidenden Effekte des Geburtenrückganges, Altersstruktureffekt und Schrumpfungseffekt gar nicht zur Kenntnis genommen —, sind sie für unser Problem insoweit von Bedeutung, als Wanderungsströme die dargelegten räumlichen Wirkungen verstärken oder vermindern könnten. Nur insoweit soll ihnen nachgegangen werden.

Zwar hat das Bundesraumordnungsprogramm seine prognostischen Aussagen nicht nach den Kategorien ländliche Räume/Verdichtungsräume differenziert, sondern nach insgesamt 38 Gebietseinheiten, aber es läßt keinen Zweifel daran, daß in den Gebietseinheiten, denen unter status-quo-Bedingungen ein erheblicher Zuwanderungssaldo vorausgesagt wird, das regionale Wachstum von Tatbeständen getragen wird, die in den zugehörigen Verdichtungsräumen oder in ihrem Einzugsgebiet lokalisiert sind, während für die meisten Gebietseinheiten mit dominierender ländlicher Struktur Abwanderungssalden prognostiziert werden. Unter status-quo-Bedingungen sind also für ländliche Gebiete die Abwanderung, für einige Verdichtungsräume und ihre Einzugsgebiete Zuwanderungen dominante Entwicklungstrends[23]). Ob und in welchem Maße es gelingt, diesen vom Programm für zielwidrig erklärten Entwicklungstendenzen entgegenzuwirken, steht dahin; das Programm selbst bietet aber mit seinem System von Achsen und Entwicklungszentren ein Zielmodell für die Entwicklung der Raumstruktur, die Entwicklungspotentiale, hier Bevölkerung und Arbeitsplätze, in ausgewählte Plätze innerhalb dieses punktachsialen Systems hinlenken soll. Dieser vom Programm angesteuerte Prozeß muß praktisch zu Lasten weiter Teile des ländlichen Raumes gehen. Zusammengefaßt läßt sich feststellen, daß die mutmaßliche räumliche Entwicklung der Bundesrepublik, auch wenn

---

[22]) Das Bundesraumordnungsprogramm, verabschiedet am 14. Februar 1975 durch Beschluß der Ministerkonferenz für Raumordnung, hat insgesamt 6 Prognosevarianten verarbeitet, die in dieser Grundaussage übereinstimmen.
[23]) Vgl. Bundesraumordnungsprogramm, Schriftenreihe des Bundesministers für Raumordnung, Bauwesen und Städtebau, a. a. O., o. J., S. 34—41.

die Ziele des Programms zu einem guten Teil erreicht werden sollten, durch Wanderungsbewegungen aus weiten Teilen des ländlichen Raumes zu relativ eng begrenzten Gebieten, seien sie hoch verdichtet[24]) oder nicht[25]), gekennzeichnet sein wird. Es erhebt sich damit die Frage, welcher Einfluß von Wanderungsbewegungen auf unser Problem ausgeht. Erfahrungsgemäß hat die wandernde Bevölkerung einen von der Gesamtbevölkerung wesentlich abweichenden Altersaufbau, der sich um so mehr durch das Vorherrschen der 20- bis 40jährigen einschließlich der mit ihnen wandernden Kinder auszeichnet, je mehr die Wanderungen ökonomisch induziert sind[26]). Durch Abwanderungen erleidet ein Gebiet demnach nicht nur einen Abwanderungsverlust in Höhe des Abwanderungssaldos, der weit überdurchschnittliche Verlust an potentiell fruchtbaren Jahrgängen schwächt darüber hinaus auch die Fortpflanzungsenergie des Gebietes mit der Folge, daß die Geburtenrate, gleichbleibende altersspezifische Fruchtbarkeiten vorausgesetzt, absinkt[27]). Für Zuwanderungsgebiete gilt das genaue Gegenteil. Abwanderungen verstärken also die oben beschriebenen Effekte der Bevölkerungsimplosion, Zuwanderungen schwächen sie ab.

Die oben beschriebene, durch Bevölkerungsimplosion induzierte Beeinträchtigung des Versorgungsniveaus vornehmlich ländlicher Gebiete wird demnach, so steht zu befürchten, durch autonome Abwanderungen noch verstärkt. Für die Beurteilung, in welchem Maße dieser Prozeß das räumliche Gefüge verändert, ist nicht so sehr die absolute Verschlechterung von Versorgungsniveaus und Erreichbarkeiten in den negativ betroffenen Räumen entscheidend, als vielmehr die Tatsache, daß sich das Ausstattungsgefälle zwischen dicht besiedelten und ländlichen Räumen durch die Bevölkerungsimplosion verstärken wird: Die dicht besiedelten Gebiete werden in ihrem Versorgungsniveau einmal, wie oben dargelegt, durch die Bevölkerungsimplosion nicht erheblich beeinträchtigt; soweit sie Zuwanderungsgebiete sein werden, werden die Implosionseffekte auch noch stark abgeschwächt. Die Versorgungsniveaus beider Gebietskategorien driften demnach weiter auseinander. Die Bevölkerungsimplosion scheint demnach in ländlichen Räumen einen kumulativen Prozeß nach unten in Gang zu setzen, dessen Kulminationspunkt kaum abzuschätzen ist.

---

[24]) Im Falle geringen Zielerreichungsgrades.
[25]) Im Falle hohen Zielerreichungsgrades.
[26]) So Bevölkerung und Kultur, Wanderungen 1959, hrsg. vom Stat. Bundesamt, S. 18. Zu allgemeinen Aspekten des Problems vgl. PAUL JOST: Die Demographie der Neuen Stadt im Spiegel der Planung. Raumforschung und Raumordnung, 1962, S. 151 ff., sowie Standortentscheidung und Wohnortwahl, a. a. O., S. 73.
[27]) Vgl. auch KARL SCHWARZ: Auswirkungen der Wanderungen auf die altersspezifische Bevölkerungsentwicklung und die Altersstruktur. In diesem Band.

Auswirkungen der Wanderungen auf die Bevölkerungsentwicklung und die Altersstruktur

von

Karl Schwarz, Wiesbaden

I. Vorbemerkungen

Die Bedeutung der Wanderungen für die altersspezifische Bevölkerungsentwicklung kann indirekt gemessen werden, wenn für ein Gebiet Informationen über den Bevölkerungsstand nach dem Alter am Anfang und Ende des Beobachtungszeitraums und Informationen über die Überlebenswahrscheinlichkeiten nach dem Alter zur Verfügung stehen. Bezeichnet man die Bevölkerung (P) nach dem Alter (a) im Zeitpunkt t mit $P_{a,t}$, die Bevölkerung nach dem Alter im Zeitpunkt t+n mit $P_{a,t+n}$ und die Überlebenswahrscheinlichkeiten vom Alter (a) bis zum Alter a+n mit $_nP_a$, ergibt sich für den Zeitraum t bis t+n der Wanderungssaldo der Personen mit dem Alter a im Zeitpunkt t und dem Alter a+n im Zeitpunkt t+n aus

$$P_{a+n, t+n} - (P_{a, t} \cdot {_nP_a}).$$

Entsprechende Berechnungen wurden für zahlreiche Kreise des Bundesgebietes durchgeführt. Dabei wurden herangezogen für

$P_{a,t}$: die Ergebnisse der Volkszählung 1961 (t = 1961)

$P_{a,t+n}$: die Ergebnisse der Bevölkerungsfortschreibung 1971 (t+n = 1971)

und für $_nP_a$ die Ergebnisse der allgemeinen Sterbetafel für das Bundesgebiet 1960/62[1]). Da t und t+n 10 Jahre auseinanderliegen, empfahl es sich, für (a) 10jährige Altersgruppen zu wählen. Es wurde also z. B. ermittelt, wieviele der 1961 vorhandenen 20- bis 29jährigen im Jahre 1971 im Alter von 30 bis 39 Jahren noch am Leben sein müßten und diese Erwartungszahl sodann mit der tatsächlichen Zahl der Lebenden im Alter 30 bis 39 verglichen. Die Differenz ergab den positiven (tatsächliche Zahl höher) oder negativen (tatsächliche Zahl niedriger) Wanderungssaldo der betreffenden Geburtsjahrgangskohorten, im vorliegenden Beispiel der Geburtsjahrgänge 1932 bis 1941.

Die Berechnungsergebnisse ließen vor allem folgende Kreistypen erkennen:

1. Großstädte mit Wanderungsgewinnen in (fast) allen Altersgruppen und zugleich besonders hohen Gewinnen bei den im Jahr 1971 20- bis 29jährigen (z. B. München, vgl. Abb. 1, Nürnberg, vgl. Abb. 8).

---

[1]) Statistisches Bundesamt, Fachserie A, Reihe 2: Allgemeine Sterbetafel für die Bundesrepublik Deutschland 1960/62, Stuttgart und Mainz 1965.

2. Großstadtnahe Landkreise mit Wanderungsgewinnen in allen Altersgruppen und zugleich besonders hohen Gewinnen bei den im Jahr 1971 20- bis 39jährigen (z. B. Landkreise München, vgl. Abb. 2, Nürnberg, vgl. Abb. 7, Hannover, vgl. Abb. 3).

3. Großstädte mit Wanderungsverlusten in fast allen Altersgruppen mit Ausnahme der im Jahr 1971 20- bis 29jährigen (z. B. Hannover, vgl. Abb. 4).

4. Landkreise mit starken Wanderungsverlusten bei den im Jahr 1971 20- bis 29jährigen (z. B. Aschendorf-Hümmling, vgl. Abb. 6).

5. Landkreise mit starken Wanderungsverlusten bei den im Jahr 1971 10- bis 29jährigen und z. T. Wanderungsgewinnen bei den ältesten Personen (z. B. Lüchow-Dannenberg, vgl. Abb. 5).

Die recht unterschiedlichen Beobachtungen gaben im Zusammenhang mit parallel gelaufenen Untersuchungen über die Geburtenhäufigkeit und die Bevölkerungsentwicklung im allgemeinen Veranlassung, einige theoretische und praktische Überlegungen anzustellen, deren Ergebnisse im folgenden dargestellt und erläutert werden.

Dazu war es auch notwendig, Vorausschätzungen der Bevölkerung und Wanderungen durchzuführen, die nach der Methode der geburtsjahrgangsweisen Fortschreibung erfolgten. Um den Rechenaufwand zu minimieren, wurden hierfür wiederum 10 Geburtsjahrgänge zu einer Altersgruppe zusammengefaßt. Daraus folgt zugleich, daß nur Ergebnisse für Zeitabstände von jeweils 10 Jahren anfielen.

Es sei in diesem Zusammenhang erwähnt, daß keinesfalls die Absicht bestand, für das eine oder andere Gebiet echte Prognosen durchzuführen. Es handelt sich immer nur um beispielhafte Modellberechnungen.

II. Ergebnisse der Untersuchung
1. Theoretische Beispiele

Bei der Beurteilung der Bedeutung der Wanderungen für die Bevölkerungsentwicklung werden die indirekten Auswirkungen der Wanderungen auf die natürliche Bevölkerungsentwicklung häufig übersehen. Hat ein Gebiet einen Wanderungsverlust (-gewinn) von z. B. 1000 Personen, geht man in der Regel davon aus, daß die Bevölkerung auch langfristig um 1000 Personen abnimmt (zunimmt). Das trifft jedoch nur für den Extremfall zu, daß die Altersgliederung des Wanderungssaldos der Altersgliederung einer stationären Sterbetafelbevölkerung entspricht und die Wanderungsbevölkerung den Nettoreproduktionsindex 1 aufweist, also gerade so viele Kinder hat, wie zu ihrer Bestandserhaltung erforderlich sind.

Alle anderen Fälle wollen wir an folgenden Modellbeispielen untersuchen:

1. Der Wanderungssaldo umfaßt nur Personen, die keine Kinter mehr haben werden.

2. Der Wanderungssaldo umfaßt nur Personen, die noch keine Kinder haben.

3. Der Wanderungssaldo umfaßt sowohl Personen, die noch keine Kinder haben als auch Personen, deren Kinder zum Teil schon geboren sind.

In allen drei Beispielen gehen wir davon aus, ein Gebiet habe die folgende Ursprungsbevölkerung von insgesamt 1000 Personen:

Alter in Jahren	Bevölkerung
0— 9	141
10—19	140
20—29	138
30—39	136
40—49	132
50—59	122
60—69	102
70—79	65
80—89	22
90 u. mehr	2
Insgesamt	1000

Ihre Altersgliederung entspricht derjenigen einer Sterbetafelbevölkerung mit einer Lebenserwartung von rd. 70 Jahren.

Außerdem betrage in den Beispielen der Wanderungssaldo alle 10 Jahre 100 bzw. 50 Personen und der Nettoreproduktionsindex dieser Wanderungsbevölkerungen 1.

Beispiel 1:

Wir betrachten einen Zeitraum von 30 Jahren, in dem der positive oder negative Wanderungssaldo der 50- bis 59jährigen alle 10 Jahre 100 Personen betragen soll. Es ergibt sich dann (nach der Sterbetafel 1960/62 und unter der Annahme, daß die Wanderungsbevölkerung im Wanderungszeitraum nur 5 Jahre unter Beobachtung steht) folgende Entwicklung der Wanderungsbevölkerung:

Jahre der Wanderung	Wanderungsbevölkerung im Jahr		
	10	20	30
1—10	93	59	19
11—20		93	59
21—30			93
Zusammen	93	152	171

Obwohl der Wanderungssaldo der 50- bis 59jährigen in 30 Jahren 300 Personen beträgt, macht die Wanderungsbevölkerung nach 30 Jahren nur 171 Personen aus.

Unsere Ursprungsbevölkerung von 1000 Personen würde also bei einem positiven Saldo nicht auf 1300, sondern nur auf 1171 zunehmen und bei einem negativen Saldo nicht auf 700, sondern lediglich auf 829 abnehmen.

Für die Altersgliederung der Bevölkerung ergeben sich, gemessen am Prozentanteil der über 50jährigen, folgende Auswirkungen:

Ursprungsbevölkerung:	31,3;
Nach 30 Jahren:	
plus 171 über 50jährige	41,3 bzw.
minus 171 über 50jährige:	17,1.

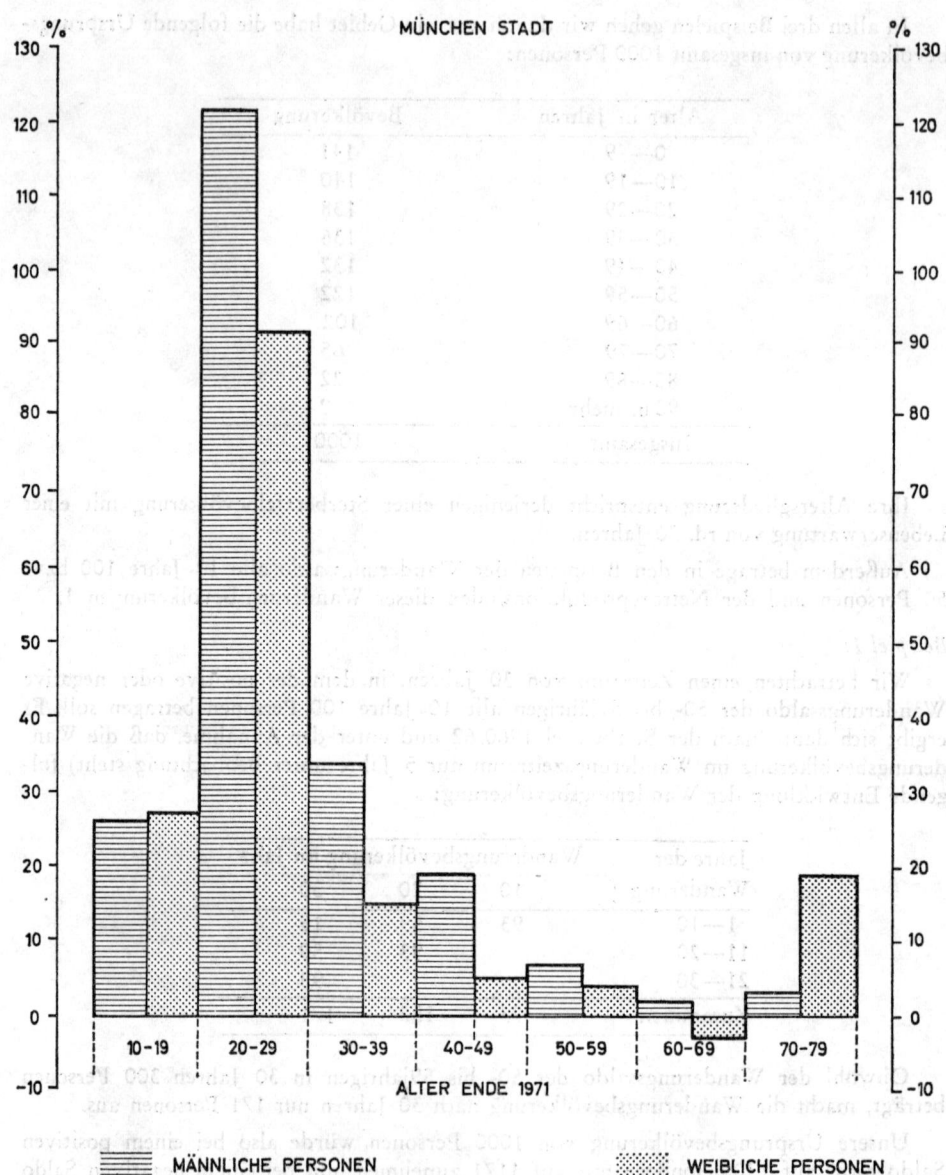

Abbildung 1

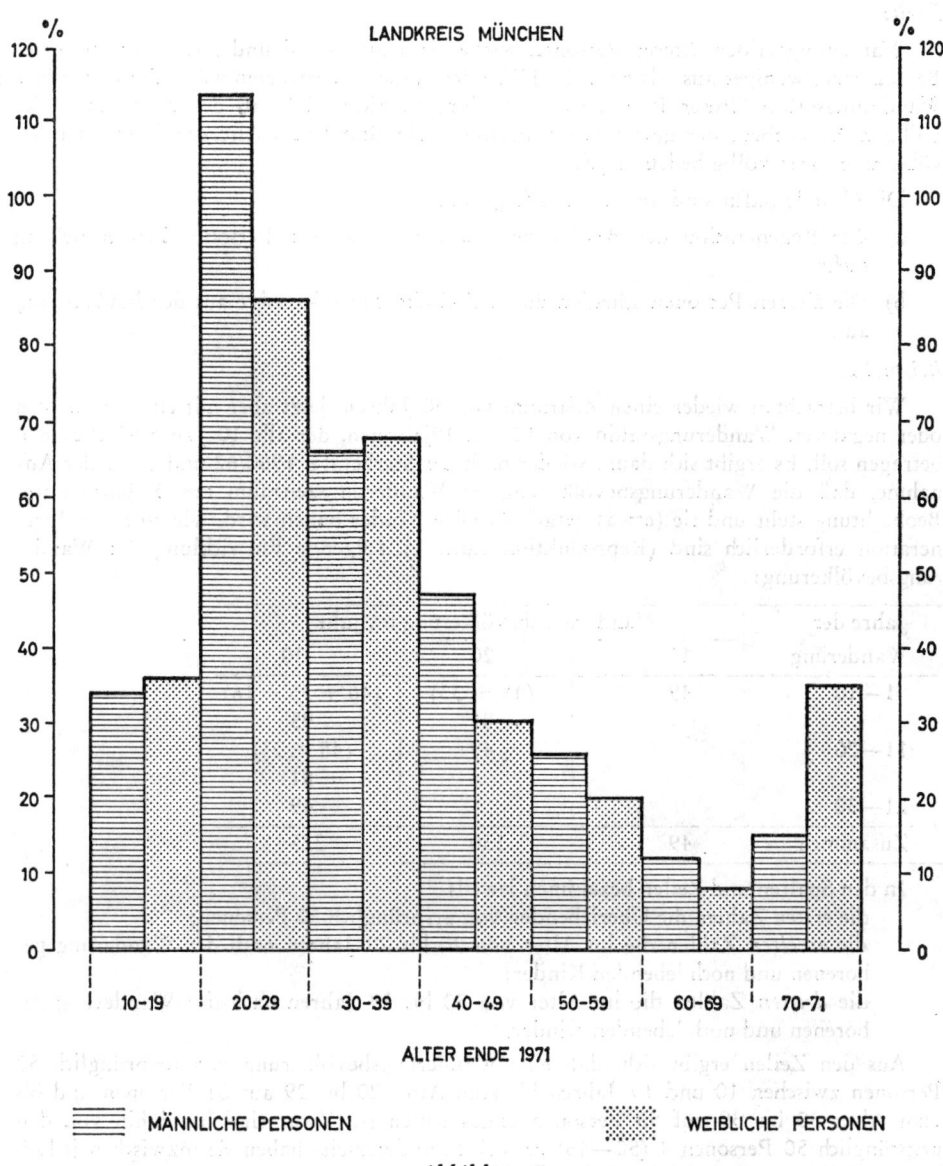

Abbildung 2

Fazit:

Wanderungssalden älterer Personen wirken sich auf Stand und Altersstruktur einer Bevölkerung weniger aus, als nach der Höhe der Salden zu erwarten wäre. Ein einmaliger Wanderungssaldo älterer Personen ist auf längere Sicht, d. h. ab des Zeitpunktes des völligen Aussterbens der gewanderten Personen, für Stand und Altersstruktur einer Bevölkerung sogar völlig bedeutungslos.

Die Gründe dafür sind, fast trivial, folgende:

a) Zur Regeneration der Bevölkerung leisten die älteren Personen keinen Beitrag mehr.

b) Die älteren Personen scheiden durch Tod ohnehin sukzessive aus der Bevölkerung aus.

Beispiel 2:

Wir betrachten wieder einen Zeitraum von 30 Jahren, jetzt aber mit einem positiven oder negativen Wanderungssaldo von 10- bis 19jährigen, der alle 10 Jahre 50 Personen betragen soll. Es ergibt sich dann, wieder nach der Sterbetafel 1960/62 und unter der Annahme, daß die Wanderungsbevölkerung im Wanderungszeitraum nur 5 Jahre unter Beobachtung steht und sie (etwa) gerade so viele Kinder haben wird, wie zu ihrer Regeneration erforderlich sind (Reproduktionsindex 1), folgende Entwicklung der Wanderungsbevölkerung:

Jahre der Wanderung	Wanderungsbevölkerung im Jahr		
	10	20	30
1—10	49	(48 + 33) = 81	(46 + 33 + 16) = 95
11—20		49	(48 + 33) = 81
21—30			49
Zusammen	49	130	225

In den Spalten und Zeilen bezeichnen jeweils

die *ersten* Zahlen die Überlebenden von ursprünglich 50 Personen;

die *zweiten* Zahlen die im Alter von 20 bis 29 Jahren nach der Wanderung geborenen und noch lebenden Kinder;

die *dritten* Zahlen die im Alter von 30 bis 39 Jahren nach der Wanderung geborenen und noch lebenden Kinder.

Aus den Zeilen ergibt sich, daß eine Wanderungsbevölkerung von ursprünglich 50 Personen zwischen 10 und 19 Jahren bis zum Alter 20 bis 29 auf 81 Personen und bis zum Alter 30 bis 39 auf 95 Personen angewachsen ist. Zwar sind bis dahin von den ursprünglich 50 Personen 4 (50—46) gestorben, andererseits haben sie inzwischen jedoch jeweils 49 (33 + 16) noch lebende Kinder bekommen.

Theoretisch läßt sich nachweisen, daß eine Bevölkerung, die noch nicht im Fortpflanzungsalter steht, eine Lebenserwartung der Neugeborenen von 70 Jahren hat und bei einer Nettoreproduktionsziffer 1 ihre Kinder im Alter von durchschnittlich 28 Jahren bekommt, auf lange Sicht um das

$$\frac{70}{28} = 2{,}5 \text{fache}$$

zunimmt.

In unserem Beispiel eines Wanderungssaldos von 50 Personen im Alter 10 bis 19 alle 10 Jahre hat die Wanderungsbevölkerung nach 30 Jahren nicht um 3 · 50 = 150, sondern um 95 + 81 + 49 = 225 zugenommen.

Die Altersgliederung der Ursprungsbevölkerung sieht *nach 30 Jahren* wie folgt aus:

Alter in Jahren	Bevölkerung					
	ohne Wanderungen		mit Wanderungsgewinn 150		mit Wanderungsverlust 150	
	Anzahl	%	Anzahl	%	Anzahl	%
0— 9	141	14,1	190	15,5	92	11,9
10—19	140	14,0	222	18,1	58	7,5
20—29	138	13,8	186	15,2	90	11,6
30—39	136	13,6	182	14,9	90	11,6
40—49	132	13,2	132	10,8	132	17,0
50—59	122	12,2	122	10,0	122	15,7
60—69	102	10,2	102	8,3	102	13,2
70—79	65	6,5	65	5,3	65	8,4
80—89	22	2,2	22	1,8	22	2,8
90 u. dar.	2	0,2	2	0,2	2	0,3
Insgesamt	1000	100	1225	100	775	100

Bei einem Wanderungsgewinn (-verlust) erhöhen (vermindern) sich Anzahl und Anteil der jüngeren Personen. Die Anzahl der älteren Personen über 59 kann in unserem Beispiel erst nach 60 Jahren zunehmen (abnehmen), wenn die Wanderungsbevölkerung des 1. Jahrzehnts so alt ist, der Prozentanteil der älteren Personen nimmt sofort ab (zu).

Fazit:

Handelt es sich beim Wanderungssaldo um junge Personen, insbesondere solche, die noch keine Kinder haben, wirkt er sich auf Stand und Altersstruktur einer Bevölkerung viel stärker aus als nach der Höhe der Salden zu erwarten wäre.

Kontinuierliche Wanderungs*gewinne* an jungen Leuten haben eine über die Gewinne hinausgehende Bevölkerungszunahme zur Folge, weil sich mit der Zunahme der Zahl der jungen Leute auch die Zahl der Geburten bzw. Kinder vergrößert. Der Prozentanteil der älteren Personen vermindert sich zugusten der jüngeren. Bezogen auf die Personen im Erwerbsalter wird die „Belastung" durch noch nicht erwerbstätige Kinder größer, die „Belastung" durch nicht mehr erwerbstätige ältere Leute entsprechend kleiner.

Kontinuierliche Wanderungs*verluste* an jungen Leuten haben eine über die Verluste hinausgehende Bevölkerungsabnahme zur Folge, weil sich mit der Abnahme der Zahl der jungen Leute auch die Zahl der Geburten bzw. Kinder verkleinert. Der Prozentanteil der Kinder vermindert sich zugunsten der älteren Personen. Bezogen auf die Personen im Erwerbsalter wird die „Belastung" durch noch nicht erwerbstätige Kinder kleiner, die „Belastung" durch nicht mehr erwerbstätige ältere Leute entsprechend größer.

Die Gründe hierfür sind folgende:

a) Bei der Beurteilung der Auswirkungen des Effekts einer Zu- oder Abwanderung jüngerer Leute ist zu bedenken, daß sie noch Kinder und Enkel haben werden, aus *einer* Generation also allmählich mehrere nebeneinander lebende Generationen werden. Es ist also die potentielle Nachkommenschaft mit in Betracht zu ziehen.

b) Die Auswirkungen positiver Salden jüngerer Leute sind ähnlich wie bei einer Bevölkerung mit hoher über dem Bestandserhaltungsminimum liegender Fruchtbarkeit, die Auswirkungen negativer Salden ähnlich wie bei einer Bevölkerung mit niedriger, unter dem Bestandserhaltungsminimum liegender Fruchtbarkeit.

Beispiel 3:
In einem Zeitraum von 30 Jahren soll der positive oder negative Wanderungssaldo, wie im Beispiel 2, alle 10 Jahre 50 betragen, davon

0 bis 9jährige: 13
20 bis 29jährige: 37.

Bei den 0 bis 9jährigen soll es sich um die Kinder der 20- bis 29jährigen handeln.
Es ergibt sich dann, wieder nach den Annahmen in Beispiel 2, folgende Entwicklung der Wanderungsbevölkerung:

Alter in Jahren	Wanderungsbevölkerung im Jahr		
	10	20	30
Wanderungsjahre 1—10			
0— 9	13 + 13 = 26	12	18
10—19	—	26	12
20—29	37	—	26
30—39		36	—
40—49			35
Zusammen	63	74	91
Wanderungsjahre 11—20			
0— 9		13 + 13 = 26	12
10—19		—	26
20—29		37	—
30—39			36
Zusammen		63	74
Wanderungsjahre 21—30			
0— 9			13 + 13 = 26
10—19			—
20—29			37
Zusammen			63
Alle Wanderungsjahre			
0— 9	26	38	56
10—19	—	26	38
20—29	37	37	63
30—39		36	36
40—49			35
Insgesamt	63	137	228

Wieder tritt, wie im Beispiel 2, und aus den gleichen dort genannten Gründen eine starke Zunahme der Wanderungsbevölkerung ein. Die Zahl der in den ersten 10 Jahren Gewanderten erhöht sich von ursprünglich 13 + 37 = 50 durch das Hinzukommen der Neugeborenen (13 + 12 + 18 = 43), saldiert mit 2 Gestorbenen innerhalb von 30 Jahren auf 91 und aus insgesamt 150 Gewanderten in 30 Jahren sind am Ende des 30jährigen Zeitraums 228 Personen geworden. Entsprechend muß die Ursprungsbevölkerung bei positiven (negativen) Wanderungssalden zu- (ab-) nehmen. Das beim Beispiel 2 zur Veränderung der Altersgliederung der Ursprungsbevölkerung Gesagte trifft für das Beispiel 3 ebenfalls zu, weil die Bevölkerung des Beobachtungsgebietes ständig um Kinder und junge Leute vermehrt (vermindert) wird.

Zieht man nur die in den ersten 10 Jahren Gewanderten in die Betrachtung ein, und faßt man die Zahlen hierfür als Ergebnis einer einmaligen Zuwanderung auf, so ist noch auf folgendes hinzuweisen:

a) Die Zahl der Kinder entwickelt sich im Jahresabstand der Eltern-Kinder-Generation etwa 30 bis 40 Jahre lang wellenförmig.

b) Die Zahl der Personen mittleren und höheren Alters wird immer größer, wodurch beträchtliche Veränderungen des Altersaufbaues eintreten.

c) Nach etwa 60 Jahren hat die Zahl der ursprünglich 50 Gewanderten auf rd. 125 zugenommen und bleibt dann konstant.

2. *Praktische Beispiele*

Die beschriebenen Modelle sind nicht nur theoretisch interessant, sondern haben auch große praktische Bedeutung. Wir geben hierzu eine Reihe von Beispielen mit tatsächlich beobachteten Zahlen.

Beispiel 1:

Für den *Landkreis Hannover* ergab sich im Zeitraum 1961—1971 folgender Zuwanderungsüberschuß in 1000 Personen:

Alter in Jahren Ende 1971	Zuwanderungsüberschuß in 1000
0— 9	13
10—19	6
20—29	12
30—39	14
40—49	7
50—59	4
60—69	3
70—79	3
80—89	1
Zusammen	63

Die bis Ende 1971 geborenen Kinder (ca. 7000) der Wanderungsbevölkerung sind dabei schätzungsweise ermittelt worden und in der Zahl 13 000 für die 0- bis 9jährigen und in der Endsumme enthalten. Für Ende 1971 beträgt der Wanderungssaldo einschl. der Neugeborenen und abzüglich der bis 1971 gestorbenen Zuwanderer aus den Jahren 1961—1971 rd. 63 000, ohne die nach der Zuwanderung Geborenen ca. 56 000. Dem Alter nach handelt es sich um eine Bevölkerung junger Familien (über 40 % 20- bis 39jährige) mit vielen Kleinkindern, aber relativ wenig älteren Leuten (nur rd. 11 % über 60jährige).

Wir finden ähnliche Altersgliederungen vor allem in *Neubaugebieten*. Unser Beispiel kann daher dazu dienen, zu untersuchen, wie sich eine Bevölkerung dieser Altersstruktur in einem solchen Gebiet weiterentwickeln wird. Dabei gehen wir davon aus, daß unser Neubaugebiet nicht erweitert werden kann.

Zunächst stellen wir fest, daß unsere Bevölkerung wächst, obwohl unterstellt wurde, daß die Familien im Durchschnitt nur etwas über 2 Kinder haben (Nettoreproduktionsindex 1). In 10 Jahren hat sie von 63 000 auf 65 000, in 20 Jahren auf 69 000 und in 30 Jahren auf 71 00 zugenommen, erst danach bleibt sie etwa konstant.

Es sollen für die ursprünglich 63 000 Personen 21 000 Wohnungen mit einer Durchschnittsbelegung von 3 Personen gebaut worden sein. Da wir nach 30 Jahren jedoch 71 000 Personen haben, müssen die Wohnungen entweder enger belegt werden oder ein Teil der Personen muß ausziehen.

Andere damit z. T. zusammenhängende Probleme ergeben sich aus den Veränderungen der Altersstruktur. Sie entwickelt sich hinsichtlich der Kinder wie folgt (in 1000):

Alter in Jahren	In den ersten Jahren des Zuzugs	Nach ... Jahren		
		10	20	30
0— 9	13	8	11	10
10—19	6	13	8	11
Zusammen	19	21	19	21

Danach wird sich nach mehreren Jahren herausstellen, daß zu viele Kindergartenplätze und Plätze in der Grundschule vorhanden sind, aber Plätze für Hauptschüler, Realschüler und Gymnasiasten fehlen. Wieder mehrere Jahre später wird es umgekehrt sein. Erst nach etwa 50 Jahren ist eine Stabilisierung bei knapp 10 000 Personen im Alter von 0 bis 9 und nochmals knapp 10 000 im Alter von 10 bis 19 eingetreten.

Die Zahl der 20- bis 59jährigen entwickelt sich weniger unstetig wie folgt:

In den ersten Jahren des Zuzugs:	37 000;
Nach 10 Jahren:	38 000;
Nach 20 Jahren:	43 000;
Nach 30 Jahren:	37 000.

Anschließend verharrt sie bei etwa 38 000.

Damit wird auch die Zahl der Erwerbspersonen einigermaßen stabil bleiben.

Die Zahl der über 60jährigen nimmt jedoch auf folgende Zahlen stark zu:

In den ersten Jahren des Zuzugs:	7 000;
Nach 10 Jahren:	6 000;
Nach 20 Jahren:	9 000;
Nach 30 Jahren:	16 000.

Schließlich stabilisiert sie sich bei etwa 17 000.

Mit der Zeit würden also die Wohnungen zunehmend von alten Leuten belegt sein, oder die alten Leute wandern aus ihrer gewohnten Umgebung ab. Bleiben sie, wird es nötig werden, Alteneinrichtungen zu schaffen. Zugleich würde dann ein Teil der Einrichtungen für Kinder, wegen der Abwanderung junger Leute, überflüssig werden.

Anpassen an die sich laufend verändernde Bevölkerungsstruktur müßte sich auch das Angebot an sonstigen Dienstleistungen. Die erst nach langer Zeit zu erwartende Herausbildung einer normalen Bevölkerungsstruktur wird voraussichtlich auch verhindern, daß sich die damit zusammenhängenden sozialen Strukturen frühzeitig stabilisieren.

So gesehen erscheint es sinnvoll, bei der Schaffung neuer Wohngebiete von vornherein eine Wohnbevölkerung mit ausgeglichener Altersgliederung anzustreben.

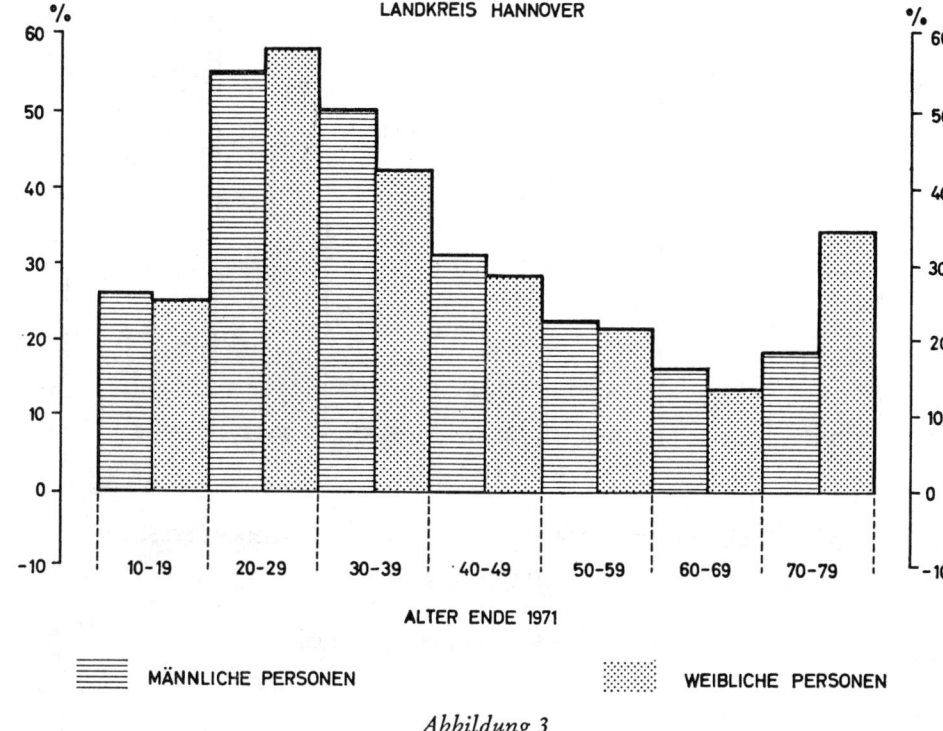

Abbildung 3

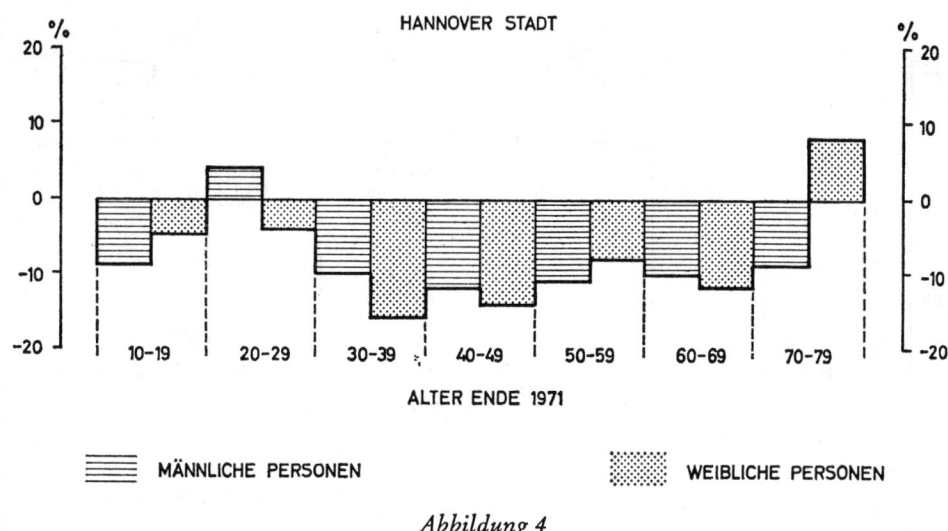

Abbildung 4

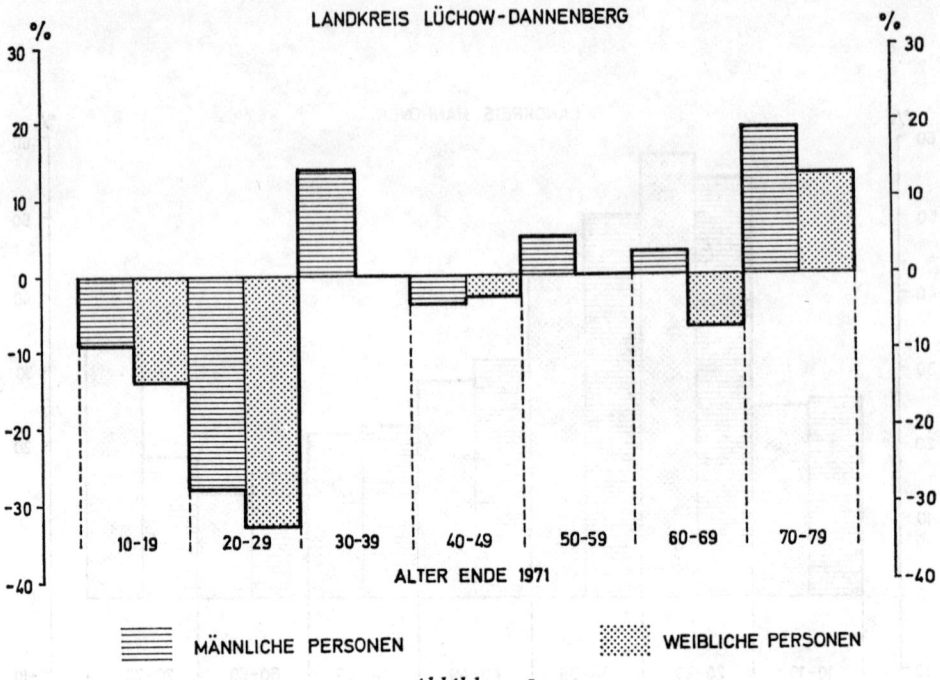

Abbildung 5

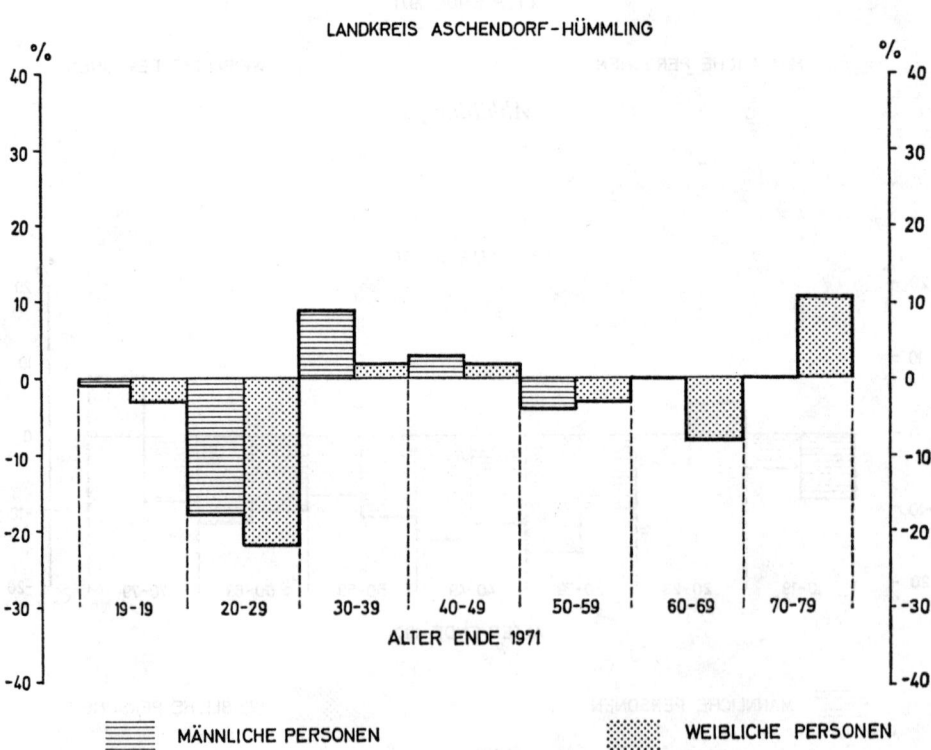

Abbildung 6

Beispiel 2:
Wir benutzen das Altersgliederungsmodell des Wanderungsgewinns 1961/71 im Landkreis Hannover weiter, wollen jetzt aber prüfen, welche Bedeutung es für eine *Stadt* von beispielsweise 10 000 Einwohnern hat, die sich innerhalb von 20 Jahren *durch Zuwanderung* auf 20 000 Einwohner *vergrößern* soll. Werden zur Erfüllung dieses Ziels jährlich 500 Personen aufgenommen, haben wir in den 20 Jahren zwar einen Wanderungsgewinn von 10 000, aber — wegen des Geburtenüberschusses der Wanderungsbevölkerung — einen Geburtenzuwachs von über 11 000. Im einzelnen entwickelt sich die Bevölkerung unserer Gemeinde auch in den weiteren Jahrzehnten, in denen keine Zuwanderung und weitere Vergrößerung mehr beabsichtigt sein soll, beim Nettoreproduktionsindex 1 wie folgt:

Jahr	Bevölkerung
0	10 000
10	15 600
20	21 400
30	21 900
40	22 500
50	22 700
60	22 600

Danach nimmt die Bevölkerung also nicht um 10 000, sondern um 12 600, d. h. um rd. 25 % mehr zu als beabsichtigt war. Um 20 000 Einwohner zu erreichen hätte nach den sonstigen Annahmen bereits ein Wanderungsgewinn von knapp 8 000 in 20 Jahren oder jährlich 400 genügt. Allerdings wäre dann das Ziel von 20 000 Einwohnern nicht schon nach 20, sondern erst nach etwa 50 Jahren erreicht worden.

Bei der Aufstellung von Bevölkerungsentwicklungszielen, die nur durch Wanderungen erreicht werden können, ist demnach sorgfältig zu prüfen, welche indirekten Auswirkungen die erwarteten Wanderungen auf die Bevölkerungsentwicklung voraussichtlich haben werden. Sind die Wandernden, wie das in der Regel der Fall ist, vorwiegend jüngere Leute, muß deren Geburtenüberschuß mit in Betracht gezogen werden. Außerdem werden sich beträchtliche Änderungen der Altersgliederung wie im Beispiel 1 ergeben.

Beispiel 3:
Im folgenden wollen wir die Auswirkungen fortgesetzter starker *Wanderungsverluste an jüngeren Leuten* am Beispiel des Landkreises Lüchow-Dannenberg untersuchen. Dabei gehen wir von 1000 Personen mit der Altersgliederung der Bevölkerung unseres Landkreises 1971 aus, die wie folgt aussieht:

Alter in Jahren	Bevölkerung
0—9	155
10—19	150
20—29	94
30—39	122
40—49	118
50—59	108
60—69	134
70—79	91
80—89	26
90 und darüber	2
Insgesamt	1000

Als Folge vorangegangener Wanderungen ist eine starke Lücke bei den 20- bis 29-jährigen vorhanden und der Anteil der älteren Personen trotz vieler Kinder hoch. Das bewirkt, auch bei einem Reproduktionsindex von 1,3 (etwa 2- bis 3-Kinder-Familien), von dem wir auch für die Zukunft ausgehen wollen, schon im Basisjahr ein Geburtendefizit.

Wir wollen nunmehr prüfen, welche Bevölkerungsentwicklung sich ergibt, wenn von folgenden für 1961/71 beobachteten altersspezifischen Wanderungssalden ausgegangen wird:

Alter in Jahren	Wanderungssaldo in % der Bevölkerung 10 Jahre zuvor
0— 9	— 8
10—19	— 30
20—29	—
30—39	— 4
40—49	—
50—59	—
60—69	— 15
70 u. dar.	—

In einer zweiten Berechnung wird von der Hälfte dieser Salden ausgegangen.

Es ergibt sich dann, wenn wir für das Basisjahr 1000 Personen annehmen, folgende Bevölkerungsentwicklung:

Jahr	Bevölkerung bei	
	Wanderungssaldo 1961/72	½ Wanderungssaldo 1961/72
1971	1000	1000
1981	925	976
1991	850	960
2001	786	924

Auch bei einer Halbierung des Wanderungssaldos würde also die hohe Fruchtbarkeit der Bevölkerung nicht ausreichen, um die Abwanderungsverluste auszugleichen. Da eine Bevölkerung mit dem Reproduktionsindex 1,3 ein Wachstumspotential aus der natürlichen Bevölkerungsbewegung von ungefähr 10 % in 10 Jahren hat, dürfte zur Erhaltung des Bevölkerungsstandes auf lange Sicht der Wanderungsverlust bei den nachwachsenden jungen Leuten in 10 Jahren nur 10 % betragen; zwischen 1961 und 1971 lag er aber bei 30 %.

Im übrigen würde selbst ein Wanderungssaldo Null in allen Altersgruppen wegen der bisherigen Wanderungsverluste an jungen Leuten bis 1981 noch nicht zu einer Bevölkerungszunahme führen. Nach 30 Jahren würde die Bevölkerung auch nicht, dem Reproduktionsindex entsprechend, um etwa 30 %, sondern erst um rd. 15 % zugenommen haben.

Die Altersgliederung mit rd. 30 % unter 20jährigen, 45 % 20- bis 59jährigen und 25 % über 60jährigen ändert sich bei der ersten Wanderungsannahme (Abwanderung wie 1961/71) nur wenig. Sie bleibt wie bei einer Bevölkerung mit gleichbleibendem Geburtendefizit ziemlich stabil. Bei der zweiten Annahme (Hälfte der Abwanderung 1961/71) verkleinert sich der Anteil der älteren Leute zugunsten der Personen mittleren Alters. Würde jedoch überhaupt keine Abwanderung mehr erfolgen, müßte sich nach längerer Zeit eine Bevölkerung herausbilden, die stark wächst und etwa 35 % unter 20jährige, 50 % 20- bis 59jährige und nur noch 15 % über 60jährige hat. Zugleich würde der Anteil der Erwerbspersonen stark zunehmen und müßten für diesen Zuwachs neue Arbeitsplätze geschaffen werden.

Beispiel 4:

Bei dem Beispiel einer Bevölkerung mit der Altersgliederung im Landkreis Lüchow-Dannenberg handelte es sich um den Fall, daß schon die *Basisbevölkerung altersmäßig durch vorangegangene Wanderungen „deformiert" war*. Ohne frühere Wanderungen hätte sich beim Reproduktionsindex 1,3 und einer Lebenserwartung von 70 Jahren ungefähr folgende Altersgliederung ergeben müssen:

Alter in Jahren	Bevölkerung
0— 9	188
10—19	168
20—29	148
30—39	128
40—49	118
50—59	98
60—69	80
70—79	50
80—89	20
90 und darüber	2
Insgesamt	1 000

Nimmt man für eine solche Bevölkerung in Zukunft das Wanderungsdefizit 1961/71 von Lüchow-Dannenberg an, ergibt sich bei unveränderter Geburtenhäufigkeit folgende Bevölkerungsentwicklung:

Jahr	Bevölkerung
1971	1 000
1981	1 000
1991	980
2001	950
2011	900

Der Bevölkerungsrückgang ist in diesem Fall im ganzen wesentlich geringer als im Beispiel 3, beschleunigt sich aber mit der Zeit, weil ständig erheblich mehr junge Menschen abwandern als Neugeborene nachwachsen. Zugleich treten folgende Veränderungen der Altersgliederung ein:

Alter in Jahren	1971	1991	2011
0—19	35	33	32
20—59	50	50	46
60 u. dar.	15	17	22
	100	100	100

Der Anteil der Kinder nimmt ab, derjenige der alten Leute stark zu.

Beispiel 5:

In vielen größeren Städten und stadtnahen Landkreisen reichen heute die Kinderzahlen zur *Bestandserhaltung* der Bevölkerung nicht mehr aus. Soll der Bevölkerungsstand erhalten bleiben, muß also eine Zuwanderung stattfinden. Wir wählen als Beispiel die Stadt *Nürnberg*, wo zur Bestandserhaltung der Bevölkerung aus Geburten und Sterbefällen auf lange Sicht (wie in den meisten anderen Großstädten) z. Z. rd. ein Drittel der Kinder fehlt.

Bezogen auf 1000 Personen sah die Altersgliederung von Nürnberg 1971 etwa wie folgt aus:

	Bevölkerung
0— 9	119
10—19	113
20—29	146
30—39	156
40—49	129
50—59	115
60—69	129
70—79	73
80—89	19
90 u. darüber	1
Insgesamt	1 000

Nach den Annahmen über die Geburtenhäufigkeit wäre bei einer Lebenserwartung von rd. 70 Jahren und ohne Zu- und Fortzüge folgende Bevölkerungsentwicklung zu erwarten:

```
1971:           1 000;
1981:             942;
1991:             870;
2001:             799;
2011:             722;
2021:             637.
```

Es findet demnach ein beträchtlicher und mit der Zeit wachsender Bevölkerungsrückgang bis auf 64 % des Ausgangsbestandes nach 50 Jahren statt.

Wir wollen nunmehr annehmen, folgender 1961/71 für Nürnberg beobachtete Wanderungssaldo (reduziert auf eine Bevölkerung von 1000 Personen) bestehe auch in Zukunft:

Alter in Jahren	Wanderungssaldo
0— 9	18
10—19	14
20—29	30
30—39	12
40—49	—
50—59	—
60—69	— 6
70—79	4
80 u. darüber	—
Zusammen	72

Abbildung 7

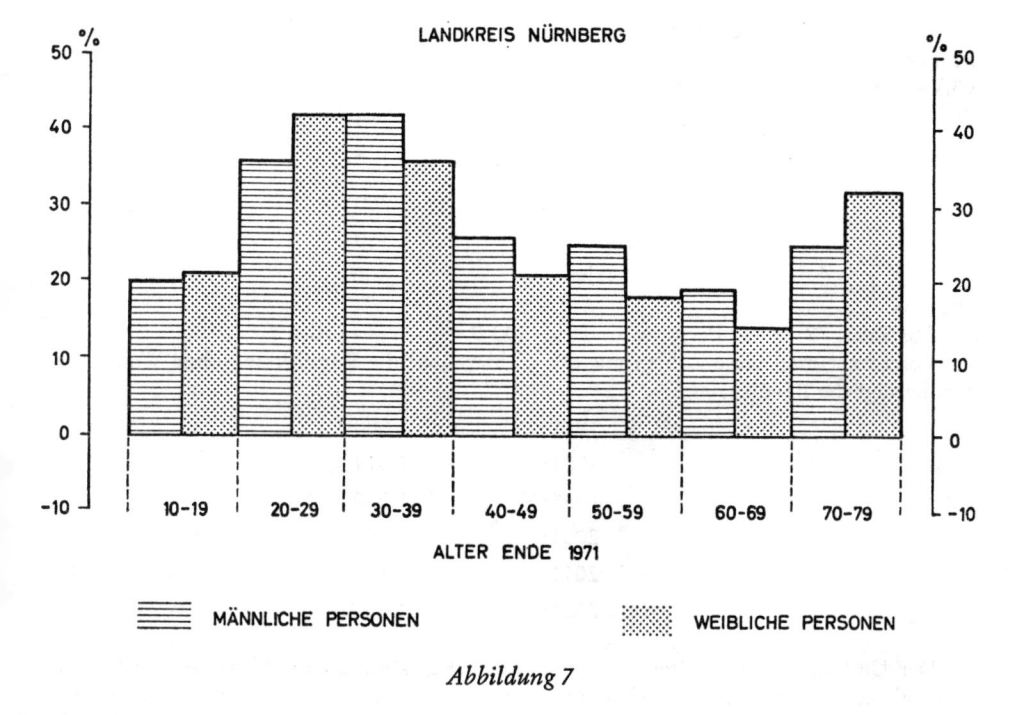

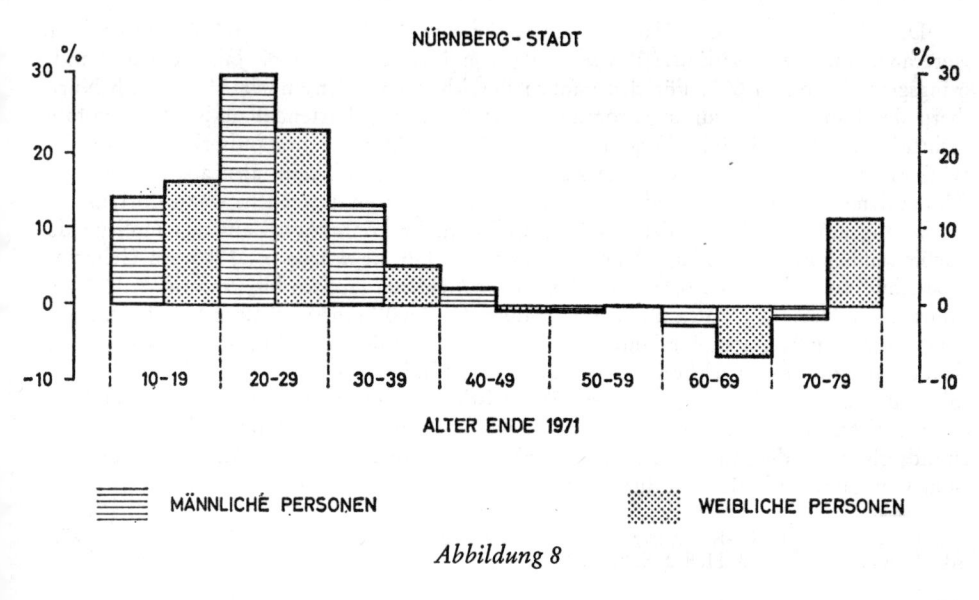

Abbildung 8

Dann entwickelt sich diese Wanderungsbevölkerung, wenn alle 10 Jahre (per Saldo) 72 Personen zuziehen, unter sonst gleichen Annahmen wie für die nichtgewanderte Bevölkerung wie folgt:

Bestand nach 10 Jahren:	72;
20 Jahren:	160;
30 Jahren:	260;
40 Jahren:	380;
50 Jahren:	500.

Aus 5 mal 72 = 360 Personen sind also 500 Personen geworden.

Verrechnet man diese Zahlen mit den Zahlen über die Entwicklung ohne Wanderungen, beträgt die Bevölkerung:

1971:	1 000;
1981:	1 014;
1991:	1 030;
2001:	1 059;
2011:	1 102;
2021:	1 137.

Der Umfang und die Altersstruktur des bisherigen Wanderungsgewinns würden also mehr als ausreichen, um die Geburtendefizite auszugleichen. Es würde zur Bestandserhaltung genügen, wenn der Wanderungsgewinn in der Altersstruktur von 1961/71 in 10 Jahren nicht 72, sondern nur 63 oder in 50 Jahren nicht 360, sondern nur 315 beträge. Das hängt damit zusammen, daß es sich im Beispiel Nürnberg um eine relativ junge Wanderungsbevölkerung handelt, die einen Geburtenüberschuß hat, obwohl (nach den Annahmen) je Famile im Durchschnitt nur etwa 1,5 Kinder geboren werden.

Der Wanderungssaldo 63 in 10 Jahren für eine Bevölkerung von 1000 ergibt, hochgerechnet auf die tatsächliche Bevölkerung von Nürnberg, alle 10 Jahre einen Wanderungsgewinn von 31 000. Für den ganzen Bereich der Gebietseinheit 31 Ansbach-Nürnberg des Bundesraumordnungsprogramms beträgt das Geburtendefizit bis 1985 voraussichtlich 60 000[2]), für Nürnberg selbst etwa 45 000. Der zur Bestandserhaltung der Bevölkerung Nürnbergs erforderliche Zuwanderungsüberschuß kann also aus dem näheren Umland mit einem Geburtendefizit von 15 000 nur gespeist werden, wenn dort die Bevölkerung um rd. 60 000 oder um 6 % abnimmt. Er könnte auch aus den umliegenden Gebietseinheiten 22, 23, 30, 32 und 35 kommen. Für sie wurde bis 1985 ein Geburtenüberschuß von rd. 60 000 berechnet. Aus diesen Gebieten müßten bis 1985 rd. 45 000 Personen nach Nürnberg abwandern, damit dort die Bevölkerung erhalten bleibt. Das setzt aber, wenn im weiteren Umland kein Bevölkerungsrückgang erfolgen soll, voraus, daß keine Abwanderung nach sonstigen Gebieten stattfindet. Letzteres erscheint aber im Hinblick auf die Anziehungskraft anderer bayerischer Agglomerationen mit Geburtendefizit unrealistisch. Infolgedessen müßten wohl, wie das schon 1961/71 der Fall war, zur Bestandserhaltung der Einwohnerzahl Nürnbergs in großem Umfang Ausländer oder Personen aus anderen Teilen des Bundesgebietes aufgenommen werden.

---

[2]) W. LINKE und G.-R. RÜCKERT: Voraussichtliche Bevölkerungsentwicklung bis 1985. Wirtschaft und Statistik 1973, Heft 2, S. 82 ff.

Nach den Altersanteilen würde sich die Bevölkerung von Nürnberg ohne Wanderungen wie folgt entwickeln:

Alter in Jahren	1971	1981	2001	2021
0—10	23	22	20	19
20—59	55	56	55	53
60 u. darüber	22	22	25	28
Insgesamt	100	100	100	100

Der Prozentanteil der Kinder und Jugendlichen nimmt also stark ab, derjenige der älteren Bevölkerung noch stärker zu, während der Anteil der mittleren Altersgruppe fast konstant bleibt. Nimmt man dagegen an, daß die 1961/71 beobachtete Zuwanderung nach Umfang und Altersgliederung anhält, ergibt sich folgende Altersgliederung:

Alter in Jahren	1971	1981	2001	2021
0—19	23	24	24	24
20—59	55	56	57	57
60 u. darüber	22	20	19	19
Insgesamt	100	100	100	100

Das heißt, der Anteil der Jungen bleibt konstant, der Anteil der Alten nimmt leicht ab und der Anteil der mittleren Gruppe zu. Die Zuwanderung würde also in Nürnberg für eine Verbesserung der Altersstruktur zugunsten der Personen im erwerbsfähigen Alter sorgen, in den Abwanderungsgebieten für eine entsprechende Verschlechterung.

Beispiel 6:

Als letztes Beispiel sei *Hamburg* gewählt, wo bis zum Jahr 2000 ein Geburtendefizit von rd. 390 000 Personen zu erwarten wäre, wenn weder Zu- noch Abwanderung erfolgt[3]. Man könnte annehmen, daß (per Saldo) alle 10 Jahre 130 000 Personen zuwandern müßten, um dieses Defizit auszugleichen. Unterstellen wir jedoch, daß es sich nur um junge Leute handelt, von denen ein Viertel 15- bis 20jährig und drei Viertel 20- bis 29jährig sind, und nehmen wir weiter an, daß sie im Durchschnitt der Männer oder Frauen zwei Kinder haben werden, genügt zum Ausgleich des Geburtendefizits eine Zuwanderung von knapp 80 000 in 10 und von 240 000 in 30 Jahren. Für die Herkunftsgebiete der 240 000 Abwanderer würde sich selbstverständlich (einschl. des Geburtenüberschusses der Abwanderer) ein Verlust von 390 000 Menschen ergeben.

Wir wollen nun weiter annehmen, alle 240 000 Personen kämen aus Schleswig-Holstein und Niedersachsen. Dann müßte hier die Bevölkerung ohne Zuwanderung aus anderen Teilen des Bundesgebietes in 30 Jahren um mindestens 390 000 abnehmen; denn sowohl in Schleswig-Holstein als auch in Niedersachsen sind Geburtendefizite zu erwarten.

Nach dem Gesagten müßte Hamburg, wenn es seinen Einwohnerstand ohne Rücksicht auf andere Gebiete erhalten möchte, bestrebt sein, in erster Linie junge Leute aufzunehmen, weil der schließliche quantitative Effekt dieser Zuwanderung besonders groß sein würde. Auch qualitativ wäre er bedeutsam, weil sich im Jahr 2000 unter der Zuwanderungsbevölkerung 60 % 20- bis 49jährige befinden würden und noch keine alten Leute. Aus dem Gesagten ergibt sich auch, daß eine Bevölkerungsstrategie, welche Erhaltung des Bevölkerungsstandes soweit wie möglich zum Ziel hat, besonders darauf bedacht sein müßte, alles zu tun, was die jungen Leute und jungen Familien vor einer Abwanderung zurückhalten könnte.

[3] Statistisches Bundesamt, Fachserie A, Reihe 1: Vorausschätzung der Bevölkerung für die Jahre 1972 bis 2000, S. 81, Stuttgart und Mainz 1974.

Der Bevölkerungsrückgang in der Bundesrepublik Deutschland und seine Bedeutung für die Raumordnungspolitik

von

Welf Selke, Bonn-Bad Godesberg

I. Problematik des Bevölkerungsrückganges aus der Sicht der Raumordnung

Der sich abzeichnende Rückgang der Bevölkerungszahl in der Bundesrepublik Deutschland hat die Diskussion über die Aufrechterhaltung der raumordnungspolitischen Zielvorstellungen zur siedlungsstrukturellen Entwicklung des Bundesgebietes seit Verabschiedung des Bundesraumordnungsprogramms belebt. Es geht in dieser Dikussion um die Frage, ob durch eine Politik der schrittweisen Engpaßbeseitigung regionaler Versorgungsunterschiede, auf die sich Bund und Länder im Bundesraumordnungsprogramm 1975 geeinigt haben, das Disparitätengefälle von verdichteten Regionen zum ländlichen Raum unter den veränderten demographischen Gegebenheiten abgebaut werden kann.

Steigende Ansprüche der Bürger an höherwertige Infrastruktur setzen nach dem traditionellen Verständnis einer an Mindeststandards (Bedarfszahlen) sich orientierenden Planung regionales Bevölkerungswachstum voraus. Sinken die Bevölkerungszahlen, schrumpfen einerseits vorhandene Infrastrukturdefizite in der Grundversorgung (z. B. Kindergartenplätze), der Ausbau qualitativ hochwertiger Infrastruktur erweist sich andererseits — besonders in dünn besiedelten Regionen — unter Kosten-Nutzen-Gesichtspunkten als unrentabel. Diese Einrichtungen können mangels Einwohnerzahlen nicht kostendeckend benutzt werden (z. B. Schwerpunktkrankenhäuser, überbetriebliche Ausbildungsstätten) bzw. die Folgekosten der Infrastruktureinrichtungen — bezogen auf die zu versorgende Bevölkerung — wachsen an. Die Forderung nach höheren Infrastrukturleistungen zum Abbau regionaler Disparitäten kann somit bei sinkenden Einwohnerzahlen nicht mehr so leicht begründet werden wie zu Zeiten hoher Einwohnerzuwachsraten.

Obwohl schon die 4. koordinierte Bevölkerungsvorausschätzung für den Zeitraum 1972/85 einen Einwohnerrückgang anzeigte[1]), wurden die demographischen Grunddaten, auf denen Raumordnungspläne und -programme aufbauen, bis heute nicht angepaßt. Dies liegt daran, daß es bei ihrer Überarbeitung nicht ausreicht, neue Bevölkerungsdaten aufzunehmen. Es müssen vielmehr die Konsequenzen aus dem Einwohnerrückgang für die räumlichen Entwicklungsvorstellungen überprüft werden. Hierfür fehlen jedoch entsprechende Alternativplanungen, da es keine gesicherten Untersuchungen über die Auswirkungen eines längerfristigen Bevölkerungsrückganges für Wirtschaftswachstum und Infrastrukturplanung gibt.

---

[1]) Vgl. W. LINKE, G.-R. RÜCKERT: Voraussichtliche Bevölkerungsentwicklung bis 1985, Teil 1 (ohne Berücksichtigung der Wanderungsannahmen). In: Wirtschaft und Statistik, Heft 2, 1973, S. 82—87.

So kommt es, daß auch neuere Programme auf überhöhten Bevölkerungserwartungen fußen:

— Das zwischen Bund und Ländern abgestimmte Raumordnungsprogramm für die großräumige Entwicklung des Bundesgebietes (Bundesraumordnungsprogramm) hält es für möglich, den Bevölkerungsstand der Bundesrepublik des Jahres 1973 (62 Mio Einwohner) bis 1985 zu halten[2].

— Das Landesentwicklungsprogramm Bayern, welches ein Jahr später verabschiedet wurde, geht sogar noch von erheblichem Bevölkerungswachstum (+ 7 %) bis 1990 aus[3].

Angesichts des Bevölkerungsrückganges, einer Arbeitsplatzstagnation und rückläufiger öffentlicher Investitionsquoten werden aus dem Bereich der Wissenschaft verschiedene Vorstellungen an die Bundesregierung herangetragen, in welcher Weise die Raumordnungspolitik weiterzuentwickeln sei.

II. Modelle der Raumentwicklung

1. Die Empfehlungen des Beirates für Raumordnung

Der Beirat für Raumordnung, der gemäß § 9 Raumordnungsgesetz (ROG) die Aufgabe hat, den für die Raumordnung zuständigen Bundesminister in Grundsatzfragen der Raumordnung zu beraten, hat in der letzten Legislaturperiode mehrere Empfehlungen verabschiedet[4]. Zwei sind für die Vorstellungen einer künftigen Regionalentwicklung von grundsätzlicher Bedeutung:

— Die Gültigkeit der Ziele des Raumordnungsgesetzes und des Bundesraumordnungsprogramms unter sich ändernden Entwicklungsbedingungen,
— gesellschaftliche Indikatoren für die Raumordnung.

Der Beirat kommt zu dem Ergebnis, daß angesichts veränderter demographischer, ökonomischer, technologischer und sozialstruktureller Rahmenbedingungen sowie der stärkeren Bewertung der natürlichen und finanziellen Ressourcen eine Neuinterpretation der Raumordnungsgrundsätze vorzunehmen ist. Diese hat sowohl von den Rechtsvorschriften in den §§ 1 und 2 des Raumordnungsgesetzes als auch von der historisch gewachsenen Siedlungsstruktur auszugehen. In unterschiedlichen Teilräumen des Bundesgebietes sollen nicht gleichartige, wohl aber gleichwertige Lebensbedingungen bestehen, d. h. eine Mindestausstattung an

— Infrastruktur,
— Siedlungsstruktur,
— Sozialstruktur,
— Wirtschaftsstruktur,
— Umweltqualität

muß auch angesichts veränderter Rahmenbedingungen durch raumbedeutsame Planungen und Maßnahmen gesichert bleiben.

---

[2]) Raumordnungsprogramm für die großräumige Entwicklung des Bundesgebietes (Bundesraumordnungsprogramm), BT-Drucksache 7/3593 vom 30. 4. 1975, veröffentlicht in Schriftenreihe „Raumordnung" des Bundesministers für Raumordnung, Bauwesen und Städtebau, Heft 06.002, Bonn 1975, Abschnitt II.4.
[3]) Landesentwicklungsprogramm Bayern, vom 10. 3. 1976, Bayer. GVBl, 1976, S. 123.
[4]) Beirat für Raumordnung, Empfehlungen vom 16. Juni 1976, hrsg. vom Bundesminister für Raumordnung, Bauwesen und Städtebau, Bonn-Bad Godesberg 1976.

Um diese Ziele zu konkretisieren, hat der Beirat einen Indikatorenkatalog mit seinen Vorschlägen von Mindeststandards für Gebietseinheiten, Planungsregionen, Kreise und Mittelbereiche vorgeschlagen. Als funktionsräumliches Muster für die Regionalentwicklung der Bundesrepublik stellt er folgende drei Raumtypen vor, aus denen sich die Planungsregionen der Länder und die Gebietseinheiten des Bundesraumordnungsprogramms künftig zusammensetzen sollen:

— verdichtete Räume,
— verflochtene Räume,
— ländliche Räume.

Kleinster Baustein dieser Raumtypen sind die Mittelbereiche bzw. Kreise, für die der Beirat relativ hohe Mindeststandards vorschlägt. Das Ziel „gleichwertige Lebensbedingungen" muß für alle drei Raumtypen gelten. Der Beirat betont in seiner Empfehlung ausdrücklich, daß ein Unterschreiten der Mindeststandards — beispielsweise für den Bereich der Wirtschaftsstruktur in Kreisen, die zum Raumtyp „ländlicher Raum" gehören — nicht durch hohe Standards in einem anderen Bereich (beispielsweise auf dem Gebiet der Ökologie) als austauschbar angesehen werden kann.

Die Raumordnungspolitik soll jedoch nicht nur zur Erreichung der regionalen Mindeststandards beitragen, sondern der Beirat schlägt eine dynamische Raumentwicklungspolitik vor. Das oben skizzierte bundeseinheitliche Raumgliederungsschema soll durch die Entwicklung sogenannter Funktionsräume überlagert werden. Nach diesen Vorstellungen wird es Aufgabe einer zielorientierten Raumordnung und Landesplanung sein, für jeden individuellen Raumtyp innerhalb einer Gebietseinheit oder Planungsregion seine spezifische Bedeutung im Rahmen der gesamtstaatlichen Aufgabenverteilung zu bestimmen. Diese sogenannten Funktionsräume werden derart festgelegt, daß aus der Vielzahl ihrer räumlich relevanten Funktionen die dominanten Aufgaben für größere Teilräume des Bundesgebietes definiert und gezielt gefördert werden (z. B. Hafenfunktionen in ausgewählten norddeutschen Küstenstädten).

2. Die Vorstellungen der Kommission für wirtschaftlichen und sozialen Wandel

Die Bundesregierung hat im Februar 1971 die Kommission für wirtschaftlichen und sozialen Wandel beauftragt, „ein Gutachten über die mit dem technischen, wirtschaftlichen und sozialen Wandel zusammenhängenden Probleme im Hinblick auf eine Weiterentwicklung der Gesellschaftspolitik zu erarbeiten"[5]. Um im Rahmen einer marktwirtschaftlichen Ordnung den technischen und sozialen Wandel in der deutschen Wirtschaft zu fördern und im Interesse der Bevölkerung zu gestalten, schlägt die Kommission u. a. eine grundlegende Reform der Raumordnungspolitik vor[6]. Es sei bisher trotz hoher öffentlicher Investitionstätigkeit nicht gelungen, die regionalen Disparitäten abzubauen; dies drücke sich in dem Prozeß der zunehmenden Verstädterung, der Nord-Süd-Wanderung und der wachsenden Anziehungskraft der „Rheinschiene" aus. Die Kommission hält eine Konkretisierung der raumgestaltenden Ziele für unterschiedliche Siedlungsstrukturtypen für notwendig sowie eine Überprüfung, inwieweit die alten, funktional nicht oder kaum noch nutzbaren Siedlungsstrukturen erhalten oder ausgebaut, oder ob ihnen neue Funktionen zugewiesen werden sollen.

---

[5] Wirtschaftlicher und sozialer Wandel in der Bundesrepublik Deutschland, Gutachten der Kommission für wirtschaftlichen und sozialen Wandel, hektographiertes Exemplar, Bonn Oktober 1976, S. 1.
[6] Vgl. Kommissionsgutachten, Abschnitt VI, S. 584—662.

Sowohl die Kritik der Kommission an der Raumordnungspolitik als auch ihre Vorschläge für eine funktionsräumliche Gliederung und darauf ausgerichtete Förderpolitik decken sich teilweise mit den Empfehlungen des Beirates für Raumordnung. Im Unterschied zu den Vorstellungen im Beirat und zum Bundesraumordnungsprogramm sollten jedoch nach Auffassung der Kommission die Indikatoren, die das regionale Versorgungsniveau messen, oberhalb gewisser Mindestbedingungen austauschbar und in der Regel nicht am Bundesdurchschnitt orientiert sein. Die Kommission empfiehlt damit der Bundesregierung, das Ziel der Einheitlichkeit der Lebensverhältnisse — gemessen an bundeseinheitlichen Mindeststandards — in allen Teilräumen des Bundesgebietes zurückzunehmen.

Derartige Überlegungen stützen sich auf ein Gutachten von KUMMERER, SCHWARZ und WEYL, die eine agglomerationsorientierte Raumordnungspolitik fordern[7]). In Anlehnung an diese Autoren schlägt die Kommission eine regional differenzierende Entwicklungsstrategie für die folgenden Strukturtypen vor:

— Entwickelte Verdichtungsräume ohne Überlastungserscheinungen,
— Entwickelte Verdichtungsräume mit Überlastungserscheinungen,
— Zur Verdichtung geeignete Räume,
— Zur Verdichtung nicht geeignete Räume.

Die unterschiedlichen Vorstellungen zur Regionalentwicklung zwischen dem Beirat für Raumordnung und der Kommission betreffen besonders die zur Verdichtung nicht geeigneten Räume. Während der Beirat sich nicht zu der Auffassung durchringen konnte, daß in ländlichen Gebieten auf eine aktive Förderung der Wirtschaftskraft zugunsten verdichteter Räume verzichtet werden könne, betont die Kommission, daß diese ländlich strukturierten Gebiete fälschlicherweise als strukturschwach bezeichnet werden. Diese Räume nehmen ökologische Funktionen wahr, die als Komplementärfunktionen zu der ökonomischen Bedeutung verdichteter Regionen anzusehen sind. Nach den Vorstellungen der Kommission kann die Bevölkerungsdichte dieser Gebiete bis auf ein demographisches Niveau absinken, welches für die Aufrechterhaltung der spezifischen (Vorrang)-Funktionen erforderlich ist. Als solche Funktionen, die eine geringe Bevölkerungszahl voraussetzen, wären zu nennen

— Land- und Forstwirtschaft,
— Ferienerholung,
— Naherholung (Wochenenderholung),
— Sicherung und Schutz gewisser ökologischer Vorrangfunktionen (z. B. Wassergewinnung).

Es handelt sich hierbei zum Teil um Vorrangfunktionen, die wegen ihrer überregionalen Bedeutung den geeigneten Gebieten im gesellschaftlichen Interesse zugewiesen werden sollten. Die damit verbundene besondere Nutzungsbestimmung muß auch durch besondere Hilfen des Staates für die verbleibende Bevölkerung erträglich gestaltet werden. Die Kommission schlägt als das geeignete Instrument einen räumlich-funktionalen Finanzausgleich (d. h. finanzielle Ausgleichszahlungen als Entschädigung für Beschränkungen in der wirtschaftlichen Entfaltung) vor. Eine diesbezügliche Förderstrategie könnte ein angemessenes Versorgungsniveau haushaltsorientierter Infrastruktureinrichtungen auch in den Zentralen Orten sichern, deren Einwohnerzahl durch ökonomisch induzierte Abwanderung unter das Niveau einer kostendeckenden Bedarfsträgerzahl sinkt.

---

[7]) K. KUMMERER, N. SCHWARZ, H. WEYL: Strukturräumliche Ordnungsvorstellungen des Bundes, Schriftenreihe der Kommission für wirtschaftlichen und sozialen Wandel, Heft 102, Göttingen 1975.

III. Bevölkerungsrichtwerte als raumordnungspolitisches Koordinierungsinstrument

In der Raumordnungspolitik des Bundes zeichnet sich angesichts des Bevölkerungsrückganges die Tendenz ab, weniger die raumordnungspolitischen Ziele einer Revision zu unterziehen, als vielmehr die im Bundesraumordnungsprogramm angesprochenen Koordinierungsinstrumente zu präzisieren. Das Bundesraumordnungsprogramm ist der Orientierungsrahmen für alle raumbedeutsamen Planungen und Maßnahmen bei Bund und Ländern. Ausdrücklich wird in diesem Programm betont, daß die Fachressorts in eigener Verantwortung auf eine entsprechende Anpassung ihrer Investionstätigkeit an die Zielaussagen dieses Programms hinwirken werden.

Daraus ergibt sich für die Fortschreibung des Bundesraumordnungsprogramms die Notwendigkeit, den Fachressorts konkrete Orientierungspunkte zu geben, die bei der Aufstellung und Abwicklung fachplanerischer Maßnahmen berücksichtigt werden sollten. Die Orientierung der Fachplanung allein an einem raumordnungspolitischen Zielsystem birgt die Gefahr der unkoordinierten Planung, da die Ziele des Raumordnungsgesetzes und des Bundesraumordnungsprogramms auf einem hohen Abstraktionsniveau stehen. Diese können in einem fortgeschriebenen Bundesraumordnungsprogramm nur insoweit konkretisiert werden, als entsprechende Maßnahmen zur Zielerreichung aufgezeigt werden.

Um die Instrumente einer regional differenzierenden Förderstrategie zu formulieren, erscheint es angesichts des zu erwartenden Einwohnerrückganges als ersten Schritt notwendig, realistische regionale Bevölkerungseckwerte zu setzen. Derartige regionale Bevölkerungsrichtwerte, an denen sich die Fachplanungen in Bund und Ländern orientieren können, bilden die Basis für eine wirksamere Koordination raumbedeutsamer Planungen und Maßnahmen, als dies bisher mit dem Bundesraumordnungsprogramm möglich war.

In den Bundesländern erfolgt die Festlegung von regionalen Bevölkerungseckdaten — als Grundlage der Raumplanung — in den Landesentwicklungsplänen bzw. -programmen[8]. Die Festlegung dieser Bevölkerungsdaten basiert auf Status quo-Prognosen und orientiert sich an einer Regional- oder Landesentwicklungspolitik, deren Erfolgsindikatoren die Steigerungsraten der Einwohnerzahlen sind. Hinter derartigen bevölkerungspolitischen Zielsetzungen steht die Erkenntnis, daß die Verteilung der öffentlichen Mittel sich vielfach an den regionalen Einwohnerzahlen orientiert. So werden beispielsweise einzelne Finanzhilfen des Bundes an die Länder nach Artikel 104 a GG nicht nach der Strukturschwäche eines Bundeslandes, sondern nach seiner Einwohnerzahl (ex post) bestimmt[9].

Im Bundesbereich wurde im Zusammenhang mit der Aufstellung des Bundesraumordnungsprogramms erstmals von Thoss im Jahre 1973 eine Zielprognose der Bevölkerung für 1985 in den 38 Gebietseinheiten errechnet[10]. Auf der Basis der regionalen Bevölkerungsverteilung ex ante wurden die Disparitäten zwischen den Gebietseinheiten ermittelt.

---

[8]) Vgl. H. Müller, W. O. Siebert: Das Problem der Richtwerte in Programmen und Plänen der Raumordnung und Landesplanung, Veröffentlichungen der Akademie für Raumforschung und Landesplanung, Forschungs- und Sitzungsberichte, Band 118, Hannover 1977, S. 1—30.

[9]) Vgl. B. Reissert: Die finanzielle Beteiligung des Bundes an Aufgaben der Länder und das Postulat der „Einheitlichkeit der Lebensverhältnisse im Bundesgebiet", Schriftenreihe des Vereins für Verwaltungsreform und Verwaltungsforschung e. V. Nr. 4, Bonn 1975.

[10]) Vgl. Der Bundesminister für Raumordnung, Bauwesen und Städtebau (Hrsg.), Entwurf und Erläuterungen zum Bundesraumordnungsprogramm (Entwurf vom 8. 6. 1973), hektographiertes Exemplar.

Die wünschenswerte Bevölkerungsverteilung auf die 38 Gebietseinheiten wurde unabhängig von den Ergebnissen regionalisierter Status quo-Prognosen mit Hilfe eines Entscheidungsmodells bestimmt. Die Anwendung eines formalisierten Modells sollte dazu dienen, Zielkonflikte zwischen dem Bund und den Ländern zu vermeiden, die bei der Aufstellung des Bundesraumordnungsprogramms folgendermaßen zustande kamen:

— Nach den traditionellen Zielvorstellungen der Landes- und Regionalplanung sollen Wanderungsverluste verhindert werden.

— Unter status quo-Bedingungen prognostizierte Wanderungsgewinne der expandierenden Regionen wurden jedoch nicht immer in den Zielprojektionen reduziert, sondern ebenfalls als Ziel ausgewiesen.

Dies ist ein Grund, daß die summierten Bevölkerungsrichtwerte der 11 Bundesländer für 1985 eine Bevölkerungszahl von ca. 65 Mio ergaben, obwohl die Ergebnisse der 4. koordinierten Bevölkerungsvorausschätzung für die Bundesrepublik um 10 % unter diesem Wert lagen[11]).

Hinter derartigen Differenzen verbirgt sich kein Methodenstreit der Prognostiker oder Statistiker, sondern eine unterschiedliche Bewertung der politischen Annahmen, die jeder Prognose zugrunde zu legen sind. In den Raumordnungsprognosen des Bundes sind nichtregionalisierte Eckwerte für die Entwicklung des Bundesgebietes als Vorgaben der Fachressorts aufgenommen. Derartige globale Eckdaten beziehen sich auf Politikbereiche, die weitgehend in der Kompetenz des Bundes liegen, wie zum Beispiel

— ökonomische Aussagen (Wachstumsraten: BIP, Produktivität, Arbeitsplätze),

— Ausländerpolitik.

Diesbezügliche Annahmen über die ökonomische und demographische Entwicklung der Bundesrepublik Deutschland wurden jedoch nicht immer von den Ländern mitgetragen. Obwohl beispielsweise die Bundesregierung im Sommer 1973 ihre ausländerpolitischen Ziele formuliert hatte und im Herbst des gleichen Jahres einen Anwerbestopp für ausländische Arbeitnehmer verhängte, wurde diese Zielsetzung und die Wirksamkeit der ausländerspezifischen Instrumente von einigen Ländern bezweifelt. Dies hatte zur Folge, daß die im Bundesraumordnungsprogramm ausgewiesene regionale Bevölkerungsprognose sich teilweise an einer Variante orientiert, die von der Annahme einer weiteren ungesteuerten Zuwanderung ausländischer Arbeitnehmer in das Bundesgebiet ausging, obwohl die Bundespolitik dem entgegenstand.

In der Endphase der Abstimmung des Bundesraumordnungsprogramms wurde daher von der Aufstellung regionaler Bevölkerungsrichtwerte abgesehen, wodurch die Koordinierungskraft des Bundesraumordnungsprogramms erheblich geschwächt wurde. Bund und Länder konnten ihre Vorstellungen über eine „ausgewogene Bevölkerungsverteilung" nur insoweit konkretisieren, daß in keiner der 38 Gebietseinheiten Bevölkerungsabnahmen bzw. -zunahmen durch Wanderung eintreten sollten. Nach der Vorstellung im Bundesraumordnungsprogramm soll sich die regionale Bevölkerungsentwicklung künftig stärker an der Entwicklung der natürlichen Bevölkerungsbewegung orientieren, als dies in der Vergangenheit der Fall war. Soweit ein Bevölkerungsrückgang auf dem allgemeinen Geburtenrückgang beruht, sollte ein Ausgleich durch Zuwanderung nur begrenzt möglich sein[12]). Diese Restriktion gilt in erster Linie für Gebietseinheiten mit relativ

---

[11]) Vgl. W. Selke: Diskrepanzen zwischen globalen und regionalen Zielprojektionen für Bevölkerung und Arbeitsplätze. In: Informationen zur Raumentwicklung, Heft 4/5, Bonn-Bad Godesberg 1975, Tabelle 1.
[12]) Bundesraumordnungsprogramm, S. 42.

hohem Verdichtungsanteil, für die in der Mehrzahl Geburtendefizite prognostiziert worden sind.

Es handelt sich bei dieser aus dem Zielsystem der Raumordnung abgeleiteten, regionalisierten Zielprojektion für die Bevölkerung um ein Verteilungsmodell, dessen Gültigkeit unabhängig von der status quo-Entwicklung zu sehen ist, dessen Zielerreichungsgrad jedoch in hohem Maße von der demographischen und ökonomischen Entwicklung abhängt. Die demographischen Ziele des Bundesraumordnungsprogramms dürfen angesichts der Geburtendefizite jedoch nicht in der Weise interpretiert werden — wie dies irrtümlich die Kommission für wirtschaftlichen und sozialen Wandel sieht[13]) —, daß die Raumordnungspolitik einen gleichmäßigen Einwohnerrückgang in allen Gebietseinheiten befürwortet. Vielmehr sollen die Bevölkerungsabnahmen in den Verdichtungsräumen zugunsten der ländlichen Gebiete stärker ausfallen. Die Gebietseinheiten, in denen die größten Diskrepanzen zwischen dieser Zielvorstellung und der Status quo-Prognose auftraten, wurden im Bundesraumordnungsprogramm als abwanderungsgefährdete Räume und Räume mit Zuwanderungsdruck ausgewiesen (vgl. Abb. 1).

— Die abwanderungsgefährdeten Räume werden aus den Gebietseinheiten gebildet, für die im Zeitraum 1970 bis 1985 ein Wanderungsverlust von mindestens 3 % der Bevölkerung prognostiziert wird.
— Die Räume mit Zuwanderungsdruck werden aus den Gebietseinheiten gebildet, die die höchsten — ökonomisch induzierten — Wanderungsgewinne aufweisen. Bei einem positiven Wanderungssaldo im Zeitraum 1970 bis 1985 wurde der Schwellenwert von mindestens 330 000 Personen zugrunde gelegt; dabei wurden die benachbarten Gebietseinheiten 16 und 18 als ein Raum betrachtet.

IV. Regionale Bevölkerungsentwicklung bis 1990

Um die Realisierungschancen der Zielvorstellungen zur Bevölkerungsverteilung im Bundesraumordnungsprogramm angesichts sinkender Einwohnerzahlen beurteilen zu können, ist es erforderlich, einen Exkurs über die vergangene Bevölkerungsentwicklung im Bundesgebiet zu machen. In den ersten 25 Jahren wuchs die Einwohnerzahl der Bundesrepublik Deutschland um ca. 12 Mio. Personen an; die Zahl der Erwerbspersonen erhöhte sich um knapp 4 Mio. Dieses Wachstum beruhte keineswegs auf hohen Geburtenüberschüssen, sondern zu einem großen Teil auf Wanderungsgewinnen. Die Bundesrepublik hat in den ersten 25 Jahren ihres Bestehens eine „Einwanderungswelle" erlebt, die wohl kein anderes europäisches Land aufweisen kann.

Für die siedlungsstrukturelle Entwicklung spielt die staatsrechtliche Beurteilung der Frage, ob die Bundesrepublik als Einwanderungsland klassifiziert werden kann, eine untergeordnete Rolle. Wichtig ist die Erkenntnis, daß von dieser „Einwanderungswelle" alle Regionen, ja alle Gemeinden, wenn auch mit unterschiedlicher Intensität, profitiert haben. Daß auch die strukturschwachen Gebiete Zielregionen dieser Neuzuwandernden waren, wird vielfach übersehen. Keineswegs nur die Heimatvertriebenen oder Flüchtlinge aus der DDR siedelten sich im ländlichen Raum an, gleiches gilt auch für ausländische Arbeitnehmer. Von den Ausländern, die in den Jahren 1966 bis 1971 in die Bundesrepublik zogen, gingen immerhin 30 % in die Schwerpunkträume des Bundesraumordnungsprogramms mit besonderen Schwächen in der Erwerbs- und/oder Infrastruktur[14]). So stellt das Bundesraumordnungsprogramm zu Recht fest, daß die Abwanderung

---

[13]) Kommissionsgutachten, Abschnitt VI, Tz (37).
[14]) W. SELKE: Die Ausländerwanderung als Problem der Raumordnungspolitik in der Bundesrepublik Deutschland. Eine politisch-geographische Studie, Bonner Geographische Abhandlungen, Heft 55, Bonn 1977, S. 41 ff.

aus den strukturschwachen Räumen durch die Außenwanderungsgewinne der Bundesrepublik vielfach verdeckt wurden.

Für die Vergangenheit ist festgestellt worden, daß nach 1939 letztlich keine wesentliche Umschichtung der Bevölkerung erfolgt ist und daß trotz der großen absoluten Zunahme in der Bundesrepublik sowohl die regionale als auch die kleinräumige Bevölkerungsverteilung wenig verschieden von derjenigen vor dem Kriege ist. Alle Teilräume in der Bundesrepublik, soweit sie in Länderzahlen zum Ausdruck kommen, haben sich nur unerheblich verändert. Bevölkerungsagglomerationen haben sich im wesentlichen wieder auf der Vorkriegsbasis verfestigt. Die Relation der Teilräume zum Ganzen ist konstant geblieben. HUNKE belegt diese Aussagen mit den prozentualen Veränderungsraten des jeweiligen Bevölkerungsstandes der einzelnen Regierungsbezirke in der Bundesrepublik[15]). Aus seiner Übersicht zur Bevölkerungsentwicklung geht hervor, daß die regionalen Abweichungen in den einzelnen Regierungsbezirken gegenüber der Verteilungsstruktur des Jahres 1939 äußerst gering sind.

Wie sehen jedoch die künftigen Wachstumsaussichten der Bundesrepublik Deutschland aus? Verschärft sich die gegenläufige Bevölkerungsentwicklung in den beiden konträren Raumtypen der „Problemräume der großräumigen Bevölkerungsverteilung" oder gilt HUNKES Feststellung auch für die Zukunft?

Der Bundesminister für Raumordnung, Bauwesen und Städtebau hat eine Raumordnungsprognose zur Vorbereitung der Fortschreibung des Bundesraumordnungsprogramms erarbeitet[16]). Diese Prognose zeigt die Bevölkerungs- und Arbeitsplatzentwicklung in den Bundesländern und den 38 Gebietseinheiten unter Berücksichtigung der aktuellen raumordnerischen Koordinierungsmöglichkeiten von raumbedeutsamen Planungen und Maßnahmen aus Bundessicht auf. Es handelt sich also nicht um eine Zielprojektion, sondern um eine Status quo-Prognose, die — unter Berücksichtigung globalpolitischer Eckdaten für das Bundesgebiet — eine aus der derzeitigen Sicht realistische Raumentwicklung darstellt. Hinsichtlich der regionalen Bevölkerungsverteilung geht diese Prognose von der Annahme aus, daß wachsende regionale Ungleichgewichte auf dem Arbeitsmarkt durch erhöhte regionale Mobilität ausgeglichen werden können.

Die Bevölkerung der Bundesrepublik Deutschland wird bis zum Jahre 1990 auf einen Wert von ca. 57,8 Mio. Einwohner sinken. Das heißt, die Bevölkerungszahl nimmt gegenüber 1974 um rund 4,2 Mio. (6,8 %) ab. Die Bevölkerungsdichte sinkt somit von 250 Einwohner/qkm auf ca. 233 Einwohner/qkm. 1990 wird damit ein Bevölkerungsstand erreicht, der etwas unter dem von 1964 liegt[17]).

Die Prognose zeigt die regionalen Auswirkungen einer wesentlichen Zäsur für die demographische Entwicklung — den Anwerbestopp für ausländische Arbeitnehmer — der Bundesrepublik an. Während frühere Regionalprognosen von der Annahme ausgingen, daß der auf sinkenden Geburtenzahlen basierende Einwohnerrückgang durch permanente Zuwanderung aus dem Ausland ausgeglichen werde, vollzieht die neue Raumordnungsprognose den Wandel der Bundesrepublik von einem „Immigrationsland" zu einem

---

[15]) H. HUNKE: Raumordnungspolitik. Vorstellungen und Wirklichkeit. Untersuchungen zur Anatomie der westdeutschen Raumentwicklung im 20. Jahrhundert in ihrer demographischen und gesamtwirtschaftlichen Einbindung. Veröffentlichungen der Akademie für Raumforschung und Landesplanung, Abhandlungen Band 70, Hannover 1974, S. 60 ff.

[16]) Raumordnungsprognose 1990. Aktualisierte Prognose der Bevölkerung und der Arbeitsplätze in den 38 Gebietseinheiten der Raumordnung für die Jahre 1980, 1985 und 1990, Schriftenreihe „Raumordnung" des Bundesministers für Raumordnung, Bauwesen und Städtebau, Heft 06.012, Bonn 1977.

[17]) Raumordnungsprognose 1990, Tz 93.

„Emigrationsland". Immerhin beruht der Einwohnerrückgang zu ca. 40 % auf der Rückwanderung von Ausländern in ihre Heimatländer.

In der regionalen Differenzierung der Bevölkerungsentwicklung ergibt sich folgendes Bild: Nach der Prognose im Bundesraumordnungsprogramm verlieren im Zeitraum 1970 bis 1985 die abwanderungsgefährdeten Problemräume maximal 644 000 Personen durch Fortzug. Nach der vorliegenden Prognose wird sich dieser Wanderungsverlust auf über 1 Mio. erhöhen[18]). Hierbei handelt es sich jedoch fast ausschließlich um deutsche Bevölkerung, die bevorzugt in das Umland der großen Verdichtungsräume zieht. Für die Gebietseinheiten (7) Ems, (8) Münster, (33) Landshut-Passau, (32) Regensburg-Weiden, (6) Osnabrück, (19) Trier ist mit einem negativen Wanderungssaldo zwischen 15 % und 10 % zu rechnen (vgl. Abb. 1).

Tab. 1:

Ausgewählte Werte der Raumordnungsprognose 1990

1974/1990	„Räume mit Zuwanderungsdruck"*)	„Abwanderungsgefährdete Räume"*)
Arbeitsplätze	+ 85 000	− 238 000
Arbeitsmarktbilanz	+ 55 000	+ 404 000
Erwerbspersonen	+ 35 000	− 613 000
Wanderungen	+ 70 000	−1 020 000
Wohnbevölkerung	−430 000	−1 347 000
unter 15jährige	−913 000	−1 035 000

*) Angeglichen an die neuen Gebietseinheiten, Stand 1. 1. 1975.

Die im Bundesraumordnungsprogramm als Räume mit Zuwanderungsdruck ausgewiesenen Gebietseinheiten werden einen großen Teil der deutschen Bevölkerung an sich ziehen. Auch wenn — bedingt durch die hohe Abwanderungsrate der Ausländer — der Gesamtwanderungssaldo dieser Problemräume im Zeitraum 1974 bis 1990 nur bei 70 000 (0,5 %) liegt, werden durch die Zuwanderungsraten der deutschen Bevölkerung erhebliche städtebauliche Probleme hervorgerufen, da diese Bevölkerungsgruppen andere Ansprüche an Quantität und Qualität der Wohn-, Arbeits- und Infrastruktureinrichtungen stellen als die ausländische Wohnbevölkerung. Obwohl aus diesen verdichteten Gebietseinheiten ein erheblicher Teil der ausländischen Arbeitnehmer in ihre Heimatländer zurückwandert, verringert sich die Zahl der Erwerbspersonen in Folge einer ökonomisch bedingten Zuwanderung deutscher Arbeitnehmer aus den abwanderungsgefährdeten Problemräumen nicht[19]).

Die Raumordnungsprognose kommt zu dem Ergebnis, daß zumindest bis zum Jahre 1990 nicht nur der Einwohnerrückgang für die räumliche Entwicklung der Bundesrepublik Deutschland die großen Probleme aufwirft, sondern auch die regionale Mobilität der Bevölkerung. Diese Wanderungsbewegung wird durch das räumliche Auseinanderfallen von Erwerbspersonen- und Arbeitsplatzwachstum hervorgerufen:

— In den ländlich geprägten Gebietseinheiten, in denen keine oder nur sehr kleine Verdichtungsräume liegen, wird im Zeitraum 1974/1990 die Zahl der Erwerbs-

---
[18]) Raumordnungsprognose 1990, Tz 91.
[19]) Raumordnungsprognose 1990, Tz 92.

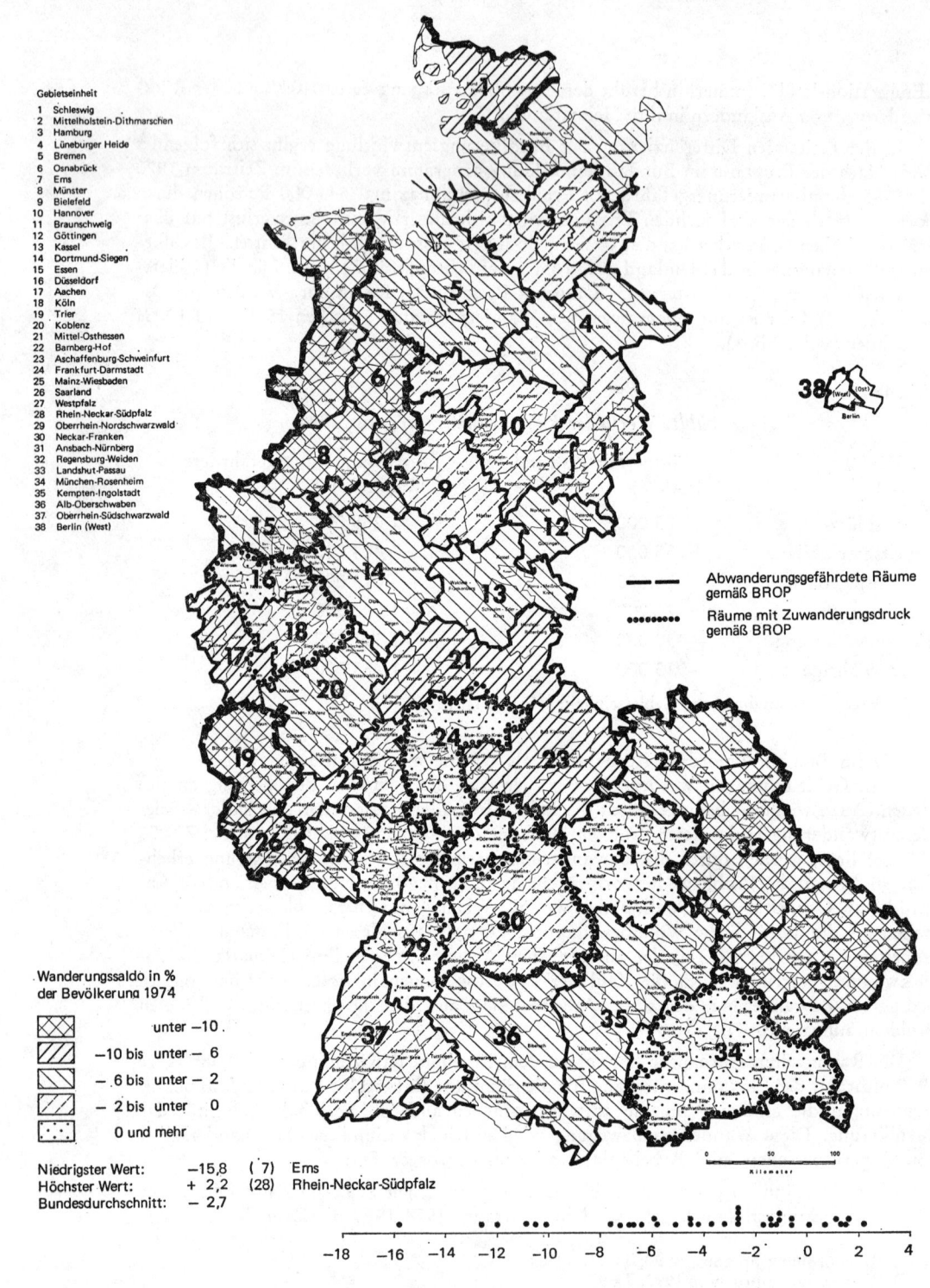

Abb. 1: Wanderung der Bevölkerung — Variante I — 1974—1990

personen, ohne Berücksichtigung von Wanderungen, um 9,2 %ansteigen, die Zahl der Arbeitsplätze geht in diesen Gebieten um 5 % zurück.

— In den Räumen mit Zuwanderungsdruck wird die Zahl der Erwerbspersonen, ohne Berücksichtigung der Abwanderung eines Teiles der ausländischen Arbeitnehmer, im gleichen Zeitraum nur um 0,8 % ansteigen. Die Zahl der Arbeitsplätze erhöht sich hier jedoch um über 1 %, während durch die Rückwanderung von Ausländern die potentielle Arbeitnehmerzahl in diesen Räumen sich weiter vermindert.

Ein regionaler Ausgleich der prognostizierten Arbeitsmarktbilanzen zwischen den einzelnen Gebietseinheiten im Sinne des Bundesraumordnungsprogramms würde die Verlagerung von über einer halben Million Arbeitsplätze aus diesen wachstumsstarken Verdichtungsgebieten in die abwanderungsgefährdeten Problemräume voraussetzen.

Damit ist das Spannungsverhältnis zwischen diesen beiden konträren Raumtypen deutlich herausgestellt. Die Differenz zwischen der regionalen Arbeitsplatzkonzentration und einer ungünstigen Entwicklung der Zahl der Erwerbspersonen, verstärkt durch die Abwanderung der Ausländer, ruft selbst bei stagnierender globaler Arbeitsentwicklung in den Räumen mit Zuwanderungsdruck einen erheblichen Sog hervor, dem mit den derzeitigen Steuerungsinstrumenten nicht begegnet werden kann.

„Wegen des Bevölkerungsrückganges wird verstärkt die Möglichkeit auftreten, daß nicht mehr überall passive Sanierung im kleinen mit aktiver Sanierung im großen einhergeht, sondern es werden größere Gebiete vor der Gefahr der Entleerung stehen"[20]. BÖVENTER warnt in diesem Zusammenhang vor einer Politik der Gegensteuerung, die durch „direkte Einwirkungen auf den Umfang der Zuwandernden in die Städte sowie auf die sektorale Zusammensetzung neuer Betriebe" diese Entwicklung aufzuhalten versucht[21]. SCHARPF hält es nicht für sicher, „ob das in der Bundesrepublik derzeit verfügbare staatliche Steuerungsinstrumentarium ausreicht, um eine massive räumliche Umverteilung von Bevölkerungs- und Wirtschaftspotentialen entgegen dem ‚naturwüchsigen' Konzentrationstrend zu erreichen"[22]. In der Bundesrepublik Deutschland sind „die Instrumente einer direkten Steuerung wenig entwickelt, während unter den absehbaren ökonomischen Bedingungen die verfügbaren indirekten Steuerungsinstrumente in ihrer Wirkung beschränkt erscheinen"[23].

V. Erste Konsequenzen für die anzustrebende Bevölkerungsverteilung und altersspezifische Infrastrukturplanung

Die Ergebnisse der Raumordnungsprognose 1990 und die pessimistische Einschätzung der Möglichkeiten einer Politik der Gegensteuerung zeigen, daß sich die Zielvorstellungen einer ausgewogenen Bevölkerungsverteilung nicht realisieren lassen. Alle Bundesländer

---

[20] E. V. BÖVENTER: Raumordnungspolitik unter veränderten wirtschaftspolitischen Bedingungen in der Bundesrepublik. In: Standort und Stellenwert der Raumordnung, Referate und Diskussionsberichte anläßlich der Wissenschaftlichen Plenarsitzung 1976 in Mainz, Veröffentlichungen der Akademie für Raumforschung und Landesplanung, Forschungs- und Sitzungsberichte Band 119, Hannover 1977, S. 18.
[21] E. V. BÖVENTER, a. a. O., S. 18.
[22] F. SCHARPF: Politische Bedingungen der Wirksamkeit raumordnerischer Steuerungsinstrumente. In: Standort und Stellenwert der Raumordnung, Referate und Diskussionsberichte anläßlich der Wissenschaftlichen Plenarsitzung 1976 in Mainz, Veröffentlichung der Akademie für Raumforschung und Landesplanung, Forschungs- und Sitzungsberichte Band 119, Hannover 1977, S. 26.
[23] F. SCHARPF, a. a. O., S. 26.

Gebietseinheit
1 Schleswig
2 Mittelholstein-Dithmarschen
3 Hamburg
4 Lüneburger Heide
5 Bremen
6 Osnabrück
7 Ems
8 Münster
9 Bielefeld
10 Hannover
11 Braunschweig
12 Göttingen
13 Kassel
14 Dortmund-Siegen
15 Essen
16 Düsseldorf
17 Aachen
18 Köln
19 Trier
20 Koblenz
21 Mittel-Osthessen
22 Bamberg-Hof
23 Aschaffenburg-Schweinfurt
24 Frankfurt-Darmstadt
25 Mainz-Wiesbaden
26 Saarland
27 Westpfalz
28 Rhein-Neckar-Südpfalz
29 Oberrhein-Nordschwarzwald
30 Neckar-Franken
31 Ansbach-Nürnberg
32 Regensburg-Weiden
33 Landshut-Passau
34 München-Rosenheim
35 Kempten-Ingolstadt
36 Alb-Oberschwaben
37 Oberrhein-Südschwarzwald
38 Berlin (West)

Veränderung in %
der Bevölkerung 1974

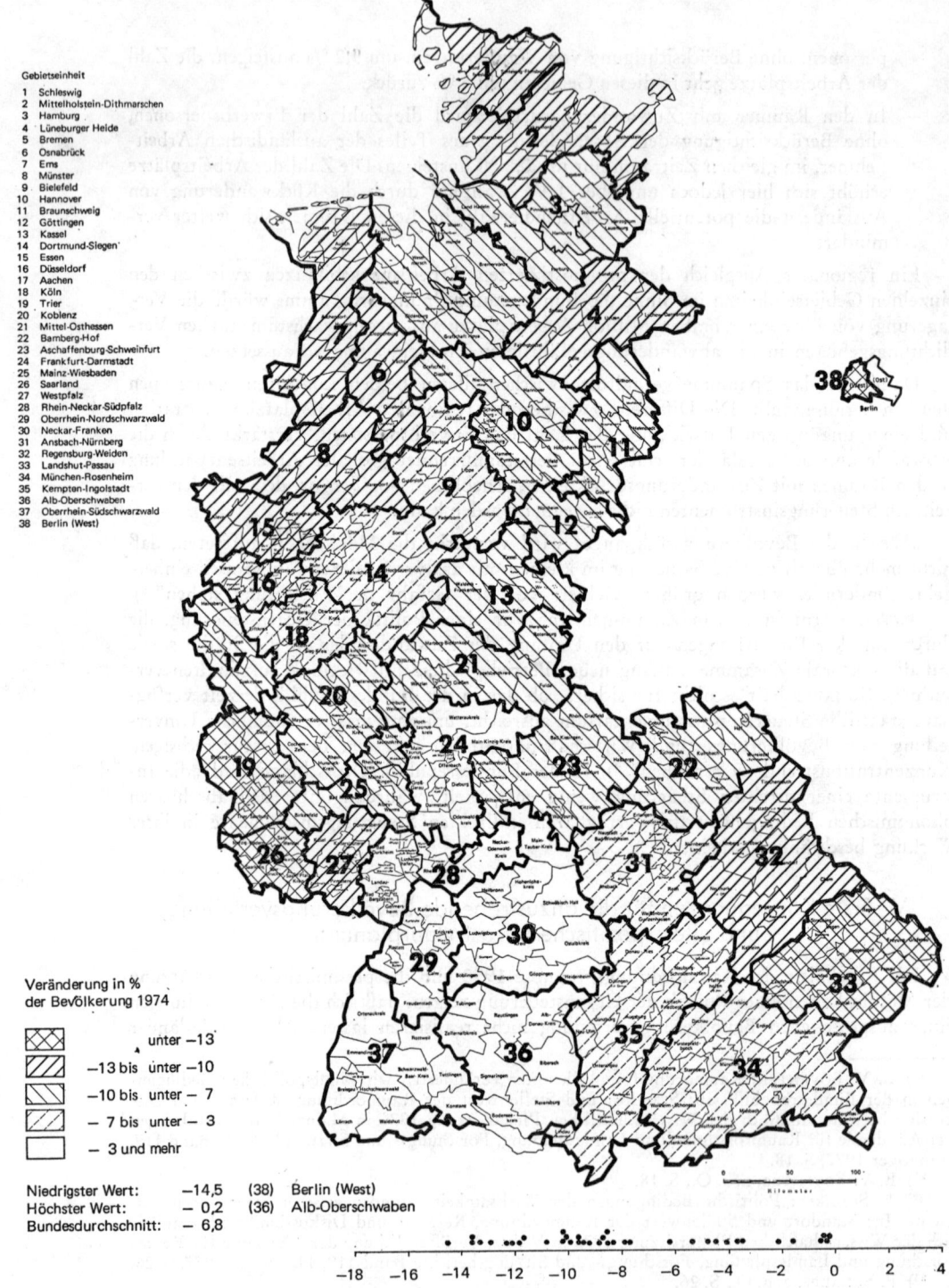

unter −13
−13 bis unter −10
−10 bis unter − 7
− 7 bis unter − 3
− 3 und mehr

Niedrigster Wert: −14,5 (38) Berlin (West)
Höchster Wert: − 0,2 (36) Alb-Oberschwaben
Bundesdurchschnitt: − 6,8

Abb. 2: Bevölkerungsentwicklung (mit Wanderung) — Variante I — 1974—1990

und Gebietseinheiten müssen in Zukunft mit einem Bevölkerungsrückgang rechnen. Die Karte der Bevölkerungsentwicklung (mit Wanderungen) bis 1990 (vgl. Abb. 2) zeigt den Wandel in der Aufgabenbewältigung einer künftigen Raumordnungspolitik in der Bundesrepublik. Galt es bisher, die räumliche Entwicklung des Bundesgebietes dergestalt zu beeinflussen, daß die Zuwanderungsraten an Bevölkerung allen Regionen zugute kamen, ist in Zukunft auf die Bevölkerungsentwicklung in einer Weise einzuwirken, daß ein regional gewünschtes „Halten" der Bevölkerungszahl mit einem überdurchschnittlichen Rückgang der Einwohnerzahlen in anderen Regionen korrespondieren muß. Aufgabe der Raumordnung und Landesplanung ist es, darauf zu achten, daß sich in diesen Räumen mit hoher Bevölkerungsabnahme die Lebensbedingungen gegenüber dem übrigen Bundesgebiet nicht verschlechtern.

Die raumordnungspolitischen Überlegungen für eine wünschenswerte Bevölkerungsverteilung dürfen nicht isoliert beurteilt werden, sondern müssen sich auch an der arbeitsmarktpolitischen Situation orientieren. Durch Erhöhung der regionalen Mobilität, dies ist eine der wesentlichen Aussagen der Raumordnungsprognose 1990, ist eine Reduzierung der Arbeitslosigkeit besonders in den strukturschwachen Gebieten möglich. Die Lücke zwischen der wachsenden Erwerbspersonenzahl und einer rückläufigen Arbeitsplatzzahl ist in ländlich geprägten Gebietseinheiten besonders groß. Infolgedessen zielen verschiedene Maßnahmen der Bundesregierung darauf ab, die Mobilitätsbereitschaft der Erwerbspersonen zu erhöhen (Mobilitätshilfeprogramm, finanzielle Erleichterungen des Ver- und Ankaufs von Immobilien). Diese Instrumente decken sich mit Vorschlägen der Kommission für wirtschaftlichen und sozialen Wandel, die die Förderung von Fernwanderungen aus dem ländlichen Raum in die zur Verdichtung geeigneten Räume befürwortet.

Angesichts der demographischen Entwicklung erscheint der Vorschlag der Kommission jedoch fragwürdig, die raumordnungspolitischen Ziele zur Bevölkerungsverteilung in der Weise konträr zum Bundesraumordnungsprogramm zu formulieren, daß Bevölkerungsabnahmen in ländlichen Gebieten überdurchschnittlich zugunsten zur Verdichtung geeigneter Räume ausfallen sollen. Zwar wird auch bei erhöhter Mobilitätsbereitschaft in der Mehrzahl der abwanderungsgefährdeten Gebietseinheiten auch 1990 immer noch eine Bevölkerungsdichte von über 100 EW/km² herrschen, doch die regionalen Altersstrukturunterschiede werden erheblich anwachsen.

Tab. 2:
Entwicklung der Altersgruppen 1974/90 (in %)

	0—14	15—24	25—64	65 und m.jährig
Räume mit Zuwanderungsdruck	—28,6	+ 1,8	+5,7	—0,7
extrem abwanderungsgefährdete Gebietseinheiten*)	—36,9	—12,6	—1,4	—0,5
Bundesrepublik	—32,2	— 4,2	+2,6	—3,1

*) Gebietseinheiten Nr. 1, 4, 6, 7, 8, 12, 19, 22, 23, 27, 32, 33.

Während die Altersstruktur in den Räumen mit Zuwanderungsdruck sich noch relativ günstig entwickelt, droht für die ländlich geprägten Gebietseinheiten eine starke Überalterung. Es läßt sich aus den Daten der Entwicklung der Altersgruppen deutlich der Prozeß der Auszehrung der jüngeren Jahrgangsgruppen über das Jahr 1990 hinaus ablesen. In den extrem abwanderungsgefährdeten Gebietseinheiten ist der Rückgang der Altersgruppe der 15—24jährigen dreimal so groß wie im Bundesdurchschnitt. Aus dieser Altersgruppe rekrutieren sich die jungen Familien nach 1990.

Um im Sinne des Bundesraumordnungsprogramms die ökonomisch induzierte Abwanderung und damit Verschlechterung der Altersstruktur zu mildern, sollten innerhalb dieser demographischen Problemräume neben der traditionellen Förderpolitik der Gemeinschaftsaufgabe „Verbesserung der regionalen Wirtschaftsstruktur", Entwicklungszentren durch

— Berücksichtigung bei der Standortpolitik öffentlicher Arbeitsplätze,
— spezielle Infrastrukturvorhaben,
— Ausbau der mittelstädtischen Infrastruktur,
— Verbesserung der Verkehrswege

besonders gefördert werden. Ziel der raumordnungspolitischen Maßnahmen muß es sein, durch verstärkte, zeitlich begrenzte, öffentliche Investitionstätigkeit in Entwicklungszentren innerhalb dieser demographischen Problemgebiete „Auffangstationen" für die junge abwanderungsbereite Bevölkerung zu schaffen.

In der jüngsten raumordnungspolitischen Literatur wird in diesem Zusammenhang eine Abkehr von einer isolierten Zentrenförderung zu einer Förderpolitik sogenannter „Zentren-Verbund-Systeme" gefordert[24]). Neben der öffentlichen Investitionspolitik können weitere Impulse zur Stärkung der privaten Wirtschaft in den abwanderungsgefährdeten Räumen in der Schaffung „regionaler Forschungs-Innovations-Verbund-Systeme" liegen. Nach Auffassung von NIEDERWEMMER tragen diese dazu bei, „die Wettbewerbsfähigkeit der mittleren und kleineren Unternehmen durch eine verstärkte Beteiligung an den Ergebnissen staatlich geförderter Technologie-Erzeugung" zu verbessern[25]).

Auch wenn sich die prognostizierten Abwanderungsraten aus diesen Problemgebieten durch die räumliche Konzentration wirtschaftlicher Aktivitäten verringern, ist mit erheblichem Einwohnerrückgang zu rechnen. Dies wirft die Frage auf, wie die Infrastruktureinrichtungen in den Bereichen Bildung, Soziales, Gesundheit und Verkehr, die eine Mindestbevölkerung voraussetzen, um kostengünstig betrieben werden zu können, für die verbleibende Bevölkerung gleichwertig gegenüber dem Standard der öffentlichen Daseinsvorsorge in verdichteten Regionen aufrechterhalten werden können.

Auf Grund der unterschiedlichen Altersstrukturentwicklung in den einzelnen Gebietseinheiten ergeben sich Konsequenzen in der Auslastung bestehender Infrastruktureinrichtungen und damit für die Beurteilung regionaler Disparitäten in der Infrastrukturversorgung. Bei konstantem Infrastrukturangebot und sinkenden Bedarfsträgern kann ein regionales Überangebot an öffentlichen Versorgungseinrichtungen auftreten.

Die Raumanalyse für das Bundesraumordnungsprogramm zeigt beispielsweise die regionalen Unterschiede in der Versorgung der Kinder im Alter von 3 bis unter 6 Jahren mit Kindergartenplätzen auf[26]). Zu Beginn der siebziger Jahre streuten diese regionalen Versorgungsgrade um den Bundesdurchschnitt von 38 Kindergartenplätzen auf 100 EW

---

[24]) Vgl. G. STIENS: Vorausgesagte Entwicklungen und Strategien für den ländlichen Raum. In: Informationen zur Raumentwicklung (1977) 1/2 S. 139 ff.
[25]) K. NIEDERWEMMER: Plädoyer für ein regionalisiertes Konzept der Innovationsförderung. In: Wirtschaftsdienst, Juli 1977, S. 353.
[26]) Vgl. Daten zum Raumordnungsprogramm für die großräumige Entwicklung des Bundesgebietes, hrsg. von der Bundesforschungsanstalt für Landeskunde und Raumordnung, Bonn-Bad Godesberg 1975, Tabelle II, 3.11.

der betreffenden Altersgruppe zwischen der Gebietseinheit Mittelholstein-Dithmarschen (12 Plätze auf 100 EW von 3 bis unter 6 Jahren) und Oberrhein-Südschwarzwald (67 Plätze auf 100 EW von 3 bis unter 6 Jahren).

Der Bildungsgesamtplan sieht vor, daß für 80 % der Kinder im Alter von 3 bis unter 6 Jahren in der Bundesrepublik ein Kindergartenplatz bereitgestellt werden sollte[27]. Der Beirat für Raumordnung lehnt sich in seinen Empfehlungen an den Bildungsgesamtplan an und fordert, für alle Mittelbereiche diese Norm anzuwenden[28].

Gemessen an diesem „Sollindikator" wiesen zu Beginn der siebziger Jahre alle 38 Gebietseinheiten ein Defizit an Kindergartenplätzen auf; für das Bundesgebiet insgesamt betrug die „Fehlbestandsquote" 52 %[29]. Die Verwirklichung dieses Zielwertes wird durch den in der Raumordnungsprognose 1990 prognostizierten Geburtenrückgang stark begünstigt. Ausgehend vom Infrastrukturbestand des Jahres 1971 — also ohne Berücksichtigung der zwischenzeitlichen Investitionen — verringert sich die Fehlbestandsquote des Bundesgebietes bis 1990 auf 25 %. Nur noch 7 Gebietseinheiten werden unter dem bundesdurchschnittlichen Versorgungsgrad der Raumanalyse für das Bundesraumordnungsprogramm liegen, 8 Gebietseinheiten hingegen werden 1990 eine Überversorgung an Kindergartenplätzen aufweisen: Hierbei handelt es sich neben den baden-württembergischen Gebietseinheiten um (23) Aschaffenburg—Schweinfurt, (25) Mainz-Wiesbaden und (26) Saarland.

Da eine Analyse der Kindergartenversorgung (vgl. Tab. 3) — entsprechend der Empfehlung des Beirates für Raumordnung — auf der räumlichen Basis von Mittelbereichen zu erfolgen hat, darf aus den Angaben für gut ausgestattete Gebietseinheiten nicht gefolgert werden, daß eine flächendeckende Versorgung in den betreffenden 29 Gebietseinheiten bis 1990 gewährleistet wäre. Auch innerhalb dieser Gebietseinheiten ist damit zu rechnen, daß in einzelnen Mittelbereichen Versorgungsengpässe bestehen werden, in anderen Mittelbereichen wird das Überangebot an Kindergartenplätzen höher liegen, als in den Daten für die betreffende Gebietseinheit zum Ausdruck gebracht wird.

Galt es mit dem Bundesraumordnungsprogramm einen ersten Orientierungsrahmen aufzustellen, in welchen Räumen Infrastrukturdefizite durch den öffentlichen Mitteleinsatz ausgeglichen werden sollen (in sogenannten Schwerpunkträumen mit besonderen Strukturschwächen im großräumigen Vergleich vorwiegend in der Infrastruktur), so müssen bei der Fortschreibung dieses Programms auch Ziele und Strategien für diejenigen Gebiete angesprochen werden, denen eine Unterauslastung bestehender haushaltsorientierter Infrastrukturkapazitäten droht. Durch den starken Rückgang der jüngeren Jahrgangsgruppen muß für die Infrastruktureinrichtungen des Bildungswesens eine ähnliche Entwicklung wie im Bereich der Kindergartenversorgung unterstellt werden.

Die Zusammenlegung von Kindergärten und Schulen und Ausdehnung ihres Einzugsbereiches bietet sich in dünner besiedelten Gebieten nicht immer an. Um eine vertretbare Auslastung der personellen und materiellen Infrastruktur auch in ländlich geprägten Gebieten zu erreichen, schlägt HECKHAUSEN die Förderung eines leistungsfähigen Zubringersystems im Kindergartenbereich vor. Er hat errechnet, daß der durchschnittliche Einzugsbereich eines Kindergartens in Verdichtungsräumen 7,8 qkm, in ländlichen Gebieten

---

[27] Vgl. Bildungsgesamtplan I. hrsg. von der Bund-Länder-Kommission für Bildungsplanung, Stuttgart 1973, S. 21 f.
[28] Beirat für Raumordnung, a. a. O., S. 42.
[29] ST. HECKHAUSEN: Nachholbedarf an haushaltsorientierter Infrastruktur in den Regionen der Bundesrepublik Deutschland, Schriftenreihe der Kommission für wirtschaftlichen und sozialen Wandel, Heft 114, Göttingen 1976, S. 202.

31,1 qkm beträgt[30]). Aufgrund der demographischen Entwicklung werden sich diese Einzugsbereiche im ländlichen Raum jedoch überdurchschnittlich vergrößern. Angesichts des Rückganges der jüngeren Einwohner gerade auch in den ländlichen Gebieten, gilt es zu prüfen, inwiefern die Zusammenlegung und Ausdehnung der Einzugsbereiche bestehender altersspezifischer Infrastruktureinrichtungen mit den Vorstellungen der Bevölkerung von zumutbaren Erreichbarkeitsverhältnissen übereinstimmen.

Tab. 3:
Entwicklung des regionalen Versorgungsgrades mit Plätzen in Kindergärten

Gebietseinheiten	Kindergartenplätze am 31. 6. 1971	Kindergartenplätze auf 100 EW im Alter von 3 bis unter 6 Jahren	
		gemäß Raumanalyse für das Bundesraumordnungsprogramm (Bedarfsträger: 1970)	gemäß Raumordnungsprognose 1990 (Bedarfsträger 1990)
1 Schleswig	6 973	28,3	56,6
2 Mittelholstein—Dithmarschen	8 065	11,6	22,0
3 Hamburg	30 332	22,4	40,2
4 Lüneburger Heide	3 735	12,8	23,2
5 Bremen	20 041	20,1	35,8
6 Osnabrück	11 474	30,1	51,4
7 Ems	8 037	16,3	29,4
8 Münster	25 651	37,3	64,1
9 Bielefeld	30 196	33,6	50,2
10 Hannover	19 355	21,2	36,6
11 Braunschweig	12 343	21,3	36,0
12 Göttingen	5 872	29,9	44,1
13 Kassel	13 112	27,8	44,0
14 Dortmund—Siegen	59 396	36,3	56,9
15 Essen	78 210	40,4	65,6
16 Düsseldorf	54 006	35,8	55,6
17 Aachen	15 684	33,9	54,7
18 Köln	40 733	33,4	51,5
19 Trier	10 013	37,9	67,0
20 Koblenz	23 405	44,1	78,2
21 Mittel—Osthessen	18 022	32,7	49,9
22 Bamberg	18 052	36,6	56,4
23 Aschaffenburg—Schweinfurt	37 417	60,5	96,5
24 Frankfurt—Darmstadt	57 440	43,2	62,4

[30]) St. Heckhausen, a. a. O., S. 204.

25 Mainz—Wiesbaden	30 339	49,8	82,3
26 Saarland	29 683	54,4	102,1
27 Westpfalz	10 314	39,4	67,6
28 Rhein—Neckar—Südpfalz	54 375	61,9	94,8
29 Oberrhein—Nordschwarzwald	42 301	70,2	99,2
30 Neckar—Franken	100 571	58,0	80,7
31 Ansbach—Nürnberg	29 831	40,8	61,4
32 Regensburg—Weiden	14 514	26,0	43,6
33 Landshut—Passau	14 773	24,7	41,7
34 München—Rosenheim	40 417	32,6	50,2
35 Kempten—Ingolstadt	30 550	30,9	47,8
36 Alb—Oberschwaben	47 292	60,5	82,7
37 Oberrhein—Südschwarzwald	67 701	67,0	98,0
38 Berlin (West)	18 473	25,5	33,9
Bundesgebiet	1 138 662	37,9	60,0

Als Alternative zu einer derartigen Politik der Zusammenlegung von Infrastruktureinrichtungen bietet sich die Anwendung regionsspezifischer Richtwerte zur Beurteilung der Infrastrukturausstattung an. Aufgrund seiner engmaschigen Siedlungsstruktur braucht der ländliche Raum angesichts seiner Bevölkerungsverluste eine gewisse „Überversorgung" (pro Kopf der Bevölkerung gemessen), wenn die Funktionsfähigkeit der Zentralen Orte weiterhin gesichert werden soll. Die daraus resultierenden erhöhten Folgelasten könnten für die Träger der betreffenden Infrastruktureinrichtungen im Sinne der Kommission für wirtschaftlichen und sozialen Wandel durch finanzielle Ausgleichszahlungen des Staates tragbar gestaltet werden. Der Konflikt zwischen Erreichbarkeit von Einrichtungen und ihrer funktionalen Effizienz könnte ferner durch neue Organisationsformen der haushaltsorientierten Infrastrukturversorgung gemildert werden (Beispiel für derartige nichtinvestive Maßnahmen: mobile Dienste der öffentlichen Versorgung, Mehrfachnutzung von Infrastruktureinrichtungen).

Ob eine Unterauslastung, insbesondere altersspezifischer Infrastruktureinrichtungen, im Interesse einer flächendeckenden Versorgung und Aufrechterhaltung der Versorgungsfunktionen der kleineren Zentralen Orte im ländlichen Raum eine alternative Strategie zur Ausdehnung infrastruktureller Einzugsbereiche bei sinkenden Bedarfsträgern darstellt, wird die Diskussion über die Fortschreibung des Bundesraumordnungsprogramms zeigen.

Landwirtschaftliche Bevölkerung und ländlicher Raum seit 1960 in Baden-Württemberg

von

Gerhard Gröner, Stuttgart

I. Einleitung

Die Entwicklung der landwirtschaftlichen Betriebe, der in der Land- und Forstwirtschaft tätigen Personen und schließlich auch der landwirtschaftlichen Bevölkerung wurde in den letzten Jahrzehnten zwar immer wieder unter anderem Blickwinkel, aber doch stets mit großem Interesse verfolgt. Standen ursprünglich Fragen der Erhaltung der durch Landflucht und proletarische Entwurzelung bedroht gesehenen bodenständigen Bevölkerung im Vordergrund, so waren es wenige Jahrzehnte später Fragen der Sicherung der Ernährung der Reichsbevölkerung und der Erhaltung der bäuerlichen Familien, aus denen damals ein erheblicher Teil des Nachwuchses stammte. Nach dem Zweiten Weltkrieg schoben sich bald Fragen nicht nur einer möglichst hohen, sondern auch einer möglichst rationellen landwirtschaftlichen Erzeugung in den Vordergrund, was zu einer raschen Konzentration der landwirtschaftlichen Produktion auf weniger Betriebe und weniger Arbeitskräfte führte.

Als Folge dieser Entwicklung fiel der Anteil der landwirtschaftlichen Bevölkerung, der sich nach dem Ersten Weltkrieg in Baden-Württemberg noch auf ein Drittel der Wohnbevölkerung belaufen hatte, bis 1970 auf weniger als 5 %/o ab, und die als „ländliche Räume" zu bezeichnenden Gebiete schrumpften erheblich zusammen. Damit aber entstehen nun, insbesondere unter Berücksichtigung des inzwischen eingetretenen Geburtenrückgangs, erhebliche Probleme für Landesplanung und Raumordnung. Besonderes Interesse findet dabei die Frage, inwieweit der ländliche Raum auch heute noch, bei stark vermindertem oder sogar schon völlig verschwundenem Geburtenüberschuß, Personen an die meist mit hohen Sterbefallüberschüssen behafteten Verdichtungsräume abzugeben vermag.

Vorliegende Untersuchung soll für das Land Baden-Württemberg Struktur und Entwicklung der Tätigen in der Land- und Forstwirtschaft, der landwirtschaftlichen Bevölkerung und der Bevölkerung im ländlichen Raum seit 1960 sowie die daraus ableitbaren Konsequenzen für die weitere Entwicklung aufzeigen.

II. Die landwirtschaftlichen Betriebe

Lebensgrundlage der landwirtschaftlichen Bevölkerung sind die landwirtschaftlichen Betriebe. Jede Veränderung von Zahl und Struktur der landwirtschaftlichen Betriebe muß daher direkte Auswirkungen auf die Zahl der Erwerbstätigen in der Landwirtschaft und über diese auf die Agrarhaushalte und damit auf die landwirtschaftliche Bevölkerung haben. Die Untersuchung der Entwicklung der landwirtschaftlichen Betriebe gibt daher Hinweise auf die Entwicklung der landwirtschaftlichen Bevölkerung.

Von der Gesamtzahl der landwirtschaftlichen Betriebe sind für die hier untersuchten Probleme die Betriebe von besonderer Bedeutung, die natürliche Personen als Inhaber aufweisen. Wie sich aus den Landwirtschaftszählungen 1960 und 1971/72 trotz unterschiedlicher Abgrenzung des Erfassungsbereichs der Betriebe[1]) ergibt, ist, wie Tabelle 1*) zeigt, die Gesamtzahl klassifizierbarer Betriebe mit natürlichen Personen als Inhaber von 331 200 im Jahr 1960 auf 187 100 im Jahr 1971 und damit um 43 % zurückgegangen.

Es ist bezeichnend für die Wirtschaftsstruktur Baden-Württembergs, daß von jeher eine enge Verflechtung zwischen der Erwerbstätigkeit in der Landwirtschaft und der in anderen Wirtschaftsbereichen bestand. Diese Verflechtung hatte eine Ursache darin, daß die landwirtschaftlichen Betriebe in Südwestdeutschland flächenmäßig oft sehr klein waren[2]). Wenn es deren Inhaber nicht gelang, über die Spezialisierung auf lohnende Sonderkulturen wie Wein, Tabak, Hopfen oder Gemüse auch aus den kleinen Betrieben ein hinreichendes Einkommen zu erwirtschaften, so blieb oft nur der Weg, durch Erwerbstätigkeit in anderen Wirtschaftsbereichen das Betriebseinkommen zu ergänzen.

Leider wurde auch die Untergliederung der landwirtschaftlichen Betriebe in einerseits Betriebe, aus denen der Inhaber seinen überwiegenden Lebensunterhalt ziehen kann, und die hier als Haupterwerbsbetriebe bezeichnet seien, und andererseits die Nebenerwerbsbetriebe in den Landwirtschaftszählungen 1960 und 1971/72 nach verschiedenen, nicht voll vergleichbaren Kriterien durchgeführt. Insgesamt gesehen lassen sich jedoch folgende große Entwicklungslinien erkennen:

Bezeichnung	1971/72	1960
Haupterwerbsbetriebe	85 620	162 927
Nebenerwerbsbetriebe	101 490	168 254
Zusammen	187 110	331 181

Demnach konnten im Jahr 1960 in Baden-Württemberg von 331 200 landwirtschaftlichen Betrieben 163 000 oder 49 % als Haupterwerbsbetriebe, bei denen der Inhaber seinen überwiegenden Lebensunterhalt aus dem landwirtschaftlichen Betrieb bezieht, bezeichnet werden. Für 1971/72 ergab sich, daß von 187 100 Betrieben bei 43 500 Betrieben Inhaber oder Ehegatte keine außerbetrieblichen Einkünfte genannt hatten; bei weiteren 42 100 Betrieben bestanden zwar außerbetriebliche Einkünfte, doch wurden diese von den Inhabern der Betriebe als kleiner als die Betriebseinkünfte eingestuft. Demnach war 1971/72 für 85 600 Betriebe oder noch 46 % der Gesamtzahl der landwirtschaftliche Betrieb die überwiegende Unterhaltsquelle. Dagegen waren bei 101 500 Betrieben oder nun bereits 54 % der Gesamtzahl die außerbetrieblichen Einkünfte des Betriebsinhabers oder seines Ehegatten von diesen höher als die Betriebseinkünfte bewertet worden, so daß demnach mehr als die Hälfte der baden-württembergischen landwirtschaftlichen Betriebe als Nebenerwerbsbetriebe zu bezeichnen ist.

Die Tatsache, daß bereits jetzt über die Hälfte der Inhaber landwirtschaftlicher Betriebe das überwiegende Einkommen von außerhalb des landwirtschaftlichen Betriebes bezieht, muß bei Überlegungen, ob im Zuge einer weiteren Rationalisierung Personen an andere Wirtschaftsbereiche oder Verdichtungsräume abgegeben werden können, berücksichtigt werden.

---

[1]) Grundsätzlich wurden in der Landwirtschaftszählung 1960 Betriebe ab einer landwirtschaftlichen Nutzfläche (LN) von 0,5 ha und mehr, in der Zählung 1971/72 dagegen ab einer landwirtschaftlich genutzten Fläche (LF) von 1 ha und mehr und kleinere Betriebe mit einer Marktleistung von mindestens 4000,—DM oder entsprechenden Erzeugungseinheiten erfaßt.
*) Tabellen 1—8 und Abb. 1—8 am Schluß dieses Beitrages.
[2]) Vgl. H. WIRTH: Nebenberufliche Landbewirtschaftung in Baden-Württemberg. In: Statistische Monatshefte Baden-Württemberg, Heft 3/1969, S. 76 ff.

Für eine Analyse von Struktur und Entwicklung der Zahl der landwirtschaftlichen Betriebe, der Erwerbstätigen in der Landwirtschaft und der landwirtschaftlichen Bevölkerung ist ein Herausarbeiten der regionalen Besonderheiten von ausschlaggebender Bedeutung. Als Basis für eine regionale Differenzierung bieten sich zunächst die Stadt- und Landkreise an. Bis zu der am 1. 1. 1973 in Kraft getretenen Kreisreform war das Land Baden-Württemberg in 72 Kreise, davon 9 Stadt- und 63 Landkreise, eingeteilt. Die Kreisreform verminderte die Zahl der Kreise auf 44, davon 9 Stadt- und 35 Landkreise. Die neue Kreisgliederung hat damit zu im Schnitt erheblich größeren Kreisen geführt, die für eine regionale Analyse natürlich weniger geeignet sind.

Zudem liegen die hier benötigten Daten aus den Zählungen um 1960/61 und 1970/72 in vergleichbarer Form oft nur für die alte Kreisgliederung vor. Daher wurde den vorliegenden Untersuchungen die auf 72 Kreisen basierende alte Kreisgliederung zugrunde gelegt.

Die Zahl der landwirtschaftlichen Haupterwerbsbetriebe mit natürlichen Personen als Inhaber ist von 1960 bis 1971/72 im Land Baden-Württemberg von 162 900 auf 85 600 um rund 47 % abgesunken. Wie Tabelle 1 und Schaubild 1 zeigen, ist jedoch das Ausmaß des Rückgangs in den einzelnen Kreisen sehr unterschiedlich. Einen besonders starken Rückgang wiesen die Verdichtungsgebiete, vor allem weite Teile Nordbadens sowie des nördlichen Südbadens und der gesamte Neckarraum auf. Dagegen ergab sich in den schwächer industrialisierten Zonen in Ost- und Südostwürttemberg sowie im südlichen Südbaden ein deutlich kleinerer Rückgang der Zahl der Haupterwerbsbetriebe.

Demgegenüber ist von 1960 auf 1971/72 die Zahl der Nebenerwerbsbetriebe von 168 300 auf 101 500 nur um knapp 40 % abgesunken; auch unter Berücksichtigung der durch die unterschiedliche Betriebsabgrenzung bei den Landwirtschaftzählungen 1960 und 1971/72 bedingten Unsicherheiten läßt sich sagen, daß sich offenbar in diesem Zeitraum die landwirtschaftlichen Nebenerwerbsbetriebe besser als die Haupterwerbsbetriebe zu halten vermochten.

Der Anteil der Haupterwerbsbetriebe an der Gesamtzahl der landwirtschaftlichen Betriebe erwies sich 1971/72 in den einzelnen Kreisen als unterschiedlich hoch. Wie aus den Basiszahlen in Tabelle 1 zu ermitteln und in Schaubild 2 dargestellt, waren in einem breiten, von Bruchsal/Rastatt bis Tuttlingen/Nürtingen reichenden Bereich des Landes weniger als 30 % der landwirtschaftlichen Betriebe Haupterwerbsbetriebe. Im Ost- und Südostteil des Landes ergaben sich immerhin noch mehr als die Hälfte der landwirtschaftlichen Betriebe als Haupterwerbsbetriebe, doch ein Anteil von 70 % und mehr fand sich, abgesehen von wenigen Großstädten, nur noch im Gebiet Tettnang/Wangen/Ravensburg.

Selbstverständlich bietet die Entwicklung der Zahl der landwirtschaftlichen Betriebe im Jahrzehnt zwischen 1960 und 1970 noch eine Fülle interessanter weiterer Aspekte von Veränderungen der Größenstruktur über die Mechanisierung bis zur Spezialisierung. Interessant ist es auch, den Phasenablauf im „Leben" der landwirtschaftlichen Betriebe zu verfolgen, der sich in einem Aufblühen, Schrumpfen, Stagnieren und eventuellen erneuten Aufblühen äußern kann. Dieser Phasenablauf steht einerseits mit der individuellen persönlichen Entwicklung, der Belastung und dem Älterwerden des Betriebsleiters in Zusammenhang. Anderseits wirken sich natürlich auch allgemeine wirtschaftliche Entwicklungen, etwa zunehmende Anreize zur Übernahme einer nichtlandwirtschaftlichen Erwerbstätigkeit oder politische Entwicklungen, seien sie landwirtschaftsfreundlich oder -feindlich, aus, die dann eine Vielzahl von Betrieben gleichzeitig und in gleicher Weise betreffen.

Für vorliegende Untersuchung sei festgehalten, daß die Zahl der landwirtschaftlichen Betriebe in Baden-Württemberg von 1960 bis 1971/72 um über 43 % zurückgegangen ist. Innerhalb dieses Rückgangs ist die Zahl der Haupterwerbsbetriebe, aus denen der Inhaber seinen überwiegenden Lebensunterhalt bezieht, noch stärker abgesunken, so daß 1971/72 nur noch 85 600 Betriebe als Haupterwerbsbetriebe bezeichnet werden konnten. Dagegen wurden 101 500 Betriebe, das sind 54 % der Gesamtzahl, nebenberuflich bewirtschaftet; das bedeutet, daß für die Bestreitung des Lebensunterhalts der Inhaber dieser Betriebe die Einnahmen aus dem landwirtschaftlichen Betrieb nur noch von zweitrangiger Bedeutung sind.

III. Die Erwerbstätigen in der Land- und Forstwirtschaft

Der Rückschluß von der Entwicklung der landwirtschaftlichen Betriebe auf die landwirtschaftliche Bevölkerung führt über die Erwerbstätigen im Wirtschaftsbereich Land- und Forstwirtschaft.

Es würde naheliegen, die Untersuchung der Arbeitskräfte in der Land- und Forstwirtschaft auf den landwirtschaftlichen Betriebszählungen aufzubauen, aus denen auch die im vorangegangenen Abschnitt erörterten Daten für die landwirtschaftlichen Betriebe stammen und in denen die Arbeitsverhältnisse in den landwirtschaftlichen Betrieben in sehr breiter Form erfragt wurden. Dies ist jedoch aus einer Reihe von Gründen nicht möglich. So schlagen natürlich die Abweichungen im Erfassungsbereich der landwirtschaftlichen Betriebe auch auf die Zahl der in diesen Betrieben erfaßten Arbeitskräfte durch. Weiterhin erfolgte die Auswertung gerade der Angaben zu den Arbeitsverhältnissen nur äußerst langsam. Zudem ist das Erhebungs- und Auswertungsprogramm der Landwirtschaftszählungen offenbar sehr vorrangig auf die jeweils gerade von Ministerialbürokratie und Interessengruppen als aktuell empfundenen Probleme ausgerichtet, wogegen statistische Gesichtspunkte und hier vor allem der Gesichtspunkt der Vergleichbarkeit mit den Daten aus vorangegangenen Zählungen nur unzureichend berücksichtigt werden. So bestehen etwa zwischen den Landwirtschaftszählungen 1960 und 1971/72 in der Abgrenzung der einzelnen Beschäftigtengruppen und auch in wesentlichen Merkmalen, wie etwa den ausgewiesenen Altersgruppen, so viele Abweichungen, daß diese aufwendigen Zählungen für die vorliegenden Untersuchungen praktisch nicht herangezogen werden können.

Daher werden für die Untersuchung der Erwerbstätigkeit in der Land- und Forstwirtschaft die Daten aus den Volks- und Berufszählungen 1961 und 1970 benutzt, die nach übereinstimmender Definition und in vergleichbaren Merkmalsabgrenzungen für die gesamte Bevölkerung erhoben und ausgewertet wurden und die die Vorteile einer Erfassung der Erwerbstätigkeit über die Person und nicht über den Betrieb bieten; hierdurch werden insbesondere Doppelzählungen von Personen mit mehreren Erwerbstätigkeiten in verschiedenen Betrieben vermieden.

Zur Verdeutlichung der Unterschiede seien nachfolgend einerseits die aus der Volkszählung und andererseits die aus der landwirtschaftlichen Arbeitskräfteerhebung für das Land Baden-Württemberg Mitte 1970 festgestellten Erwerbstätigen- beziehungsweise Arbeitskräftezahlen in den für die jeweilige Erhebung typischen Kategorien nebeneinandergestellt:

Nach Volkszählung Juni 1970
    Selbständige   102 471
    Mithelfende Familienangehörige   185 276
    Abhängige   44 062
    Zusammen   331 809

Nach landwirtschaftlicher Arbeitskräfteerhebung Juli 1970

Ständige Familienarbeitskräfte	147 000
Nichtständige Familienarbeitskräfte	310 200
Ständige familienfremde Arbeitskräfte	18 800
Nichtständige familienfremde Arbeitskräfte	12 200
Zusammen	488 200

Die großen Abweichungen mögen zum Teil darauf zurückgehen, daß Volkszählungen und Mikrozensus bei der Erfassung von Tätigkeiten stark auf den Erwerbsgesichtspunkt abheben, wogegen in landwirtschaftlichen Arbeitskräfteerhebungen eigentlich bereits die Beschäftigung als solche zählt. Weitere Ursachen dieser Differenzen sind in Unterschieden zwischen der Erfassung über die Person oder den Betrieb sowie bei den Personen mit mehreren Erwerbstätigkeiten zu suchen.

So haben im Rahmen der Volkszählung die Erwerbspersonen nur für die als vorrangig empfundene Erwerbstätigkeit die Wirtschaftsabteilung und die Stellung im Beruf genannt; eine eventuelle weitere Erwerbstätigkeit wird in der Volkszählung zwar registriert, doch werden keine weiteren Merkmale hierzu erhoben. Wenn daher zum Beispiel ein Metallarbeiter gleichzeitig Inhaber eines landwirtschaftlichen Betriebes ist, so kann er einerseits angeben, daß er Arbeiter in der Metallverarbeitung ist und eine weitere Erwerbstätigkeit ausübt, oder er kann angeben, daß er Selbständiger in der Landwirtschaft ist und eine weitere Erwerbstätigkeit ausübt. Da aber Personen mit mehreren Erwerbstätigkeiten dazu neigen, die — auch finanziell — überwiegende Tätigkeit zu benennen, sind diese Angaben zumindest nicht schlechter als die ebenfalls auf Selbsteinschätzung beruhenden Angaben der Betriebsinhaber landwirtschaftlicher Betriebe, ob nun die Betriebseinkünfte oder die außerbetrieblichen Einkünfte überwiegen, eine Untergliederung, aus der weitreichende Folgerungen gezogen werden.

Aus den Ergebnissen der Volks- und Berufszählungen ist zu entnehmen, daß die Zahl der Erwerbspersonen in der Land- und Forstwirtschaft wie auch ihr Anteil an der Gesamtzahl der Erwerbspersonen schon langfristig kontinuierlich zurückgegangen sind. So belief sich die Zahl der Erwerbspersonen beziehungsweise der Erwerbstätigen[3]) in diesem Wirtschaftsbereich in Baden-Württemberg

1925 auf 1 137 000 Personen oder 40 % der Gesamtzahl,
1939 auf   943 000 Personen oder 32 % der Gesamtzahl,
1950 auf   845 000 Personen oder 26 % der Gesamtzahl,
1961 auf   637 000 Personen oder 16 % der Gesamtzahl,
1970 auf   332 000 Personen oder 8 % der Gesamtzahl.

Die Entwicklung der Erwerbspersonen in der Land- und Forstwirtschaft im engeren Beobachtungszeitraum zwischen 1961 und 1970 sowie deren regionale Verteilung ergeben sich aus Tabelle 2. Danach ist ihre Gesamtzahl von 636 900 im Jahr 1961 auf 331 800 im Jahr 1970 und damit um 48 % zurückgegangen. Dieser Rückgang entspricht unter Berücksichtigung der um ein Jahr versetzten Erhebungstermine und der Vergleichsprobleme der Zählungen recht gut dem aus den Landwirtschaftszählungen ermittelten Rückgang der Zahl der landwirtschaftlichen Betriebe. Der Rückgang der Erwerbstätigenzahlen in der Land- und Forstwirtschaft war zwischen 1961 und 1970 regional unterschiedlich hoch. Ein

---

[3]) Für die Jahre 1925 bis 1950 Erwerbspersonen einschließlich der selbständigen Berufslosen. Durch deren Einbeziehung dürften jedoch die Zahlen für die Land- und Forstwirtschaft nur geringfügig überhöht werden. — Da in diesem Wirtschaftsbereich in Baden-Württemberg, speziell für die Jahre 1961 und 1970, keine nennenswerten Arbeitslosenzahlen festgestellt wurden, können Erwerbspersonen und Erwerbstätige gleichgesetzt werden.

besonders starker Rückgang ergab sich mit 61 % im Regierungsbezirk Nordbaden und hier vor allem in den Landkreisen Bruchsal, Karlsruhe, Pforzheim, Heidelberg und Mannheim. Ein mit 44 % relativ schwächerer Rückgang war dagegen in Südwürttemberg-Hohenzollern festzustellen, wobei besonders in den Kreisen Tettnang, Wangen, Saulgau, Biberach und Ehingen die Erwerbstätigenzahlen unterdurchschnittlich zurückgingen.

Nach der Stellung im Beruf waren im Jahr 1961 im Landesdurchschnitt 34 % der Erwerbspersonen in der Land- und Forstwirtschaft als Selbständige, 58 % als Mithelfende Familienangehörige und 8 % als Abhängige tätig, wogegen sich 1970 nur noch 31 % Selbständige, 56 % Mithelfende Familienangehörige und dagegen 13 % Abhängige fanden. Diese Strukturveränderungen sind an sich nicht unplausibel. Mit dem Rückgang der Zahl landwirtschaftlicher Betriebe war eine Aufstockung der Flächen der verbliebenen Betriebe verbunden; damit aber wuchsen mehr Betriebe über die Größe, die eine Bewirtschaftung allein durch die Familie erlaubt, hinaus. Die kleiner gewordenen bäuerlichen Familien und die Tendenz der Söhne und Töchter aus diesen Familien, nicht mehr lediglich als Familienarbeitskräfte im elterlichen Betrieb zu arbeiten, sondern eine echt bezahlte und bezüglich der Arbeitszeit geregelte Erwerbstätigkeit anzunehmen, dürften den Zwang zur Beschäftigung familienfremder Arbeitskräfte verstärkt haben.

Bemerkenswert ist die aus Tabelle 3 ersichtliche Entwicklung der Geschlechts- und Altersgliederung der Erwerbstätigen. Entfielen 1961 noch 40 % auf Männer und 60 % auf Frauen, so waren es 1970 bereits 47 % Männer und 53 % Frauen. Aus der Tabelle läßt sich entnehmen, daß der Rückgang des Anteils der Frauen auf die besonders starke Abnahme bei den weiblichen Mithelfenden Familienangehörigen zurückzuführen ist.

Differenzierte Entwicklungen läßt die Altersstruktur erkennen. Waren im Jahr 1961 immerhin 23 % der Selbständigen und damit der Betriebsinhaber 65 und mehr Jahre alt, so waren es 1970 nur noch 16 %. Wie jedoch Tabelle 3 und Schaubild 3 zeigen, vollzog sich hier ein Umschichtungsprozeß. Offenbar haben viele ältere Betriebsinhaber, begünstigt durch bessere Altersversorgung, ihren Betrieb abgegeben und erscheinen nun als Mithelfende Familienangehörige. Bei den Männern ist diese Entwicklung besonders augenfällig: von den männlichen Mithelfenden Familienangehörigen standen 1961 nur 18 %, 1970 aber 48 % im Alter von 65 Jahren und höher! Insgesamt gesehen hat sich daher von 1961 bis 1970 im Mittel aller Erwerbstätigen in der Land- und Forstwirtschaft der Anteil der Personen im Rentenalter von 65 Jahren und höher nicht vermindert, sondern er ist von 14 % auf 17 % angestiegen.

Die Ergebnisse des Mikrozensus, der seit 1957 jährlich nach vergleichbarem Erhebungskonzept durchgeführt wird, erlauben es, die Entwicklung der Zahl der Erwerbstätigen in der Land- und Forstwirtschaft kontinuierlich zu verfolgen. Wie Tabelle 4 zeigt, ist die Zahl der Erwerbstätigen in diesem Wirtschaftsbereich relativ gleichmäßig von rund 619 000 im Jahr 1960 auf 266 000 im Jahr 1976 zurückgegangen. Der aus den Volkszählungsdaten zwischen 1961 und 1970 feststellbare Rückgang der Erwerbstätigenzahlen in der Land- und Forstwirtschaft hat sich demnach auch in den folgenden Jahren weiter fortgesetzt.

Wie die Differenzen zu den Volkszählungsergebnissen zeigen, erlaubt die Befragung durch geschulte Interviewer im Rahmen des Mikrozensus offenbar eine erheblich nachdrücklichere Erfassung der Erwerbstätigkeit in der Land- und Forstwirtschaft als die Volkszählungen, bei denen jeder Haushaltsvorstand das Erhebungspapier eigenständig ausfüllt.

Es ist bemerkenswert, daß sich die Auswirkungen der konjunkturellen Entwicklung 1974/75 in den Ergebnissen des Mikrozensus deutlich niederschlagen. So ergab sich von April 1974 auf April 1975 ein Anstieg der Erwerbstätigenzahlen in der Land- und Forstwirtschaft, der in erster Linie auf eine Zunahme der Zahl der Selbständigen zurückzuführen war. Diese Zunahme bedeutet natürlich nicht, daß nun etwa die Zahl der landwirtschaftlichen Betriebe wieder angestiegen wäre. Vielmehr erschien offenbar bei einigen Betriebsinhabern, die 1974 noch überwiegend in anderer Erwerbstätigkeit arbeiteten und mit dieser in der Statistik erfaßt wurden, nun 1975 infolge Arbeitslosigkeit oder Kurzarbeit die bisherige Nebenerwerbstätigkeit in der Land- und Forstwirtschaft als Haupterwerbstätigkeit.

Zusammenfassend läßt sich sagen, daß sowohl die absolute Zahl der Erwerbspersonen in der Land- und Forstwirtschaft wie auch ihr Anteil an der Gesamtzahl der Erwerbspersonen langfristig zurückgegangen sind. Zwischen 1961 und 1970 haben sich Zahl und Anteil der Erwerbspersonen in der Landwirtschaft nochmals fast um die Hälfte vermindert, und dieser Rückgang hat sich in den Jahren nach 1970 fortgesetzt. Dabei ergaben sich deutliche regionale Unterschiede, wobei sich feststellen läßt, daß Verdichtungsräume, industrialisierte Gebiete und deren Randzonen überdurchschnittliche, die noch stärker agrarischen Gebiete dagegen unterdurchschnittliche Abnahmen aufzeigten.

Die Altersstruktur der Erwerbstätigen in der Land- und Forstwirtschaft zeigt noch immer eine relativ hohe Überalterung. Dies läßt erwarten, daß auch ein möglicher weiterer Rückgang der Zahl der Erwerbspersonen in der Land- und Forstwirtschaft primär aus einem altersbedingten Ausscheiden gespeist würde und nicht zu einer nennenswerten Freisetzung von Arbeitskräften oder Bevölkerung führen würde.

Eine Prognose der künftigen Entwicklung der Zahl der Arbeitskräfte in der Landwirtschaft ist schwierig. Sie läßt sich insbesondere nicht über eine Fortrechnung der Altersgliederung der zur Zeit in der Landwirtschaft tätigen Personen bestimmen. Dieses Verfahren, das in vielen anderen Bereichen zu guten Ergebnissen führt, muß hier scheitern, weil ein erheblicher Teil des Berufsnachwuchses in der Landwirtschaft, auch ein Teil der künftigen Betriebsleiter, zur Zeit überhaupt nicht als erwerbstätig in der Land- und Forstwirtschaft erfaßt wird, sondern hauptberuflich in einem ganz anderen Wirtschaftsbereich arbeitet.

In der „Systemanalyse zur Landesentwicklung Baden-Württemberg"[4]) wird ein Rückgang der Zahl der Erwerbstätigen in der Landwirtschaft von 332 000 im Jahr 1970 auf 135 000 im Jahr 1990 erwartet. Diese Aussage wurde in der Presse — weil dort nicht zwischen altersbedingtem Ausscheiden und Überwechseln in einen anderen Wirtschaftsbereich klar unterschieden wurde — mehrfach mißverständlich in der Form wiedergegeben, als sei eine Abwanderung von 200 000 Personen aus der Landwirtschaft zu erwarten.

Die Bedeutung dieser Unterscheidung wird bekräftigt durch den aus den landwirtschaftlichen Arbeitskräfteerhebungen ersichtlichen sehr hohen Anteil nichtständiger Familienarbeitskräfte; gerade aus dieser Beschäftigtengruppe sind bei weiterer Auflösung landwirtschaftlicher Betriebe kaum Arbeitskraftreserven zu erwarten, da diese Personen häufig entweder schon älter sind oder bereits in anderen Wirtschaftsbereichen arbeiten. Insofern hilft die häufig vorgenommene Umrechnung von teilbeschäftigten und nichtständigen Arbeitskräften auf „Vollarbeitskräfte" zu einer fiktiven Zahl, hinter der nun

---

[4]) Erstellt von Dornier System/Friedrichshafen, Prognos/Basel und Arbeitsgruppe Landespflege/Forstwiss. Fakultät der Universität Freiburg, S. 243 der Manuskriptfassung.

eben nicht Arbeitskraft- und damit Bevölkerungsreserven stehen, auf die andere Wirtschaftsbereiche oder andere Regionen zurückgreifen könnten[5]).

IV. Die landwirtschaftliche Bevölkerung

Die landwirtschaftliche Bevölkerung läßt sich aus den Zahlen der Erwerbstätigen in der Land- und Forstwirtschaft unter Einbeziehung der Personen, die von den Erwerbstätigen in der Land- und Forstwirtschaft ihren Unterhalt beziehen, von diesen also sozusagen ernährt werden, ermitteln. Zu dieser so definierten landwirtschaftlichen Bevölkerung rechnen somit:

a) Alle Personen, die ihren überwiegenden Lebensunterhalt aus Erwerbstätigkeit in der Land- und Forstwirtschaft beziehen[6]);

b) alle Personen, die ihren überwiegenden Lebensunterhalt von Personen ableiten, die in der Land- und Forstwirtschaft erwerbstätig sind, also zum Beispiel die Kinder eines hauptberuflichen Landwirts.

Diese nach den sogenannten Ernährer-Angaben aus den Volkszählungen abgegrenzte landwirtschaftliche Bevölkerung belief sich in Baden-Württemberg

1925 auf 1 544 000 Personen oder 31 % der Wohnbevölkerung,
1939 auf 1 240 000 Personen oder 23 % der Wohnbevölkerung,
1950 auf 1 116 000 Personen oder 17 % der Wohnbevölkerung,
1961 auf   732 000 Personen oder 9 % der Wohnbevölkerung,
1970 auf   429 000 Personen oder 5 % der Wohnbevölkerung.

Allein zwischen 1961 und 1970 ging demnach die absolute Zahl der landwirtschaftlichen Bevölkerung, wie aus Tabelle 5 zu entnehmen ist, um 41 % und ihr Anteil an der Gesamtbevölkerung um 49 % und damit fast um die Hälfte zurück[7]).

Die Tabelle erweist ferner beachtliche regionale Unterschiede im Ausmaß dieser Entwicklung zwischen den Regierungsbezirken und Kreisen des Landes. Einen überdurchschnittlichen Rückgang weist auch hier der Regierungsbezirk Nordbaden auf, bei den Kreisen ergeben sich besonders hohe Abnahmeraten in den Landkreisen Bruchsal, Pforzheim und Karlsruhe. Dagegen ist die landwirtschaftliche Bevölkerung in den Stadtkreisen schwächer als im Landesdurchschnitt abgesunken, was damit zusammenhängen mag, daß in den Großstädten die landwirtschaftliche Bevölkerung schon in den dem Beobachtungszeitraum vorangegangenen Jahren stark zurückgegangen war. Wie schon Tabelle 1 zeigte, waren bereits 1960 die in den Stadtkreisen verbliebenen wenigen landwirtschaftlichen Betriebe in vergleichsweise hohem Maß Haupterwerbsbetriebe. Daher war hier von vornherein nur noch ein geringerer Rückgang der von der Landwirtschaft lebenden Bevölkerung zu erwarten.

In den Schaubildern 4 und 5 wurden aus der Regionaldatenbank des Statistischen Landesamtes Baden-Württemberg die Anteile der landwirtschaftlichen Bevölkerung an der Wohnbevölkerung in den Jahren 1961 und 1970 gemeindeweise als Rasterkarten ausgedruckt. Dabei zeigt sich — die Parallelität zu der aus den Schaubildern 1 und 2 ersicht-

---

[5]) Vgl. H. Wirth: Die Abwanderung und das Arbeitskräftepotential der Landwirtschaft. In: Statistische Monatshefte Baden-Württemberg, Heft 4/1966, S. 98 ff.
[6]) Bis 1950 Personen mit überwiegender Erwerbstätigkeit in der Land- und Forstwirtschaft.
[7]) Vernachlässigt wurde dabei jeweils die nicht sehr große und nur schwer quantifizierbare Zahl der sogenannten Bauernrentner.

lichen Entwicklung der Haupterwerbsbetriebe und ihrem Anteil an der Gesamtzahl der landwirtschaftlichen Betriebe ist deutlich erkennbar —, daß 1961 der relativ noch hohe Anteil von 16 % und mehr landwirtschaftlicher Bevölkerung in weiten Bereichen des Nordost-, Südost- und Südwestteils Baden-Württembergs anzutreffen war. Dagegen war ein Anteil von unter 4 % nur relativ isoliert in den Großstädten und ihrem Einzugsbereich festzustellen.

Bis 1970 haben sich indes diese isolierten Flächen mit niederem Anteil landwirtschaftlicher Bevölkerung zu großen Bereichen ausgedehnt, denen der weit überwiegende Teil Nordbadens, der gesamte mittlere Neckarraum, das Neckartal über Tübingen/Balingen bis Schwenningen/Villingen und das Remstal zuzuordnen sind. Dagegen finden sich höhere Anteile landwirtschaftlicher Bevölkerung nur noch in den Räumen Crailsheim bis Mergentheim, in Südwürttemberg und in bereits isolierten und zersprengten Gebieten Südbadens.

Es ist bemerkenswert, daß im Jahr 1970 der Anteil der in der Land- und Forstwirtschaft tätigen Erwerbspersonen an der Gesamtzahl sich auf 8 %, der Anteil der landwirtschaftlichen Bevölkerung an der Wohnbevölkerung dagegen nur auf unter 5 % beläuft und damit fast nur halb so groß ist. Hierin kommt zum Ausdruck, daß in der Landwirtschaft viele vor allem auch ältere Personen arbeiten, die hier als Erwerbstätige erscheinen, für die aber diese Erwerbstätigkeit nicht den überwiegenden Lebensunterhalt liefert. Dieser überwiegende Lebensunterhalt ist vielmehr, vor allem bei vielen älteren weiblichen Mithelfenden Familienangehörigen, durch Einkünfte aus Rente oder durch Unterhalt des in einem anderen Wirtschaftsbereich hauptberuflich tätigen Mannes gegeben. Daß hier die Befragten sowohl bei der Entscheidung über die überwiegende Quelle des Lebensunterhalts wie auch bei der Festlegung, ob die Einkünfte aus landwirtschaftlichem Betrieb oder die außerbetrieblichen Einkünfte überwiegen, dazu neigen, die oft nicht voll in Bargeld ersichtlichen Einnahmen aus dem landwirtschaftlichen Betrieb zu unterschätzen, sei nur am Rande bemerkt.

Sowohl aus der Entwicklung der Erwerbspersonen in der Land- und Forstwirtschaft als auch aus der der landwirtschaftlichen Bevölkerung ergibt sich, daß eine sehr beträchtliche Abwanderung aus der Landwirtschaft stattgefunden hat. Diese Abwanderung ist sogar noch größer, als aus der reinen Differenz der Erwerbspersonen- oder Bevölkerungszahlen für verschiedene Jahre anzunehmen ist, da hier auch, worauf insbesondere WIRTH[8] hingewiesen hat, der zwischenzeitlich in den landwirtschaftlichen Familien angefallene, aber ebenfalls abgewanderte Geburtenüberschuß mit in Rechnung gestellt werden muß.

Die Gründe für diese Abwanderung sind vielgestaltig. Vor allem ist zu nennen, daß der Bedarf an Nahrungsmitteln relativ unelastisch und — auch durch qualitative Verfeinerung — nicht beliebig ausweitbar ist. Dagegen wurde in der Landwirtschaft, vor allem durch verbesserte Düngung, Fortschritte in der Pflanzen- und Tierzüchtung und Maschineneinsatz, eine sehr beträchtliche Verbesserung der Produktivität erzielt. Diese hat zu einer langfristigen und starken Freisetzung von Arbeitskräften und Bevölkerung aus der Landwirtschaft geführt. Diese natürliche Entwicklung wurde jedoch in Deutschland durch die Politik des Dritten Reiches und nach dem Zweiten Weltkrieg das Einströmen vieler Flüchtlinge in die Landwirtschaft, wo sie wenigstens ihr Brot zu finden hofften, unterbrochen. Daher ergab sich etwa ab 1950 in der Bundesrepublik und in Baden-Würt-

---

[8]) Vgl. H. WIRTH: Die Abwanderung aus der Landwirtschaft in Baden-Württemberg. In: Jahrbücher für Statistik und Landeskunde von Baden-Württemberg, Jahrgang 1956, Heft 2, S. 119 f.

temberg eine ganz besonders starke Abwanderung aus der Landwirtschaft, weil hier der Anschluß an die internationale Entwicklung des Arbeitskräftebesatzes sozusagen zu einem Nachholbedarf geführt hatte.

Die Stärke des Abwanderungsstromes aus der Landwirtschaft in den Jahren nach 1950 war demnach infolge dieser besonderen Umstände ungewöhnlich stark. Dies darf jedoch nicht zu der Annahme verleiten, daß auch in künftigen Jahren noch ähnliche Arbeitskräfte- oder Bevölkerungsreserven aus dem Bereich der Land- und Forstwirtschaft freigesetzt werden könnten — ein Schluß, der sich bereits aus der inzwischen relativ kleinen Zahl der Erwerbspersonen in der Landwirtschaft beziehungsweise der landwirtschaftlichen Bevölkerung ergibt.

V. Die landwirtschaftlich genutzte Fläche

Eine Abrundung des bisher gewonnenen Bildes und zugleich einen gewissen Übergang von der sektoralen Betrachtung der landwirtschaftlichen Betriebe, Arbeitskräfte und Bevölkerung zur räumlichen Betrachtung des „ländlichen Raumes" vermittelt die Entwicklung der Flächennutzung. Wie Tabelle 6 zeigt, ergab sich von 1960 bis 1973 in Baden-Württemberg bei

— land- und forstwirtschaftlichem Kulturland eine Abnahme um 145 600 ha oder 4,5 %;

— unkultivierten Bodenflächen eine Zunahme um 49 300 ha oder 67,9 %;

— Siedlungsflächen eine Zunahme um 93 500 ha oder 33,4 %.

Dabei beziehen sich die Prozentzahlen jeweils auf den Ausgangswert im Jahr 1960 in der betreffenden Kategorie; die Differenzen in den Summen der absoluten Zahlen sind darauf zurückzuführen, daß den Bodennutzungserhebungen nicht die Katasterflächen, sondern die nach dem Betriebsprinzip gewonnenen Wirtschaftsflächen zugrunde liegen.

Damit fiel, wie sich aus den in Tabelle 6 dargestellten Basiszahlen errechnen läßt, im Land Baden-Württemberg von 1960 bis 1973 der Anteil des land- und forstwirtschaftlich genutzten Kulturlandes von 90 % auf 86 %, wogegen der Anteil der Siedlungsflächen von 8 % auf 11 % und der Anteil der unkultivierten Bodenflächen von 2 % auf 3 % anstieg. Insgesamt gesehen vermitteln diese Daten ein deutliches Bild des Ausmaßes, in dem durch das wirtschaftliche Wachstum und den zunehmenden Bedarf an Bebauungs- und Verkehrsflächen die freien, unbebauten Flächen immer weiter vermindert werden. Es ist für die Schnelligkeit dieser Entwicklung bezeichnend, daß allein im Verlauf der Jahre von 1960 bis 1973 die Siedlungsfläche in Baden-Württemberg um ein Drittel zugenommen hat.

Wie Tabelle 6 zeigt, haben diese Veränderungen der Flächennutzung die einzelnen Stadt- und Landkreise in unterschiedlichem Maße betroffen. Besonders starke Zuwachsraten der Siedlungsflächen sind etwa im Stadtkreis Karlsruhe, den Landkreisen Leonberg, Nürtingen, Schwäbisch Gmünd, Bruchsal, Heidelberg Land und Sinsheim zu beobachten. Eine starke Ausdehnung der Siedlungsflächen war demnach entweder in Verdichtungsräumen — soweit sie noch Platz für weitere Besiedlung boten — oder in den Randzonen der Verdichtungsbereiche festzustellen.

Die unkultivierten Flächen sind offenbar besonders angestiegen in den Verdichtungsgebieten und ihren Randzonen, in denen die Konkurrenz gutbezahlter Arbeitsplätze im gewerblichen Sektor der Wirtschaft besonders hoch ist und in denen zudem unterdurchschnittliche Boden- und Klimawerte die Erzielung guter landwirtschaftlicher Erträge nicht oder nur mit großer Mühe und hohem Aufwand ermöglichen. Überdurchschnittlich hohe Anteile unkultivierter Flächen wiesen im Beobachtungszeitraum die nordbadische Oberrheinebene, der Nordschwarzwald im Bereich der Kreise Pforzheim-Calw, die Kreise Stuttgart-Waiblingen-Esslingen, das Hochrheingebiet sowie die westliche Schwäbische Alb auf.

Insgesamt gesehen läßt sich demnach feststellen, daß im Beobachtungszeitraum die land- und forstwirtschaftlich kultivierten Flächen in den noch stärker agrarwirtschaftlich orientierten Gebieten, vor allem im Nordosten des Landes und im oberschwäbischen Raum, die relativ geringsten Einbußen erfahren haben. Damit aber hat sich das regionale Gefälle in der Ausstattung mit Landwirtschaftsflächen zwischen den verdichteten Gebieten einerseits und den ländlichen Räumen andererseits weiter verstärkt.

VI. Der ländliche Raum

Die bisherige Untersuchung führte von der Entwicklung der Zahl der landwirtschaftlichen Betriebe und der Haupterwerbsbetriebe über die Erwerbstätigen in der Land- und Forstwirtschaft zu der durch die Ernährerangaben definierten landwirtschaftlichen Bevölkerung. Dieser landwirtschaftlichen Bevölkerung steht nun als korrespondierender regionaler Begriff der ländliche Raum gegenüber.

Der Begriff des ländlichen Raumes hat sich indes heute von den Kategorien des Landvolkes, der Bauern, der Landwirtschaft oder des Dorfes weitgehend gelöst. Vielmehr ist der ländliche Raum zu einem übergreifenden soziologischen-sozialgeographischen Begriff geworden, der eine bestimmte ländliche Lebensform charakterisiert. Eine Abgrenzung des ländlichen Raumes wird dadurch weiter erschwert, daß der Begriff des ländlichen Raumes steten Wandlungen unterworfen ist; zwischen Stadt und Land bilden sich in einem kontinuierlich weiterschreitenden Prozeß Übergangsformen heraus, die eine eindeutige Zuordnung erschweren, so daß heute unter dem Begriff „Landgemeinde" ganz heterogene Siedlungsgebilde zusammengefaßt werden[9]).

Es ist auch aus dem für Baden-Württemberg vorliegenden Zahlenmaterial zu ersehen, daß der „ländliche Raum" und der „überwiegend landwirtschaftlich orientierte Raum" offenbar nicht mehr voll zusammenfallen. Nach dem Gebietsstand von 1970, der für diesen Vergleich konstant beibehalten wird, um Verzerrungen durch Gemeindezusammenschlüsse auszuschalten, wies Baden-Württemberg 3350 Gemeinden auf. Unter diesen fanden sich im Jahr 1961 noch 1118 Gemeinden oder 33 %, der Gesamtzahl, in denen mehr als die Hälfte der Erwerbstätigen in der Land- und Forstwirtschaft mit erster Erwerbstätigkeit arbeitete. Darunter waren 289 Gemeinden, in denen dieser Anteil sich sogar auf über 70 % belief. Im Jahr 1970 hingegen war nur noch in 401 Gemeinden oder 12 % der Gesamtzahl der Anteil der Tätigen in der Land- und Forstwirtschaft höher als 50 %, darunter in nur noch 49 Gemeinden höher als 70 %. Diese Gemeinden, in denen auch im Jahr 1970 noch die Mehrzahl der Tätigen in der Land- und Forstwirtschaft arbeitete, fanden sich vor allem in den Landkreisen Crailsheim, Mergentheim, Buchen, Ehingen, Saulgau und Sigmaringen.

---

[9]) Vgl. F. BÜLOW: Landwirtschaft II — Agrarsoziologie. In: Handwörterbuch der Sozialwissenschaften, 6. Band, Stuttgart-Tübingen-Göttingen 1959, S. 463 ff. — H. KÖTTER: Agrarsoziologie In: Soziologie, hgg. von A. Gehlen und H. Schelsky, Düsseldorf-Köln 1955, S. 198 ff.

Zur Unterteilung des Raumes nach dem vielschichtigen Begriffspaar „Stadt — Land" beziehungsweise zur Abgrenzung des ländlichen Raumes von den verdichteten Gebieten wurden schon sehr verschiedene Kriterien vorgeschlagen[10]), die jedoch oft nur schwer quantifiziert und mit statistischen Daten ausgefüllt werden können. So wurden unter anderm die Gliederung nach Gemeindegrößenklassen, die ökonomische oder sozioökonomische Struktur und der Verdichtungsgrad von Bevölkerung und Wirtschaft benutzt.

Auch für Baden-Württemberg gibt es interessante Arbeiten, die zu bemerkenswerten Ergebnissen geführt haben[11]). Für vorliegende Untersuchung sei die vom Innenministerium Baden-Württemberg und damit der obersten Planungsbehörde des Landes im Landesentwicklungsplan[12]) gegebene Gliederung in Verdichtungsräume, Randzonen der Verdichtungsräume und Verdichtungsbereiche einerseits und den ländlichen Raum andererseits zugrundegelegt. Diese im Landesentwicklungsplan dargelegte Gliederung basiert weitgehend auf dem Merkmal der Einwohner-/Arbeitsplatzdichten. Der ländliche Raum ergibt sich dabei als „Restraum"; er umfaßt alle Gebiete, die nicht Verdichtungsraum, Randzone um einen Verdichtungsraum oder Verdichtungsbereich sind.

Die zur Untersuchung der Bevölkerungsentwicklung in den verdichteten Gebieten einerseits und dem ländlichen Raum andererseits benötigten Daten wurden aus der Regionaldatenbank des Statistischen Landesamtes Baden-Württemberg aus Addition von Gemeindedaten zusammengestellt. Diese Reihen konnten jedoch nur bis zum Jahr 1970 fortgeführt werden, da die dann in größerem Umfang einsetzenden Gemeindezusammenschlüsse die auf den bisherigen Gemeindegrenzen aufgebaute Gliederung mehr und mehr durchbrochen haben und andererseits das Innenministerium bisher keine Anpassung an den neuen Gebietsstand vorgenommen hat.

Die Aufteilung des Landes Baden-Württemberg in verdichtete Gebiete und ländlichen Raum ist aus Schaubild 6 zu ersehen; zur besseren Identifizierung der Gebiete ist in Schaubild 7 eine Karte der bis zur Verwaltungsreform Anfang 1973 gültig gewesenen und auch den Kreisanalysen dieser Arbeit zugrundeliegenden Gliederung Baden-Württembergs nach Stadt- und Landkreisen beigegeben.

Grunddaten zur Bevölkerungsentwicklung werden in Tabelle 7 für Baden-Württemberg von 1962 bis 1976, für die verdichteten Gebiete und den ländlichen Raum aus den oben erwähnten Gründen nur von 1962 bis 1970 zusammengestellt. Dabei zeigt sich zunächst, daß die Einwohnerzahl der verdichteten Gebiete von 5,524 Millionen Personen im Jahr 1962 bis 1970 auf 6,219 Millionen Personen und damit um 12,6 % zunahm; für den ländlichen Raum ergab sich für den gleichen Zeitraum eine Zunahme von 2,467 Millionen Personen auf 2,735 Millionen und damit nur 10,9 %. In der Zeit von 1962 bis 1970 ist demnach die Bevölkerungszahl in den verdichteten Gebieten geringfügig stärker angestiegen als im ländlichen Raum, der Verdichtungsprozeß ist weiter fortgeschritten[13]). Allerdings war der Unterschied in der Zunahme zu klein, als daß sich die Anfang 1962 festzustellende Aufteilung der Bevölkerung des Landes — 69 % in verdichteten Gebieten und 31 % im ländlichen Raum — im Beobachtungszeitraum merklich geändert hätte.

---

[10]) Vgl. F. SCHNEPPE: Gemeindetypisierungen auf statistischer Grundlage. Beiträge der Akademie für Raumforschung und Landesplanung, Bd. 5, Hannover 1970.

[11]) Vgl. P. HESSE: Der Strukturwandel der Siedlungskörper und die Landesentwicklung in Baden-Württemberg zwischen 1939 und 1961. In: Jahrbücher für Statistik und Landeskunde von Baden-Württemberg, 9. Jahrgang, Jahresband, Stuttgart 1965.

[12]) Landesentwicklungsplan Baden-Württemberg vom 22. Juni 1971, herausgegeben vom Innenministerium Baden-Württemberg.

[13]) Vgl. „Landesentwicklungsbericht 1975", herausgegeben vom Innenministerium Baden-Württemberg, Stuttgart 1975, insbesondere S. 29.

Es ist jedoch bemerkenswert, daß die nach Tabelle 5 festgestellte landwirtschaftliche Bevölkerung sich 1970 nur noch auf knapp 5 % der Wohnbevölkerung belief, wogegen der ländliche Raum fast ein Drittel der Wohnbevölkerung des Landes beinhaltete. An sich gibt es heute nur noch sehr wenige Gebiete in Baden-Württemberg, in denen die Mehrheit der Bevölkerung und die Mehrheit der Erwerbspersonen der Land- und Forstwirtschaft zuzurechnen wären. Hieraus wird verständlich, daß der Begriff des „ländlichen Raumes" heute nicht mehr durch die landwirtschaftliche Bevölkerung oder die Erwerbstätigkeit in der Land- und Forstwirtschaft maßgeblich geprägt wird, sondern sozusagen stellvertretend für eine bestimmte Bevölkerungs-, Erwerbs-, Siedlungs- und soziologische Struktur sowie Bevölkerungs- und Arbeitsplatzdichte steht.

Die Unterschiede in der Bevölkerungsverteilung zwischen den verdichteten Gebieten und dem ländlichen Raum werden aus der Aufteilung der Bevölkerungsveränderung auf die Komponenten Wanderungsbewegung und Geburtenüberschuß klarer ersichtlich. Wegen der unterschiedlich großen Basisbevölkerung empfiehlt sich die Berechnung von relativen, auf jeweils 1000 Einwohner bezogenen Ziffern, die in Tabelle 8 zusammengestellt und zum Teil in Schaubild 8 verdeutlicht sind.

Dabei zeigt sich zunächst, daß im ländlichen Raum die Fruchtbarkeit deutlich höher liegt als in den verdichteten Gebieten, daß aber im Beobachtungszeitraum im Zuge des allgemeinen Geburtenrückgangs sowohl in den verdichteten Gebieten wie auch im ländlichen Raum die Fruchtbarkeit stark abgesunken ist. Bei ungefähr gleicher Sterblichkeit — in verdichteten Gebieten ist sie geringfügig niedriger — ist somit der Geburtenüberschuß und damit der Gewinn aus natürlicher Bevölkerungsbewegung in den verdichteten Gebieten von 8,4 im Jahr 1962 auf 3,5 im Jahr 1970 und im ländlichen Raum von 10,9 auf 5,1 Personen je 1000 Einwohner abgesunken.

Wie aus den bis zum Jahr 1976 fortgeführten Zahlen für das Land Baden-Württemberg ersichtlich ist, ist hier der Geburtenüberschuß inzwischen weiter abgesunken. Das bedeutet, daß unter Fortführung der bis 1970 erkennbaren Tendenzen inzwischen im ländlichen Raum allenfalls noch ein sehr kleiner Geburtenüberschuß erzielt wird, in verdichteten Gebieten aber inzwischen mehr Sterbefälle als Geburten zu registrieren sind.

Dabei ist grundsätzlich zu bedenken, daß auch der noch verbliebene minimale Geburtenüberschuß eigentlich nur auf die in Baden-Württemberg ansässigen Ausländer zurückgeht, die dank ihrer günstigen Altersgliederung zwar relativ viele Geburten, aber nur wenige Sterbefälle erwarten lasssen. So belief sich Mitte 1974 der Anteil der Ausländer an der Wohnbevölkerung in Baden-Württemberg auf 10 %, jedoch entfielen von den Lebendgeborenen dieses Jahres 24 % auf Ausländer. Allein aus der deutschen Bevölkerung würde sich, wie dies auch im Bundesdurchschnitt und in allen anderen Bundesländern zu beobachten ist, bereits ein Überschuß der Sterbefälle über die Geburten ergeben. Nun sind aber die Ausländer überwiegend in den verdichteten Gebieten konzentriert. Würden Geburtenhäufigkeit und Geburten- beziehungsweise Sterbefallüberschuß nur für die deutsche Bevölkerung berechnet, so müßten die Werte für die verdichteten Gebiete gegenüber denen für den ländlichen Raum noch viel stärker zurückfallen, als das bereits aus den Zahlen für die Gesamtbevölkerung zu entnehmen ist.

Angesichts der heutigen politischen und Arbeitsmarktlage kann jedoch nicht klar gesagt werden, welcher Teil der Ausländer auf Dauer hier bleiben wird, weshalb der sich zur Zeit noch ergebende kleine Geburtenüberschuß mit großer Vorsicht bewertet werden sollte.

Im Gegensatz zum Geburtenüberschuß ist der Wanderungsgewinn in besonderem Maße den verdichteten Gebieten zugute gekommen. Ergab sich die Bevölkerungszunahme im ländlichen Raum überwiegend aus Geburtenüberschuß, so in Verdichtungsräumen und ihren Randzonen vor allem aus Wanderungsgewinnen, in den Verdichtungsräumen selbst meist durch zugewanderte Ausländer.

Dabei ist bemerkenswert, wie Tabelle 7 und 8 sowie Schaubild 8 zeigen, daß in Jahren mit besonders hohem Wanderungsgewinn wie etwa 1969 der Wanderungsgewinn der verdichteten Gebiete ganz besonders hoch lag, wogegen in Jahren mit geringerem Wanderungsgewinn oder gar Wanderungsverlust der ländliche Raum weniger stark als die verdichteten Gebiete abgefallen ist. Insgesamt gesehen verlief demnach die Wanderungsbewegung im ländlichen Raum etwas gleichmäßiger, wogegen die verdichteten Gebiete besonders starke Ausschläge, sowohl nach oben wie nach unten, aufwiesen.

Dabei ist natürlich zu berücksichtigen, daß die einfache Darstellung des Gesamt-Wanderungssaldos die komplizierten Verflechtungen der verschiedenen Wanderungsströme — etwa von Deutschen und Ausländern, Erwerbspersonen und Auszubildenden — nur unvollkommen wiederzugeben vermag.

Insbesondere sind dabei auch die durch Wanderungen verursachten Veränderungen in der Altersstruktur der Bevölkerung zu beachten. So sind im ländlichen Raum die jungen Jahrgänge bis zu 18 Jahren und die über 65 Jahre alten Personen, in den verdichteten Räumen dagegen die im Erwerbsalter von 18 bis unter 65 Jahren stehenden Personen überdurchschnittlich stark vertreten. Der Landesentwicklungsbericht 1975 zieht hieraus den Schluß, daß „vielfach gerade junge und besser ausgebildete Bevölkerungsteile aus dem ländlichen Raum in die verdichteten Gebiete abgewandert sind"[14]).

Wie die neueren Zahlen für Baden-Württemberg zeigen, ist der Wanderungsgewinn in den letzten Jahren rasch zurückgegangen und hat sich 1974 und mehr noch 1975 und 1976 in ein Wanderungsdefizit verwandelt. Wenn auch jede Prognose der Wanderungsbewegung problematisch ist, läßt sich doch wohl sagen, daß in absehbarer Zeit Wanderungsgewinne wie etwa 1969 nicht mehr zu erwarten sind. Vielmehr dürfte eine längere Periode mit relativ kleinen Wanderungsgewinnen oder sogar mit Wanderungsverlusten zu erwarten stehen[15]).

VII. Zusammenfassung und Ausblick

Ausgangspunkt für die Analyse der landwirtschaftlichen Bevölkerung waren die landwirtschaftlichen Betriebe. Ihre Zahl ist in Baden-Württemberg in den letzten Jahrzehnten stark zurückgegangen. Je nach der zugrunde gelegten Abgrenzung ergeben sich zwar unterschiedliche Zahlen, doch kann man 1971/72 nur noch mit rund 190 000 landwirtschaftlichen Betrieben rechnen.

---

[14]) „Landesentwicklungsbericht 1975", herausgegeben vom Innenministerium Baden-Württemberg, S. 31.
[15]) Mit als Folge der Unregelmäßigkeiten der Altersgliederung unserer Bevölkerung ist über eine längere, etwa bis 1970 reichende Periode die Gesamtbevölkerung relativ stärker angewachsen als der im erwerbsfähigen Alter stehende Teil der Bevölkerung. Da nun jedoch in den Jahren bis etwa 1990 relativ stark besetzte Jahrgänge in das Erwerbsalter aufrücken und schwächer besetzte Jahrgänge aus dem Erwerbsalter ausscheiden werden, dürfte — auch bei stagnierender Bevölkerungszahl — die Zahl der Personen im Erwerbsalter erheblich anwachsen. Der aus der unterschiedlichen Entwicklung von Bevölkerungs- und Erwerbspersonenzahl entstandene, auf das Hereinziehen von Erwerbspersonen gerichtete Sog, der in der Vergangenheit Basis hoher ökonomisch induzierter Zuwanderung war, dürfte damit künftig weitgehend entfallen.

Von diesen entfällt gut die Hälfte auf Nebenerwerbsbetriebe, bei denen Betriebsleiter und Ehegatte außerbetriebliche Einkünfte aufweisen, die sie höher als die Betriebseinkünfte bewerten. Die Inhaber dieser Betriebe beziehungsweise ihre Ehegatten sind demnach bereits jetzt zu einem erheblichen Teil außerhalb der Land- und Forstwirtschaft hauptberuflich erwerbstätig.

Wie die Daten der Volkszählungen zeigen, ist auch die Zahl der Erwerbstätigen in der Land- und Forstwirtschaft stark zurückgegangen, zwischen 1961 und 1970 allein um 48 %, so daß 1970 nur noch 332 000 Personen oder 8 % der Erwerbstätigen in diesem Wirtschaftsbereich arbeiteten. Der Rückgang war besonders stark bei den Selbständigen und bei den Mithelfenden Familienangehörigen, wogegen die Zahl der abhängig Erwerbstätigen schwächer abgenommen hat. Bemerkenswert ist die nach wie vor hohe Überalterung; allein 17 % der Erwerbstätigen in der Land- und Forstwirtschaft standen im Rentenalter von 65 und mehr Jahren.

Auch Zahl und Anteil der über die Ernährerangaben aus den Volkszählungen ermittelten landwirtschaftlichen Bevölkerung sind schon sehr langfristig zurückgegangen. Belief sich im Jahr 1925 die landwirtschaftliche Bevölkerung noch auf fast ein Drittel der Wohnbevölkerung, so waren es 1970 nur noch 429 000 Personen oder knapp 5 % der Wohnbevölkerung, die sich auf die in der wirtschaftlichen Entwicklung zurückgebliebenen, verkehrsfernen Gebiete im östlichen Nord- und Südwürttemberg und im Schwarzwald konzentrierten.

Für den als Korrelat zur landwirtschaftlichen Bevölkerung interessierenden ländlichen Raum gibt es viele mögliche Abgrenzungskriterien, die bezeichnenderweise nur noch selten vom Anteil der landwirtschaftlichen Betriebe, Erwerbspersonen oder Bevölkerung ausgehen. Für vorliegende Untersuchung wurde die im Landesentwicklungsplan für Baden-Württemberg gegebene Untergliederung verwendet, um für die Jahre 1962 bis 1970 die Bevölkerungsentwicklung in den verdichteten Gebieten mit der im ländlichen Raum zu vergleichen.

Dabei zeigte sich, daß in diesem Zeitraum die Bevölkerungszahl in den verdichteten Gebieten etwas rascher als im ländlichen Raum zugenommen hat. Leider kann wegen der Verwaltungsreform die Entwicklung nicht exakt bis zum jetzigen Stand weiter verfolgt werden, doch läßt die Entwicklung im Land Baden-Württemberg unter Berücksichtigung der von 1962 bis 1970 für verdichtete Gebiete und ländlichen Raum festgestellten Tendenzen erkennen, daß zur Zeit die Bevölkerungszahl im ländlichen Raum nur knapp gehalten werden kann und in den verdichteten Gebieten abnimmt.

Diese Gesamtentwicklung resultiert aus den beiden Komponenten Wanderungsbewegung und natürliche Bevölkerungsbewegung. Die Wanderungsbewegung, die in den letzten Jahrzehnten Baden-Württemberg und besonders den verdichteten Gebieten hohe Bevölkerungsgewinne brachte, dürfte sicher in den nächsten Jahren nur noch zu kleinen Gewinnen oder sogar zu Bevölkerungsabnahmen führen. Da schon nach den Daten der Jahre 1962 bis 1970 sich in verdichteten Gebieten Wanderungsgewinne wie auch Wanderungsverluste besonders stark auswirkten, müßten auch die zu erwartenden nur noch kleinen Wanderungsgewinne oder wohl eher Wanderungsverluste der kommenden Jahre ebenfalls besonders zu Lasten der verdichteten Gebiete gehen.

Der ländliche Raum dürfte zur Zeit noch allerdings kleine Geburtenüberschüsse aufweisen, wogegen in den verdichteten Gebieten und insbesondere in fast allen Stadtkreisen die Zahl der Sterbefälle die der Geburten überwiegt. Dabei ist zu bedenken, daß gerade in den verdichteten Gebieten die demographische Bilanz der Geburten und Sterbefälle durch die hohen Geburtenzahlen der dort ansässigen Ausländer zur Zeit noch relativ günstig erscheint. Dies bedeutet aber, daß durch einen Rückgang der Zahl der Ausländer, durch eine Verschlechterung der Altersgliederung der Ausländer — wie sie sich bei ausbleibendem Neuzuzug im Lauf der Jahre durch Altern der bisher hier ansässigen Ausländer zwangsläufig ergeben wird — oder durch eine Anpassung der Fruchtbarkeit der schon länger hier wohnenden oder bereits hier geborenen Ausländer an die Werte der deutschen Bevölkerung rasch hohe Sterbefallüberschüsse entstehen werden.

Hier stellt sich nun erneut die bereits eingangs angesprochene Frage, ob unter den geschilderten demographischen Voraussetzungen der ländliche Raum und speziell die landwirtschaftliche Bevölkerung auch weiterhin Personen zu Deckung dieses Defizits in den Verdichtungsräumen abzugeben vermögen.

Die Untersuchung hat gezeigt, daß ganz sicher die bisherige starke Tendenz zur Verringerung der Zahl der landwirtschaftlichen Betriebe nicht abrupt ihr Ende finden dürfte, wenn auch angesichts der heutigen konjunkturellen Situation sich der Trend zur Aufgabe landwirtschaftliche Betriebe wohl gewandelt hat. Angesichts der Unsicherheit der Arbeitsplätze in der gewerblichen Wirtschaft dürfte die Möglichkeit zur Bewirtschaftung des eigenen Hofes wieder höher bewertet werden.

Andererseits zeigt die noch immer hohe Überalterung der Erwerbstätigen in der Land- und Forstwirtschaft, daß auch ein weiter Rückgang der Zahl der Betriebe nicht zu einer Freisetzung von Erwerbspersonen oder Bevölkerung führen würde, sondern wohl in erster Linie aus einem altersbedingten Ausscheiden gespeist wäre. Ergänzend ist zu bedenken, daß die hohe Zahl nebenberuflicher Inhaber landwirtschaftlicher Betriebe überwiegend bereits in einem anderen Wirtschaftsbereich tätig ist, so daß auch aus einer Aufgabe solcher Betriebe keine Freisetzung größerer Bevölkerungsgruppen zu erwarten ist.

Wenn nun die verdichteten Gebiete auch weiterhin Personen — die etwa qualifizierte Ausbildungs- oder Erwerbsstellen suchen — aus dem ländlichen Raum an sich ziehen, so können künftig im ländlichen Raum diese Bevölkerungsverluste nicht mehr aus hohen Geburtenüberschüssen gespeist werden. Der Geburtenrückgang müßte dann im ländlichen Raum zu einer Stagnation, in weiten Bereichen sogar zu Bevölkerungsabnahmen und einer Entleerung des ländlichen Raumes führen. Aus dieser Alternative zieht der Landesentwicklungsbericht Baden-Württemberg 1975 klar politische Konsequenzen: „Diese Entwicklungstendenzen erfordern erheblich stärkere Gegensteuerungen als bisher, wenn vermieden werden soll, daß die verdichteten Räume in Zukunft wesentlich stärker wachsen als der ländliche Raum. Vor allem müssen ausreichende, attraktive und differenzierte Arbeitsplätze und Versorgungseinrichtungen im ländlichen Raum geschaffen werden, die die Bevölkerung als denen in den verdichteten Räumen gleichwertig anerkennt"[16]).

Allerdings muß, was in erwähntem Bericht weniger klar ausgesprochen wird, bei einem Weiterlaufen der jetzigen demographischen Tendenzen ein Erfolg der Bemühungen, die Bevölkerung im ländlichen Raum zu halten, zu beträchtlichen Bevölkerungsabnahmen in den Verdichtungsgebieten führen.

Damit aber gerät die Landesplanung in einen gewissen Konflikt, denn unter der Annahme einer stagnierenden oder sogar leicht abnehmenden Bevölkerungszahl können die beiden Ziele einer angemessenen Entwicklung der Verdichtungsräume und der Sicherung und Verbesserung ihrer Wirtschafts- und Sozialstruktur einerseits[17]) und der Erhaltung oder sogar Steigerung der Bevölkerungszahl im ländlichen Raum andererseits nicht gleich-

---

[16]) „Landesentwicklungsbericht 1975", herausgegeben vom Innenministerium Baden-Württemberg, S. 39 f.

zeitig verwirklicht werden. Es muß entweder eine Abwanderung und damit ein Bevölkerungsrückgang im ländlichen Raum zugelassen werden, womit die Möglichkeit, im ländlichen Raum „gleichwertige Lebensbedingungen" zu schaffen, stark vermindert würde[18]), oder es muß die Entwicklung der Verdichtungsräume abgebremst werden.

Insgesamt gesehen zeigt sich, daß die weitere Entwicklung der landwirtschaftlichen Bevölkerung und die Entwicklung des ländlichen Raumes gegenüber den verdichteten Gebieten angesichts der grundsätzlich veränderten demographischen Situation eine Reihe von bemerkenswerten Fragen aufwirft, die nach unserem heutigen Wissen und dem zur Verfügung stehenden Material noch nicht befriedigend beantwortet werden können, die aber eine weitere Untersuchung sehr interessant erscheinen lassen.

---

[17] Landesentwicklungsplan Baden-Württemberg vom 22. Juni 1971, S. 15/16.
[18] Nach dem Landesentwicklungsplan Baden-Württemberg vom 22. Juni 1971, S. 18/19, sollen im ländlichen Raum durch Verbesserung der wirtschaftlichen, sozialen und kulturellen Verhältnisse den anderen Räumen gleichwertige Lebens- und Arbeitsbedingungen geschaffen werden. Die Verwirklichung dieses Plansatzes ist insbesondere dadurch anzustreben, daß eine Bevölkerungsdichte erhalten bleibt oder erreicht wird, die den Ausbau einer befriedigenden Ausstattung mit kulturellen und sozialen Einrichtungen sowie mit Verwaltungseinrichtungen rechtfertigt.

Tab. 1:

Landwirtschaftliche Betriebe und Haupterwerbsbetriebe 1960 und 1971/72
in den Stadt- und Landkreisen Baden-Württembergs (Gebietsstand Ende 1970)
(Ergebnisse der Landwirtschaftszählungen 1960 und 1971/72)

Stadtkreis (SK) Landkreis (LK) Regierungsbezirk Land		1971/72[4]			Betriebe mit außerbetriebl. Einkommen				1960[4]		
		Klassifiz. Betriebe [1]	Betriebe ohne außerbetriebl. Einkommen[2]		kleiner als Betriebseinkommen		größer als Betriebseinkommen		Klassifiz. Betriebe [1]	darunter Haupterwerbsbetriebe[3]	
		Anzahl	Anzahl	%	Anzahl	%	Anzahl	%	Anzahl	Anzahl	%
Stuttgart	SK	667	188	28,2	262	39,3	217	32,5	1 583	992	62,7
Heilbronn	SK	304	130	42,8	128	42,1	46	15,1	510	419	82,2
Ulm	SK	121	63	52,1	32	26,4	26	21,5	225	155	68,9
Aalen	LK	4 843	1 289	26,6	1 426	29,4	2 127	43,9	6 097	4 447	72,9
Backnang	LK	3 160	635	20,1	879	27,8	1 646	52,1	5 227	2 874	55,0
Böblingen	LK	2 710	416	15,4	533	19,7	1 761	64,9	5 728	2 384	41,6
Crailsheim	LK	4 154	1 527	36,8	1 097	26,4	1 530	36,8	5 580	4 005	71,8
Esslingen	LK	1 464	270	18,4	319	21,8	875	59,8	4 354	1 334	30,6
Göppingen	LK	2 667	748	28,0	792	29,7	1 126	42,2	4 899	2 715	55,4
Heidenheim	LK	2 162	639	29,6	678	31,4	845	39,1	3 365	2 145	63,7
Heilbronn	LK	6 513	1 953	30,0	1 553	23,8	3 007	46,2	12 287	6 507	53,0
Künzelsau	LK	1 935	543	28,1	631	32,6	761	39,3	2 751	1 986	72,2
Leonberg	LK	1 516	337	22,2	329	21,7	850	56,1	3 744	1 447	38,6
Ludwigsburg	LK	2 993	961	32,1	715	23,9	1 317	44,0	6 762	3 537	52,3
Mergentheim	LK	2 402	1 006	41,9	631	26,3	765	31,8	3 458	2 529	73,1
Nürtingen	LK	3 057	356	11,6	432	14,1	2 269	74,2	6 386	2 166	33,9
Öhringen	LK	2 394	855	35,7	612	25,6	927	38,7	3 550	2 387	67,2
Schw. Gmünd	LK	2 495	635	25,5	635	25,5	1 225	49,1	3 747	2 332	62,2
Schw. Hall	LK	2 876	940	32,7	804	28,0	1 132	39,4	3 965	2 780	70,1
Ulm	LK	3 808	1 314	34,5	1 179	31,0	1 315	34,5	4 940	3 684	74,6
Vaihingen	LK	2 243	488	21,8	498	22,2	1 257	56,0	5 236	2 155	41,2
Waiblingen	LK	3 613	670	18,5	863	23,9	2 080	57,6	7 144	3 620	50,7
Reg.-Bez. Nordwürttbg.		58 097	15 963	27,5	15 028	25,9	27 104	46,7	101 538	56 600	55,7
Karlsruhe	SK	152	54	35,5	46	30,3	52	34,2	440	204	46,4
Heidelberg	SK	223	120	53,8	51	22,9	52	23,3	449	328	73,1
Mannheim	SK	296	157	53,0	81	27,4	58	19,6	532	410	77,1
Pforzheim	SK	85	36	42,4	27	31,8	22	25,9	367	105	28,6
Bruchsal	LK	2 685	293	10,9	235	8,8	2 157	80,3	10 543	2 183	20,7
Buchen	LK	3 611	891	24,7	800	22,2	1 920	53,2	6 390	3 533	55,3
Heidelberg	LK	1 999	416	20,8	284	14,2	1 299	65,0	5 396	1 775	32,9
Karlsruhe	LK	3 001	389	13,0	257	8,6	2 355	78,5	10 544	2 059	19,5
Mannheim	LK	1 140	516	45,3	260	22,8	364	31,9	2 869	1 415	49,3
Mosbach	LK	1 997	489	24,5	447	22,4	1 061	53,1	4 024	2 074	51,5
Pforzheim	LK	1 669	154	9,2	165	9,9	1 350	80,9	4 712	906	19,2
Sinsheim	LK	2 828	853	30,2	483	17,1	1 492	52,8	6 372	2 998	47,0
Tauberbischofsheim	LK	4 562	915	20,1	913	20,0	2 734	59,9	7 764	4 258	54,8
Reg.-Bez. Nordbaden		24 248	5 283	21,8	4 049	16,7	14 916	61,5	60 402	22 248	36,8

[1]) Nur Betriebe, deren Inhaber natürliche Personen sind.
[2]) Außerbetriebliches Einkommen des Inhabers oder seines Ehegatten; Relation zwischen betrieblichem und außerbetrieblichem Einkommen nach Selbsteinschätzung der Betriebsinhaber.
[3]) Betriebe, deren Inhaber ihren überwiegenden Lebensunterhalt aus dem landwirtschaftlichen Betrieb bestreiten.
[4]) In der Landwirtschaftszählung 1960 wurden Betriebe ab 0,5 ha landwirtschaftlicher Nutzfläche, 1971/72 dagegen Betriebe ab 1 ha landwirtschaftlich genutzter Fläche und kleinere Betriebe mit einer Marktleistung von mindestens DM 4 000,- oder entsprechenden Erzeugungseinheiten erfaßt.

Fortsetzung Tab. 1:

Stadtkreis (SK) Landkreis (LK) Regierungsbezirk Land	1971/72							1960		
	Klassifiz. Betriebe	Betriebe ohne außerbetriebl. Einkommen		Betriebe mit außerbetriebl. Einkommen				Klassifiz. Betriebe	darunter Haupterwerbs- betriebe	
				kleiner als Betriebs- einkommen		größer als Betriebs- einkommen				
	Anzahl	Anzahl	%	Anzahl	%	Anzahl	%	Anzahl	Anzahl	%
Freiburg i. Br. SK	147	45	30,6	39	26,5	63	42,9	335	150	44,8
Baden-Baden SK	127	17	13,4	18	14,2	92	72,4	356	72	20,2
Bühl LK	3 687	672	18,2	578	15,7	2 437	66,1	6 345	3 297	52,0
Donauesching. LK	2 864	431	15,0	849	29,6	1 584	55,3	4 390	2 468	56,2
Emmendingen LK	4 501	1 008	22,4	756	16,8	2 737	60,8	6 964	3 169	45,5
Freiburg LK	5 681	1 632	28,7	1 339	23,6	2 710	47,7	7 462	4 360	58,4
Hochschwarzw. LK	2 027	334	16,5	428	21,1	1 265	62,4	2954	1 315	44,5
Kehl LK	2 302	428	18,6	310	13,5	1 564	67,9	4 620	2 221	48,1
Konstanz LK	2 500	737	29,5	632	25,3	1 131	45,2	4 351	2 639	60,7
Lahr LK	3 081	553	17,9	459	14,9	2 069	67,2	5 920	2 578	43,5
Lörrach LK	2 843	497	17,5	451	15,9	1 895	66,7	4 697	2 130	45,3
Müllheim LK	2 462	614	24,9	519	21,1	1 329	54,0	3 876	1 881	48,5
Offenburg LK	3 251	868	26,7	458	14,1	1 925	59,2	5 121	2 195	42,9
Rastatt LK	1 775	74	4,2	88	5,0	1 613	90,9	6 893	723	10,5
Säckingen LK	2 195	246	11,2	323	14,7	1 626	74,1	3 058	1 247	40,8
Stockach LK	2 951	577	19,6	960	32,5	1 414	47,9	4 125	2 735	66,3
Überlingen LK	2 885	1 077	37,3	792	27,5	1 016	35,2	3 939	2 910	73,9
Villingen LK	1 946	392	20,1	356	18,3	1 198	61,6	2 830	1 273	45,0
Waldshut LK	2 812	617	21,9	758	27,0	1 437	51,1	4 061	2 571	63,3
Wolfach LK	2 197	602	27,4	378	17,2	1 217	55,4	2 604	1 034	39,7
Reg.-Bez. Südbaden	52 234	11 421	21,9	10 491	20,1	30 322	58,1	84 901	40 968	48,3
Balingen LK	2 807	158	5,6	364	13,0	2 285	81,4	5 893	1 659	28,2
Biberach LK	5 122	1 831	35,7	1 673	32,7	1 618	31,6	6 633	5 171	78,0
Calw LK	4 321	374	8,7	686	15,9	3 261	75,5	7 898	2 763	35,0
Ehingen LK	2 502	938	37,5	792	31,7	772	30,9	3 141	2 494	79,4
Freudenstadt LK	2 350	268	11,4	450	19,1	1 632	69,4	3 953	1 329	33,6
Hechingen LK	2 613	126	4,8	314	12,0	2 173	83,2	5 394	2 021	37,5
Horb LK	2 808	254	9,0	482	17,2	2 072	73,8	4 795	2 039	42,5
Münsingen LK	3 935	420	14,3	1 073	36,6	1 442	49,1	4 027	2 732	67,8
Ravensburg LK	3 244	1 274	39,3	1 064	32,8	906	27,9	4 164	3 197	76,8
Reutlingen LK	2 490	256	10,3	376	15,1	1 858	74,6	5 097	1 790	35,1
Rottweil LK	3 600	353	9,8	559	15,5	2 688	74,7	6 060	2 386	39,4
Saulgau LK	3 826	1 138	29,7	1 366	35,7	1 322	34,6	4 998	3 888	77,8
Sigmaringen LK	2 665	460	17,3	823	30,9	1 382	51,9	4 033	2 543	63,1
Tettnang LK	1 707	847	49,6	484	28,4	376	22,0	2 114	1 711	80,9
Tübingen LK	3 619	316	8,7	538	14,9	2 765	76,4	7 077	2 485	35,1
Tuttlingen LK	2 452	140	5,7	295	12,0	2 017	82,3	4 790	1 282	26,8
Wangen LK	3 470	1 719	49,5	1 172	33,8	579	16,7	4 273	3 621	84,7
Reg.-Bez. Südw.-H.	52 531	10 872	20,7	12 511	23,8	29 148	55,5	84 340	43 111	51,1
Land Baden-Württ.	187 110	43 539	23,3	42 079	22,5	101 490	54,2	331 181	162 927	49,2

Fußnoten siehe vorangegangene Seite!

Tab. 2:
*Erwerbstätige in der Land- und Forstwirtschaft 1961 und 1970
in den Stadt- und Landkreisen Baden-Württembergs (Gebietstand Ende 1970)
(Ergebnisse der Volks- und Berufszählungen 1961 und 1970)*

Stadtkreis (SK) Landkreis (LK) Regierungsbezirk Land		1961				1970				Veränderung der Gesamtzahl von 1961 auf 1970 in %
		Selbständige	Mithelf. Fam.-Angeh.	Abhängige	Zusammen	Selbständige	Mithelf. Fam.-Angeh.	Abhängige	Zusammen	
Stuttgart	SK	1 893	1 916	1 416	5 225	781	883	1 397	3 061	−41,4
Heilbronn	SK	565	669	323	1 557	337	356	225	918	−41,0
Ulm	SK	202	258	253	713	131	137	123	391	−45,2
Aalen	LK	4 537	8 652	1 625	14 814	3 021	5 319	1 352	9 692	−34,6
Backnang	LK	3 521	5 819	905	10 245	1 801	3 307	684	5 792	−43,5
Böblingen	LK	3 626	5 279	690	9 595	1 140	2 167	631	3 938	−59,0
Crailsheim	LK	4 355	8 794	945	14 094	2 920	5 987	618	9 525	−32,4
Esslingen	LK	2 771	3 840	520	7 131	895	1 414	538	2 847	−60,1
Göppingen	LK	3 288	5 121	837	9 246	1 804	2 740	755	5 299	−42,7
Heidenheim	LK	2 336	4 133	853	7 322	1 397	2 389	664	4 450	−39,2
Heilbronn	LK	8 580	12 606	1 318	22 504	3 932	6 150	1 181	11 263	−50,0
Künzelsau	LK	2 148	4 163	426	6 737	1 325	2 514	293	4 132	−38,7
Leonberg	LK	2 109	3 004	576	5 689	810	1 236	582	2 628	−53,8
Ludwigsburg	LK	5 102	7 337	1 037	13 476	2 118	3 086	1 158	6 362	−52,8
Mergentheim	LK	2 713	5 425	532	8 670	1 855	3 355	373	5 583	−35,6
Nürtingen	LK	3 508	5 130	494	9 132	1 081	2 128	612	3 821	−58,2
Öhringen	LK	2 694	4 869	635	8 198	1 649	2 767	486	4 902	−40,2
Schwäb. Gmünd	LK	2 586	4 588	626	7 800	1 553	2 644	463	4 660	−40,3
Schwäb. Hall	LK	2 948	5 964	862	9 774	1 911	3 850	521	6 282	−35,7
Ulm	LK	3 929	7 697	1 020	12 646	2 739	4 778	687	8 204	−35,1
Vaihingen	LK	3 168	4 553	492	8 213	1 151	1 767	521	3 439	−58,1
Waiblingen	LK	5 682	7 404	1 203	14 289	2 200	3 262	1 205	6 667	−53,3
Reg.-Bez. Nordwürtt.		72 261	117 221	17 588	207 070	36 551	62 236	15 069	113 856	−45,0
Karlsruhe	SK	519	535	364	1 418	166	160	416	742	−47,7
Heidelberg	SK	636	683	303	1 622	295	332	263	890	−45,1
Mannheim	SK	546	648	482	1 676	325	338	504	1 167	−30,4
Pforzheim	SK	219	189	207	615	92	73	178	343	−44,2
Bruchsal	LK	5 108	7 235	527	12 870	774	1 885	507	3 166	−75,4
Buchen	LK	4 150	7 589	790	12 529	2 027	4 102	488	6 617	−47,2
Heidelberg	LK	2 922	4 274	837	8 033	804	1 420	723	2 947	−63,3
Karlsruhe	LK	5 398	8 070	841	14 309	817	1 994	642	3 453	−75,9
Mannheim	LK	2 410	3 565	549	6 524	886	1 188	537	2 611	−60,0
Mosbach	LK	2 518	4 764	499	7 781	1 094	1 813	405	3 312	−57,4
Pforzheim	LK	1 872	2 810	339	5 021	383	898	232	1 513	−69,9
Sinsheim	LK	3 760	6 257	758	10 775	1 536	2 511	522	4 569	−57,6
Tauberbischofsh.	LK	5 066	9 103	650	14 819	2 196	4 396	551	7 143	−51,8
Reg.-Bez. Nordbaden		35 124	55 722	7 146	97 992	11 395	21 110	5 968	38 473	−60,7

Fortsetzung Tab. 2:

Stadtkreis (SK) Landkreis (LK) Regierungsbezirk Land		1961				1970				Veränderung der Gesamtzahl von 1961 auf 1970 in %
		Selbständige	Mithelf. Fam.-Angeh.	Abhängige	Zusammen	Selbständige	Mithelf. Fam.-Angeh.	Abhängige	Zusammen	
Freiburg i. Br.	SK	243	318	357	918	127	144	298	569	−38,0
Baden-Baden	SK	203	213	263	679	53	70	163	286	−57,9
Bühl	LK	4 853	7 918	718	13 489	1 742	3 841	667	6 250	−53,7
Donauesch.	LK	2 730	5 289	708	8 727	1 530	3 163	510	5 203	−40,4
Emmending.	LK	4 806	8 299	1 072	14 177	2 019	3 745	766	6 530	−53,9
Freiburg	LK	5 467	9 516	1 175	16 158	3 093	5 917	927	9 937	−38,5
H.schwarzw.	LK	1 643	3 627	1 000	6 270	902	1 880	590	3 372	−46,2
Kehl	LK	2 973	5 346	226	8 545	989	2 398	253	3 640	−57,4
Konstanz	LK	3 063	5 345	762	9 170	1 727	2 728	793	5 248	−42,8
Lahr	LK	3 795	5 995	566	10 356	1 313	2 737	484	4 534	−56,2
Lörrach	LK	3 340	6 036	797	10 173	1 456	2 888	713	5 057	−50,3
Müllheim	LK	2 566	4 853	748	8 167	1 320	2 444	653	4 417	−45,9
Offenburg	LK	3 400	7 337	895	11 632	1 514	3 662	766	5 942	−48,9
Rastatt	LK	3 452	6 166	876	10 494	278	1 753	598	2 629	−74,9
Säckingen	LK	1 794	3 219	409	5 422	804	1 713	295	2 812	−48,1
Stockach	LK	2 880	5 122	734	8 736	1 673	3 193	616	5 482	−37,2
Überlingen	LK	3 120	5 467	1 134	9 721	2 211	3 524	762	6 497	−33,2
Villingen	LK	1 523	3 319	481	5 323	850	1 745	464	3 059	−42,5
Waldshut	LK	2 916	5 623	610	9 149	1 709	2 881	430	5 020	−45,1
Wolfach	LK	1 886	4 604	1 175	7 665	1 225	2 789	763	4 777	−37,7
Reg.-Bez. Südbad.		56 653	103 612	14 706	174 971	26 535	53 215	11 511	91 261	−47,8
Balingen	LK	2 758	3 906	499	7 163	895	1 415	418	2 728	−61,9
Biberach	LK	5 409	9 494	1 631	16 534	3 848	6 041	1 202	11 091	−32,9
Calw	LK	4 151	7 322	1 414	12 887	1 602	3 877	1 131	6 610	−48,7
Ehingen	LK	2 623	4 733	515	7 871	1 929	2 959	400	5 288	−32,8
Freudenstadt	LK	2 061	3 954	1 160	7 175	944	1 925	795	3 664	−48,9
Hechingen	LK	2 433	3 352	266	6 051	705	1 329	430	2 464	−59,3
Horb	LK	2 770	4 369	349	7 488	1 002	1 961	350	3 313	−55,8
Münsingen	LK	2 927	5 198	412	8 537	1 630	3 031	583	5 244	−38,6
Ravensburg	LK	3 462	6 362	1 589	11 413	2 589	3 793	933	7 315	−35,9
Reutlingen	LK	2 873	4 115	674	7 662	919	1 700	779	3 398	−55,7
Rottweil	LK	3 194	5 536	583	9 313	1 258	2 785	559	4 602	−50,6
Saulgau	LK	3 965	6 966	1 028	11 959	2 759	4 469	932	8 160	−31,8
Sigmaringen	LK	2 520	4 392	640	7 552	1 529	2 829	510	4 868	−35,5
Tettnang	LK	1 803	3 215	916	5 934	1 490	2 323	520	4 333	−27,0
Tübingen	LK	4 048	5 927	692	10 667	1 138	2 148	662	3 948	−63,0
Tuttlingen	LK	2 049	3 287	477	5 813	581	1 369	353	2 303	−60,4
Wangen	LK	3 775	7 414	1 663	12 852	3 172	4 761	957	8 890	−30,8
Reg.-Bez. Südw.-H.		52 821	89 542	14 508	156 871	27 990	48 715	11 514	88 219	−43,8
Land Baden-Württ.		216 859	366 097	53 948	636 904	102 471	185 276	44 062	331 809	−47,9

Tab. 3:

Erwerbstätige in der Land- und Forstwirtschaft nach Geschlecht, Stellung im Beruf und Altersgruppen 1961 und 1970 in Baden-Württemberg in 1 000 Personen – Ergebnisse der Volks- und Berufszählungen 1961 und 1970

Stellung im Beruf	Ge-schlecht	Erwerbstätige		Von den Erwerbstätigen standen im Alter von … bis unter … Jahren										
		insge-samt	dar. mit weiterer Tätigkeit	15–20	20–25	25–30	30–35	35–40	40–45	45–50	50–55	55–60	60–65	65–70	70 und älter
1961															
Selbständige	männl.	160,1	13,3	0,1	1,0	4,8	11,7	12,7	9,6	13,5	19,5	26,1	24,9	17,6	18,5
	weibl.	56,8	1,1	.	0,3	0,7	1,6	2,9	3,4	7,2	9,8	9,4	8,0	6,2	7,2
	zus.	216,9	14,3	0,1	1,3	5,5	13,3	15,5	13,0	20,7	29,3	35,5	33,0	23,8	25,7
Mithelfende	männl.	56,8	2,6	7,9	12,9	9,9	6,0	2,2	0,8	0,8	0,9	1,3	2,1	3,6	6,5
Familien-	weibl.	309,3	5,5	11,5	20,1	23,0	29,4	35,3	25,8	32,5	36,6	35,1	28,4	17,5	11,4
angehörige	zus.	366,1	8,1	19,4	33,0	32,9	35,4	37,6	26,6	33,3	37,6	36,4	30,5	21,0	17,9
Abhängige	männl.	38,8	10,9	4,0	5,3	4,8	4,4	2,8	2,0	2,6	3,6	4,4	3,2	0,8	0,4
	weibl.	15,2	2,3	1,6	1,9	1,3	1,2	1,6	1,3	1,7	1,7	1,5	0,8	0,3	0,2
	zus.	54,0	13,2	5,6	7,2	6,1	5,6	4,4	3,3	4,3	5,4	5,8	4,0	1,1	0,6
Insgesamt	männl.	255,6	26,8	11,9	19,1	19,5	22,0	17,7	12,4	17,0	24,0	31,8	30,2	21,9	25,4
	weibl.	381,3	8,9	13,1	22,3	24,9	32,2	39,8	30,5	41,3	48,2	45,9	37,2	24,0	18,8
	zus.	636,9	35,6	25,1	41,5	44,5	54,2	57,5	42,9	58,3	72,2	77,7	67,5	45,9	44,2
1970															
Selbständige	männl.	89,1	12,8	0,1	0,9	3,1	8,5	11,3	12,4	10,5	5,9	10,6	12,2	8,7	5,0
	weibl.	13,4	0,5	.	0,1	0,3	0,7	0,9	1,3	1,9	1,3	2,4	1,9	1,3	1,1
	zus.	102,5	13,3	0,1	1,0	3,4	9,2	12,2	13,7	12,4	7,2	13,0	14,1	10,0	6,1
Mithelfende	männl.	35,8	2,2	4,9	3,9	2,2	2,0	1,0	0,6	0,5	0,3	0,9	2,4	8,4	8,8
Familien-	weibl.	149,4	3,5	3,8	5,1	8,1	15,7	16,4	18,0	20,1	10,9	16,3	14,8	11,2	9,2
angehörige	zus.	185,3	5,7	8,7	9,0	10,3	17,7	17,3	18,6	20,6	11,2	17,2	17,2	19,6	17,9
Abhängige	männl.	30,6	5,6	3,1	2,3	2,9	4,2	3,9	3,6	2,6	1,6	2,4	2,5	1,0	0,6
	weibl.	13,5	0,7	1,5	1,0	0,9	1,2	1,2	1,5	1,7	1,1	1,6	1,0	0,4	0,3
	zus.	44,1	6,3	4,7	3,3	3,8	5,3	5,1	5,1	4,3	2,7	4,0	3,5	1,5	0,9
Insgesamt	männl.	155,6	20,5	8,2	7,2	8,1	14,6	16,1	16,6	13,5	7,8	13,8	17,1	18,1	14,3
	weibl.	176,2	4,7	5,3	6,2	9,3	17,6	18,5	20,8	23,7	13,4	20,3	17,6	13,0	10,5
	zus.	331,8	25,3	13,5	13,3	17,5	32,3	34,6	37,4	37,3	21,2	34,1	34,8	31,1	24,9

Differenzen in den Summen durch Runden der Zahlen, Personen ohne Angabe des Alters und wenige Erwerbstätige im Alter von unter 15 Jahren.

Tab. 4:

Erwerbstätige in der Land- und Forstwirtschaft nach Stellung im Beruf in Baden-Württemberg in 1 000 Personen – Ergebnisse des Mikrozensus

Erhebungstermin	Erwerbstätige in der Land- und Forstwirtschaft			
	Selbständige	Mithelfende Familienangehörige	Abhängige	Insgesamt
Oktober 1960	215	337	67	619
Oktober 1961	212	328	62	601
Oktober 1962	208	335	63	605
April 1963	202	320	60	582
April 1964	167	265	50	482
April 1965	163	256	46	465
April 1966	172	259	41	471
April 1967	157	254	41	453
April 1968	157	246	42	445
April 1969	151	232	40	423
April 1970	142	213	41	397
April 1971	133	198	37	368
April 1972	114	166	40	319
April 1973	112	164	38	314
April 1974	92	153	33	278
April 1975	100	152	33	284
April 1976	93	133	39	266
April 1977	83	141	40	264

Differenzen in den Summen durch Runden der Zahlen.

Tab. 5:

Wohnbevölkerung und einkommensmäßig von der Land- und Forstwirtschaft abhängige[1])
Personen in den Stadt- und Landkreisen Baden-Württembergs 1961 und 1970
(Ergebnisse der Volks- und Berufszählungen 1961 und 1970)

Stadtkreis (SK) Landkreis (LK) Regierungsbezirk Land		1961			1970			Veränderung von 1961 auf 1970		
		Wohnbevölkerung	dar. Lebensunterhalt aus Land- und Forstwirtsch.[1])		Wohnbevölkerung	dar. Lebensunterhalt aus Land- und Forstwirtsch.[1])		Personen mit Lebensunterhalt Land- und Forstwirtschaft		Relative Veränderung des Anteils
		Anzahl	Anzahl	%	Anzahl	Anzahl	%	Anzahl	Punkte	%
Stuttgart	SK	637 539	5 411	0,8	633 158	4 003	0,6	- 1 408	- 0,2	-25,5
Heilbronn	SK	90 194	1 776	2,0	101 660	1 285	1,3	- 491	- 0,7	-35,8
Ulm	SK	92 701	904	1,0	92 943	593	0,6	- 311	- 0,3	-34,6
Aalen	LK	142 126	21 004	14,8	159 311	14 467	9,1	- 6 537	- 5,7	-38,6
Backnang	LK	89 362	11 770	13,2	108 450	6 987	6,4	- 4 783	- 6,7	-51,1
Böblingen	LK	145 616	9 435	6,5	206 555	4 278	2,1	- 5 157	- 4,4	-68,0
Crailsheim	LK	63 325	18 100	28,6	68 149	12 025	17,6	- 6 075	-10,9	-38,3
Esslingen	LK	198 579	5 754	2,9	251 141	3 197	1,3	- 2 557	- 1,6	-56,1
Göppingen	LK	201 967	11 159	5,5	225 987	6 918	3,1	- 4 241	- 2,5	-44,6
Heidenheim	LK	113 453	9 660	8,5	127 108	6 255	4,9	- 3 405	- 3,6	-42,2
Heilbronn	LK	161 564	24 741	15,3	193 751	14 563	7,5	-10 178	- 7,8	-50,9
Künzelsau	LK	30 948	8 871	28,7	33 659	5 479	16,3	- 3 392	-12,4	-43,2
Leonberg	LK	99 219	5 851	5,9	132 408	3 359	2,5	- 2 492	- 3,4	-57,0
Ludwigsburg	LK	243 849	13 219	5,4	303 158	7 906	2,6	- 5 313	- 2,8	-51,9
Mergentheim	LK	40 349	11 591	28,7	42 888	7 669	17,9	- 3 922	-10,8	-37,8
Nürtingen	LK	131 620	8 414	6,4	159 030	3 764	2,4	- 4 650	- 4,0	-63,0
Öhringen	LK	43 587	10 299	23,6	48 781	6 578	13,5	- 3 721	-10,1	-42,9
Schwäb. Gmünd	LK	100 501	9 859	9,8	111 412	6 009	5,4	- 3 850	- 4,4	-45,0
Schwäb. Hall	LK	59 273	12 382	20,9	63 864	7 997	12,5	- 4 385	- 8,4	-40,1
Ulm	LK	82 926	16 374	19,7	96 101	11 413	11,9	- 4 961	- 7,9	-39,9
Vaihingen	LK	75 392	8 393	11,1	92 463	4 300	4,7	- 4 093	- 6,5	-58,2
Waiblingen	LK	193 688	13 745	7,1	243 725	7 601	3,1	- 6 144	- 4,0	-56,1
Reg.-Bez. Nordwürttbg.		3 037 778	238 712	7,9	3 495 702	146 646	4,2	-92 066	- 3,7	-46,6
Karlsruhe	SK	241 929	1 385	0,6	259 245	1 087	0,4	- 298	- 0,2	-26,8
Heidelberg	SK	125 264	1 786	1,4	121 023	1 213	1,0	- 573	- 0,4	-29,7
Mannheim	SK	313 890	2 077	0,7	332 163	1 622	0,5	- 455	- 0,2	-26,2
Pforzheim	SK	82 524	736	0,9	90 338	586	0,6	- 150	- 0,2	-27,3
Bruchsal	LK	119 009	9 715	8,2	140 095	2 967	2,1	- 6 748	- 6,0	-74,1
Buchen	LK	62 073	16 204	26,1	67 557	9 478	14,0	- 6 726	-12,1	-46,3
Heidelberg	LK	146 816	8 007	5,5	182 027	3 837	2,1	- 4 170	- 3,3	-61,3
Karlsruhe	LK	166 460	10 963	6,6	201 629	3 512	1,7	- 7 451	- 4,8	-73,6
Mannheim	LK	158 860	5 996	3,8	192 902	3 696	1,9	- 2 300	- 1,9	-49,2
Mosbach	LK	64 467	9 422	14,6	76 474	4 731	6,2	- 4 691	- 8,4	-57,7
Pforzheim	LK	63 088	4 277	6,8	75 847	1 404	1,9	- 2 873	- 4,9	-72,7
Sinsheim	LK	76 202	12 674	16,6	88 254	6 463	7,3	- 6 211	- 9,3	-56,0
Tauberbischofsheim	LK	76 436	19 141	25,0	82 260	9 078	11,0	-10 063	-14,0	-55,9
Reg.-Bez. Nordbaden		1 697 018	102 383	6,0	1 909 814	49 674	2,6	-52 709	- 3,4	-56,9

[1]) Überwiegender Lebensunterhalt aus Erwerbstätigkeit (eigener Erwerbstätigkeit oder Erwerbstätigkeit des Ernährers) in der Land- und Forstwirtschaft.

Fortsetzung Tab. 5:

Stadtkreis (SK) Landkreis (LK) Regierungsbezirk Land		1961			1970			Veränderung von 1961 auf 1970		
		Wohn-bevöl-kerung	dar. Lebens-unterhalt aus Land- und Forstwirtsch.¹)		Wohn-bevöl-kerung	dar. Lebens-unterhalt aus Land- und Forstwirtsch.¹)		Personen mit Lebensunterhalt Land- und Forstwirtschaft		Relative Verän-derung des Anteils
		Anzahl	Anzahl	%	Anzahl	Anzahl	%	Anzahl	Punkte	%
Freiburg i. Br.	SK	145 016	1 247	0,9	162 222	860	0,5	- 387	- 0,3	-38,3
Baden-Baden	SK	40 029	776	1,9	37 537	406	1,1	- 370	- 0,9	-44,2
Bühl	LK	79 859	13 461	16,9	91 926	6 585	7,2	- 6 876	- 9,7	-57,5
Donaueschingen	LK	66 519	11 178	16,8	76 165	6 771	8,9	- 4 407	- 7,9	-47,1
Emmendingen	LK	102 345	15 346	15,0	118 674	8 363	7,0	- 6 983	- 7,9	-53,0
Freiburg	LK	76 886	19 080	24,8	93 933	12 375	13,2	- 6 705	-11,6	-46,9
Hochschwarzwald	LK	42 001	8 372	19,9	45 406	4 982	11,0	- 3 390	- 9,0	-45,0
Kehl	LK	53 222	8 624	16,2	61 130	3 656	6,0	- 4 968	-10,2	-63,1
Konstanz	LK	158 337	11 414	7,2	189 651	7 171	3,8	- 4 243	- 3,4	-47,5
Lahr	LK	80 301	10 660	13,3	88 475	5 374	6,1	- 5 286	- 7,2	-54,2
Lörrach	LK	136 333	10 645	7,8	155 089	5 965	3,8	- 4 680	- 4,0	-50,7
Müllheim	LK	54 471	9 173	16,8	62 258	5 645	9,1	- 3 528	- 7,8	-46,2
Offenburg	LK	98 555	12 812	13,0	113 445	7 424	6,5	- 5 388	- 6,5	-49,7
Rastatt	LK	119 139	6 416	5,4	143 150	1 822	1,3	- 4 594	- 4,1	-76,4
Säckingen	LK	65 797	6 028	9,2	75 344	3 160	4,2	- 2 868	- 5,0	-54,2
Stockach	LK	47 219	11 338	24,0	52 432	7 314	13,9	- 4 024	-10,1	-41,9
Überlingen	LK	58 609	13 561	23,1	73 202	9 357	12,8	- 4 204	-10,4	-44,8
Villingen	LK	83 312	6 634	8,0	98 612	4 153	4,2	- 2 481	- 3,8	-47,1
Waldshut	LK	65 266	12 299	18,8	71 975	7 240	10,1	- 5 059	- 8,8	-46,6
Wolfach	LK	52 742	10 423	19,8	57 262	7 059	12,3	- 3 364	- 7,4	-37,6
Reg.-Bez. Südbaden		1 625 958	199 487	12,3	1 867 888	115 682	6,2	- 83 805	- 6,1	-49,5
Balingen	LK	98 127	6 745	6,9	112 516	2 796	2,5	- 3 949	- 4,4	-63,8
Biberach	LK	100 043	24 065	24,1	114 670	17 079	14,9	- 6 986	- 9,2	-38,1
Calw	LK	117 745	13 338	11,3	144 168	6 613	4,6	- 6 725	- 6,7	-59,5
Ehingen	LK	43 432	11 319	26,1	50 689	8 069	15,9	- 3 250	-10,1	-38,9
Freudenstadt	LK	58 409	7 950	13,6	65 548	4 393	6,7	- 3 557	- 6,9	-50,8
Hechingen	LK	50 096	6 277	12,5	58 175	2 684	4,6	- 3 593	- 7,9	-63,2
Horb	LK	42 168	7 864	18,6	48 338	3 409	7,1	- 4 455	-11,6	-62,2
Münsingen	LK	38 809	11 172	28,8	42 498	7 013	16,5	- 4 159	-12,3	-42,7
Ravensburg	LK	104 704	16 129	15,4	121 034	11 276	9,3	- 4 853	- 6,1	-39,5
Reutlingen	LK	159 772	6 921	4,3	189 569	3 829	2,0	- 3 092	- 2,3	-53,4
Rottweil	LK	124 177	10 101	8,1	138 468	4 813	3,5	- 5 288	- 4,7	-57,3
Saulgau	LK	65 892	17 080	25,9	71 741	12 008	16,7	- 5 072	- 9,2	-35,4
Sigmaringen	LK	47 616	9 925	20,8	55 367	6 517	11,8	- 3 408	- 9,1	-43,5
Tettnang	LK	74 132	8 522	11,5	89 926	6 599	7,3	- 1 923	- 4,2	-36,2
Tübingen	LK	123 854	9 998	8,1	147 428	3 966	2,7	- 6 032	- 5,4	-66,7
Tuttlingen	LK	77 987	5 560	7,1	90 380	2 298	2,5	- 3 262	- 4,6	-64,3
Wangen	LK	71 437	18 929	26,5	81 129	13 945	17,2	- 4 984	- 9,3	-35,1
Reg.-Bez. Südw.-Hoh.		1 398 400	191 895	13,7	1 621 644	117 307	7,2	- 74 588	- 6,5	-47,3
Land Baden-Württbg.		7 759 154	732 477	9,4	8 895 048	429 309	4,8	-303 168	- 4,6	-48,9

Tab. 6:

Die Bodennutzung 1960 und 1973 in Baden-Württemberg
(Ergebnisse der Bodennutzungserhebungen 1960 und 1973)

Stadtkreis (SK) Landkreis (LK) Regierungsbezirk Land		1960				1973				Veränderung von 1960 auf 1973 in Prozent	
		Land- u. forstwirt. genutztes Kulturland	Unkult. Bodenfläche	Siedlungsfläche	Gesamtfläche	Land- u. forstwirt. genutztes Kulturland	Unkult. Bodenfläche	Siedlungsfläche	Gesamtfläche	Unkult. Fläche	Siedl.-Fläche
		1 000 ha								%	
Stuttgart	SK	14,9	0,4	6,3	21,6	12,3	1,2	7,8	21,3	+192	+24
Heilbronn	SK	5,1	0,1	1,9	7,1	4,5	0,3	2,4	7,2	+182	+22
Ulm	SK	5,8	0,1	2,3	8,2	6,5	0,2	3,2	10,0	+102	+40
Aalen	LK	100,8	1,7	5,9	108,5	101,9	2,2	8,2	112,3	+ 23	+39
Backnang	LK	54,8	0,3	4,0	59,1	51,7	0,6	5,3	57,6	+ 81	+33
Böblingen	LK	39,0	0,6	5,0	44,6	37,4	1,1	6,7	45,2	+ 85	+34
Crailsheim	LK	71,8	0,9	4,1	76,8	69,2	1,2	5,1	75,5	+ 34	+25
Esslingen	LK	21,4	0,2	3,6	25,2	16,5	0,7	5,2	22,4	+246	+45
Göppingen	LK	55,0	2,1	4,7	61,7	53,0	2,3	6,9	62,1	+ 10	+45
Heidenheim	LK	54,9	1,0	4,3	60,2	54,1	1,6	5,3	60,9	+ 49	+24
Heilbronn	LK	80,3	1,0	6,7	88,0	77,4	1,9	9,5	88,7	+ 90	+41
Künzelsau	LK	30,3	1,4	1,9	33,6	29,6	1,7	2,6	33,8	+ 17	+36
Leonberg	LK	25,6	0,6	2,7	28,9	23,5	0,9	4,5	29,0	+ 42	+67
Ludwigsburg	LK	37,4	0,7	5,8	43,8	35,0	1,1	8,0	44,1	+ 62	+39
Mergentheim	LK	40,5	1,9	2,3	44,7	38,8	2,2	3,3	44,3	+ 18	+42
Nürtingen	LK	33,9	0,6	3,4	37,9	33,6	1,1	5,4	40,1	+ 81	+60
Öhringen	LK	36,9	0,5	2,3	39,7	35,4	0,6	3,1	39,2	+ 28	+35
Schwäb. Gmünd	LK	39,8	0,8	3,1	43,8	38,3	1,0	5,1	44,4	+ 22	+61
Schwäb. Hall	LK	50,4	0,9	3,7	55,0	49,1	1,2	4,4	54,8	+ 38	+20
Ulm	LK	78,4	1,3	5,2	85,0	74,3	1,8	6,7	82,8	+ 36	+28
Vaihingen	LK	33,4	0,6	3,0	37,0	32,2	1,0	4,2	37,3	+ 52	+42
Waiblingen	LK	37,1	0,4	4,1	41,6	35,4	1,5	6,1	43,0	+251	+50
Reg.-Bez. Nordwürttembg.		947,5	18,3	86,2	1 052,1	909,9	27,3	118,9	1 056,0	+ 49	+38
Karlsruhe	SK	11,8	0,1	3,6	15,4	9,3	0,1	6,0	15,4	+ 72	+67
Heidelberg	SK	13,3	0,1	2,0	15,4	17,1	0,1	2,8	20,0	+ 18	+38
Mannheim	SK	7,5	0,3	6,6	14,4	6,0	0,3	7,9	14,1	− 20	+20
Pforzheim	SK	7,4	0,0	1,3	8,7	7,0	0,3	1,7	9,0	+728	+33
Bruchsal	LK	42,4	0,7	3,5	46,6	37,6	3,0	6,0	46,6	+363	+72
Buchen	LK	72,2	1,6	3,8	77,6	69,5	2,3	5,6	77,4	+ 42	+45
Heidelberg	LK	38,0	0,6	3,4	42,0	33,5	2,4	5,8	41,7	+316	+70
Karlsruhe	LK	48,9	0,8	4,8	54,5	43,7	3,2	7,3	54,3	+302	+53
Mannheim	LK	26,9	0,4	4,0	31,2	25,0	0,8	6,2	31,9	+123	+55
Mosbach	LK	43,2	0,8	3,1	47,1	38,7	1,2	4,7	44,6	+ 54	+50
Pforzheim	LK	20,9	0,4	1,8	23,1	17,8	2,0	2,8	22,6	+464	+56
Sinsheim	LK	46,6	0,5	3,6	50,7	43,4	1,2	5,7	50,3	+158	+60
Tauberbischofsheim	LK	72,5	2,1	5,4	80,0	66,3	4,0	7,4	77,7	+ 90	+39
Reg.-Bez. Nordbaden		451,7	8,3	46,8	506,8	414,7	21,0	69,9	505,6	+154	+49

Die Gesamtfläche entspricht der aus den Bodennutzungserhebungen nach dem Betriebsprinzip erhobenen Wirtschaftsfläche der Betriebe, nicht der Katasterfläche.

Unkultivierte Bodenfläche: Brachliegende, nicht mehr genutzte landwirtschaftliche Flächen, Öd- und Unland einschließlich Abbauland, unkultivierte Moorflächen.

Siedlungsfläche: Bebauungs- und Verkehrsflächen, öffentliche Parkanlagen, Grünanlagen, Ziergärten, Friedhöfe, Flug- und Militärübungsflächen, Gewässer.

Differenzen in den Summen durch Runden der Zahlen.

[1]) Abweichende Entwicklung der Siedlungsfläche im Stadtkreis Baden-Baden vermutlich bedingt durch die 1971 erfolgte Bereinigung eines über Jahre weitergetragenen Erhebungsfehlers durch die Gemeinde.

Fortsetzung Tab. 6:

Stadtkreis (SK) Landkreis (LK) Regierungsbezirk Land		1960				1973				Veränderung von 1960 auf 1973 in Prozent	
		Land- u. forstwirt. genutztes Kulturland	Un-kult. Bodenfläche	Siedlungsfläche	Gesamtfläche	Land- u. forstwirt. genutztes Kulturland	Un-kult. Bodenfläche	Siedlungsfläche	Gesamtfläche	Unkult. Fläche	Siedl.-Fläche
		1000 ha								%	
Freiburg i. Br.	SK	9,6	0,1	3,1	12,9	8,9	0,4	3,5	12,8	+249	+12
Baden-Baden[1])	SK	8,5	0,1	1,4	9,9	9,6	0,3	1,1	10,9	+364	−21
Bühl	LK	34,7	0,9	3,5	39,1	30,9	1,8	4,7	37,3	+ 91	+34
Donaueschingen	LK	73,3	1,7	4,4	79,3	71,3	2,7	5,9	79,9	+ 62	+35
Emmendingen	LK	57,7	1,7	4,5	64,0	56,0	2,0	6,0	64,1	+ 18	+33
Freiburg	LK	56,4	1,8	4,5	62,7	53,2	2,5	6,1	61,7	+ 38	+35
Hochschwarzwald	LK	68,3	1,0	3,2	72,6	65,2	2,4	3,8	71,4	+129	+20
Kehl	LK	25,3	0,6	3,8	29,7	23,5	1,1	4,7	29,3	+ 80	+24
Konstanz	LK	41,9	1,0	5,6	48,5	38,9	2,3	7,5	48,7	+119	+34
Lahr	LK	37,6	0,6	3,8	42,0	35,2	1,1	5,4	41,8	+ 84	+41
Lörrach	LK	55,1	1,7	5,0	61,8	52,4	4,0	6,1	62,4	+137	+21
Müllheim	LK	39,3	1,2	4,1	44,7	37,1	1,8	4,9	43,8	+ 45	+21
Offenburg	LK	45,0	0,5	4,0	49,5	40,9	0,8	4,9	46,6	+ 76	+22
Rastatt	LK	45,7	1,0	6,4	53,2	40,5	5,5	7,5	53,4	+425	+16
Säckingen	LK	31,6	1,1	2,6	35,3	30,3	1,8	3,5	35,5	+ 67	+35
Stockach	LK	55,0	1,1	4,1	60,2	53,0	1,6	4,8	59,3	+ 44	+16
Überlingen	LK	52,9	1,2	4,0	58,1	51,4	1,5	4,8	57,7	+ 28	+19
Villingen	LK	39,0	1,1	2,5	42,6	38,1	1,4	3,5	43,0	+ 24	+40
Waldshut	LK	52,3	1,2	3,8	57,3	50,5	1,6	4,9	56,9	+ 31	+28
Wolfach	LK	59,9	1,5	2,3	63,7	58,9	1,4	2,9	63,2	− 6	+24
Reg.-Bez. Südbaden		889,2	21,1	76,8	987,0	845,7	37,7	96,4	979,8	+ 79	+26
Balingen	LK	43,2	1,2	4,4	48,8	42,0	2,9	5,2	50,2	+147	+18
Biberach	LK	93,3	1,4	6,9	101,6	90,7	2,0	8,8	101,4	+185	+27
Calw	LK	82,6	1,4	6,2	90,1	78,8	3,3	7,6	89,7	+140	+22
Ehingen	LK	52,0	1,1	3,8	56,9	45,0	1,2	3,9	50,1	+ 14	+ 3
Freudenstadt	LK	53,7	1,2	3,3	58,2	52,3	1,9	4,1	58,3	+ 64	+23
Hechingen	LK	38,2	0,7	2,2	41,2	35,5	1,6	2,9	39,9	+113	+29
Horb	LK	32,2	0,8	2,6	35,6	31,0	1,1	3,3	35,4	+ 40	+27
Münsingen	LK	63,5	3,1	3,6	70,2	62,3	3,6	4,8	70,6	+ 14	+34
Ravensburg	LK	63,4	2,8	4,8	71,0	61,5	3,2	6,0	70,6	+ 15	+24
Reutlingen	LK	39,8	1,2	4,4	45,4	36,4	1,9	6,6	44,8	+ 61	+48
Rottweil	LK	50,0	1,3	4,0	55,3	48,4	1,7	5,3	55,4	+ 34	+32
Saulgau	LK	65,1	2,0	4,7	71,8	66,3	2,4	5,3	74,0	+ 20	+13
Sigmaringen	LK	60,8	2,3	5,2	68,3	58,7	2,4	6,0	67,1	+ 6	+14
Tettnang	LK	22,0	0,3	2,5	24,8	25,6	0,5	3,7	29,8	+ 71	+49
Tübingen	LK	42,8	0,7	4,3	47,9	41,9	1,3	5,6	48,7	+ 89	+28
Tuttlingen	LK	41,9	1,3	2,6	45,8	39,2	2,5	4,0	45,7	+ 90	+51
Wangen	LK	64,7	2,4	4,2	71,3	66,1	2,6	5,1	73,8	+ 10	+21
Reg.-Bez. Südw.-Hoh.		909,2	24,9	70,0	1 004,1	881,7	36,0	88,1	1 005,8	+ 45	+26
Land Baden-Württbg.		3 197,6	72,6	279,8	3 550,0	3 052,0	121,9	373,3	3 547,2	+ 68	+33

Fußnoten siehe vorangegangene Seite!

Tab. 7:

*Bevölkerungsstand und Bevölkerungsveränderung seit 1962
in verdichteten Gebieten und im ländlichen Raum
in Baden-Württemberg*

Jahr	Lebendgeborene	Gestorbene	Geburten-überschuß	Wanderungssaldo	Bevölkerung am 31. 12. in 1 000
Land Baden-Württemberg					
1962	154 047	80 640	73 407	78 549	7 991
1963	158 750	85 975	72 775	44 922	8 108
1964	160 988	81 615	79 373	69 689	8 257
1965	158 742	85 941	72 801	96 004	8 426
1966	160 802	86 600	74 202	33 702	8 534
1967	155 617	87 276	68 341	- 36 962	8 565
1968	147 961	93 263	54 698	93 724	8 714
1969	140 087	94 628	45 459	150 347	8 910
1970	128 212	92 628	35 584	109 461	8 954
1971	123 871	92 671	31 200	70 307	9 055
1972	112 845	92 740	20 105	78 933	9 154
1973	102 875	92 918	9 957	75 267	9 239
1974	102 206	93 127	9 079	- 22 215	9 226
1975	97 019	95 646	1 373	- 74 865	9 153
1976	95 492	94 426	1 066	- 34 548	9 119
Verdichtungsräume, Randzonen um die Verdichtungsräume, Verdichtungsbereiche					
1962	100 509	53 898	46 611	63 699	5 524
1963	104 095	57 621	46 474	33 064	5 604
1964	105 468	55 138	50 330	53 164	5 707
1965	104 405	57 987	46 418	75 783	5 829
1966	106 058	58 733	47 325	24 681	5 901
1967	103 604	59 094	44 510	- 29 624	5 916
1968	98 555	63 233	35 322	77 761	6 029
1969	92 718	64 592	28 126	120 564	6 178
1970	84 475	62 896	21 579	83 182	6 219
Ländlicher Raum					
1962	53 438	26 742	26 796	14 850	2 467
1963	54 655	28 354	26 301	11 858	2 505
1964	55 520	26 477	29 043	16 525	2 550
1965	54 337	27 954	26 383	20 221	2 597
1966	54 744	27 867	26 877	9 021	2 633
1967	52 013	28 182	23 831	- 7 338	2 649
1968	49 406	30 030	19 376	15 963	2 685
1969	47 369	30 036	17 333	29 783	2 732
1970	43 737	29 732	14 005	26 279	2 735

Daten für verdichtete Gebiete und ländlichen Raum durch Addition von Gemeindedaten (Gebietsstand Volkszählung 1970) aus der Regionaldatenbank des Statistischen Landesamtes Baden-Württemberg; zur Abgrenzung von verdichteten Gebieten und ländlichem Raum vergleiche den Landesentwicklungsplan Baden-Württemberg vom 22. Juni 1971, herausgegeben vom Innenministerium Baden-Württemberg.

Im Jahr 1970 wurden die fortgeschriebenen Einwohnerzahlen nach den Ergebnissen der Volkszählung berichtigt.

Tab. 8:

Komponenten der Bevölkerungsveränderung auf 1 000 Einwohner seit 1962 in verdichteten Gebieten und im ländlichen Raum in Baden-Württemberg

Jahr	Lebendgeborene	Gestorbene	Geburten-überschuß	Wanderungssaldo	Bevölkerungs-veränderung insgesamt
auf 1000 Einwohner am Jahresende					
Land Baden-Württemberg					
1962	19,3	10,1	9,2	9,8	19,0
1963	19,6	10,6	9,0	5,5	14,5
1964	19,5	9,9	9,6	8,4	18,0
1965	18,8	10,2	8,6	11,4	20,0
1966	18,8	10,1	8,7	3,9	12,6
1967	18,2	10,2	8,0	- 4,3	3,7
1968	17,0	10,7	6,3	10,7	17,0
1969	15,7	10,6	5,1	16,9	22,0
1970	14,3	10,3	4,0	12,2	16,2
1971	13,7	10,3	3,4	7,8	11,2
1972	12,3	10,1	2,2	8,6	10,8
1973	11,1	10,0	1,1	8,1	9,2
1974	11,1	10,1	1,0	- 2,4	- 1,4
1975	10,6	10,4	0,2	- 8,2	- 8,0
1976	10,5	10,4	0,1	- 3,8	- 3,7
Verdichtungsräume, Randzonen um die Verdichtungsräume, Verdichtungsbereiche					
1962	18,2	9,8	8,4	11,5	19,9
1963	18,6	10,3	8,3	5,9	14,2
1964	18,5	9,7	8,8	9,3	18,1
1965	17,9	9,9	8,0	13,0	21,0
1966	18,0	10,0	8,0	4,2	12,2
1967	17,5	10,0	7,5	- 5,0	2,5
1968	16,3	10,5	5,8	12,9	18,7
1969	15,0	10,5	4,5	19,5	24,0
1970	13,6	10,1	3,5	13,4	16,9
Ländlicher Raum					
1962	21,7	10,8	10,9	6,0	16,9
1963	21,8	11,3	10,5	4,7	15,2
1964	21,8	10,4	11,4	6,5	17,9
1965	20,9	10,8	10,1	7,8	17,9
1966	20,8	10,6	10,2	3,4	13,6
1967	19,6	10,6	9,0	- 2,8	6,2
1968	18,4	11,2	7,2	5,9	13,1
1969	17,3	11,0	6,3	10,9	17,2
1970	16,0	10,9	5,1	9,6	14,7

ABNAHME VON 1960 BIS 1971/72 UM

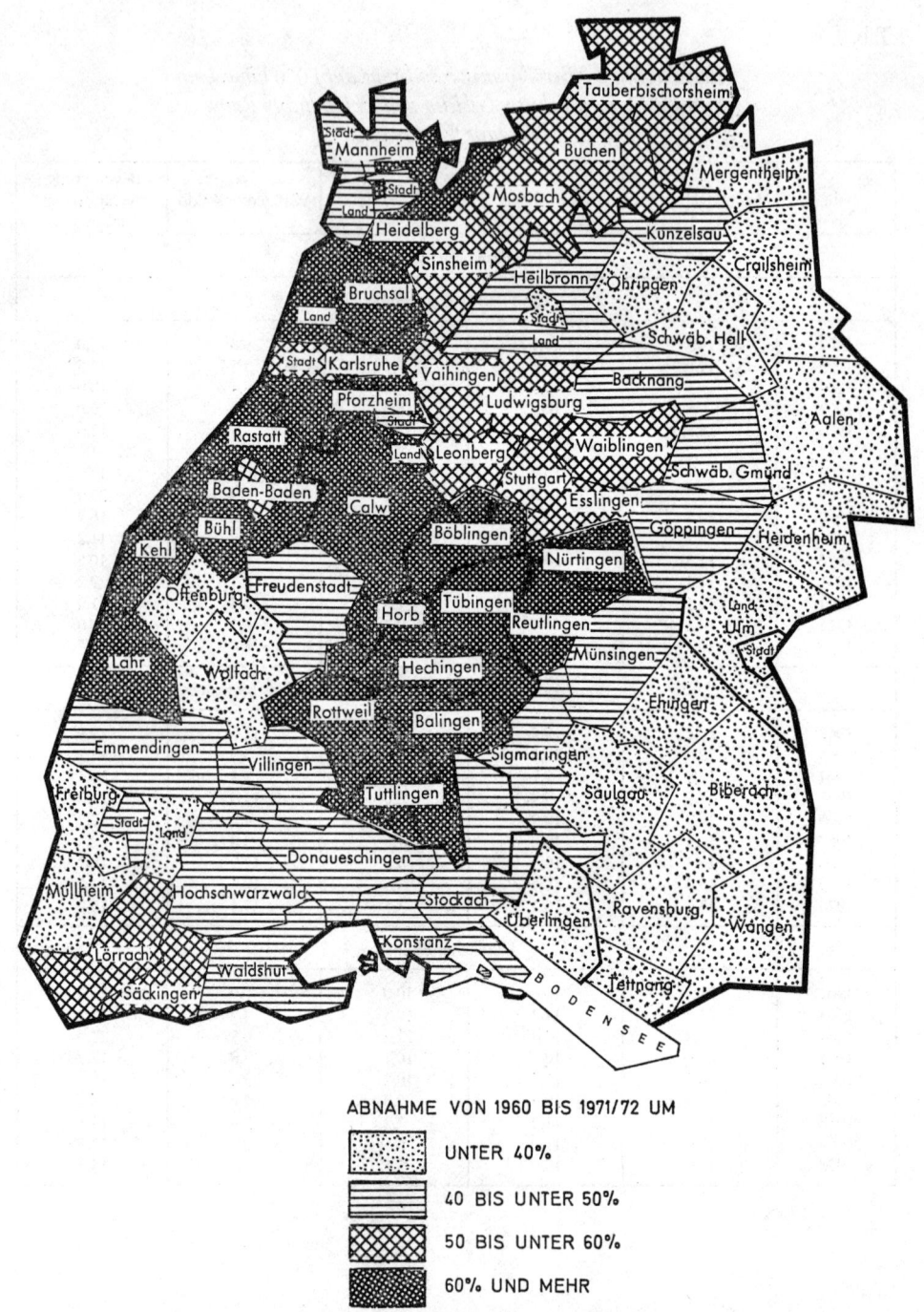

- UNTER 40%
- 40 BIS UNTER 50%
- 50 BIS UNTER 60%
- 60% UND MEHR

Schaubild 1: Rückgang der Zahl der hauptberuflich bewirtschafteten Landwirtschaftsbetriebe von 1960 bis 1971/72 in Baden-Württemberg

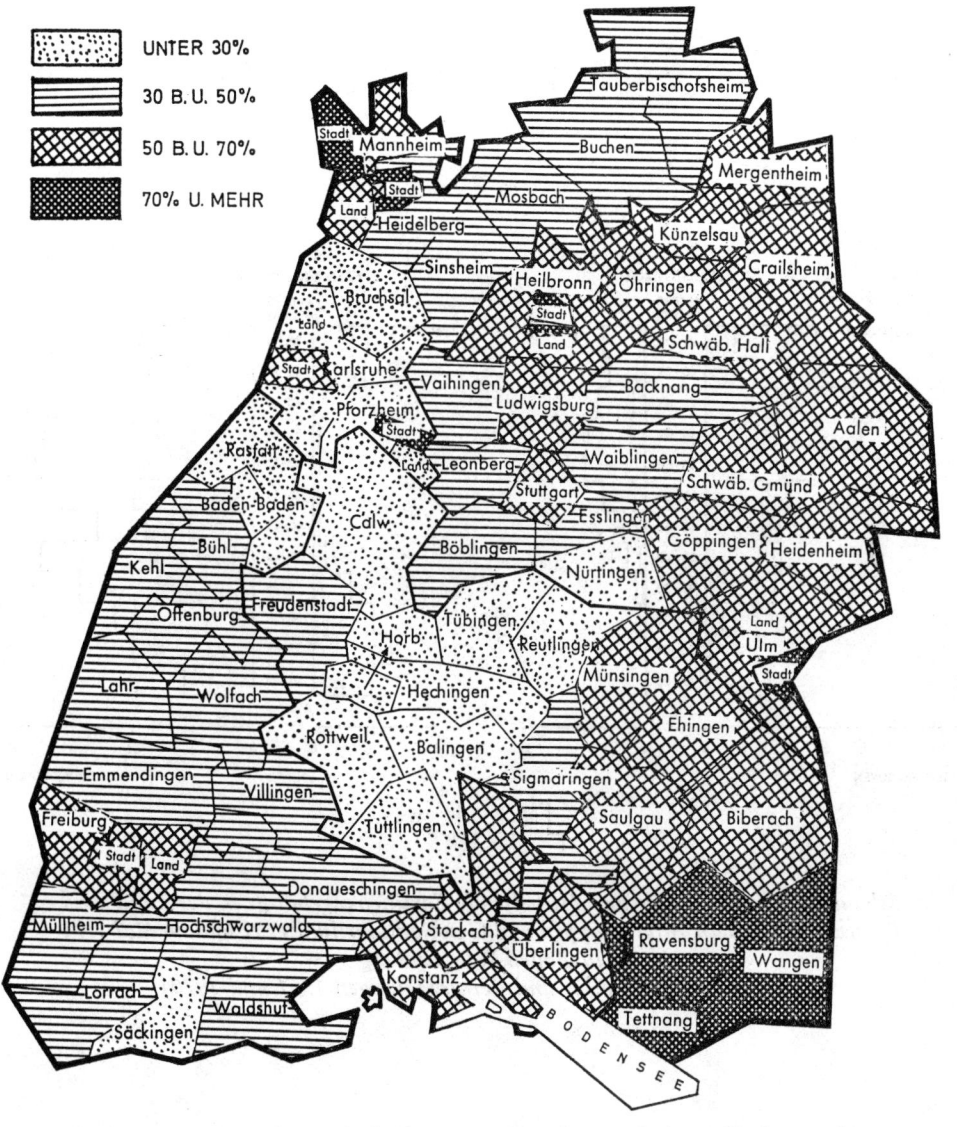

Schaubild 2: Anteil landwirtschaftlicher Betriebe ohne außerbetriebliches Einkommen*) oder mit außerbetrieblichem Einkommen kleiner als das Betriebseinkommen an der Gesamtzahl der Betriebe 1971/72

*) Außerbetriebliche Einkommen des Inhabers oder seines Ehegatten; Relation zum Betriebseinkommen nach Selbsteinschätzung.

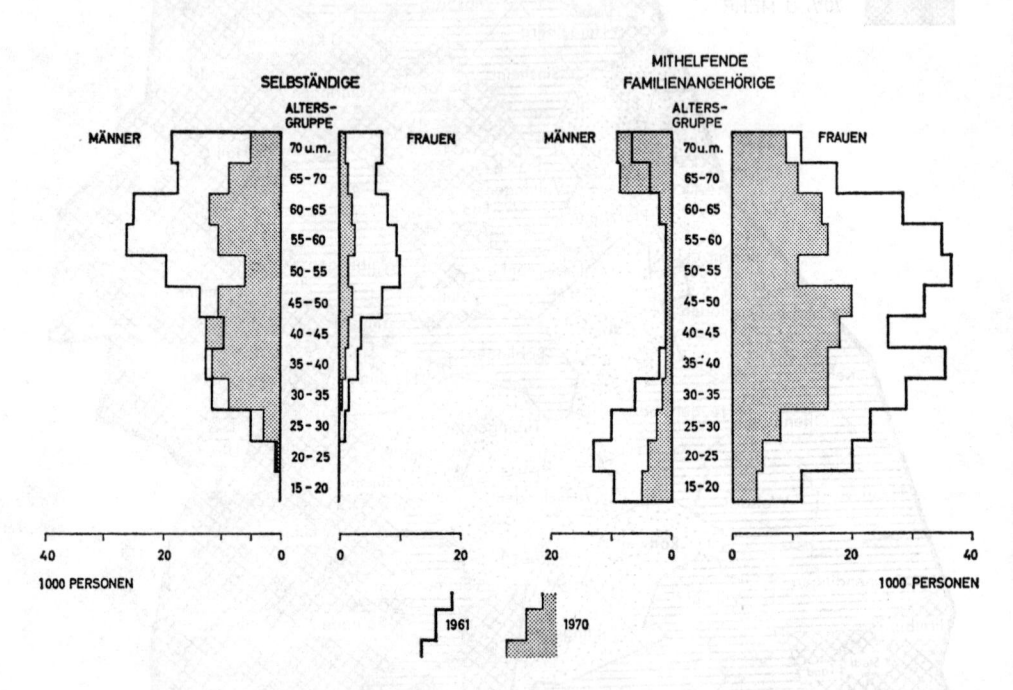

Schaubild 3: Selbständige und Mithelfende Familienangehörige in der Land- und Forstwirtschaft nach Altersgruppen und Geschlecht im Juni 1961 und im Mai 1970 in Baden-Württemberg
(Ergebnisse der Volks- und Berufszählungen 1961 und 1970)

ZEICHENERKLAERUNG		
ZEICHEN -	BIS UNTER	4.0 %
ZEICHEN =	BIS UNTER	8.0 %
ZEICHEN *	BIS UNTER	12.0 %
ZEICHEN 0	BIS UNTER	16.0 %
ZEICHEN ■	DARUEBER	

Ergebnisse der Volks- und Berufszählung 1961
Ausdruck aus der Regionaldatenbank beim
Statistischen Landesamt Baden-Württemberg

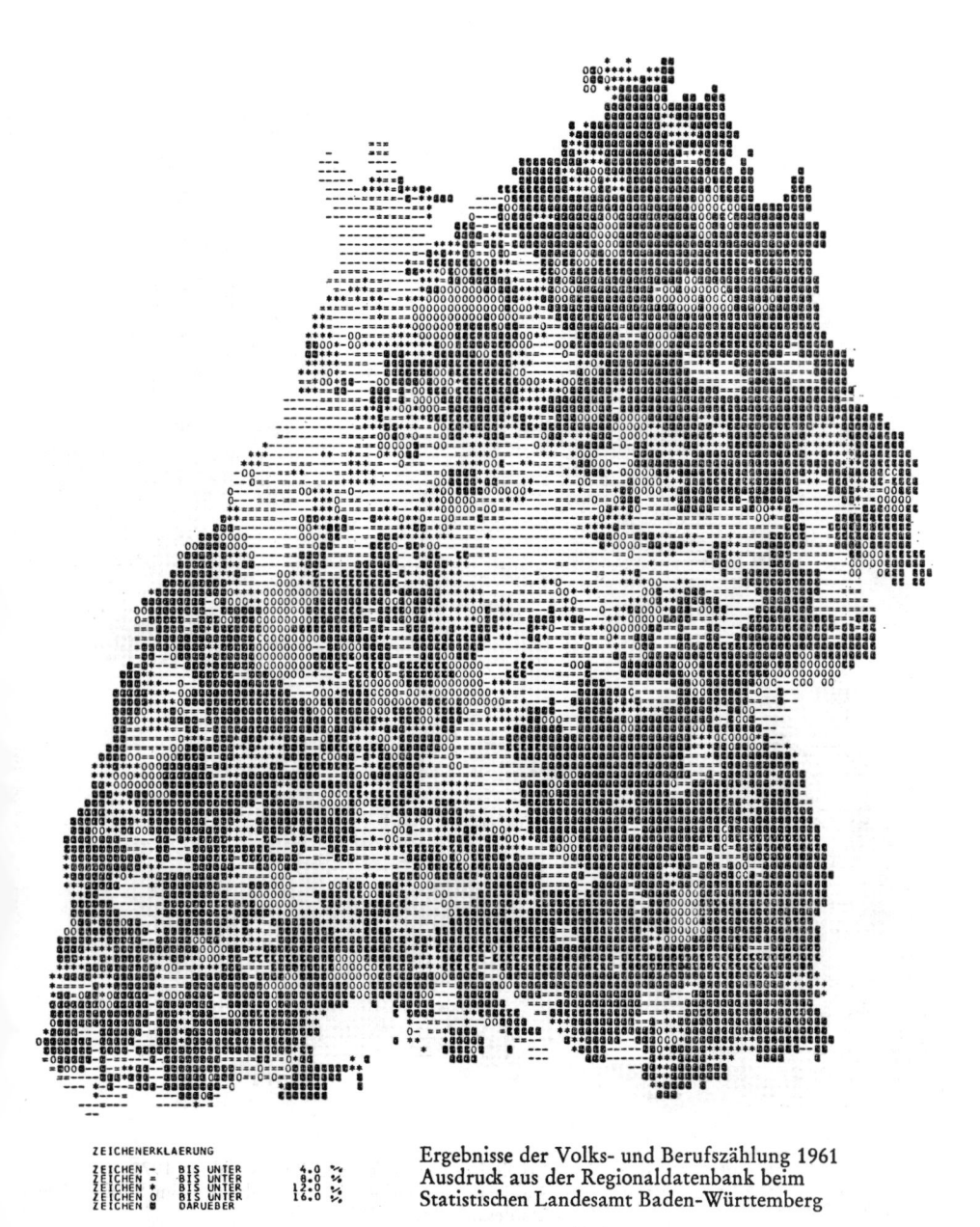

Schaubild 4: Anteil der einkommensmäßig von der Land- und Forstwirtschaft abhängigen Personen*) an der Wohnbevölkerung in den Gemeinden Baden-Württembergs im Juni 1961

*) Personen mit überwiegendem Lebensunterhalt aus Erwerbstätigkeit (eigener Erwerbstätigkeit oder Erwerbstätigkeit des Ernährers) in der Land- und Forstwirtschaft.

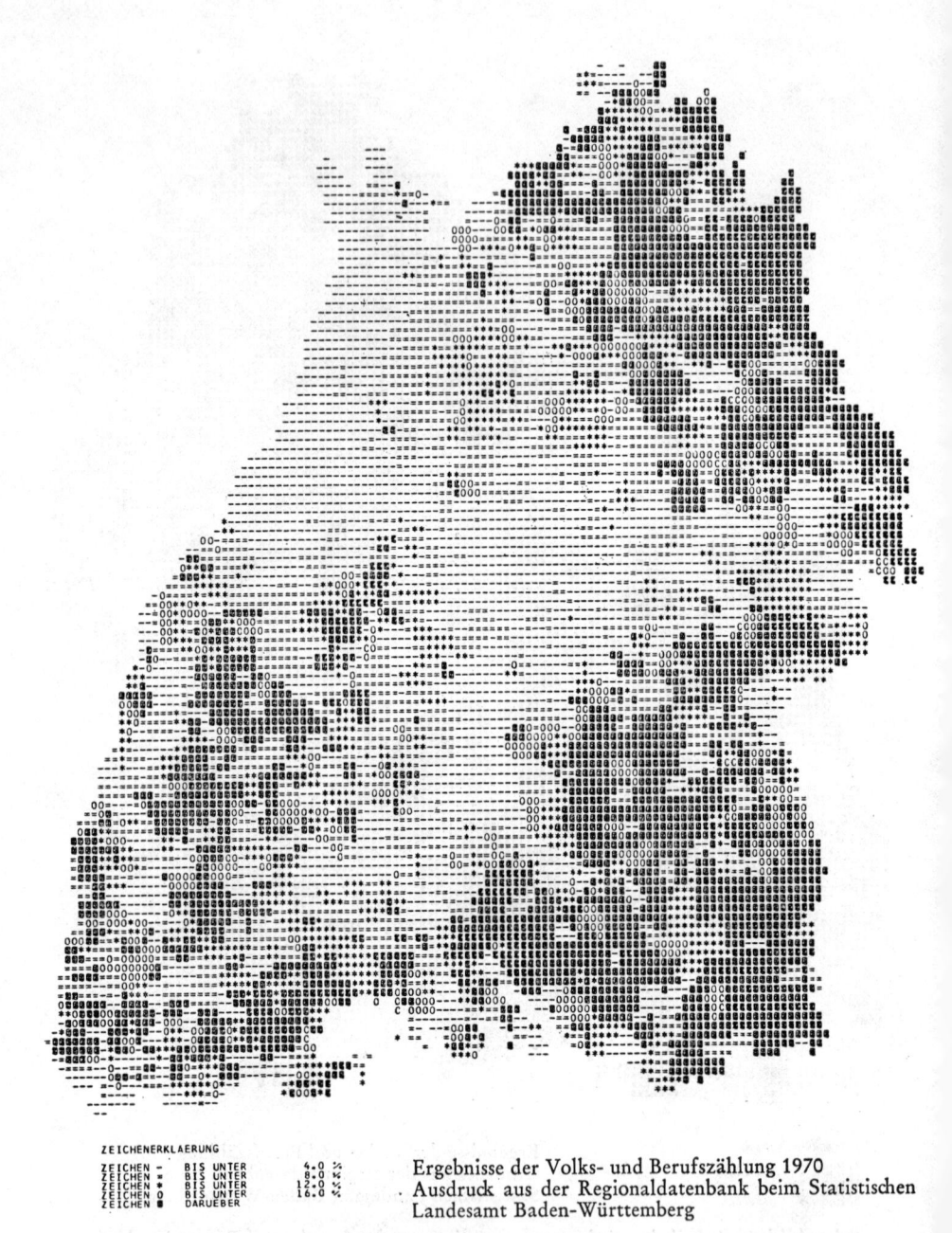

ZEICHENERKLAERUNG

ZEICHEN -	BIS UNTER	4.0 %
ZEICHEN =	BIS UNTER	8.0 %
ZEICHEN *	BIS UNTER	12.0 %
ZEICHEN O	BIS UNTER	16.0 %
ZEICHEN ■	DARUEBER	

Ergebnisse der Volks- und Berufszählung 1970
Ausdruck aus der Regionaldatenbank beim Statistischen Landesamt Baden-Württemberg

Schaubild 5: Anteil der einkommensmäßig von der Land- und Forstwirtschaft abhängigen Personen*) an der Wohnbevölkerung in den Gemeinden Baden-Württembergs im Mai 1970

*) Personen mit überwiegendem Lebensunterhalt aus Erwerbstätigkeit (eigener Erwerbstätigkeit oder Erwerbstätigkeit des Ernährers) in der Land- und Forstwirtschaft.

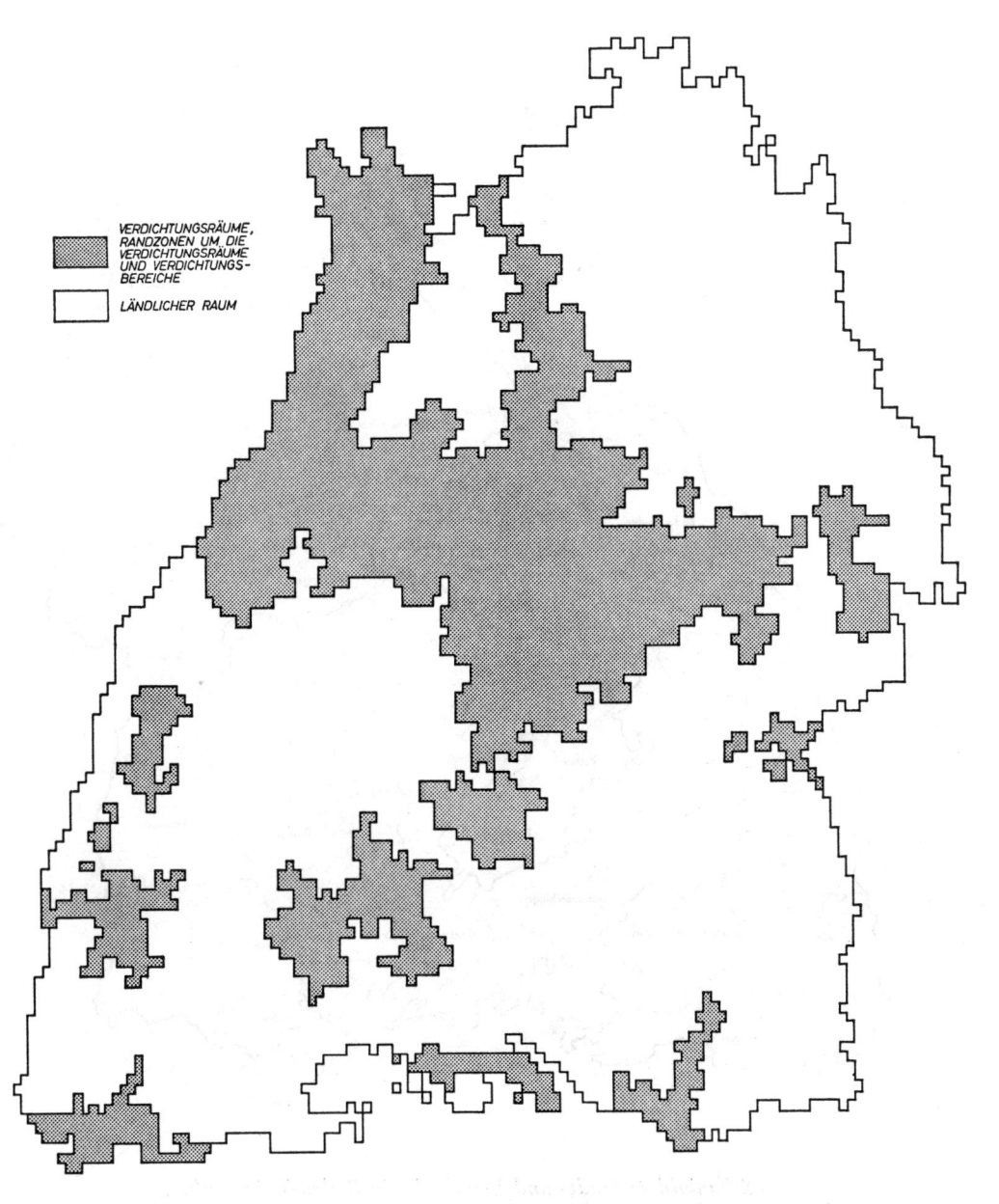

Schaubild 6: Verdichtete Gebiete und ländlicher Raum in Baden-Württemberg*)

*) Vgl. Landesentwicklungsplan Baden-Württemberg vom 22. Juni 1971, herausgegeben vom Innenministerium Baden-Württemberg.

Schaubild 7: Stadt- und Landkreise in Baden-Württemberg nach dem bis Ende 1972 gültigen Gebietsstand

Schaubild 8: Geburtenüberschuß und Bevölkerungsveränderung insgesamt auf 1000 Einwohner in verdichteten Gebieten und im ländlichen Raum in Baden-Württemberg seit 1962

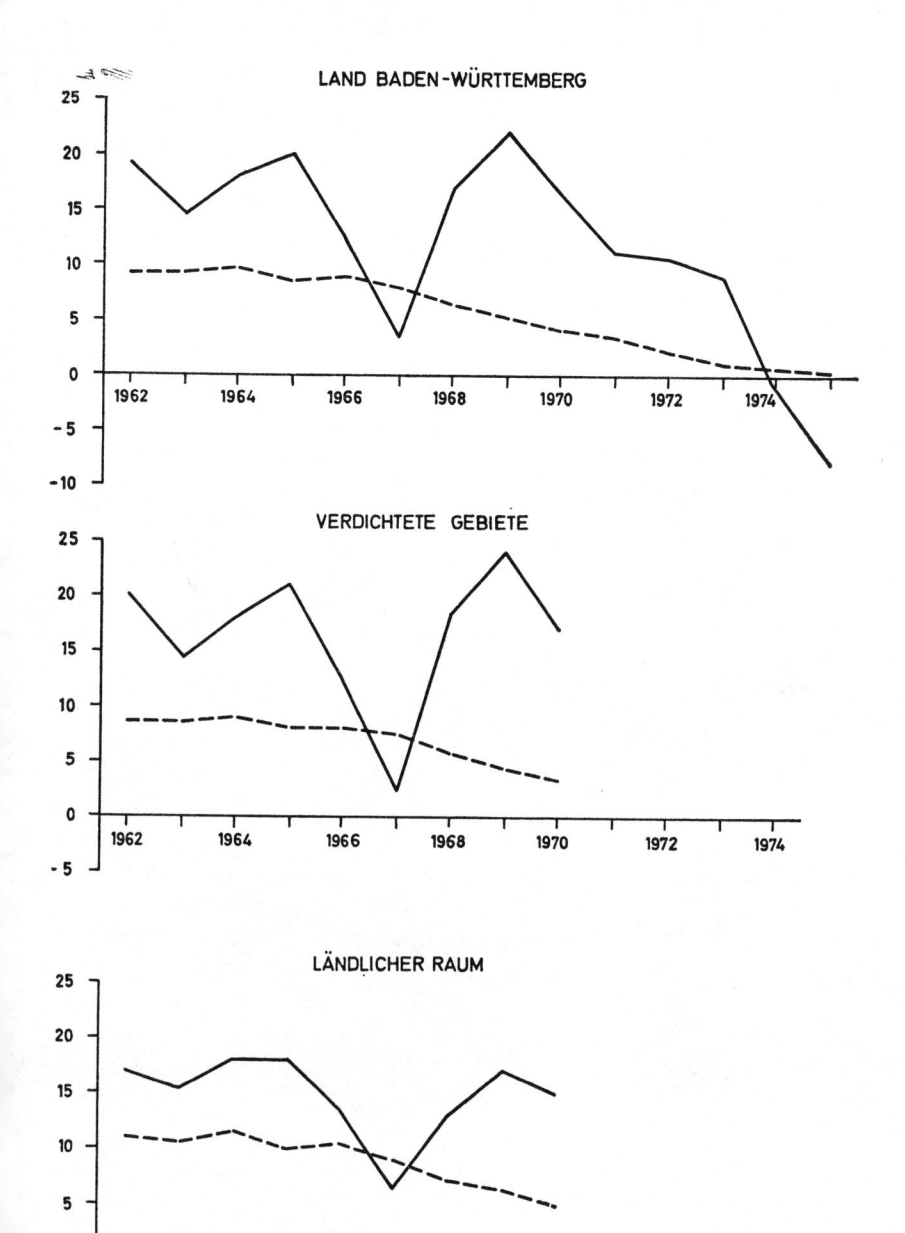

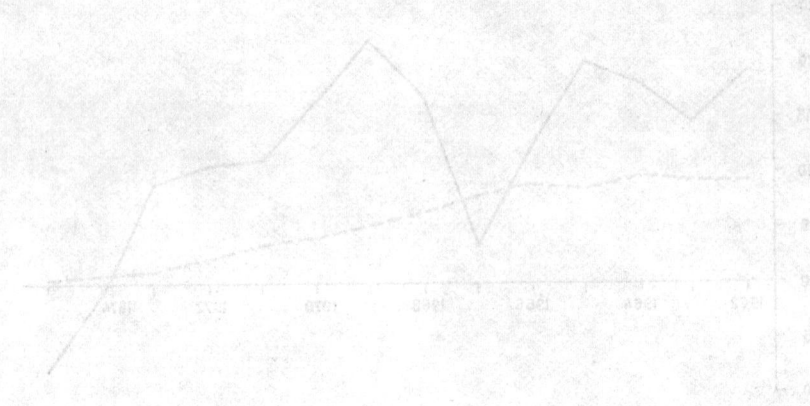

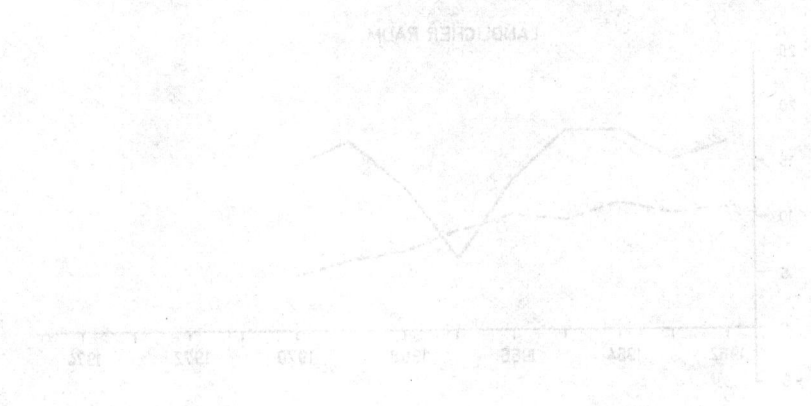

Planerische Richtwerte als Vorgaben für das künftige Entwicklungspotential der Regionen in Baden-Württemberg

von

Wolfgang Schütte, Stuttgart

I. Anlässe und Ziele

In der Bundesrepublik vollzog sich nach dem Zweiten Weltkrieg der Wiederaufbau als Selbsthilfe der Städte und Gemeinden. Gesamtstaatliche Planungskonzeptionen gab es als Rahmensetzung in den ersten Jahren nach dem Zusammenbruch nicht. Wie insgesamt der Neubau des Staates ablief, beschreibt Golo Mann:

„Man fing nicht wie 1919 bei der Spitze an — ‚Das Reich ist eine Republik' — sondern bei der Basis, den Gemeinden, den Kreisen. Erst als alle unteren Verwaltungseinheiten bis hinauf zu den Ländern in leidlicher demokratischer Ordnung waren, schritt man zum krönenden Bau der ‚Bundesrepublik'. Sie trat 1949 ins Leben...".[1]

Nicht unähnlich zum Vorgang einer staatlichen Neukonstruktion vollzog sich die Schaffung einer neuen Planungsgesetzgebung nach dem Kriege. Der Wiederaufbau wurde mit Hilfe sehr unterschiedlicher Aufbaugesetze der einzelnen Bundesländer finanziell unterstützt. 1960 trat an ihre Stelle das Bundesbaugesetz, mit dem erstmalig einheitliches Recht für eine Lenkung der Planung in den damals vorhandenen rund 24 500 Städten und Gemeinden im Bundesgebiet geschaffen wurde. 1965 verabschiedete der Bundestag das Bundesraumordnungsgesetz und als etwa gleichzeitig die Länder erste Landesentwicklungspläne oder Landesentwicklungsprogramme fertigstellten, erschien es möglich, daß die Bauleitpläne der Gemeinden nachträglich „den Zielen der Raumordnung und Landesplanung"[2] angepaßt wurden. Zu diesem Zeitpunkt war aber der Wiederaufbau weitgehend abgeschlossen und die meisten der Gemeinden verfügten über rechtsverbindliche Bauleitpläne, in denen insgesamt ein Vielfaches des künftig noch zu erwartenden Bauflächenbedarfs vorsorglich ausgewiesen war.

Wiederaufbau und Wirtschaftswachstum bewirkten zudem in den zwei ersten Jahrzehnten der Bundesrepublik ein Ausmaß an neuer Überbauung, vor allem im Verdichtungsbereich der Großstädte, welches den Bestand der Vorkriegszeit deutlich übertraf. Es erwies sich in dieser Zeit, daß eine planende, vorausdisponierende Lenkung der Entwicklung ohne die Chance einer übergemeindlich-großräumigeren Steuerung nicht effektiv werden konnte. Die Großstädte verwuchsen siedlungsmäßig mit ihrem Umland und Bauleitpläne, beschränkt auf einzelne Gemarkungen, zugleich kommunalpolitisch gebunden an die deutlich raumordnungsfeindlichen Wirkungen der Gewerbesteuer, konnten keine

---
[1] Golo Mann: Deutsche Geschichte des XX. Jahrhunderts, S. 464/465, Frankfurt a. M., 1958/64.

[2] Bundesbaugesetz vom 23. 6. 1960, § 1, Absatz 3.

Abhilfe schaffen. So kam es zur Gründung übergemeindlicher Planungsverbände (§ 3 und § 4 Bundesbaugesetz) und vor allem regionaler Planungsgemeinschaften, bei denen sich auch die Landkreise engagierten.

Baden-Württemberg war eines jener Bundesländer, in dem sowohl sehr früh schon als auch nahezu flächendeckend Regionalplanung betrieben wurde. Träger der regionalen Planungsgemeinschaften waren die Stadt- und Landkreise, daneben kreisangehörige Gemeinden. Wenn auch die Rechtswirkung dieser Regionalpläne gering blieb, so bewirkte aber die Tätigkeit dieser freiwillig gebildeten Planungsgemeinschaften, daß ein Bewußtsein in der Öffentlichkeit für die Notwendigkeit einer „übergeordneten, überörtlichen und zusammenfassenden Landesplanung"[3]) entstand. Ohne die Pionierarbeit der regionalen Planungsgemeinschaften in Baden-Württemberg wäre 1962 sicher noch kein Landesplanungsgesetz verabschiedet worden und 1972 kein Landesentwicklungsplan.

FRIEDRICH HALSTENBERG forderte 1962 in Freiburg[4]) Regionalpläne zur konkreten Ausformung der Ziele der Landesplanung für die Bauleitplanung. 1964 stellte WERNER WEBER fest[5]): „Die Regionalplanung ist dann am besten aufgehoben, wenn sie in einer Planungsgemeinschaft der kommunalen Gebietskörperschaften in Wechselwirkung mit den staatlichen Planungsbehörden ... ausgearbeitet wird ..." Er forderte die Errichtung von Regionalverbänden als Kommunalkörperschaften.

1973 lösten sich in Baden-Württemberg die privatrechtlich organisierten Planungsgemeinschaften auf und an ihre Stelle traten im Zuge der Verwaltungsreform 12 meist größere Regionalverbände, und zwar als Körperschaften des öffentlichen Rechts. Die Trägerschaft verblieb bei den gebietsmäßig berührten Stadt- und Landkreisen, allerdings gelangte sie nun in die Verantwortung einer politischen Mitgliedsvertretung der Stadträte und Kreistage. Pflichtaufgabe dieser neugebildeten Regionalverbände ist es, kurzfristig und flächendeckend für das ganze Land eine neue Serie von Regionalplänen zu erstellen. Form und Inhalt dieser Regionalpläne sind staatlicherseits weitgehend vorgegeben[6]).

Landes- und Regionalplanung sollen künftig gemeinsam die voraussehbaren Bedürfnisse der Gemeinden in den Grundzügen festlegen und damit die Anpassung der Bauleitplanung an die Ziele der Raumordnung und Landesplanung gewährleisten. In diesem Zusammenhang war das Innenministerium in Baden-Württemberg bemüht, als eine wesentliche Vorgabe bei der Aufstellung der neuen Regionalpläne, „Richtwerte für die künftige Entwicklung von Bevölkerung und Arbeitsplätzen in den Regionen Baden-Württembergs"[7]) vom Landtag rechtsverbindlich festlegen zu lassen. In der nun im Frühjahr 1976 abgelaufenen sechsten Legislaturperiode ist dies nicht mehr gelungen, ein derartiges Vorhaben wird aber zu den Aufgaben des neuen Landtages gehören. Die neue Serie der Regionalpläne befindet sich in der Aufstellung und dürfte 1976/77 vorlagereif für den Antrag auf die staatliche Verbindlichkeitserklärung werden. Dabei werden Richtwerte vor allem für Entwicklung und Bevölkerung bis 1990 mit in Anwendung gebracht, welche weitgehend an der vorerwähnten Landtagsdrucksache orientiert sind.

Es wird sicher gelingen, das Entwicklungsvolumen in den alsbald zu erwartenden 12 neuen Regionalplänen insgesamt an der bis 1990 vorhersehbaren Landesentwicklung

---

[3]) Landesplanungsgesetz Baden-Württemberg i. d. F. v. 1972, § 1 Abs. 2.
[4]) FRIEDRICH HALSTENBERG: Regionalplanung im Verhältnis zu Bund, Ländern und Gemeinden, Planungsgemeinschaft Breisgau, Vierteljahresbericht 1962/IV.
[5]) WERNER WEBER: Entspricht die gegenwärtige kommunale Struktur den Anforderungen der Raumordnung? Verhandlungen des 45. Deutschen Juristentages, Karlsruhe 1964, S. 52.
[6]) Landesplanungsgesetz i. d. F. v. 1972, a. a. O., § 28 und § 29.
[7]) Landtag v. Baden-Württemberg, Drucksache 6/7388 v. 14. 3. 1975.

auszurichten. Ob es allerdings gelingen kann, allein mit Hilfe der Regionalpläne auch Umsteuerungen im Sinne der nachstehend genannten raumordnerischen Grundsätze in Baden-Württemberg zu bewirken, bedarf wohl noch einer nüchternen Prüfung: „Die Richtwerte sollen dazu beitragen, daß in den verdichteten Räumen nicht durch überhöhte Planungen ein zusätzliches Wachstum zu Lasten der ländlichen Räume gefördert wird..."

... „Die vorgesehenen Richtwerte wollen einen wesentlichen Beitrag zu einer ausgewogenen Bevölkerungsentwicklung im Sinne des Landesentwicklungsplanes bilden"[8].

II. Unterschiedliche Richtwerte für die Regionen Franken und Mittlerer Neckar

Die Anwendung der zuletzt zitierten raumordnerischen Grundsätze läßt sich in Gegenüberstellung der Richtwerte für zwei strukturell sehr unterschiedliche Regionen besonders gut verdeutlichen. 1973 wurden zu „Region Franken" folgende neuabgegrenzte Kreise zusammengeschlossen:

— Stadt- und Landkreis Heilbronn, Hohenlohe-Kreis, Landkreis Schwäbisch Hall und Main-Tauber-Kreis. Flächenmäßig ist diese Region mit 4765 qkm in Baden-Württemberg die größte, der Bevölkerungsdichte nach lag sie aber mit nur 150 Einwohnern auf den Quadratkilometer weit unterhalb des Bundes- und Landesdurchschnitts.

Südlich schließt direkt die „Region Mittlerer Neckar" an, zu der nunmehr folgende Kreise gehören:

— Stadtkreis Stuttgart, Landkreise Böblingen, Esslingen, Göppingen, Ludwigsburg und Rems-Murr-Kreis. Die Region umschließt nur eine Gesamtfläche von 3655 qkm, der Bevölkerungsdichte nach liegt sie mit 648 Einwohnern auf den Quadratkilometer weitaus an der Spitze.

Somit rechnet die Region Franken gebietsmäßig überwiegend zu den ländlichen Räumen des Landes, dagegen umschließt die Region Mittlerer Neckar als Kernzone den bedeutendsten Verdichtungsraum in Baden-Württemberg. Im Landesentwicklungsplan wird sie daher als „bereits hochverdichtet"[9] gekennzeichnet.

Was nun den gemäß den Richtwerten für die Bevölkerung in den Regionalplänen vorzusehenden „Einwohnerzuwachs 1974/90" anbetrifft, so wurde zwar für beide Regionen — absolut betrachtet — nahezu die gleiche Größenordnung in Ansatz gebracht. Bei sehr unterschiedlichen Ausgangswerten entspricht dies prozentual für die Zukunft aber höchst abweichenden Entwicklungszielen[10]:

Region	Ausgangswert (Einwohner 1.1.1974) in 1000	Einwohnerzuwachs 1974/90 absolut	prozentual in %	Differenzen zwischen Richtwerten und Status-quo-Prognosen (Einwohner absolut)
Franken	716	49 000	6,8	+ 10 000
Mittlerer Neckar	2 373	50 000	2,1	— 62 000

[8]) Landtag von Baden-Württemberg, Drucksache 7/7348, a. a. O., S. 3.
[9]) Landesentwicklungsplan Baden-Württemberg vom 22. 6. 1972, Fassung Januar 1973, S. 19.
[10]) Landtag von Baden-Württemberg, Drucksache 6/7348, a. a. O., S. 18.

Für die überwiegend ländlich strukturierte Region Franken ist so eine Entwicklung oberhalb der voraussichtlichen Erwartung im Sinne der Landesprognose, für die Region Mittlerer Neckar dagegen ein deutlich darunterliegendes Entwicklungspotential in Ansatz zu bringen, weil hier die Verdichtung schon weit fortgeschritten ist. Gemeinsames Ziel der Landes- und Regionalplanung müßte es daher sein, eine Umsteuerung in die Wege zu leiten, die zugleich Anreize bietet für eine künftige Entwicklung, welche vom bisherigen Trend merklich abweicht. Die bis 1975 in Baden-Württemberg zu beobachtende Einwohner-Entwicklung läßt im Gegensatz dazu Verluste in beiden Regionen erkennen, keineswegs aber eine Verbesserung der Verhältnisse in der Region Franken:

Region	Einwohner-Entwicklung bis Ende 1974		Einwohner-Entwicklung bis Mitte 1975 (30. 6. 75)	
	absolut	prozentual	absolut	prozentual
Franken	− 3 506	− 0,49 %	− 2 692	− 0,38 %
Mittlerer Neckar	− 6 827	− 0,29 %	− 10 563	− 0,45 %

Die ansteigenden Verluste der Region Mittlerer Neckar erklären sich vor allem dadurch, daß allein im ersten Halbjahr 1975 dort 2,52 % aller hier wohnhaften Ausländer (8 219 Einwohner) abwanderten. Auch in der Region Franken stellte die Zahl der abgewanderten Ausländer im Verhältnis zu den deutschen Abwanderern das größere Kontingent. Aber nicht etwa nur in diesen zwei Regionen, sondern vielmehr in ganz Baden-Württemberg sind gleichzeitig Rückgänge zu beobachten.

III. Prognosen zur Landesentwicklung

Die landesplanerischen Richtwerte für Bevölkerung und Erwerbspersonen sind ausgehend von der Status-quo-Prognose des Statistischen Landesamtes Baden-Württemberg festgelegt worden, wobei die raumordnerischen Grundsätze Anlaß gaben, daß für die einzelnen Regionen der Trend der Entwicklung modifiziert wurde. Ausgangsdatum sowohl für die Prognosen des Landes als auch die Richtwerte der Landesplanung war dabei die Fortschreibung bis 1. 1. 1974 (31. 12. 1973).

1974 erteilte die Landesregierung einer Arbeitsgemeinschaft dreier wissenschaftlicher Institute den Auftrag zu einer „Systemanalyse zur Landesentwicklung Baden-Württemberg"[11] mit Zieljahr 1990. Dieses Gutachten liegt seit September 1975 vor. Da es zugleich Vorausberechnungen für die 12 Regionen enthält, kann es in die hier anzustellenden Überlegungen miteinbezogen werden.

Ausgehend von der amtlichen Fortschreibung bis Ende 1973 prognostizierte 1974 das Statistische Landesamt bis 1990 für Baden-Württemberg noch eine weitere Bevölkerungszunahme um insgesamt 4,7 %. Vom gleichen Basisdatum her gelangte 1974/75 die Systemanalyse zu einer deutlich abweichenden Zukunftsvorausschau. Ihre Annahme geht dahin, daß die Landesbevölkerung bis 1990 wahrscheinlich um 2,7 % unter den Bestand von Ende 1973 zurückfallen wird. Diese letzte Prognose dürfte mehr übereinstimmen mit dem Trends, wie er in den letzten zwei Jahren beobachtet werden konnte. Es taucht bei einem

---

[11] Systemanalyse zur Landesentwicklung Baden-Württemberg, Dornier-System Friedrichshafen, Prognos Basel, Arbeitsgruppe Landespflege, Forstwirtschaftliche Fakultät der Universität Freiburg, September 1975.

Weiterlaufen dieses jüngsten Entwicklungstrends dann allerdings die Frage auf, ob in den Regionen bis 1990 auch stets mit Abnahmen oder mit unterschiedlichen Entwicklungen künftig zu rechnen sein wird.

Die Gutachter gelangen zu äußerst differenzierten Ergebnissen, so prognostizierten sie weitere Zunahmen in vier Regionen und mehr oder weniger gewichtige Abnahmen in den restlichen acht. Dabei gehen sie von einer Wanderung von Arbeitskräften zu den attraktiven Arbeitsplätzen innerhalb des Landes aus. Als weitere Folge würde, nach Meinung der Gutachter, in einzelnen Regionen auch die Bevölkerung durch Zuwanderung noch anwachsen, während andere Regionen zwangsweise Verluste erleiden würden. Sie gelangen allerdings auch zu dem Ergebnis, daß die planerischen Richtwerte für Erwerbspersonen bzw. Arbeitsplätze (Tabelle 1)*) um fast 200 000 bis 1990 oberhalb einer als wahrscheinlich anzusprechenden Prognose liegen[12]).

Trotz dieser niedrigeren Prognose auf Landesebene für Bevölkerung und Arbeitsplätze rechnet die Systemanalyse damit, daß vor allem in der Region Mittlerer Neckar bis zum Zieljahr ein Zugang um etwa 173 000 Arbeitsplätze zu erwarten sein wird. Für die Region Franken lautet ihre Prognose dagegen: „Die geringe Gesamtzunahme geht wesentlich auf den Schrumpfungsprozeß der hier noch stark vertretenen Landwirtschaft zurück. Das verarbeitende Gewerbe wird insgesamt nur wenige Arbeitsplätze einbüßen, trotz schwieriger Umstrukturierungsprozesse"[13]).

Für beide hier erneut gegenübergestellte Regionen ist die Vorausschau so höchst unterschiedlich. Sie entspricht zugleich nicht der mit der Vorgabe von Richtwerten bis 1990 vorgesehenen Fortentwicklung, orientiert an den raumordnerischen Grundsätzen.

Inwieweit die Systemanalyse im Fall dieser zwei Regionen zu Fehlkalkulationen gelangte, ist derzeit wohl noch nicht abschließend beurteilbar. Immerhin muß darauf hingewiesen werden, daß der Ausgangswert für die Bevölkerungsvorausberechnung in der Region Franken um fast 2000 Einwohner unter dem erst später berichtigten Stand entsprechend den Ergebnissen der Gebietsreform liegt (Abweichungen siehe Tabelle 2 und 3). Es fragt sich aber, ob diese rechnerische Ungenauigkeit das Ergebnis der Vorausberechnung wesentlich beeinflußt haben würde. Die Systemanalyse gelangt bis 1990 zu den folgenden Prognosen für die zwei hier verglichenen Regionen:

Region	Einwohnerzugang bis 1990 absolut	Arbeitsplätze Zugang bis 1990 absolut
Franken	− 43 000	+ 13 000
Mittlerer Neckar	+ 40 000	+ 173 000

Über die erwartete Entwicklung bis zum Zieljahr wird für die Region Franken ausgeführt:

„Die prognostizierte Zunahme der Arbeitsplätze von 13 000 (+ 4 %) liegt bei relativ hohen Freisetzungen in der Landwirtschaft (z. Z. noch hoher Besatz) weit unter Landesdurchschnitt (+ 11 %). Dieser Arbeitsplatzentwicklung steht ein altersstrukturbedingt wachsendes Erwerbspotential gegenüber (+ 8 %). Die hieraus resultierende Abwanderungstendenz (− 32 000 Personen) kann zusammen mit der rückläufigen natürlichen Bevölkerungsentwicklung (− 28 %) zu einem über den Landesdurchschnitt hinausgehenden

---

[12]) Systemanalyse, a. a. O., S. 251.
*) Tabelle 1—4 als Anhang am Schluß dieses Beitrages.
[13]) Systemanalyse, a. a. O., S. 254/255.

Bevölkerungsrückgang von 43 000 führen (— 6 %) ..."[14]). Dagegen ist für die Region Mittlerer Neckar festgestellt, daß sie ihre „führende Stellung als Wirtschaftsraum des Landes"[15]) wird verstärken können.

Vor allem besitzt „Stuttgart weitaus die höchste Arbeitsplatzattraktivität im Lande"[16]). Gegen eine derartige Konzentration in der Region Mittlerer Neckar, welche jetzt schon den größten Verdichtungsraum des Landes einschließt, sprechen zugleich nach Ansicht der Gutachter umwelttechnologische Überlegungen. Vor allem sollte hier die Leistungsfähigkeit des Naturhaushaltes nicht durch weitere Belastungen noch mehr gefährdet werden. In der Systemanalyse wird daher vorgeschlagen, daß der Flächenverbrauch für Siedlungszwecke künftig weitgehend auf den Eigenbedarf der schon ansässigen Bevölkerung beschränkt bleibt und ein weiterer Zuzug von außerhalb erschwert werden solle. Davon, daß dies allerdings ohne Eingriffe durchführbar ist, scheinen die Gutachter nicht besonders überzeugt zu sein. Sie prognostizieren somit für Baden-Württemberg bis 1990, daß die jetzt noch erkennbare Ausgewogenheit der Siedlungs- und Wirtschaftsstruktur sich im Sinne des Auftretens größerer Disparitäten deutlich verschlechtern wird.

An derartigen Vermutungen hat die Landesregierung in einer Erklärung, die den Ergebnissen der Systemanalyse bei ihrer Veröffentlichung vorangestellt ist, deutlich Kritik geübt. Sie ist der Ansicht, daß sie in der Lage sein wird, durch ausreichende Gegensteuerung nicht erwünschte Entwicklungen abzufangen und entsprechend umzulenken oder zu verhindern, daß eine Abwanderung von Arbeitskräften zu besonders attraktiven Arbeitsmärkten im vermuteten Ausmaß eintreten wird. „Die Landesregierung bezweifelt insbesondere die Annahme, daß regional unausgewogene Arbeitsmärkte zu beträchtlichen Abwanderungen der Arbeitskräfte zu den Arbeitsmärkten führen ..."

„Die Landesregierung versagt sich ... allen Vorschlägen, die auf ein Leerlaufen und eine passive Sanierung strukturschwacher Gebiete hinausgehen ..."[17]).

IV. Erste Erfahrungen bei der Anwendung planerischer Richtwerte

In dem Ende 1975 veröffentlichten Landesentwicklungsbericht ist zu den Richtwerten unter Berücksichtigung der jüngsten Entwicklung Stellung genommen. „Die den Richtwerten zugrunde liegende Bevölkerungsprognose ist aus heutiger Sicht als obere Variante, also als Obergrenze der wahrscheinlichen Entwicklung zu betrachten. Soweit bisher bekannt, rechnen — mit Ausnahme Bayerns — alle Bundesländer mit einem geringeren Bevölkerungswachstum als Baden-Württemberg. Der Bund unterstellt sogar in seinen neuesten Eckwerten für 1985 — insgesamt und auch für Baden-Württemberg — einen Rückgang der Einwohnerzahl unter den Stand von 1974. Diesen Vorstellungen des Bundes ist die Landesregierung allerdings nachdrücklich und mit gewichtigen Argumenten entgegengetreten. Unter den gegenwärtigen Umständen ist die Bevölkerungsprognose des Landes keinesfalls als zu niedrig oder als zu pessimistisch anzusehen"[18]).

---

[14]) Systemanalyse zur Landesentwicklung Baden-Württemberg, a. a. O., Kurzfassung, S. 18.
[15]) Systemanalyse zur Landesentwicklung Baden-Württemberg, a. a. O., Kurzfassung, S. 11.
[16]) Systemanalyse zur Landesentwicklung Baden-Württemberg, a. a. O., Kurzfassung, S. 12.
[17]) Systemanalyse zur Landesentwicklung Baden-Württemberg, a. a. O., Erklärung der Landesregierung ... ohne Seitenzahl, Kurzfassung, Sept. 1975 (Stuttgart, 21. 10. 1975).
[18]) Landesentwicklungsbericht 1975, Innenministerium Baden-Württemberg, 1. Band, S. 124/125, Stuttgart.

Erneut wird im Landesentwicklungsbericht die Bedeutung derartiger Richtwerte als eine wichtige Vorgabe der Landes- und Regionalplanung für eine Steuerung der Bauleitplanung betont.

Alle Regionalverbände in Baden-Württemberg verwenden die Richtwerte für Bevölkerungs- und Erwerbspersonen bei der Aufstellung des Regionalplans. Als Beispiele für das jeweils in Anwendung gebrachte Verfahren sei hier wieder auf Arbeitsergebnisse in den Regionen Franken und Mittlerer Neckar verwiesen. So hat der Regionalverband Franken schon 1975 einen Vorentwurf zum regionalen Raumordnungsbericht vorgelegt, in dem u. a. die Bevölkerungsrichtwerte bis 1990 in jährliche Zuwachsraten für die einzelnen Kreise aufgegliedert sind. Durch Beschluß der Verbandsversammlung vom 30. April 1975 sind die in diesem Bericht veröffentlichten durchschnittlichen jährlichen Zuwachsraten bis 1990 für alle Stadt- und Landkreise in der Region festgelegt worden:[19])

Gebiet	Zunahmerate 1974/61 jährlich	Zunahmerate 1990/74 insges. jährl.	Planerischer Zuschlag jährlich	Gesamtzunahmerate 1990/74 jährlich
Stadtkreis Heilbronn	1,42 %	0,37 %	—0,17 %	0,20 %
Landkreis Heilbronn	2,02 %	0,52 %	0,06 %	0,58 %
Landkreis Hohenlohekreis	1,02 %	0,26 %	0,14 %	0,40 %
Landkreis Main-Tauber-Kreis	0,54 %	0,14 %	0,26 %	0,40 %
Landkreis Schwäbisch Hall	0,94 %	0,24 %	0,16 %	0,40 %
Region Franken	1,28 %	0,34 %	0,09 %	0,43 %

Betrachtet man das Ergebnis dieses Beschlusses über die Verteilung von Richtwert-Anteilen auf die Kreise der Region in Gegenüberstellung zur Beobachtung der bisherigen Entwicklung, so sind deutliche Abweichungen erkennbar. Dort, wo bisher stärkere Zunahmen auf Kreisebene beobachtet wurden, ist der planerische Zuschlag reduziert worden. Dagegen, wo eine bisher schwächere Entwicklung erkennbar war, wurde für die Zukunft eine Verstärkung des Entwicklungsimpulses durch höheren planerischen Richtwertanteil vorgesehen. So wird politisch eine Gegensteuerung zur bisherigen Entwicklung unter Abschwächung des Richtwertanteils für den verdichteten Bereich um Heilbronn und ein entsprechend höherer Ansatz für die ländlichen Räume der Region erkennbar. In einer weiteren Tabelle[20]) ist sodann für die Region Franken eine ergänzende Aufgliederung der Richtwertanteile für die Kreise bis hin zu einzelnen Nahbereichen vorgenommen. Hierbei wurden „planerische Verteilungskriterien" berücksichtigt, d. h., es wurde gewertet, ob ein Nahbereich zu einer Entwicklungsachse gehört, als Zentraler Ort ausgewiesen ist oder als „überregionales Problemgebiet" bezeichnet werden konnte.

Die Annahmen für die künftige Bevölkerung waren weiter umzusetzen in Wohneinheiten und Flächenbedarf. Dabei zeigte sich, daß unabhängig von allen evtl. Zunahmen

---

[19]) Vorentwurf zum Regionalen Raumordnungsbericht des Regionalverbandes Franken, August 1975, Heilbronn, Tabelle 1.
[20]) Vorentwurf zum Regionalen Raumordnungsbericht des Regionalverbandes Franken, a. a. O., Tabelle 2.

auf Regions-, Kreis- oder Nahbereichsebene mit einem steigenden „inneren Bedarf" zu rechnen ist. Dieser innere Bedarf setzt sich zusammen aus der Verringerung der Belegungsdichte (Verbesserung der Wohnungsverhältnisse, Verselbständigung von Haushaltsangehörigen) und dem Ersatzbedarf (Umnutzung, Abbruch, Auflockerung und Sanierung). Für jede Gemeinde muß der entstehende Ersatzbedarf einzeln nachgewiesen werden, dagegen konnte bei der Verringerung der Belegungsdichte ein Orientierungswert (nicht unter 2,5 Personen pro Wohnungseinheit) für die Region in Ansatz gebracht werden. Insgesamt wird für Stellungnahmen zur Bauleitplanung beim Regionalverband Franken davon ausgegangen, daß 30 bis 40 Einwohner im Durchschnitt pro Hektar als Bruttowohnbaudichte anzusetzen sind. Dieses Vorgehen macht deutlich, wie der Regionalverband Franken bemüht ist, rahmensetzende Kennziffern zu erarbeiten für eine weitgehend einheitliche Lenkung der Bauleitplanung in den Städten und Gemeinden. Erwägenswert wird allerdings bleiben, ob die gemachten Grundannahmen, was die Entwicklung und Verteilung der Bevölkerung bis 1990 anbetrifft, nicht doch einer Überprüfung bedürfen. Es könnte sich ergeben, daß strukturpolitische Entscheidungen für die zukünftige Entwicklung in dieser Region weit stärker auf eine reine Bestandserhaltung und schwerpunktmäßige Konzentration aller Maßnahmen auszurichten wären als etwa auf weiteres Wachstum.

Im Vorentwurf zum regionalen Raumordnungsbericht ist nicht dargelegt, nach welcher Methode der innere Bedarf berechnet wurde. Soweit von den Sachbearbeitern zu erfahren war, hat das Vorgehen, wie dies vor einigen Jahren von DIETER DUWENDAG[21] in Anwendung gebracht wurde, eine gewisse methodische Hilfe dargestellt.

Beim Regionalverband Mittlerer Neckar ergab sich eine etwas abweichende Ausgangslage:

Was die zu erwartende Entwicklung der Bevölkerung bis 1990 anbetrifft, so liegen in diesem Fall der vorgegebene planerische Richtwert als auch das Prognose-Ergebnis der Systemanalyse nicht weit auseinander. Im Vergleich mit der Gesamteinwohnerzahl der Region MN erscheint es relativ unbedeutend, ob langfristig von einem Zugang von 40 000 oder von 50 000 Einwohnern ausgegangen werden soll. Bezogen auf 2,3 bis 2,4 Mio. Einwohner insgesamt in dieser Region bedeutet dies mehr oder weniger Stagnation der Entwicklung, bzw. 0,1 % jährliche Zunahme im Verlauf von 15 weiteren Jahren.

Würde man die vorerwähnte Gesamtsumme eines mutmaßlichen Zugangs bis 1990 innerregional auf Mittel-, Nah- oder Siedlungsbereiche aufgliedern, so ergäbe dies bei gleichmäßiger Verteilung eine jeweilige Zuwachsrate, die weit unterhalb des schon in rechtskräftigen Bebauungsplänen verankerten Flächenvorrats verbleibt. Die Regionalplanung hätte dann nichts mehr zu verteilen. Erst wenn sie bemüht ist, den geringen langfristig noch möglichen Zuwachs von außerhalb schwerpunktmäßig auf *ganz* wenige Siedlungsbereiche hinzulenken und hier unterstützt durch einen entsprechenden Infrastrukturausbau (z. B. S-Bahn) künftig Wohnstandorte neu entstehen zu lassen, welche vom Angebot der Umweltbedingungen her, wie insbesondere auch den Ansiedlungskosten am Rand des Verdichtungsraumes besonders attraktiv wirken, ergeben sich eigene planerische Ansätze. Derartige Maßnahmen erscheinen vor allem im Westen der Region MN denkbar, wobei — wollte man hier einen der „Entlastungsräume"[22] im Sinne der Systemanalyse

---

[21] DIETER DUWENDAG: Methoden und Determinanten einer Wohnungsbedarfs-, Kosten- und Mietprognose für die Bundesrepublik Deutschland bis 1975, 1970, Münster i. W. (ergänzende Neuerscheinung: D. DUWENDAG, H. BÜCHER, F. EPPING, H. MROSEK: Wohnungsbedarfsprognose für die Bundesrepublik Deutschland bis 1985, 1972, Münster i. W.).

[22] Systemanalyse zur Landesentwicklung in Baden-Württemberg, a. a. O., S. 156.

schaffen — mit der benachbarten Region Nordschwarzwald eng zusammengewirkt werden müßte.

Weder die Systemanalyse, indem sie verschiedene Handlungsebenen für längerfristige Strategien vorschlägt, noch die bisher erkennbaren Ergebnisse der Regionalplanung lassen vermuten, daß es derzeit möglich erscheint, Entwicklungspotentiale vom Verdichtungsraum mit Hilfe des verwendeten planerischen Instrumentariums abzuziehen und in die ländlichen Räume umzulenken. Ohne sehr schwerwiegende Eingriffe in die Marktwirtschaft erscheint dies kaum denkbar. Peter Treuner hat daher kürzlich vorgeschlagen, sich bei der Landes- und Regionalplanung in Baden-Württemberg mehr am erkennbaren Bedarf auszurichten als eine „Entwicklungsorientierung"[23]) einzuschlagen. Mit Blick auf das Bundesraumordnungsprogramm hat ALEXANDER VON PAPP schon 1975 festgestellt. „Der Spielraum für die Verbesserung räumlicher Strukturen verringert sich zusehens..."[24])

Für den Regionalplan MN hat somit der vorgegebene Bevölkerungsrichtwert weitgehend nur Bedeutung als ein Steuerungsfaktor neben vielem anderen, es wäre sehr hoch gegriffen, wollte man in ihm z. Z. *das* entscheidende Element zur „Quantifizierung der Ziele der Raumordnung" sehen. Man wird in dieser Region sowieso davon ausgehen müssen, daß der Vorrat an vorsorglich in genehmigten Bauleitplänen verankerten Bauvorratsflächen etwa für weitere 5—10 Jahre ausreicht, um restriktiven Absichten entgegen zu wirken. Regionale Steuerungen könnten daher auch über einen verbindlich erklärten Regionalplan erst nach Jahren wirksam werden.

Weit gewichtiger als Fragen der Zuwanderung von außen zeichnen sich in der Region MN die Veränderungen bezüglich des „Eigenbedarfs" bei Stuttgart und den wichtigsten Mittelzentren ab. Allein 1974 wanderten aus dem Stadtkreis Stuttgart mehr als 12 000 Personen[25]) fort, von denen ein großer Teil seinen neuen Wohnsitz im Umland wählte.

Eine rückläufige Entwicklung der Einwohnerzahlen ist ebenso, wenn auch nicht in gleichem Umfang, bei einer Anzahl nächstbedeutender Städte dieser Region zu beobachten. Insgesamt übertreffen diese Wanderungsbewegungen innerregional deutlich den vorgegebenen Richtwert für den Bevölkerungszugang von außerhalb. Sie lassen sich zahlenmäßig erfassen, entziehen sich nach bisheriger Erfahrung aber nahezu ganz dem Zugriff durch eine Regionalsteuerung, insbesondere soweit diese mit Hilfe des Regionalplans erfolgen soll. Das Gleiche trifft weitgehend auf den Flächen- und Wohnbedarfszuwachs zu, wie dieser als innerer Bedarf erkennbar wird. Es müßte wohl noch genauer untersucht werden, ob dafür zutrifft, daß „ohne eine Verletzung im Grundgesetz garantierter Grundrechte des Bürgers ... hier keine einigermaßen schlüssige Einflußnahme möglich" scheint[26]).

Nach vorläufigen Schätzungen des Regionalverbands MN, die im Entwurf zum Raumordnungsbericht dargelegt wurden, ist der künftige Bedarf an Siedlungsfläche bis 1990 mit 8000 bis 13 000 ha zusätzlich kalkuliert. Bis zum gleichen Zieljahr ist ebenfalls ein möglicher Wohnungszuwachs zwischen 160 000 und 220 000 Einheiten errechnet[27]). Hier-

---

[23]) P. TREUNER: Raumordnungspolitik unter veränderten Bedingungen, Bad Boll, 12. 5. 1976, Vortrag.
[24]) A. v. PAPP: Gleichwertige Lebensbedingungen — Raumordnung in Utopia? Der Landkreis 1975, Heft z. S. 226.
[25]) Nach Ermittlungen des Städt. Statistischen Amtes: 12 158 Personen; Statistische Blätter der Stadt Stuttgart, Jahresübersicht 1974, Heft 32, Stuttgart, S. 3.
[26]) J. H. MÜLLER, W. D. SIEBERT: Das Problem der Richtwerte in Programmen und Plänen der Raumordnung und Landesplanung, Akademie für Raumforschung und Landesplanung, Arbeitsmaterial 1976—1, Hannover, S. 21.
[27]) Raumordnungsbericht, Entwurf 1975, Regionalverband Mittlerer Neckar, Kurzfassung, S. XIV—XVI.

bei handelt es sich zu einem großen Teil um einen Zugang, der als Eigenbedarf oder als innerer Bedarf, also nicht durch Zuwanderung anfällt. Daß diese Vorausschätzungen möglicherweise Maximalannahmen darstellen aber auch sicher nicht ganz an der Wirklichkeit vorbeigehen, belegen Parallel-Berechnungen, die inzwischen das Innenministerium Baden-Württemberg angestellt hat. Bis 1990 hat dieses Ministerium für die Region MN einen zusätzlichen Wohnungsbedarf von 155 000 Einheiten erhoben, bei dem angeblich 39 000 Einheiten als schon im Bau befindliche Wohnungen in Abzug gebracht werden können (Tabelle 4)[28].

Die ersten Erfahrungen mit der Anwendung planerischer Richtwerte im Zuge der Aufstellung neuer Regionalpläne erweisen sich somit — wie es scheint — als noch nicht besonders ermutigend. Daß aber eine landesplanerisch ordnende Steuerung mit Hilfe der Regionalplanung zunehmend notwendiger wird, ist zugleich nicht von der Hand zu weisen: In der Region Mittlerer Neckar wird bei einem Weiterverlauf der bisher beobachteten Entwicklung der Anteil an Siedlungsfläche bis 1990 von derzeit 15 % auf insgesamt etwa 18 % noch ansteigen und damit dann weit oberhalb aller Landes- und Bundesdurchschnitte liegen. Auch der Fortzug von Wohnbevölkerung aus dem Stadtkreis Stuttgart bewirkt keine Auflockerung der Siedlungsstruktur, vielmehr könnte hier der Anteil an Siedlungsfläche gleichzeitig bis auf 50 % der Gemarkungsfläche ansteigen. Wohngebiete wandeln sich zunehmend in Gewerbe- und Büronutzungen um, dabei steigt der Bedarf an Verkehrsfläche überproportional an.

Wie unzureichend das landes- und regionalplanerische Instrumentarium allerdings noch für die künftige übergemeindliche Steuerung ist, wird erst recht erkennbar, wenn man die wenigen Erfahrungen mitberücksichtigt, welche bisher bei der Anwendung der Erwerbspersonen-Richtwerte gesammelt werden konnten. Eine Aufgliederung dieser für die 12 Regionen vorgegebenen Richtwerte bietet sich höchstens bis zum Mittelbereich an, keineswegs aber für Nahbereiche. Ihr Bezug zum künftigen Flächenbedarf erscheint zudem äußerst problematisch.

Weiter hat das Innenministerium vorgesehen, daß die Bevölkerungs-Richtwerte auch bei der Aufstellung staatlicher Fachplanungen und fachlicher Entwicklungspläne[29] Anwendung finden sollten. An derartigen Plänen liegen u. a. für Baden-Württemberg bisher vor:

— Krankenhausbedarfsplan, Stufe I (1974),
— Abwassertechnische Zielplanung (1975)

und in Kürze wohl der Generalplan Wasserversorgung. Die vorliegenden staatlichen Fachplanungen sind — soweit erkennbar — nicht an den Bevölkerungs-Richtwerten ausgerichtet worden. Ob dies überhaupt bei einer Vorausschau bis 1990, die für technische Infrastrukturmaßnahmen nur als mittelfristige Prognose anzusehen ist, möglich und wirtschaftlich sinnvoll wäre, bedarf ebenfalls weiterer Abklärung.

Allerdings wird zugleich und zunehmend auch erkennbar, daß in einer Zeit mit geringem oder gar keinem Zugang an Bevölkerung dem Ausbau der Infrastruktur planerisch mehr Bedeutung noch als bisher zuzumessen sein wird. Die Attraktivität von Siedlungsgebieten wird jetzt und wohl erst recht künftig von Ausbaugrad und Qualität des Infrastrukturangebots vorrangig bestimmt sein. Leider war bisher die Einflußnahme der Landesplanung in diesem Bereich noch nicht sehr effektiv, auch die Bauleitplanung hat hier

---

[28] Informationen zum Landesentwicklungsbericht 1975, Innenministerium Baden-Württemberg, Stuttgart, S. 49.
[29] Landesplanungsgesetz Baden-Württemberg, § 25, Abs. 3.

mehr Vorgaben einfach übernommen als selbst mitgestalten können. Vielleicht entscheidet sich aber eines Tages das Schicksal der Regionalplanung in Baden-Württemberg als auch in den anderen Bundesländern mit daran, ob sie nicht allein überörtlich, sondern vor allem auch „überfachlich" koordinieren kann. Dann erst ließe sich auch jene Forderung von FRIDO WAGENER verwirklichen, die eigentlich doch ein naheliegendes Ergebnis der Verwaltungsreformen sein sollte, nämlich daß Planung möglichst nahtlos in Verwaltungshandeln überführt werden muß:

„Jede Planung ist nur dann sinnvoll, wenn sie auf Durchführung und Beachtung im Verwaltungshandeln mit möglichst hoher Wahrscheinlichkeit rechnen kann"[30]). Die 1973 neu in Baden-Württemberg institutionalisierte Regionalplanung steht noch vor dieser Bewährungsprobe.

---

[30]) FRIDO WAGENER: Zur zukünftigen Aufgabenstellung und Bedeutung der Kreise, Die öffentliche Verwaltung, April 1976, Heft 8, S. 259, Stuttgart.

Anhang

Tab. 1:

Regionalverband Land	Einwohner 1.1.1974	Status-quo-Prognose		Richtwerte		
		Einwohner in 1000	Erwerbsstellen in 1000	Einwohner in 1000	Einwohnerzuwachs in % 1974/90	Erwerbsstellen in 1000
Regionalverband Franken	716	755	366	765	6,8	371
Regionalverband Mittlerer Neckar	2 373	2 485	1 306	2 433	2,1	1 275
Land Baden-Württemberg	9 239	9 671	4 882	9 671	4,7	4 882

Tab. 2: *Entwicklung der Wohnbevölkerung*

Gebiet	31. 12. 1961	31. 12. 1970	31. 12. 1972	31. 12. 1973	31. 12. 1974
Baden-Württemberg	7 759 140	8 895 048	9 154 152	9 239 376	9 226 240
% p. a.	—	1,63	1,17	0,93	— 0,14
Region Franken	624 039	700 660	711 663	717 969	714 463
% p. a.	—	0,14	0,79	0,89	— 0,22
Stadtkreis Heilbronn	100 399	114 665	116 045	116 931	115 924
% p. a.	—	1,58	0,60	0,76	— 0,86
Landkreis Heilbronn	189 845	225 179	231 913	236 300	235 314
% p. a.	—	2,07	1,50	1,89	— 0,42
Hohenlohekreis	76 107	83 862	84 450	84 933	84 660
% p. a.	—	1,13	0,35	0,57	— 0,32
Main-Tauber-Kreis	120 067	127 944	127 629	127 332	126 575
% p. a.	—	0,73	— 0,12	— 0,23	— 0,60
Landkreis Schwäbisch Hall	137 621	149 010	151 626	152 473	151 990
% p. a.	—	0,92	0,88	— 0,56	— 0,32
Region Mittlerer Neckar	1 973 197	2 291 663	2 348 392	2 373 268	2 366 441
% p. a.	—	1,79	1,24	1,06	— 0,29
Stadtkreis Stuttgart	637 299	634 202	630 390	624 835	613 263
% p. a.	—	— 0,05	— 0,30	— 0,88	— 1,85
Landkreis Böblingen	193 818	264 892	280 012	286 618	289 025
% p. a.	—	4,08	2,85	2,36	0,84

Fortsetzung Tab. 2:

Gebiet	31. 12. 1961	31. 12. 1970	31. 12. 1972	31. 12. 1973	31. 12. 1974
Landkreis Esslingen	345 481	429 418	442 546	450 515	453 781
% p. a.	—	2,70	1,53	1,80	0,73
Landkreis Göppingen	204 943	227 461	230 948	232 933	231 538
% p. a.	—	1,22	0,77	0,86	— 0,60
Landkreis Ludwigsburg	320 788	402 244	417 835	426 897	427 208
% p. a.	—	2,82	1,94	2,17	0,07
Rems-Murr-Kreis	270 868	333 446	346 661	351 470	351 626
% p. a.	—	2,57	1,98	1,39	0,04

Tab. 3:

Abgestimmte Status-quo-Prognose und Arbeitsmarktbilanz 1990[1])
(in 1000)

Gebiet	Arbeitsplätze		Wohnbevölkerung iteriert absolut (abgest. Status-quo-Prognose)		Zu-/Abnahme 1973/1990 in %
	1970	1990	1973	1990	
Region Franken	320	333	716[2])	673	— 6,0
Region Mittlerer Neckar	1 145	1 318	2 373	2 413	+ 1,7
Baden-Württemberg	4 206	4 685	9 239	8 992	— 2,7

---

[1]) Systemanalyse, a. a. O., Tabelle 4.23.
[2]) Berichtigter Wert entsprechend Gebietsstand 1975: 717 969 (siehe Tabelle 2).

Tab. 4:

Wohnungsbedarf in Baden-Württemberg bis 1990 nach Regionen
Einwohner und Wohnungen jeweils in 1000

	Region Franken	Region Mittlerer Neckar	Baden-Württemberg
1. Bestand 31. 12. 1974			
1.1 Einwohner	713	2 366	9 226
1.2 Wohnungen	251	862	3 306
1.3 Einwohner je Wohnung (Belegungsdichte)	2,84	2,74	2,79
2. Prognose (Richtwert) 1990			
2.1 Bevölkerungsrichtwert	765	2 423	9 671
2.2 Einwohner je Wohnung (Richtwert Belegungsdichte)	2,6	2,5	2,55
2.3 Wohnungsbedarf gem. Zeile 2.1 u. 2.2	294	969	3 798
3. Wachstumsbedarf bis 1990 (Zeile 2.3 abz. 1.2)	43	107	487
4. Erneuerungs- und Ersatzbedarf bis 1990			
4.1 Wohnungsbestand ... 1948	103	320	1 364
4.2 Abgänge ... 1990	15	48	203
5. Abzug für Wohnungsbauüberhänge (genehmigte und im Bau befindliche Wohnungen) am 31. 12. 74	10	39	145
6. Bedarfsrichtwerte für den Neubau von Wohnungen bis 1990			
6.1 Gesamtbedarf (Summe Zeilen 3. und 4.2 abz. Zeile 5.)	48	116	545
6.2 Jährlicher Bedarf	3,2	7,7	36

Zur Soziologie demographischer Prozesse*)

Eine Analyse struktureller und kultureller Aspekte einer abnehmenden Bevölkerung

von

Hans-Joachim Hoffmann-Nowotny, Zürich

I. Einleitung

Geht man von ihrem Namen aus, dann ist die Demographie eine beschreibende und die Soziologie eine Gesetzeswissenschaft. Eine solche Charakterisierung ist selbstverständlich übersimplifiziert, denn Demographie beschränkt sich nicht auf Deskription, und Soziologie kann der Beschreibung nicht entbehren. Trotzdem ist die oben gemachte Unterscheidung nicht abwegig, und man kann KURT MAYER nur zustimmen, wenn er deshalb Soziologie und Demographie als „komplementäre Wissenschaften" definiert[1]). Allerdings ist diese Verbindung der beiden Wissenschaften erst jüngeren Datums, hat sich doch, wie MAYER feststellt, die Demographie „seit dem 17. Jahrhundert aus verschiedenen Ausgangspunkten in der Nationalökonomie, Statistik, Medizin und Biologie entwickelt"[2]). Dort, wo Soziologie und Demographie am stärksten integriert sind, in den USA, wird die Demographie heute sogar institutionell als Spezialgebiet der Soziologie angesehen. Diese Zuordnung ist jedoch nicht unbestritten, erklärt doch PHILIP M. HAUSER zum Beispiel: „The relationship between demographic and sociological sets of variables are not necessarily closer, more compelling, and more fruitful than similar relationships with economic, psychological, geographic, genetic or other sets of variables"[3]).

An dieser Auffassung ist sicher richtig, daß es zur Erklärung der demographischen Grundtatbestände, der Geburtenhäufigkeit, der Wanderungen und der Sterblichkeit eines multidisziplinären Ansatzes bedarf. Der Behauptung, daß der Soziologie — und der sich mit ihr zum Teil überschneidenden Sozialpsychologie — innerhalb eines solchen Ansatzes ein besonderes Gewicht zukommt, wird man dann zustimmen können, wenn man die These zu akzeptieren bereit ist, daß die meisten der z. B. von HAUSER erwähnten Beziehungen über soziale Mechanismen und Strukturen vermittelt werden müssen, um verhal-

---

*) Für ihre kritischen Anmerkungen zu einer ersten Fassung dieses Beitrages, die mir manche Anregung vermittelten, danke ich meinen Assistenten, insbesondere Herrn Dr. FRANÇOIS HÖPFLINGER, Herrn Dr. RICHARD MÜLLER, Frau Dr. RUTH GURNY und Herrn Dr. KARL WEBER sowie den Mitgliedern des Arbeitskreises „Soziale Entwicklung und regionale Bevölkerungsprognose" der Akademie für Raumforschung und Landesplanung.
[1]) Vgl. KURT B. MAYER: Soziologie und Demographie. In: Soziologie, Sprache, Bezug zur Praxis, Verhältnis zu anderen Wissenschaften, René König zum 65. Geburtstag. Herausgegeben von Günter Albrecht, Hansjürgen Daheim und Fritz Sack, Opladen 1973, S. 87.
[2]) ibid.
[3]) PHILIP M. HAUSER: Demography in Relation to Sociology, American Journal of Sociology, 65, 1959, S. 169, zitiert nach MAYER, op. cit., S. 88.

tensrelevant zu werden. Für die soziologische Erklärung menschlichen Verhaltens mag es dabei durchaus unerheblich sein, „ob diese Strukturen im gesellschaftlichen Bewußtsein einen Niederschlag finden oder nicht"[4]). In einer wissenschaftlichen Analyse kann es deshalb auch nicht darauf ankommen, demographische Befunde „aus der Perspektive des einzelnen Angehörigen einer Population zu interpretieren"[5]). Selbstverständlich kann die Soziologie (einschließlich der erwähnten Sozialpsychologie) bei der Analyse von demographischen Prozessen nur dann einen Vorrang beanspruchen, wenn die von ihr angebotenen theoretischen Ansätze mehr zur Erklärung dieser Prozesse beitragen als andere Theorien aus anderen Wissenschaftsdisziplinen. Aus wissenschaftstheoretischer Perspektive ist zusätzlich darauf hinzuweisen, daß verschiedene theoretische Ansätze, und zwar unabhängig davon, ob sie aus einer Wissenschaft oder aus verschiedenen Wissenschaften stammen, wenn sie sich auf den gleichen Sachverhalt beziehen, entweder in einem Konkurrenzverhältnis oder in einem Verhältnis der gegenseitigen Ergänzung stehen können. In einem Konkurrenzverhältnis offerieren sie alternative Erklärungen für einen bestimmten Sachverhalt. Im Ergänzungsverhältnis erklären sie verschiedene Aspekte eines Sachverhaltes. Das gleiche gilt selbstverständlich auch für Variablen oder Variablengruppen, die dem zu erklärenden Tatbestand kausal vor- oder nachgeschaltet sind. Wer demographische Sachverhalte erklären will, hat also nicht nur zwischen den theoretischen Ansätzen verschiedener Disziplinen zu wählen, sondern überdies auch zwischen verschiedenen Ansätzen innerhalb einer gewählten Disziplin. Dabei taucht dann u. a. die Frage nach dem wünschbaren Niveau der Generalisierung auf; d. h., soll man sich für sehr allgemeine und entsprechend empirisch wenig gehaltvolle Theorie oder etwa für die von ROBERT K. MERTON[6]) so genannten „Theorien mittlerer Reichweite" entscheiden, aus denen sich vergleichsweise leicht empirische Hypothesen ableiten lassen, die aber meist einer letzten Begründung ermangeln.

In dieser Untersuchung soll vornehmlich auf der Ebene der „mittleren Reichweite" argumentiert werden, dies allerdings ansatzweise vor dem Hintergrund einer generellen Theorie von Struktur und Kultur[7]). Daß ein solches — notwendigerweise auch eklektisches — Vorgehen unbefriedigend ist, muß nicht besonders betont werden. Es dürfte aber die einzige Möglichkeit sein, gleichsam in einem trial-and-error-Prozeß die für unsere Diskussion relevante Kapazität soziologischer Theorien abzuschätzen. In bezug auf die uns hier beschäftigende spezielle Problematik einer abnehmenden Bevölkerung empfiehlt sich das vorgeschlagene Vorgehen auch schon deshalb, weil es bisher nur wenige soziologische Studien dazu gibt[8]). Zu den Schwierigkeiten, die sich daraus ergeben, kommt hinzu,

---

[4]) PETER HEINTZ: Einführung in die soziologische Theorie, 2. erw. Aufl., Stuttgart 1968, S. 4 Auf die Tatsache, daß speziell der Bevölkerungsprozeß im allgemeinen „direkt nicht bewußtseinsfähig ist", weist auch HANS W. JÜRGENS hin. Vgl. dazu seinen Beitrag: Sociopsychological Aspects of a Population Decrease, zur General Conference of the International Union for the Scientific Study of Population, Mexico-City, 8.—13. August 1977.

[5]) JÜRGENS, op. cit., S. 6.

[6]) Vgl. hierzu sein zentrales Werk: Social Theory and Social Structure, rev. u. erw. Aufl., New York 1957.

[7]) Vgl. dazu HANS-JOACHIM HOFFMANN-NOWOTNY: Soziologie des Fremdarbeiterproblems — Eine theoretische und empirische Analyse am Beispiel der Schweiz, Stuttgart 1973, Kap. 1.1 „Der allgemeine theoretische Bezugsrahmen".

[8]) Erwähnt seien hier die Arbeiten von RAINER MACKENSEN: Das generative Verhalten im Bevölkerungsrückgang. In: FRANZ XAVER KAUFMANN (Hrsg.), Bevölkerungsbewegung zwischen Quantität und Qualität, Beiträge zum Problem einer Bevölkerungspolitik in industriellen Gesellschaften, Stuttgart 1975, S. 82—104, und FRANZ-XAVER KAUFMANN: Makro-soziologische Ueberlegungen zu den Folgen eines Bevölkerungsrückgangs. In: KAUFMANN, op. cit., S. 45—71.

daß die Erscheinungen, von denen im folgenden zu sprechen sein wird, in sehr komplexe Wirkungszusammenhänge eingebettet sind und sich deshalb einer einfachen Kausalanalyse entziehen.

Vor diesem Hintergrund, der längerfristig vermutlich eine nur systemtheoretisch zu bewältigende Analyse verlangt, wollen wir uns im weiteren mit den soziologischen Aspekten und sozialen Konsequenzen eines durch ein Sinken der ehelichen Fruchtbarkeit verursachten Geburtenrückgangs beschäftigen, der zu einem nicht durch Einwanderung kompensierten Bevölkerungsrückgang führt. Dabei ergibt sich eine Gliederung der Untersuchung dadurch, daß die erwähnten Dimensionen der sozialen Realität, „Struktur" und „Kultur", als erkenntnisleitende Kategorien verwendet werden. Der komplexe Zusammenhang dieser Dimensionen kann wie folgt graphisch dargestellt werden:

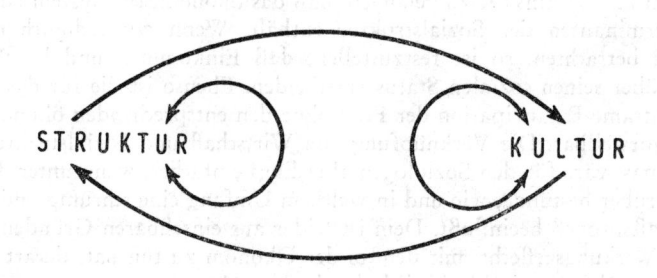

STRUKTUR ⟷ KULTUR

Wir gehen einmal davon aus, daß Struktur und Kultur in einem interdependenten Zusammenhang stehen und daß zum anderen strukturelle wie kulturelle Prozesse, einmal in Gang gekommen, Eigendynamiken entwickeln können. Das heißt, daß solche Prozesse selbsttragend werden, zu ihrer Fortsetzung also keines weiteren Anstoßes mehr bedürfen. Im soziologischen Bereich läßt sich dieses Theorem z. B. auf die Entwicklung von Subkulturen anwenden, es ist aber offensichtlich auch für demographische Entwicklungen kennzeichnend. Wenn, um auch dazu ein Beispiel zu nennen, eine geringe Zahl von Kindern pro Familie einmal zur sozialen Norm geworden ist, dann bleibt deren Wirkung auch dann noch erhalten, wenn die Ursachen, die zu wenigen Kindern geführt haben, weggefallen sind.

Was die Verortung demographischer Prozesse in dieser Theorieskizze anbetrifft, so ist zu sagen, daß deren Beobachtung durch den Demographen dem Soziologen Daten über Strukturen und deren Veränderung in der Zeit liefert, wozu nicht zuletzt die genannten selbsttragenden Prozesse gehören. Ob diese Daten, umgesetzt in theoretisch relevante Variablen, in abhängiger oder in unabhängiger Funktion verwendet werden, ist lediglich vom Erkenntnisziel abhängig. Die dem theoretischen Ansatz zugrundeliegende systemtheoretische Konzeption läßt eine Kategorisierung der Variablen nach abhängigen und unabhängigen einzig aus pragmatischen Gründen zu. Sie muß notwendigerweise willkürlich bleiben und läßt sich weder auf der theoretischen noch auf der empirischen Ebene durchhalten.

Aus pragmatischen Gründen soll im folgenden der demographische Sachverhalt „Geburten- und Bevölkerungsrückgang" im wesentlichen als unabhängige Variable eingesetzt werden (aufgrund des Zieles, seine Konsequenzen zu analysieren); daß er aber auch in abhängiger Funktion auftritt, erweist sich nach dem Gesagten als unvermeidlich.

II. Wirtschaft und Sozialstruktur

Eine Analyse der soziologischen Konsequenzen des Bevölkerungsrückganges sowohl im Makro- wie im Mikrobereich der Gesellschaft kann nicht darauf verzichten, zumindest am Rande auch ökonomische Betrachtungen einzubeziehen. Man muß nicht KARL MARX bemühen, um zu der Einsicht zu gelangen, daß das ökonomische System einige der mächtigsten Determinanten der Sozialstruktur enthält. Wenn wir lediglich die Ebene des Individuums betrachten, so ist festzustellen, daß Einkommen und berufliche Stellung weitgehend über seinen sozialen Status entscheiden. Ebenso ist die für das Fertilitätsverhalten bedeutsame Emanzipation der Frau ohne den entsprechenden ökonomischen Rückhalt kaum vorstellbar. Die Verknüpfung von Wirtschaft und Sozialstruktur im Rahmen unseres Themas wäre für den Soziologen allerdings einfacher, wenn unter den Ökonomen Einigkeit darüber bestünde, wie und in welchem Umfang eine schrumpfende Bevölkerung den Wirtschaftsprozeß beeinflußt. Dem ist leider aus einsehbaren Gründen nicht so. Einmal ist das Wirkungsgeflecht, mit dem es der Ökonom zu tun hat, derart komplex, daß schon geringe Differenzen hinsichtlich bestimmter Annahmen zu gravierenden Unterschieden in der Prognose führen müssen. Unter den Faktoren, die er in Rechnung zu stellen hat, sind schließlich auch soziologische, und mit guten Gründen kann der Ökonom vom Soziologen zunächst einmal Prognosen der Faktoren fordern, die in dessen Bereich fallen. Zum anderen ist der Ökonom (wie selbstverständlich auch der Soziologe) mit einer historisch neuen Situation konfrontiert, von der nicht apriori angenommen werden darf, daß die bisher verwendeten Modelle sich auf sie übertragen lassen. Es bleibt deshalb nichts anderes zu tun, als einmal mit bestimmten Annahmen zu beginnen, deren Konsequenzen abzuschätzen, die Annahmen zu variieren und diesen Prozeß wiederum fortzusetzen, wobei selbstverständlich nicht zu umgehen ist, daß er aus pragmatischen Gründen schließlich abgeschnitten werden muß.

Mit einem Blick auf die Vergangenheit stellt HANS-GEORG GRAF meines Ermessens zu recht fest, daß es sicherlich verfehlt wäre, *„den primären Motor der wirtschaftlichen Expansion Europas* während der letzten eineinhalb Jahrhunderte im *Bevölkerungswachstum* zu erblicken..."[9]. Man kann vielmehr nachweisen, daß gerade in den Industriestaaten das wirtschaftliche Wachstum in hohem Maße überproportional zum Bevölkerungswachstum verlief. Betrachtet man zusätzlich die Lage in den Entwicklungsländern, dann kann man geradezu postulieren, daß eine Verlangsamung des Bevölkerungswachs-

---

[9] HANS-GEORG GRAF: Zusammenhänge und Wechselwirkungen zwischen Bevölkerungs- und Wirtschaftswachstum. In: KAUFMANN, op. cit., S. 31 (Hervorhebungen im Original).

tums eine notwendige Voraussetzung für ein langfristiges, alle Bevölkerungsschichten umfassendes wirtschaftliches Wachstum darstellt[10]).

Auch wenn das Wirtschaftswachstum der Vergangenheit selbstverständlich nicht ausschließlich vom Bevölkerungswachstum getragen wurde, so besteht heute doch weitgehend Einigkeit darüber, daß in den entwickelten Ländern das Bevölkerungswachstum ein Faktor war, der zum Wirtschaftswachstum positiv beigetragen hat. Für eine Betrachtung der zukünftigen Entwicklung dürfte es sich empfehlen, die kurz-, mittel- und langfristigen Konsequenzen des Geburtenrückganges getrennt zu behandeln. Wie HILDE WANDER in einer kompetenten Analyse feststellt, ist, kurzfristig gesehen, „a declining population (...) more favourable in social and economic respects than a stationary one (...). It implies — ceteris paribus — more spending power per private consumer, more tax revenues for the public sector (as a result of fewer child allowances and fewer tax exemptions for children) and less public expenditure on health care and education"[11]). Bei einer mittelfristigen Betrachtung können sich erste ernste Schwierigkeiten daraus ergeben, daß neben dem Konsumentenpotential auch das Arbeitskräftepotential zu schrumpfen beginnt. Hier wäre allerdings zu fragen, ob die Schrumpfung der Erwerbsbevölkerung nicht noch auf lange Zeit durch die Aktivierung zusätzlicher Bevölkerungskategorien (ältere Personen und insbesondere Frauen) sowie durch eine verstärkte Rationalisierung aufgefangen werden könnte. Dabei wäre allerdings zu bedenken, daß eine zusätzliche Aktivierung von Frauen den Geburtenrückgang noch verstärken kann[12]). Von der Seite der Nachfrage nach Gütern her gesehen stellt sich die Frage, ob der Rückgang der Zahl der Konsumenten nicht durch eine Stimulierung der externen Nachfrage, durch Konsuminnovationen, durch Konsumausweitungen und eventuell sogar durch künstliche Veralterung von Produkten kompensiert, oder sogar noch überkompensiert werden könnte.

Während also kurzfristig gesehen eine Bevölkerungsabnahme eher ökonomische Vorteile mit sich bringt und mittelfristig gesehen die auftauchenden Probleme durch eine entsprechende institutionelle Flexibilität vermutlich lösbar sind, dürfte dies bei einem auch langfristig anhaltenden Bevölkerungsrückgang vermutlich nicht mehr zutreffen. Sowohl HILDE WANDER wie auch HANS-GEORG GRAF beurteilen die ökonomischen Folgen eines langfristigen Bevölkerungsschwundes eindeutig negativ[13]).

Zu völlig entgegengesetzten Schlüssen kommt hingegen HERMANN SCHUBNELL. Er vertritt die Ansicht, „daß demographische Trends und speziell der Geburtenrückgang für die wirtschaftliche Entwicklung und den Fortschritt auf lange Sicht, verglichen mit den zahlreichen anderen Faktoren, nur eine relativ untergeordnete Rolle spielen. Es gibt dem-

---

[10]) Mit diesen Bemerkungen ist selbstverständlich nichts anderes gesagt, als daß Bevölkerungswachstum bzw. -rückgang nur *einer* der Faktoren ist, die für das Wirtschaftswachstum von Bedeutung sind, und daß zwischen Veränderungen der Bevölkerungsgröße und dem Wirtschaftswachstum auf keinen Fall eine einfache, lineare Beziehung angenommen werden kann. Zumindest logisch gesehen ist sogar nicht auszuschließen, daß die genannte Beziehung sich in Zukunft auflöst.

[11]) HILDE WANDER: Short, Medium and Long Term Implications of a Stationary or Declining Population on Education, Labour Force, Housing Needs, Social Security and Development. In: International Population Conference, Mexico 1977, vol. 3, International Union for the Scientific Study of Population, Liège, o. J., S. 103.

[12]) Vgl. hierzu u. a. W. LINKE: Interrelationships between Number of Children and Economic Activity of the Married Woman, Council of Europe, 2nd European Population Conference, Strasbourg, 31. Aug.—7. Sept. 1971, und GERD-RÜDIGER RÜCKERT: The Employment of Women as a Cause of a Declining Number of Births, Beitrag zur General Conference of the International Union for the Scientific Study of Population, Mexico-City, 8.—13. Aug. 1977.

[13]) GRAF, op. cit., WANDER, op. cit.

nach kein Argument für die Behauptung, daß Geburtenrückgang zu wirtschaftlicher Stagnation führt, weder kurz- noch langfristig, oder daß Wirtschaftswachstum nur stattfinden könnte bei ständigem Bevölkerungswachstum"[14]).

Läßt man die langfristigen Prognosen, die auf die Zeit nach dem Jahre 2030 zielen, einmal außer Betracht und faßt die optimistischen wie die pessimistischen und schließlich die rein konditionalen Stellungnahmen von Ökonomen, die den weitaus größten Teil aller Untersuchungen ausmachen[15]) in der Tendenz zusammen, so kann man sagen, daß in der Faktorenkonstellation, in der Bevölkerungswachstum (bzw. -rückgang) und Wirtschaftsentwicklung miteinander verbunden erscheinen, der Anpassungsfähigkeit der Gesellschaft im weitesten Sinne das größte Gewicht beigemessen wird. Geht man davon aus, daß diese Anpassungsfähigkeit zunehmen wird, so wird die wirtschaftliche Entwicklung nicht gefährdet und umgekehrt. Damit ist aber letztlich der Ball wieder dem Soziologen zugespielt, dem die Aufgabe gestellt wird, unter Berücksichtigung demographischer und anderer Daten und Annahmen, das gesellschaftliche Anpassungspotential abzuschätzen. Für die weitere Analyse zusammenfassend, kann man also festhalten, daß — die entsprechende Anpassungsfähigkeit der sozialen Strukturen vorausgesetzt — auch mittelfristig mit keinen drastischen ökonomischen Schwierigkeiten zu rechnen ist. Wir wollen also davon ausgehen, daß eine Dissoziierung der wirtschaftlichen Entwicklung vom Rückgang der Bevölkerung im Bereich des Möglichen liegt.

III. Zur Anpassungskapazität sozialer Strukturen

Aus den vorhergehenden Bemerkungen ist zu schließen, daß die Frage nach der Anpassungskapazität der Gesellschaft insofern zentral ist, als es von der Beantwortung dieser Frage letztlich abhängt, ob eher die optimistischen oder eher die pessimistischen ökonomischen Prognosen zutreffen.

KAUFMANN folgend ist deshalb zu diskutieren „ob hoch industrialisierte Gesellschaften einen tendenziellen Überschuß an Anpassungskapazitäten besitzen, so daß sie zusätzliche Anpassungserfordernisse ohne Schwierigkeiten zu verkraften vermögen"[16]). KAUFMANN selbst kommt zu einer pessimistischen Einschätzung dieses Sachverhaltes: „Wirtschaftswachstum ohne Bevölkerungswachstum setzt intensivere Anpassungsprozesse und beschleunigten sozialen Wandel voraus. Es läßt sich jedoch zeigen, daß ein positiver Zusammenhang zwischen Anpassungsfähigkeit einer Bevölkerung, sozialem Wandel und Bevölkerungswachstum besteht. Beim Wegfall des Bevölkerungswachstums treffen steigende Anpassungserfordernisse mit sinkender Anpassungsfähigkeit zusammen"[17]). Diese These ist nicht einfach von der Hand zu weisen, und wir wollen deshalb im folgenden auf eine Reihe von damit verbundenen einzelnen Argumenten näher eingehen.

---

[14]) HERMANN SCHUBNELL: Der Geburtenrückgang in der Bundesrepublik Deutschland, Schriftenreihe des Bundesministers für Jugend, Familie und Gesundheit, Bd. 6, Bonn-Bad Godesberg 1973, S. 70.

[15]) Vgl. u. a. DENIS MAILLAT: Population Growth and Economic Growth, Beitrag zum „Council of Europe Seminar on the Implications of a Stationary or Declining Population in Europe", Strasburg 6.—10. Sept. 1976, sowie die ausgezeichnete Literaturübersicht von WILLIAM J. SEROW und THOMAS J. ESPENSHADE: The Economics of Declining Population Growth: An Assessment of the Current Literature. Beitrag zur General Conference of the International Union for the Scientific Study of Population, Mexico-City, 8.—13. August 1977.

[16]) KAUFMANN, op cit., S. 57.

[17]) ibid.

In einer systemtheoretisch geführten Argumentation geht KAUFMANN davon aus, „daß der Wegfall des Bevölkerungswachstums, insbesondere jedoch ein Bevölkerungsrückgang, die Fähigkeiten eines komplexen sozialen Systems, ... die von ihm in der Regel geforderten Anpassungsleistungen zu erbringen, ernsthaft beeinträchtigt"[18].

Es ist nun zunächst zu fragen, welche empirische Evidenz oder welche theoretischen Prämissen diese Schlußfolgerung nahelegen.

In einer historischen Betrachtung zeigt KAUFMANN, daß Bevölkerungsrückgang in aller Regel auch mit wirtschaftlicher Stagnation und Verfall einherging[19]. Da das angeführte Material sich auf nicht-industrielle Gesellschaften bezieht, kann es, worauf der Autor auch hinweist, selbstverständlich nur mit Vorsicht auf industrielle Gesellschaften übertragen werden. Der Autor bezieht sich aber auch auf französische Bevölkerungswissenschaftler, die „einen wirksamen Zusammenhang zwischen der Stagnation der französischen Bevölkerung und der geringen wirtschaftlichen Entwicklung Frankreichs in der ersten Hälfte des 20. Jahrhunderts, etwa im Vergleich zu England oder Deutschland (behaupten)"[20]. Als weitere empirische Evidenz führt Kaufmann die in den Industriegesellschaften zu verzeichnende positive Korrelation zwischen Wirtschaftswachstum und Bevölkerungszuwachs an.

Selbst wenn man sich aufgrund der *empirischen Evidenz* der oben zitierten Hypothese anschließen würde, bleibt doch die Frage zu beantworten, aufgrund welcher *theoretischen Mechanismen* der negative Zusammenhang zwischen Bevölkerungsrückgang und der Anpassungsfähigkeit einer Gesellschaft zu erwarten ist. KAUFMANN versucht, in einer an PARSONS und LUHMANN angelehnten Betrachtungsweise, hier erste Hinweise zu geben. Er übernimmt dabei die Auffassung, daß fortgeschrittene Industriegesellschaften ein „besonders hohes Anpassungspotential" besitzen und stellt dann die Frage, „ob sie nicht gerade aufgrund dieser Eigenschaften besser als weniger entwickelte Gesellschaften im Stande seien, mit den durch einen Wegfall des Bevölkerungswachstums bzw. durch einen Bevölkerungsrückgang erforderlichen Anpassungsproblemen fertig zu werden"[21]. Wie gesagt, glaubt er aber annehmen zu müssen, daß die Anpassungskapazität fortgeschrittener Industriegesellschaften nicht in dem Maße gesteigert werden könne, wie es die mit dem Bevölkerungsrückgang einhergehenden gesteigerten Anforderungen verlangten. KAUFMANN leitet dies theoretisch daraus ab, daß das in seiner Fähigkeit zur Verarbeitung von Komplexität und zur permanenten Anpassung beschränkte Individuum mehr und mehr zum „schwächsten Glied" der gesellschaftlichen Evolution zu werden drohe.

Wir werden im weiteren selbst einige Faktorenkonstellationen aufzeigen, deren Entwicklung KAUFMANNs zentrale These stützen könnte. Hier bleibt nur festzustellen, daß die eben skizzierte Ableitung aus den gewählten theoretischen Prämissen keineswegs zwingend ist. Gerade aus systemtheoretischer Sicht ließe sich auch argumentieren, daß seine Schlußfolgerung selbst dann nicht zutreffend sein muß, wenn man das Argument des „schwächsten Gliedes" als solches akzeptiert. Theoretisch durchaus denkbar wäre nämlich eine Steigerung der *systemischen* Adaptionskapazität, die eine nicht ausreichende oder wegen bestimmter Nebenfolgen nicht wünschenswerte Steigerung der individuellen Anpassungskapazität kompensieren oder sogar noch überkompensieren könnte. Das wäre, und hier folgen wir unsererseits LUHMANN, selbstverständlich mit einer weiteren soziostrukturellen Differenzierung verbunden, konkret: Verwaltungskapazitäten müßten ge-

---

[18] KAUFMANN, op. cit., S. 58.
[19] ibid., S. 58/59.
[20] ibid. S. 59.
[21] ibid., S. 60.

steigert werden. Eine solche Strategie könnte allerdings längerfristig aus einem von KAUFMANN übersehenen Grund zu Schwierigkeiten führen, nämlich dann, wenn auch die Erwerbsbevölkerung abnimmt (die, wie wir ja wissen, zunächst noch zunimmt) und damit die für eine weitere Differenzierung, z. B. staatlicher Verwaltungen, notwendigen personellen Ressourcen knapp werden[22]). Man kann somit aus systemtheoretischer Sicht zu der gleichen Schlußfolgerung wie KAUFMANN gelangen, wenn auch mit einer anderen Begründung. Wir vermuten allerdings, wie schon im vorhergehenden Abschnitt angedeutet wurde, daß, von seiten der personellen Ressourcen, kurz- und mittelfristig keine Beeinträchtigung der systemischen Anpassungskapazität zu erwarten ist. Dagegen könnte ein anderer Faktor, nämlich der Wandel der Altersstruktur der Bevölkerung, unter bestimmten Voraussetzungen diese Wirkung haben.

Sowohl die aktuellen Daten wie auch Modellberechnungen lassen erkennen, daß wir in der gegebenen demographischen Situation mit einem relativ hohen und sehr wahrscheinlich noch zunehmenden Anteil der älteren Bevölkerung an der Gesamtbevölkerung zu rechnen haben[23]). Aus vielen empirischen Untersuchungen wissen wir nun, daß Alter mit einer Tendenz zu politischem Konservativismus positiv assoziiert ist. Zwar kann man ebenfalls nachweisen, daß diese empirische Regularität insofern nicht zwingend ist, als sie zum Teil auf Scheinkorrelationen beruht; so schwächt insbesondere die Kontrolle der Faktoren Bildung und Weiterbildung die genannte Korrelation stark ab. Es darf aber nicht übersehen werden, daß die genannten Faktoren ihrerseits stark mit Alter korrelieren, und zwar einmal wegen der tendenziell längeren Ausbildungsdauer der jeweils jüngeren Generationen und zum anderen wegen der Konstruktion unseres Bildungssystems, das höchst einseitig auf die Ausbildung von Kindern, Jugendlichen und jungen Erwachsenen ausgerichtet ist und für ältere Personen keine Möglichkeiten eines regulären Zuganges institutionalisiert hat. Solange sich dies nicht ändert, ist also von der oben genannten Regularität auszugehen.

Unter den gegebenen Voraussetzungen erscheint es deshalb nicht unwahrscheinlich, daß mit der zunehmenden Alterung der Bevölkerung eine entsprechende Verstärkung konservativer politischer Strömungen einhergeht. Das könnte heißen, daß politische und soziale Strukturen verfestigt werden und wirtschaftliche, politische und soziale Innovationen, deren Umfang angesichts der sich abzeichnenden Probleme noch zunehmen müßte, verzögert werden oder sogar gänzlich unterbleiben.

Wenn wir weiter von der mit zunehmendem Alter zu verzeichnenden abnehmenden Bereitschaft zu horizontaler Mobilität ausgehen, dann sind auch von daher Probleme bei der notwendig werdenden Umstrukturierung der Wirtschaft zu erwarten. Vermutlich könnten diese Probleme durch die erwähnte Substitution personeller durch soziale Lernkapazität gelöst werden, etwa in dem Sinne, daß die verringerte Mobilitätsbereitschaft der älteren Erwerbsbevölkerung durch eine verstärkte Adaptation der Organisationen kompensiert würde. Dies setzt aber eine hohe Innovationsbereitschaft in Wirtschaft und Verwaltung voraus. Die Chancen für eine Realisierung dieser Voraussetzung werden aber

---

[22]) Vgl. zu diesem Problemkreis HANS GESER/FRANÇOIS HÖPFLINGER: Probleme der strukturellen Differenzierung in kleinen Gesellschaften, Schweizerische Zeitschrift für Soziologie, 2. Jg., No. 2, 1976, S. 27—54.

[23]) Nach Berechnungen von KARL SCHWARZ weist zum Beispiel eine stabile Bevölkerung, in der die durchschnittliche Kinderzahl je Ehe 1,6 Kinder beträgt, einen Anteil von 30,2 % für die über 59jährigen auf. Vgl. KARL SCHWARZ: Theoretische Überlegungen zur Bevölkerungsentwicklung in ihrer Bedeutung für die Raumordnung, Akademie für Raumforschung und Landesplanung, Arbeitskreis „Soziale Entwicklung und regionale Bevölkerungsprognose", Arbeitsmaterial 1976-8, Hannover 1976, Übersicht 4, S. 34; zu den dabei gemachten Annahmen vgl. ibid., S. 2.

um so geringer, je mehr ein politischer und sozialer Konservativismus zur dominanten Grundhaltung wird. Als Folge der durch diese Grundhaltung bedingten Schwierigkeiten, den steigenden Bedarf an organisatorischer Innovativität zu decken, dürften vermehrte politische und soziale Spannungen zu erwarten sein.

Diese wie die vorhergenannten Tendenzen könnten nur dann gemildert oder sogar umgekehrt werden, wenn das lebenslange Lernen institutionalisiert würde. Geschähe dies, so könnte man darin einen ersten Beweis dafür sehen, daß die Anpassungskapazität steigerungsfähig ist. Da bei noch zunehmender Zahl der Erwerbstätigen und gleichzeitiger Abnahme der Zahl der Kinder der traditionelle Bildungsbereich weniger Lehrer und Ausbilder aufnehmen kann, sind die personellen Ressourcen für eine Institutionalisierung des lebenslangen Lernens zumindest in der nächsten Zeit vorhanden.

Einem anderen Argument KAUFMANNs, daß nämlich Bevölkerungswachstum ein relativ unspezifischer Faktor der Schaffung und Verstärkung sozialer Konflikte sei und gleichzeitig sozialen Wandel begünstige[24]), kann man kaum folgen. Generalisiert man diese Aussage, dann reduziert sie sich auf die These, Problemdruck erhöhe die Anpassungsfähigkeit sozialer Systeme. Akzeptiert man diese Interpretation, dann ist nicht einzusehen, warum nicht auch der unzweifelhaft mit einem Bevölkerungsrückgang verbundene Problemdruck Anpassungsleistungen fördern soll. Wie KAUFMANN in diesem Zusammenhang in Anlehnung an E. DUPRÉEL ausführt, sei in „wachsenden Bevölkerungen die Gefahr der Verfestigung sozialer Schichtungen geringer, die Chance der produktiven Lösung sozialer Gegensätze größer"[25]).

Dieser Aussage kann man zunächst insoweit zustimmen, als sicher der größere Teil der in unseren Gesellschaften zu verzeichnenden Aufwärtsmobilität auf Expansionsvorgängen beruht. Als entscheidender Faktor erscheint dabei aber nicht die Zunahme der Bevölkerung, sondern einmal die Expansion der mittleren Schichten des ökonomischen Systems sowie zum anderen die Zunahme der Aufgaben der öffentlichen Verwaltung im weitesten Sinne. Während der letztgenannte Sachverhalt allenfalls zu einem geringen Teil auf eine Bevölkerungszunahme zurückgeführt werden kann, ist der erste weitgehend unabhängig davon und primär hervorgerufen durch die Wandlungen der Wirtschafts- und Produktionsstrukturen.

Wenn aber sozialer Aufstieg nicht, wie KAUFMANN annimmt, eine Funktion der Expansivität von Sozialsystemen ist[26]), sondern eine Funktion ihrer internen Struktur und ihrer Aufgaben, dann ist unter der Annahme der Fortsetzung des Trends zur Veränderung dieser Struktur auch keine Verringerung der vertikalen sozialen Mobilität zu erwarten. Sollte deshalb die Anpassungskapazität eines sozialen Systems u. a. eine Folge der vertikalen sozialen Mobilität seiner Mitglieder sein, so ist aus dieser Perspektive nicht anzunehmen, daß sie sich verringert oder nicht steigerungsfähig wäre.

Die Diskussion über die Anpassungsfähigkeit der Gesellschaft zusammenfassend, kann man festhalten, daß die von KAUFMANN formulierte pessimistische Prognose sicher nicht abwegig ist. Sie ist aber, wie wir meinen aufgezeigt zu haben, keineswegs zwingend. Es sprechen genügend Argumente dafür, daß die Anpassungsfähigkeit der Gesellschaft erhalten und sogar noch gesteigert werden kann. Auch wenn wir — was die langfristigen Folgen eines Geburten- und Bevölkerungsrückgangs anbetrifft — den fast überschwenglichen Optimismus, der in der zitierten Aussage von HERMANN SCHUBNELL zum Ausdruck

---
[24]) Vgl. KAUFMANN, op. cit., S. 65.
[25]) ibid.
[26]) Vgl. ibid.

kommt, nicht teilen können, so glauben wir doch davon ausgehen zu dürfen, daß — kurz- und mittelfristig gesehen — die Anpassungskapazität der Gesellschaft ausreichen dürfte, die vermutlich auf uns zukommenden Probleme zu lösen. Dies wird um so mehr der Fall sein, je eher es gelingt, die erwähnte Dissoziierung des wirtschaftlichen Wachstums vom Bevölkerungsgeschehen zu erreichen. Entscheidend ist aber nicht zuletzt, ob ein Übergehen des auch mittelfristig unterstellten Bevölkerungsrückgangs in einen langfristigen Prozeß vermieden werden kann. Damit ist die im weiteren noch zu behandelnde Frage gestellt, ob der zu verzeichnende Bevölkerungsrückgang ein temporäres Phänomen oder ein Phänomen von Dauer ist.

IV. Bevölkerungsrückgang und Regionalstruktur

Von einem Bevölkerungsrückgang wird nicht nur die Wirtschafts- und Sozialstruktur, sondern auch die regionale Struktur der Bevölkerung beeinflußt. Nach einer Modellrechnung für die 38 Einheiten des Bundesraumordnungsprogramms von 1975—2000 „wären aufgrund der natürlichen Bevölkerungsentwicklung, d. h. ohne Berücksichtigung von Wanderungen, nur in 12 von 38 Einheiten Bevölkerungszunahmen zu erwarten, solche um mehr als 5 %/o bis zum Jahr 2000 sogar nur in sechs"[27]).

Wie Karl Schwarz feststellt, sind demnach ohne Einwanderungen aus dem Ausland beim gegenwärtigen Geburtenniveau nur drei Alternativen der Bevölkerungsentwicklung in den Raumordnungseinheiten denkbar:

„1. Mehr oder weniger große Abnahmen in allen Einheiten.
2. Besonders große Abnahmen in vielen verstädterten Einheiten.
3. Besonders große Abnahmen in so gut wie allen ländlichen Einheiten"[28]).

Wir können Schwarz im Prinzip zustimmen, wenn er der dritten Alternative die größten Realisierungschancen einräumt. Aus soziologischer Sicht erscheinen jedoch einige Differenzierungen angebracht.

Wie von den Bevölkerungsstatistikern hinreichend belegt, kommt im Geburtenrückgang der industriellen Gesellschaften ein globaler Trend zum Ausdruck, der nicht nur die urbanen Zentren und Agglomerationen, sondern auch die ländlichen Gebiete erfaßt hat. Auch wenn einige von ihnen noch Geburtenüberschüsse erzeugen, so werden diese doch zunehmend geringer.

Wenn wir davon ausgehen, daß bisher die Abwanderung aus ländlichen Gebieten in erster Linie eine Folge ökonomischer Übervölkerung und in zweiter Linie eine Folge der Attraktivität der urbanen Zentren war, so ergibt sich heute in bezug auf die Land/Stadt-Wanderung vermutlich der folgende Sachverhalt: Zum einen hat, um mit der letztgenannten Wanderungsursache zu beginnen, die Attraktivität urbaner Zentren offenbar abgenommen. Der in den meisten Großstädten zu verzeichnende Bevölkerungsrückgang beruht nicht nur auf dem Rückgang der Geburten, sondern auch auf Wanderungsverlusten. Zum anderen sind viele Elemente, die die Attraktivität von urbanen Zentren ausmachen, heute auch in kleineren Orten ländlicher Gebiete zu finden. Mit anderen Worten ist das Attraktivitätsgefälle zwischen Land und Stadt geringer geworden und dementsprechend auch die damit verbundene Wanderungsmotivation.

---

[27]) Karl Schwarz, op. cit., S. 26.
[28]) ibid.

Wenn auch in ländlichen Gebieten die Geburtenentwicklung rückläufig ist, dann folgt daraus ebenfalls eine Abschwächung der erstgenannten Wanderungsursache. Geringere Geburtenzahlen in ländlichen Gebieten erhöhen dort die relative Mobilitätschancen, z. B. können sich dank verknapptem Arbeitskräfteangebot verbesserte Arbeitsmarktchancen ergeben, oder es wächst die Möglichkeit, größere Flächen rentabler landwirtschaftlich zu bearbeiten. Eine solche Entwicklung, die eine allenfalls geringe Abwanderung zur Folge hätte, erscheint besonders in jenen ländlichen Gebieten wahrscheinlich, die strukturell und geografisch nicht in besonderem Maße benachteiligt sind. Dagegen ist eine starke Entleerung derjenigen ländlichen Gebiete zu erwarten, die wegen einer ungünstigen Wirtschaftsstruktur, geringer infrastruktureller Erschließung, Verkehrsferne oder Randlage und wegen geografischer Faktoren schon immer besonders benachteiligt waren. Die Grenzindustrien, die in solchen Gebieten angesiedelt sind, dürften den globalen Strukturwandel, der sich zum Beispiel in der Verlagerung lohnintensiver einfacher Produktionen in Entwicklungsländer ausdrückt, kaum überleben. Die damit einhergehende Bevölkerungsabnahme wird die heute schon gegebene Unterversorgung dieser Räume mit Infrastruktur-Einrichtungen noch verstärken, und zwar insbesondere unter dem Aspekt der Maßstabsvergrößerung im Dienstleistungssektor, die gegenwärtig, insbesondere was den Bildungsbereich angeht, noch zunimmt. Damit dürfte die Abwanderung noch einmal verstärkt werden, und als Konsequenz dürfte sich schließlich eine soziale Isolierung und Marginalisierung der verbleibenden Bevölkerung ergeben, die unter Umständen als anomisches Potential von extremen, insbesondere rechtsextremen, politischen Bewegungen mobilisiert werden könnte.

In einer längerfristigen Betrachtung ist es dagegen nicht unwahrscheinlich, daß die aufgezeigte Entvölkerung peripherer Gebiete sich abschwächen oder sogar rückläufig werden kann. Aus systemtheoretischer Sicht erscheint es durchaus denkbar, daß einfach strukturierte traditionelle Kontexte von geringer funktionaler Differenzierung auf einen Bevölkerungsrückgang weniger sensibel reagieren als hochdifferenzierte urbane Zentren[29]). Nicht auszuschließen ist auch, daß im Rahmen eines Wertwandels einige der traditionell stagnierenden Gebiete die sozialen Kerne für eine spezifische Interpretation der Wachstum-Null-Ideologie und eine Revitalisierung von Werten wie „Überschaubarkeit", „Bescheidenheit", „Selbstgenügsamkeit" usw. werden. Relativ entvölkerte Gebiete bieten dann für bestimmte Gruppen gute Chancen, sich in selbst gewählte Isolierung auf der Basis von autarker Produktion zu begeben. Schließlich ist auch daran zu denken, daß in entvölkerten Gebieten neue subkulturelle Zentren parareligiöser und religiöser Richtung entstehen können.

Variiert man die oben hinsichtlich des Attraktivitätsgefälles gemachte Annahme dahingehend, daß dieses Gefälle wieder zunimmt, dann ergibt sich selbstverständlich für die Land/Stadt-Wanderung eine andere Prognose. Bei einem Bevölkerungsrückgang stehen in den Ballungsgebieten ohne Zweifel genügend freie Wohnungen und vermutlich auch genügend Arbeitsplätze zur Verfügung. Für Jugendliche gilt überdies, wie KARL SCHWARZ meint[30]), daß die Attraktivität ihrer Arbeitsmärkte dadurch zusätzlichen Auftrieb erhält, daß in den Ballungsgebieten besonders wenig Jugendliche ins Erwerbsalter nachwachsen. SCHWARZ geht weiter davon aus, daß eine wachsende Zahl junger Leute aus den länd-

---

[29]) Vgl. hierzu auch DAVID EVERSLEY, JOHN ERMISCH und ELIZABETH OVERTON: The Revision of Regional Plans and Regional Policies in the Light of the Recent Stabilisation or of Possible Decrease in Population with Special Reference to the Demand for Housing. Beitrag zur General Conference of the International Union for the Scientific Study of Population, Mexico-City, 8.—13. August 1977, S. 28.
[30]) Vgl. SCHWARZ, op. cit., S. 30.

lichen Gebieten im Zuge der allmählichen Beseitigung regionaler Bildungsdefizite eine qualifizierte Ausbildung genossen habe und diese in den Ballungsgebieten besser in einen entsprechenden beruflichen Status umsetzen könne als in ländlichen Gebieten.

Man kann nun immerhin fragen, ob diese ohne Zweifel richtig skizzierte Faktorenkonstellation ausreicht, einen starken Sog in die Ballungsgebiete zu erzeugen. Die Antwort auf diese Frage wird nicht zuletzt entscheidend davon beeinflußt sein, ob es den Ballungszentren gelingt, die möglicherweise noch zunehmend mehr als negativ eingestuften sonstigen Bedingungen städtischen Lebens zu verändern. In dieser Hinsicht kann man berechtigte Zweifel anmelden, insbesondere unter Hinweis auf die wahrscheinlich noch prekärer werdende finanzielle Situation vieler Städte, die vielfach der Realisierung von Plänen zur Verbesserung der urbanen Lebensqualität große Steine in den Weg legt. Zusammenfassend ist deshalb festzuhalten, daß eine Fortsetzung der Land/Stadt-Wanderung wahrscheinlich ist, möglicherweise aber nicht in dem zum Beispiel von SCHWARZ angenommenen Umfang.

Im Zusammenhang mit der regionalen Verteilung der Bevölkerung ist auch die Frage der externen Wanderungen noch kurz zu beleuchten. Sollte entgegen einiger dagegen geäußerter Bedenken die zitierte These Kaufmanns zutreffen, und hätte — was dann zu erwarten wäre — die mangelnde Anpassungsfähigkeit einer Gesellschaft einen sozietalen Statusverlust zur Folge, dann kann dies, wie gut bestätigte Migrationstheorien erwarten lassen[31]), eine Auswanderung, insbesondere der jüngeren und aktiven Bevölkerung, zur Folge haben. Dies gilt allerdings nur unter folgenden Voraussetzungen: Einmal dürften die Bevölkerungsabnahme und die damit verbundenen Probleme nicht in allen als Einwanderungsländer in Betracht kommenden Kontexten in etwa gleichem Umfang auftreten, oder sofern dies der Fall wäre, müßten zum anderen die Anpassungskapazitäten der verschiedenen sozietalen Kontexte ungleich sein, so daß kein gleichmäßiger Statusverlust aller relevanten Kontexte aufträte. Eine letzte Voraussetzung wäre schließlich, daß Wanderungen nicht administrativ unterbunden werden.

Sollten externe Wanderungen auftreten, dann werden dadurch der Bevölkerungsrückgang und die damit verbundenen Probleme verstärkt, was schließlich einen sich selbst tragenden nach unten gerichteten Entwicklungsprozeß erwarten ließe.

V. Die Alterung der Bevölkerung

Schon im Abschnitt über die Anpassungsfähigkeit sozialer Strukturen wurde die Vermutung geäußert, daß die zu erwartende Alterung der Bevölkerung einen Trend zu sozialem und politischem Konservativismus erzeugen oder fördern könne. Dies wäre ein Beispiel für die Verknüpfung einer Strukturkomponente der Bevölkerung mit einer Kulturkomponente. Darüber hinaus läßt der Sachverhalt der Zunahme des Anteils älterer Personen an der Bevölkerung generell vermuten, daß altersspezifische Werte und Institutionen an Bedeutung zunehmen. Daß es dabei auch zur Ausbildung eigentlicher Alterssubkulturen kommt, ist nicht auszuschließen. In bezug auf eine solche Möglichkeit darf aber nicht übersehen werden, daß die relativ stark schichtspezifische soziale Differenzierung der älteren Personen dem Entstehen einer homogenen Alterssubkultur nicht förderlich ist. Entwicklungen in den USA lassen allerdings erkennen, daß sich innerhalb sozia-

---

[31]) Vgl. hierzu u. a. GÜNTER ALBRECHT: Soziologie der geographischen Mobilität, Stuttgart 1972, und HANS-JOACHIM HOFFMANN-NOWOTNY: Migration — Ein Beitrag zu einer soziologischen Erklärung, Stuttgart 1970.

ler Schichten — insbesondere in der Mittelschicht — Alterssubkulturen bilden, die ihren Niederschlag u. a. in einer Art Ghettosituation in eigens für alte Menschen gebauten Städten in klimatisch bevorzugten Regionen finden. Daß mit einer solchen geografischen und sozialen Segregation — sollte diese sich noch ausbreiten — auch eine kulturelle Segregation einhergeht, ist mit dem Begriff der Alterssubkultur schon angedeutet. Sie wird jedoch akzentuiert, wenn der physische Kontakt mit Menschen anderer Altersgruppen auf ein Minimum reduziert wird.

Trotz eines möglichen Trends zur Segregation ist eine gewisse Ausbreitung sogenannter Alterswerte dennoch abzusehen, und zwar nicht zuletzt wegen der zu erwartenden verstärkten Orientierung der Wirtschaft auf die Gruppe der älteren Menschen[32].

Globalgesellschaftliche Änderungen des Wertsystems sind aber nicht nur wegen der Zunahme der älteren, sondern auch wegen der aus dem Geburtenrückgang resultierenden Abnahme der jüngeren Personen zu erwarten. Es ist anzunehmen, daß mit dem quantitativen Rückgang der Jugendlichen auch die Bedeutung jugendlicher Subkulturen abnimmt. Wiederum dürfte dieser Prozeß durch die mit dem Rückgang ihrer Zahl abnehmende ökonomische Bedeutung der Jugendlichen verstärkt werden. Es ist also zu vermuten, daß aufgrund des Geburtenrückganges und der damit verbundenen Verschiebungen in der Altersstruktur Alterswerte, wie „Ausdauer", „Erfahrung", „Beständigkeit", „Bedachtsamkeit" usw., gegenüber Jugendwerten, wie „Kraft", „Dynamik", „Unbekümmertheit", „Durchsetzungsvermögen" usw., wieder stärker in den Vordergrund treten werden.

Von Bedeutung ist in diesem Zusammenhang sicher auch, wie die (zahlenmäßig reduzierte) Jugend auf diesen mutmaßlich zu erwartenden Trend reagieren wird. Nach der Meinung von HANS W. JÜRGENS kann man von der „seit Jahrtausenden tradierten Erfahrung" ausgehen, „daß die jüngere Generation der älteren gegenüber kritisch eingestellt ist und diese Kritik häufig in offener Opposition zum Ausdruck bringt"[33]. Soziologisch gesehen kann die in der Tat historisch wie heute zu verzeichnende mehr oder weniger starke Rebellion der Jugendlichen gegen die Gesellschaft der Erwachsenen auf mindestens zwei miteinander verbundene Faktoren zurückgeführt werden. Einmal ist — insbesondere in den entwickelten Gesellschaften — die Situation der Jugendlichen durch eine ausgesprochene Statusunsicherheit gekennzeichnet. Diese Statusunsicherheit, die eine Folge der anomischen, d. h. wenig strukturierten und entnormierten Phase des Übergangs aus der stärker strukturierten Situation des Kindes einerseits in die ebenfalls wieder stärker strukturierte Situation des Erwachsenen andererseits darstellt, ist eine notwendige Folge der sozialen Verlängerung der Jugendzeit. Die Unsicherheit und der entsprechende Protest sind deshalb auch bei jenen Jugendlichen am stärksten, deren Jugendzeit durch eine längere Ausbildungsdauer sozial „gestreckt" wird.

Zum anderen kann man davon ausgehen, daß menschliche Gruppen auf der Suche nach Strukturierung und Identität diese häufig durch negative Absetzung von anderen Gruppen zu gewinnen trachten. Daß für Jugendliche die Erwachsenen die negative Bezugsgruppe abgeben, ist aus vielerlei Gründen einsichtig. JÜRGENS meint nun, daß die Jugendlichen in einer wachsenden Bevölkerung die Hoffnung haben konnten, aufgrund ihrer zahlenmäßigen Bedeutung ihre oppositionellen Ansichten in der Zukunft durchsetzen zu können, was den „Generationenkonflikt" gedämpft hätte. „Es ist durchaus

---

[32] Die Zunahme des Anteils der älteren Menschen an der Bevölkerung wird von der Wirtschaft heute schon antizipiert. Vgl. hierzu z. B.: Der Monat in Wirtschaft und Finanz, 1977/6, Schweizerischer Bankverein, und den darin enthaltenen Beitrag „Die Rentner — ein Wirtschaftsfaktor von wachsender Bedeutung".
[33] JÜRGENS, op. cit., S. 10.

denkbar" — so JÜRGENS weiter — „daß die jüngere Generation — in Anbetracht der altersstrukturell bedingten Aussichtslosigkeit, ihre Anliegen durchzusetzen — zu einer zunehmenden Radikalisierung kommt. Eine Verschärfung des Generationenkonflikts wäre damit programmiert"[34]).

Soziologische Theorie legt nahe, eine solche Konsequenz des Geburtenrückgangs ins Auge zu fassen, sie jedoch als nicht sehr wahrscheinlich anzusehen. In seiner berühmten Klassifikation der Reaktionen in anomischen Situationen kommt ROBERT K. MERTON[35]) zu fünf möglichen Verhaltensweisen:

1. Konformität,
2. Innovation,
3. Ritualismus,
4. Desinteresse und
5. Rebellion.

Die von JÜRGENS vermutete verstärkte Rebellion ist danach also zunächst nur eine von mehreren möglichen Reaktionen. Soziologisch gesehen erscheint es wahrscheinlicher, daß die von JÜRGENS zu Recht apostrophierte „Aussichtslosigkeit" des Bemühens um radikale Änderung den Jugendlichen bewußt wird. Das unter dieser Bedingung zu erwartende Verhalten dürfte dann am ehesten „Konformität" oder „Desinteresse" sein. Für ein mit den Zielen und Werten der Erwachsenengesellschaft konformes Verhalten spricht zusätzlich, daß reduzierte Geburtenjahrgänge vermutlich sehr gute Chancen der Integration in die Gesellschaft der Erwachsenen — insbesondere was die Berufsstruktur angeht — haben dürften. Damit wird ein entscheidender Teil der Unsicherheit der Jugendlichen über ihre Zukunftsperspektiven ausgeräumt, was der Rebellion zumindest einen Teil ihrer strukturellen Grundlage entzieht. Daß sie als Randphänomen erhalten bleibt, ist schon allein aus Bedingungen, die mit subkulturellen Eigendynamiken verbunden sind, nicht auszuschließen[36]).

VI. Die Geburtenentwicklung und die Stellung der Frau

Bei der Diskussion einiger ökonomischer Aspekte des Geburten- und Bevölkerungsrückganges waren wir davon ausgegangen, daß kurzfristig gesehen keine größeren Probleme gesamtwirtschaftlicher Natur zu erwarten seien. Einige Schwierigkeiten, die nicht zuletzt die Stellung der Frau berühren, dürften sich aber daraus ergeben, daß zunächst noch relativ geburtenstarke Jahrgänge auf die Erwerbsstruktur zukommen und gleichzeitig wegen des starken Geburtenrückganges die Anzahl der Konsumenten der Leistungen bestimmter Sektoren dieser Struktur abnimmt. Davon sind zunächst unmittelbar jene Sektoren und Branchen betroffen, die direkt auf das Kind ausgerichtet sind, also zum Beispiel die Geburtshilfeabteilungen von Spitälern, die Kindergärten und Schulen, aber auch jene Sektoren von Industrie und Handel, die auf den Bedarf des Kindes und des Jugendlichen abstellen.

Wir wollen hier auf die sich in diesem Sektor abzeichnenden Umstrukturierungsprobleme nicht näher eintreten, von denen wir ja angenommen haben, daß sie wegen der

---

[34]) JÜRGENS, op. cit.
[35]) Vgl. MERTON, op. cit.
[36]) Vgl. zu einer umfassenden Behandlung des Jugendproblems ROBERT BLANCPAIN, ERICH HÄUSELMANN: Zur Unrast der Jugend: Eine soziologische Untersuchung über Einstellungen, politische Verhaltensweisen und ihre gesellschaftlichen Determinanten, Reihe Soziologie in der Schweiz 2, Frauenfeld und Stuttgart 1974.

ausreichenden Anpassungskapazität der Gesellschaft lösbar sind. Uns geht es vielmehr um die Frage, inwieweit die Stellung der Frau in Gesellschaft und Wirtschaft von den eben erwähnten Sachverhalten tangiert wird.

Wenn wir nur die genannten Dienstleistungsbereiche betrachten, dann zeigt sich, daß wir dort entweder Berufe finden, die typischerweise von Frauen besetzt werden, z. B. der Beruf der Krankenschwester oder der der Kindergärtnerin, daß aber auch im Lehrberuf, insbesondere auf den unteren Stufen des Schulsystems, Frauen über weite Strecken dominieren. In der Phase der allgemeinen Expansion war insbesondere dieser Bereich von Männern, die tendenziell höhere Positionen anstrebten und erreichten, freigegeben worden, so daß Frauen, ohne daß sie einem besonders starken Konkurrenzdruck ausgesetzt waren, in diese frei werdenden Positionen einrücken konnten. Sollte es nun, was mit großer Wahrscheinlichkeit zu erwarten ist, dahin kommen, daß sich aus der oben skizzierten Konstellation eine verstärkte Konkurrenz um Arbeitsplätze ergibt, so werden zunächst die Frauen unter entsprechend starken Druck kommen. Und was hier am Beispiel eines Bereiches exemplifiziert wurde, mag auch für andere Gültigkeit haben.

In einer solchen Situation ist anzunehmen, daß viele Frauen sich dem Konkurrenzdruck entziehen und nicht nur diesem, sondern auch dem mehr oder weniger subtilen sozialen Druck, der auf sie ausgeübt wird (man denke nur an das in der gegenwärtigen Rezession immer wieder zu hörende Wort vom „Doppelverdienertum"), und sich auf die Familie zurückziehen, d. h., die Frauen mögen mehr oder weniger gezwungen werden, zunehmend wieder die traditionelle Rolle der Hausfrau einzunehmen. Um diese Rolle zu legitimieren, könnten sie ebenfalls bereit sein, sich wieder vermehrt auch der Rolle der Mutter zuzuwenden, mit anderen Worten, wieder mehrere Kinder zu haben. Hier, wie auch am Beispiel anderer schon erwähnter sozialer Prozesse zeigt sich also, daß es nicht nur möglich, sondern sogar wahrscheinlich erscheint, daß der Prozeß des Geburtenrückganges aufgrund der damit verbundenen sozialen Prozesse nicht nur zum Stillstand kommen, sondern sogar eine gegenläufige Entwicklung erzeugen kann.

Mittelfristig gesehen könnte sich diese Entwicklung aber erneut umkehren, und zwar dann, wenn die geburtenschwachen Jahrgänge ins Erwerbsleben eintreten und die Nachfrage nach Arbeitskräften größer als das Angebot sein sollte. Unter dieser Voraussetzung werden Frauen ohne Zweifel wieder vermehrt für die Erwerbsstruktur rekrutiert, was seinerseits wieder zu einem Geburtenrückgang führen dürfte. Es hat also den Anschein, als sei längerfristig eher mit einer wellenförmigen Bewegung der Geburtenziffern zu rechnen als mit einem mehr oder weniger linear abwärts gerichteten Trend.

Für eine solche Prognose spricht auch, daß die in den hochindustrialisierten Ländern sinkende Geburtenrate vermutlich nicht nur die Folge eines Strukturwandels, sondern auch und gleichzeitig das Ergebnis eines Kulturwandels ist, konkret: einer Veränderung im Wertsystem[37]. So ist anzunehmen, daß im Rahmen eines kulturellen Wandels eine Uminterpretation dessen stattgefunden hat, was eine sinnvolle Existenz ist. Die Werte, die in diesem Zusammenhang von Bedeutung sind, kann man mit Begriffen wie „persönliche Unabhängigkeit", „Emanzipation", „Selbstverwirklichung", „individuelle Selbstentfaltung" usw. umschreiben. Bezieht man noch gestiegene Konsumaspirationen in die Betrachtung ein, so ist zu sagen, daß diese wie die genannten Werte mit wenigen oder ohne Kinder besser realisiert werden können als mit mehreren Kindern. Schließlich könnte auch die Antizipation einer gewissen sozialen Isolierung viele Frauen, die berufstätig sind, daran hindern, sich für die Rolle der Mutter zu entscheiden.

---

[37] Es sei nur noch einmal darauf hingewiesen, daß dieser Wertwandel wiederum strukturelle Determinanten hat und seinerseits wieder auf diese zurückwirkt usw.

Der kulturelle Wandel umfaßt also auch eine Veränderung des Rollenverständnisses der Frau, wobei die Rolle der Mutter zugunsten derjenigen der Partnerin und der Erwerbstätigen in den Hintergrund tritt. Geringe eheliche Kinderzahlen (zusammen mit verbesserten Bildungsmöglichkeiten, erhöhten Einkommen und einer zunehmenden Partizipation der Frau an den zentralen Statuslinien der Gesellschaft) sind nun ihrerseits geeignet, den eben skizzierten Kulturwandel zu fördern und weiter voranzutreiben. Ob und wann in diesem Prozeß Schwellenwerte erreicht werden, oder ob es zu einer Abschwächung der skizzierten Entwicklung kommt, ist eine offene Frage. Die Antwort wird unter anderem davon abhängen, ob institutionelle Vorkehrungen getroffen werden, die es der Frau ermöglichen, Kinder zu haben und gleichzeitig die genannten Werte zu realisieren. Es ist jedenfalls zu vermuten, daß ein längere Zeit anhaltender Bevölkerungsrückgang auf die Lösung dieses Problems zielende politische Maßnahmen stimulieren wird.

Weiter erscheint eine Erweiterung der Definition des Wertes „Selbstverwirklichung" als nicht unwahrscheinlich, und zwar dahingehend, daß Kinder zu haben ein wesentlicher Bestandteil seiner Erfüllung wird. Schließlich könnte auch der Wert der persönlichen Unabhängigkeit einen Schwellenwert erreichen, und zwar wenn sich abzeichnet, daß dafür z. B. eine Verarmung des sozialen Interaktionsfeldes, insbesondere des familialen, in Kauf genommen werden muß.

Schließlich sei hier auch noch einmal auf den schon erwähnten Zusammenhang von wirtschaftlicher Entwicklung und Berufstätigkeit der Frau hingewiesen, und zwar unter dem Aspekt, daß aufgrund dessen über ein mehr oder weniger erzwungenes Ausscheiden der Frauen aus dem Erwerbsleben traditionelle Familienwerte wieder belebt werden können. Zusätzlich sei darauf aufmerksam gemacht, daß gesamtwirtschaftlich gesehen eine traditionelle Grundwelle zu bestehen scheint, die diesen Prozeß noch fördern könnte. Es sprechen somit kulturelle wie strukturelle Faktoren für die im vorhergehenden formulierte Prognose.

VII. Familie und Kind

In unserer Primärerfahrung gilt, wie Friedhelm Neidhardt feststellt, die Familie als „Inbegriff des Privaten". „Damit verbindet sich im allgemeinen die Vorstellung von einem sozialen Raum, in dem sich anscheinend außerhalb aller gesellschaftlichen Zwänge auf eine höchst persönliche und recht ‚eigentliche' Weise leben läßt"[38]).

Im folgenden ist nun zu fragen, welche Konsequenzen der Geburtenrückgang für den sozialen Mikrobereich der Familie hat, insbesondere im Hinblick auf den *Status der Frau in der Familie*, die *Ehegatten-Beziehung*, die *Eltern/Kind-Beziehungen*, die *Situation des Kindes* — insbesondere des Einzelkindes — und schließlich die weiteren *Verwandtschaftsbeziehungen*

Zum Status der Frau ist als Faktum festzuhalten, daß — wie immer man die vielfach bestätigte negative Beziehung zwischen der Berufstätigkeit der Frau und der Kinderzahl kausal interpretieren mag — die Chancen der Frau, in bisher traditionell dem Mann vorbehaltenen Bereichen einen Status zu erwerben, nicht zuletzt eine Funktion der Zahl ihrer Kinder sind.

---

[38]) Friedhelm Neidhardt: Die Familie in Deutschland, Gesellschaftliche Stellung, Struktur und Funktionen, Opladen 1966, S. 5.

Es wäre ohne Zweifel verfehlt und würde einen Mittelschichtbias vermuten lassen, wollte man in diesem Zusammenhang eine Berufstätigkeit der Frau in jedem Falle mit der erhöhten Chance einer Selbstverwirklichung in einem nicht-familialen Bereich gleichsetzen. Dem steht allein schon die Tatsache entgegen, daß auch dem männlichen Teil der Bevölkerung die Berufstätigkeit nur höchst differenzielle Chancen der Selbstverwirklichung bietet.

Trotz dieser zweifellos richtigen Argumentation darf aber nicht übersehen werden, daß eine zunehmende Partizipation der Frau an den zentralen Statuslinien der Gesellschaft ihren gesamtgesellschaftlichen Status verändert und langfristig auch die Chance einer Abnahme traditioneller Rollenzuschreibungen impliziert. Schließlich kann die verheiratete Frau durch eine Berufstätigkeit über eigene Ressourcen verfügen, was ihren Status innerhalb der Familie verändert, ein Sachverhalt, den BLOOD und WOLFE in ihrer „Ressource Theory" formuliert haben[39]).

Demgegenüber haben familiensoziologische Untersuchungen auf der einen Seite ergeben, daß in der institutionellen Gliederung der Gesellschaft die Familie ohne Zweifel ein Glied mit geringer externer Macht und geringen Machtchancen darstellt und von den makrosoziologischen Gebilden auf die Familie ein starker Anpassungsdruck ausgeübt wird. In diesem Zusammenhang ist etwa auf den von der Industrialisierung erzwungenen Übergang von der Groß- zur isoliert lebenden Kernfamilie hinzuweisen, desgleichen auf die Abgabe von Funktionsteilen der Familie an öffentliche Einrichtungen und andere Organisationen. Auf der anderen Seite haben familiensoziologische Untersuchungen aber auch gezeigt, daß die These von der Machtlosigkeit der Familie zu relativieren ist. Wie KURT MAYER richtig feststellt, haben zahlreiche Studien „die Dauerhaftigkeit und den funktionalen Wert erweiterter Verwandtschaftsbeziehungen nachgewiesen, wobei sich allerdings diese Beziehungen vorwiegend zwischen separaten Haushaltungen abspielen,"[40]) und nicht mehr im Rahmen eines Großhaushaltes[41]). Weiter läßt sich zeigen, daß die interne Struktur der Kernfamilie, die früher im Zentrum der Großfamilie stand und heute meist einen eigenen Haushalt bildet, sich gegenüber dem Wandel im sozialen Umfeld als in sehr starkem Maße resistent erwiesen hat. Man geht vermutlich nicht fehl in der Feststellung, daß die Kernfamilie, vielleicht gerade wegen ihrer zunehmenden funktionalen Entlastung, ihre innere Struktur als feudal bis patriarchalisch aufgebautes Kleinsystem behaupten konnte. Dies dürfte jedenfalls so lange gelten, bzw. gegolten haben, bis Familien vermehrt begannen, sich auch von der Reproduktionsfunktion zu entlasten. Dies ist nur ein anderer Ausdruck für die Tatsache, daß der eingetretene Bevölkerungsrückgang eine Folge der Abnahme der ehelichen Fruchtbarkeit ist.

Gerade dieser zuletzt genannte Sachverhalt beeinflußt in nicht unerheblichem Maße die *Ehegatten-Beziehungen*, d. h. die Struktur der Familie.

Aus der durch keine oder wenige Kinder geförderten externen Berufstätigkeit der Frau ergibt sich zunächst eine Erhöhung des Familieneinkommens und damit für die Familie insgesamt auch die Chance einer als sozialer Aufstieg zu kennzeichnenden Teilnahme an den Symbolen höherer Statusgruppen. Wie THOMAS HELD und RENÉ LEVY in einer umfassenden Untersuchung über die Stellung der Frau in Familie und Gesellschaft

---

[39]) Vgl. ROBERT O. BLOOD und DONALD M. WOLFE: Husbands and Wifes, The Free Press, Glencoe, Ill. 1960.
[40]) KURT B. MAYER, op. cit., S. 90.
[41]) Vgl. hierzu aber die relativierenden Bemerkungen von MICHAEL MITTERAUER und REINHARD SIEDER (Vom Patriarchat zur Partnerschaft, Zum Strukturwandel der Familie, München 1977), die vom „Mythos" der vorindustriellen Großfamilie sprechen.

nachweisen, besteht in der *Großstadt* ein durchgehender Zusammenhang: „Je geringer das Einkommen des Mannes, desto höher die Erwerbsquote der Frau ... Im *kleinstädtischen Kontext* besteht dagegen kein solcher Zusammenhang"[42]. Daraus schließen die Autoren, daß gegen die Erwerbstätigkeit von verheirateten Frauen und insbesondere Müttern gerichtete soziale Normen in der Kleinstadt offenbar noch stärkere Geltung haben als in der Großstadt. Auf ihre „strukturell ähnliche Situation reagieren offensichtlich die Familien der Unterschicht in den zwei Kontexten grundverschieden: In der Großstadt durch Einsatz der Frau als zusätzliche Verdienerin, in der Kleinstadt aber sehr häufig durch Konsumverzicht. Die Frau und Mutter bleibt zu Hause und versucht möglichst viele familiäre Bedürfnisse durch eigene Arbeit oder den Beizug von Verwandten (dadurch mit geringen Kosten) zu befriedigen. Zu diesen Einsparungen kommen auch eigentliche Einschränkungen; ein tieferer Konsumstandard wird im kleinstädtischen Kontext eher in Kauf genommen als im großstädtischen, wo der Statusdruck bedeutend größer ist"[43].

Hinsichtlich der internen Struktur der Familie haben HELD und LEVY festgestellt, daß ein deutlicher „Zusammenhang zwischen weiblicher Berufstätigkeit und der Traditionalität der Rollenstruktur (besteht): Wenn die Frau arbeitet, ist die Traditionalität geringer als wenn die Frau nicht arbeitet"[44]. Wie die genannten Autoren weiter feststellen, wird auch die familiäre Machtverteilung von der Frauenarbeit offenbar beeinflußt: „Wo die Frau arbeitet, ist die Dominanz des Mannes seltener ... Die Berufstätigkeit der Frau ist offensichtlich ein wichtiger Faktor für den Abbau traditioneller Rollenzuordnungen und auch für den Abbau der männlichen Vorherrschaft in der Familie. Sie ist zum Teil eng mit der Schichtlage verknüpft, und es bestätigt sich die Vermutung, daß ... die seltenere Entscheidungsdominanz des Mannes in der großstädtischen Unterschicht teilweise durch die in der Unterschicht besonders häufige Frauenarbeit zustande (kommt)"[45]. Diese Ergebnisse stimmen völlig überein mit Befunden von HANS W. JÜRGENS und KATHARINA POHL, nach denen die Traditionalität der Rollenstruktur der Familie zunimmt und das Machtgefälle sich zugunsten des Mannes verstärkt, wenn eine bislang kinderlose berufstätige Frau Kinder bekommt und sich aus dem Erwerbsleben zurückzieht[46]. Von dem eingangs dargestellten theoretischen Modell ausgehend, könnte man auch sagen, daß die Traditionalisierung von Teilen der Familienstruktur (Geburt von Kindern, Ausscheiden der Frau aus dem Beruf) über eine strukturelle Eigendynamik zur Traditionalisierung weiterer Strukturelemente wie der Ehegattenbeziehung führt. Dies ist, wie JÜRGENS und POHL nachweisen, spätestens nach dem zweiten Kind der Fall[47]. Mit dem Rückzug aus einem wichtigen Subsystem der Gesellschaft wird also die Emanzipation der Frau nicht nur, wie im vorhergehenden Abschnitt angedeutet, im gesamtgesellschaftlichen Rahmen beeinträchtigt, sondern als Folge dessen auch im familialen

---

[42] THOMAS HELD/RENÉ LEVY: Die Stellung der Frau in Familie und Gesellschaft. Eine soziologische Analyse am Beispiel der Schweiz, Frauenfeld u. Stuttgart 1974, S. 180 (Hervorhebung im Original).
[43] Vgl. ibid., S. 181.
[44] ibid., S. 162.
[45] ibid., S. 162/163.
[46] In diesem Zusammenhang darf auch nicht übersehen werden, daß die verheiratete berufstätige Frau, insbesondere wenn sie Kinder hat, in einem eigentlichen Dilemma zwischen Überforderung (durch Kumulation der Rollen „Berufstätige", „Mutter", „Ehefrau" und „Hausfrau") und Vereinsamung (durch den Verlust eines wichtigen Interaktionsfeldes bei Aufgabe der Berufstätigkeit) lebt. Dieses Dilemma ist im Rahmen der Familie allein kaum zu lösen.
[47] Vgl. HANS W. JÜRGENS, KATHARINA POHL: Kinderzahl — Wunsch und Wirklichkeit, Schriftenreihe des Bundesinstituts für Bevölkerungsforschung, Stuttgart 1975.

Rahmen. Selbstverständlich sind Familienmodelle denkbar und auch hinreichend diskutiert worden[48]), die helfen könnten, die eben genannten Konsequenzen eines Entscheides für Kinder zu reduzieren oder auszuschalten. Wegen der ebenfalls diskutierten externen Machtlosigkeit der Familie können solche Modelle jedoch nicht gegen den Widerstand der hier relevanten Institutionen und Organisationen durchgesetzt werden. Hier müßte gesamtgesellschaftlicher Wandel dem Wandel der Familie vorauslaufen.

Im Zusammenhang mit der Diskussion der strukturellen Aspekte der Ehegatten-Beziehungen ist auch die Frage zu stellen, wie sich diese Beziehungen verändern, wenn eine Ehe Funktionsverluste erleidet und sich insbesondere von der Reproduktionsfunktion mehr oder weniger entlastet. Man wird davon auszugehen haben, daß unter dieser Voraussetzung die sozio-emotionale Komponente, mit NIKLAS LUHMANN gesprochen: „Liebe als Integrationsmedium", zusätzlich an Gewicht gewinnen wird. Es ist denn auch nicht zufällig, daß die Ehe als institutionalisierte Zweierbeziehung trotz des Verlustes der traditionellen Produktions- und Reproduktionsfunktionen kaum an Beliebtheit abgenommen hat. Die Reduktion auf hochpersonalisierte emotionale Beziehungen vergrößert gleichzeitig auch den strukturellen Freiraum, insbesondere für die Kernfamilie ohne Kinder, und zwar selbst in bezug auf ihre eigene Liquidierung.

Die vorwiegend über den emotionalen Bereich stabilisierte Partnerschaft stellt wegen der Reduktion auf die emotionale Basis der Bindung höhere Ansprüche hinsichtlich deren Aufrechterhaltung. Die Wahrscheinlichkeit ist deshalb groß, daß die Zahl der Scheidungen wie die der Wiederverheiratungen zunehmen wird. Dabei ist nicht auszuschließen, daß auch die Zahl der allein lebenden Personen ansteigt, was die Gefahr der sozialen Isolierung dieser Personen mit sich bringen kann.

Unter dem Aspekt des normativen Gehaltes der Ehegatten-Beziehungen ist schließlich zu sagen, daß die Familienstruktur, so lange keine Kinder vorhanden sind, d. h., so lange keine soziale Verantwortung zu tragen ist, heute als in zunehmendem Maße sozial unnormiert erscheint. Eine stärkere soziale Normierung setzt erst dann ein, warauf wir eben unter Hinweis auf die Forschungsergebnisse von JÜRGENS und POHL schon hingewiesen haben, wenn die Familie auch Kinder umfaßt. Schließlich sei noch bemerkt, daß die relative Normlosigkeit der kinderlosen Ehe, die sich möglicherweise längerfristig auch auf Familien mit Kindern auswirken kann, es natürlich anderen Institutionen, wie der Wirtschaft, erleichtert, die Familie entsprechend ihren Vorstellungen zu beeinflussen.

Die Familienstruktur besteht nun nicht nur aus den Ehegatten-, sondern, wenn Kinder vorhanden sind, auch aus den *Eltern/Kind-Beziehungen*. Man kann einmal davon ausgehen, daß diese Beziehungen nicht unabhängig davon sind, ob die Ehegatten-Beziehung eher partnerschaftlich oder eher traditionell strukturiert ist. Wenn die Beziehungen zwischen den Eltern nicht durch das Muster von Über- und Unterordnung gekennzeichnet sind, so wird auch vermutlich das Kind weniger Dominanz erfahren.

In den Problemkreis der Eltern/Kind-Beziehungen gehört schließlich auch die Frage, welche Normen und Werte, insgesamt welche Rollenmuster das Kind im Sozialisationsprozeß internalisiert. Wenn der Vater eher die Außenbeziehung wahrnimmt und die Rolle des Tüchtigkeitsvorbildes (instrumental leader) ausübt, der Frau dagegen der Bin-

---

[48]) Vgl. hierzu u. a.: Die Familie unter Druck. Familie — Wirtschaft, Gesellschaft, Zukunft, herausgegeben vom Institut für Ehe- und Familienwissenschaft, Zürich, Zürich/Köln 1973; Mann und Frau — schon Partner? Zur Emanzipation oder Eigenberechtigung von Mann und Frau, herausgegeben vom Institut für Ehe- und Familienwissenschaft, Zürich, Zürich/Köln 1973, und JOHANNES FEIL (Hg.), Wohngruppe, Kommune, Großfamilie — Gegenmodelle zur Kleinfamilie, Reinbek bei Hamburg 1972.

nenbereich und die Rolle des Beliebtheitsvorbildes (expressive leader) zugeschrieben wird. dann wissen wir, daß in der Sozialisation in starkem Maße geschlechtsspezifische Rollenvorstellungen vermittelt werden. Das bei Vorhandensein mehrerer Kinder in der Regel gegebene Ausscheiden der Frau aus dem Erwerbsprozeß führt also tendenziell auch zu einer Erhaltung traditioneller Eltern/Kind-Beziehungen und gesamtgesellschaftlich über den Sozialisationsprozeß zu einer Erhaltung traditioneller Rollenvorstellungen in bezug auf die Rollen „Mann" und „Frau".

Die mit dem Geburtenrückgang zunehmende Einkindfamilie dürfte dagegen eher einem Abbau von Geschlechtsstereotypen förderlich sein.

Bekanntlich wird die *Situation des Einzelkindes* allgemein als problematisch angesehen. Es ist daher zu fragen, welche Effekte des Geburtenrückganges in dieser Hinsicht zu erwarten sind. Dabei ist auch zu diskutieren, ob die durch geringe eheliche Fruchtbarkeit erleichterte Berufstätigkeit der Frau notwendigerweise zu negativen Konsequenzen für das Kind (oder die Kinder) führt.

In der „vorwissenschaftlichen Vorstellung", so stellt RAINER TÖLLE[49]) wohl zu recht fest, erscheine das Einzelkind als mit zumindest zwei Problemkomplexen belastet. Einmal führe die ungeteilte Fürsorglichkeit der Eltern, die einem Einzelkind zuteil werde, zu einer Behinderung der Entwicklung zur Eigenständigkeit. Zum anderen liege eine weitere Schwierigkeit darin, daß dem Einzelkind die Auseinandersetzung mit Geschwistern fehle und es daher weniger gezwungen sei, sich in eine Gemeinschaft einzuordnen. Dies könne sich in überhöhter Selbsteinschätzung und Anspruchshaltung des Kindes äußern, aber auch noch im Erwachsenenalter zu Schwierigkeiten führen. Weiter wird gesagt, daß Einzelkinder eher nervöse und neuropathische Symptome zeigten und allgemein zu Verhaltensstörungen neigten.

Ob und inwiefern die Ein- und Mehrkindfamilie dem Kinde zuträglicher ist, läßt sich im Augenblick nur hinsichtlich Teilaspekten beantworten. Die vorliegenden Forschungsergebnisse lassen aber den Schluß zu, daß die skizzierten vorwissenschaftlichen Eindrücke entweder als falsch oder als zumindest übertrieben anzusehen sind.

Hinsichtlich des Problems der mangelnden Eigenständigkeit hat TONI FALBO[50]) festgestellt, daß als Einzelkinder Aufgewachsene häufiger über Führungsqualitäten verfügen als Personen, die mit Geschwistern aufgewachsen sind. Des weiteren sind nach diesen Ergebnissen Einzelkinder auch häufig vertrauensvoller, und es finden sich bei ihnen neurotische Anpassungsschwierigkeiten keineswegs häufiger als bei anderen. FALBO erklärt diese Sachverhalte damit, daß Einzelkinder in ihrer Kindheit das Mißtrauen schürende Konkurrenzdenken unter Geschwistern nicht kennengelernt hätten und darüber hinaus durch den intensiveren Umgang mit Erwachsenen früher reif geworden seien. TONI FALBO belegt darüber hinaus, daß Einzelkinder sich auch durch eine hohe Leistungsmotivation und Intelligenz auszeichnen. Zum letzten Punkt zeigt eine umfassendere Analyse

---

[49]) Vgl. zum folgenden RAINER TÖLLE: Psychiatrische Probleme der Geburtenkontrolle und Familienplanung. In: R. Blobel, A. Flitner, R. Tölle (Hrsg.), Familie und Geburtenregelung, München 1969, S. 102/103, sowie die entsprechenden Literaturhinweise von TONI FALBO: Does the Only Child Grow up Miserable?, Psychology Today, May 1976, S. 60 f.

[50]) FALBO, op. cit.

von Zajonc[51]), daß die intellektuellen Leistungen von Kindern in Mehrkindfamilien mit dem Rang in der Geburtenfolge abnehmen, das erste Kind also tendenziell die besten Leistungen erbringt. Für Einzelkinder gilt jedoch, daß ihre intellektuellen Leistungen im Vergleich mit Kindern aus Mehrkindfamilien in etwa denen von zweiten Kindern in Zwei- und Dreikinderfamilien entsprechen. Nach den von Zajonc vorgelegten Daten hat es deshalb den Anschein, als biete die kleine Familie — insbesondere die Zweikindfamilie — die besten Voraussetzungen für die intellektuelle Entwicklung der Kinder. Aber auch mit Bezug auf die Einkindfamilie kann man sich Toni Falbo anschließen, wenn sie feststellt: „These findings suggest that couples can limit their families to one child without undesirable consequences to themselves or to the child. Parents can stop worrying that they must have a second child in order to keep the first from becoming neurotic, selfish and lonely. Parents may worry instead about putting all their eggs in one basket, so to speak, but the chances are very high that the basket will be a strong and stable one"[52]).

In diesem Zusammenhang ist aber auch die Frage des zeitlichen Abstandes zwischen den Geburten von Bedeutung. Wiederum nach Zajonc ist der intellektuelle Vorsprung der früher geborenen Kinder dann besonders deutlich, wenn die Abstände zwischen den Geburten relativ kurz sind. Längere Intervalle zwischen den Geburten tendieren dagegen dazu, die negativen Effekte der Geburtenfolge zum Verschwinden zu bringen. Längere Abstände zwischen den Geburten, wie wir sie heute zu verzeichnen haben, fördern also ebenfalls die intellektuelle Entwicklung der Kinder.

Mit diesen Resultaten vereinbar sind Ergebnisse von Untersuchungen an neurotischen und verhaltensgestörten Kindern zur Bedeutung des Altersabstandes. Nach Ergebnissen von Dechêne, die Tölle referiert[53]), ist ein kurzer Altersabstand zwischen zwei Geschwistern für das ältere ungünstiger als für das jüngere, ein langer Altersabstand umgekehrt. Mit anderen Worten: bei kurzem Abstand kommen psychoreaktive Störungen häufiger bei dem jeweils älteren Kind vor, bei längerem Abstand bei dem jüngeren. Dem widersprechen allerdings Beobachtungen von Lempp[54]), nach denen eine pathogene Geschwisterrivalität sich nicht so stark ausprägen soll, wenn das ältere Kind früh entthront wird und bald lernt, mit anderen Geschwistern aufzuwachsen.

Mit Bezug auf nervöse und neuropathische Symptome bei Einzelkindern stellt Tölle fest, daß solche „psychischen Störungen bei Einzelkindern *nicht* häufiger auftreten als bei anderen Kindern. Das haben systematische Untersuchungen in verschiedenem Alter gezeigt"[55]). Auch von klinischer Seite liegen entsprechende Befunde vor[56]). Da diese Untersuchungen aber aus methodologischer Sicht mit Vorsicht zu interpretieren sind, darf daraus nicht geschlossen werden, daß Einzelkinder nicht mehr als andere oder sogar, wie Beck und Lempp feststellten, eher weniger störungsanfällig sind als Kinder aus Mehrkindfamilien[57]). Ebenfalls nicht beantwortet ist die Frage, ob Einzelkinder im Erwach-

---

[51]) Vgl. R. B. Zajonc: Family Configuration and Intelligence. Variations in scholastic aptitude scores parallel trends in family size and the spacing of children, Science, vol. 192, No. 4236, 1976, S. 227—236. Am Rande sei darauf hingewiesen, daß die von Zajonc berichteten Ergebnisse nicht *schichtspezifisch* variieren, wenngleich *zwischen den Schichten* deutliche Unterschiede der Test**ergebnisse auftreten**. Vgl. hierzu auch Ulrich Oevermann et al.: Die sozialstrukturelle Einbettung von Sozialisationsprozessen: Empirische Ergebnisse zur Ausdifferenzierung des globalen Zusammenhangs von Schichtzugehörigkeit und gemessener Intelligenz sowie Schulerfolg, Zeitschrift für Soziologie, Jg. 5, Heft 2, April 1976, S. 167—199.
[52]) Falbo, op. cit., S. 65.
[53]) Vgl. R. Tölle, op. cit., S. 111.
[54]) ibid., S. 112.
[55]) ibid., S. 103 (Hervorhebung im Original).
[56]) ibid.
[57]) ibid.

senenalter eher psychische Störungen aufweisen. Nach Untersuchungen von ENKE und MICHLER waren unter psychosomatischen Kranken Einzelkinder signifikant häufig vertreten[58]), und auch bei einigen Untersuchungen zur Biografie abnormer Persönlichkeiten konnte ebenfalls ein Überwiegen von Einzelkindern festgestellt werden. Für eine statistisch gesicherte Aussage reichen diese Befunde allerdings nicht aus, so daß weitere Untersuchungen dringend geboten sind. Gestützt auf die methodologisch am besten fundierte Untersuchung von ZAJONC wird man jedenfalls festhalten können, daß eine geringe Kinderzahl es den Eltern tendenziell eher erlaubt, optimale Bedingungen für die Aufzucht sowie für die Bildung und Ausbildung der Kinder zu schaffen.

Wie HELD und LEVY zu recht bemerken, galt die „Berufstätigkeit der Mutter lange Zeit als großes Hindernis für die gesunde Entwicklung der Kinder. Diese Bewertung stützte sich einerseits auf psychologische Untersuchungen über den sogenannten Hospitalismus bei Kleinkindern, gemäß denen das dauernde Fehlen einer gefühlvollen und beschützenden Mutterperson zu schwerwiegenden Störungen der Persönlichkeitsentwicklung führt... Andererseits entspricht sie dem traditionell gewordenen Rollenstereotyp, daß die verheiratete Frau und Mutter nicht berufstätig sein soll, sondern sich um den Mann, die Kinder und den Haushalt zu kümmern habe"[59]).

Die Ergebnisse der Hospitalismusforschung können ohne Zweifel nicht bestritten werden und sind ernst zu nehmen. Die in den grundlegenden Untersuchungen von R. A. SPITZ gefundenen und später vielfach bestätigten Effekte treten in der Familie „mit klarer Deutlichkeit allerdings nur dann (auf), wenn ein so rapider Wechsel der Bezugspersonen stattfindet, daß in der Familie praktisch die von SPITZ untersuchte Heimsituation (Hospitalism) besteht"[60]). Man kann RÖTTGER sicher folgen, wenn er postuliert, daß bei entsprechenden institutionellen Vorkehrungen die zeitweilige Abwesenheit der Mutter keinen Hospitalismuseffekt hätte, sich die Berufstätigkeit der Mutter sogar positiv auswirken würde[61]). Diese Auffassung wird von den Ergebnissen vieler Untersuchungen bestätigt, die E. E. MACCOBY zusammengestellt hat[62]). Danach tritt zum Beispiel Jugenddelinquenz am seltensten bei Kindern von regelmäßig berufstätigen Müttern auf. Schulprobleme, die gelegentlich bei Kindern berufstätiger Frauen häufiger auftreten, scheinen eher mit der Schichtlage als mit der mütterlichen Berufstätigkeit zusammenzuhängen, ebenfalls andere Anpassungsprobleme; Töchter arbeitender Mütter zeigen mehr Konflikte in ihren Beziehungen zum Vater; Kinder berufstätiger Frauen sind im allgemeinen selbständiger. Man kann also festhalten, daß die durch ihre Berufstätigkeit sozial integrierte Frau hinsichtlich der Entwicklung ihrer Kinder der Mutterrolle offenbar eher gerecht wird, als die sozial desintegrierte Frau.

Hinsichtlich des Aspektes der *Verwandtschaftsbeziehungen* ist zu sagen, daß der Trend zur Klein- und Kleinstfamilie notwendigerweise zu einer Verkleinerung von Verwandtschaftzirkeln führt, in denen, wie wir wissen, oft noch ein nennenswerter Teil der sozialen Beziehungen angesiedelt ist; mit anderen Worten schrumpft mit dem aufgezeigten Trend das familiale Interaktionsfeld, womit die Chancen für eine soziale Isolierung der Kleinfamilie zunehmen. Hier stellt sich allerdings die Frage, inwieweit diese Schrumpfung durch den Aufbau eines nicht-familienbezogenen Interaktionskreises wettgemacht werden kann.

---

[58]) Vgl. TÖLLE, op. cit., S. 108.
[59]) HELD/LEVY, op. cit., S. 182.
[60]) ibid., S. 182/183.
[61]) Vgl. W.-A. RÖTTGER: Mütter, Emanzipation und Kindererziehung, Göttingen 1971, besonders S. 200—210, nach HELD/LEVY, op. cit., S. 183.
[62]) Vgl. E. E. MACCOBY: Effects Upon Children of Their Mother's Outside Employment. In: National Manpower Council, Work in the Lives of Married Women, Columbia Univ. Press, New York 1958, nach HELD/LEVY, op. cit., S. 182.

Da die kinderlose Frau, oder die Frau mit einem Kind, signifikant häufiger berufstätig ist als die Frau mit mehreren Kindern, impliziert dies auch Chancen zur Erschließung neuer Interaktionsfelder; d. h., die berufstätige Frau hat eher die Möglichkeit, einen eigenen und von ihrer Familie unabhängigen, mit ihr aber zu verbindenden Bekanntenkreis aufzubauen, als die nicht-berufstätige. Daß hier allerdings Faktoren, die mit der Schichtzugehörigkeit verbunden sind, eine entscheidende Rolle spielen, muß nicht besonders betont werden. „Bei Aktivitäten, die mit einem zeitlichen Aufwand und intensiven sozialen Beziehungen verbunden sind (Vereinsmitgliedschaft, Cliquenbeziehungen), sind vor allem berufstätige Frauen aus der Unterschicht benachteiligt"[63]), während Frauen höherer Schichten, die sich hinsichtlich ihrer häuslichen Aufgaben eher entlasten können, auch dann, wenn sie nicht berufstätig sind, eher die Möglichkeit haben, einen eigenen Interaktionsbereich außerhalb der Familie aufzubauen.

Zusammenfassend ist festzustellen, daß eine Abnahme der Familiengröße nicht notwendigerweise zu einer Verkleinerung des Interaktionsfeldes führen muß. In diesem Zusammenhang darf auch nicht übersehen werden, daß eine relativ hohe geografische Mobilität selbst größere Verwandtschaftszirkel mehr oder weniger effektiv zu trennen vermag, so daß auch von daher, soll eine soziale Isolierung vermieden werden, sich der Aufbau eines außerfamilialen Interaktionsfeldes aufdrängt. Das familienunabhängige Interaktionsfeld wird allerdings durch fluktuierende und eher sachlich spezifizierte Sozialbeziehungen gekennzeichnet sein, insbesondere dann, wenn dieses Feld aus dem Rahmen der jeweiligen Berufstätigkeit rekrutiert wird. Weiter dürfte sich das nicht-familiale Interaktionsfeld dadurch auszeichnen, daß es in starkem Maße altershomogen und generationsbezogen ist, d. h., peer-group-Charakter aufweist. Ein solcher Effekt ergibt sich, auf die Kinder bezogen, auch aus der Zunahme von Einzelkindern, so daß insgesamt mit einer verstärkten sozialen Segregation der Altersgruppen zu rechnen ist. Es erscheint wahrscheinlich, daß damit auch eine Verstärkung altersspezifischer Subkulturen verbunden ist.

VIII. Schlußbemerkungen

Betrachtet man die im vorhergehenden behandelten Probleme vor dem Hintergrund der Globalgesellschaft, dann wird man zu recht sagen können, sie seien höchst marginal. In diesem Rahmen erscheint selbstverständlich von größerer Dringlichkeit die Frage, ob die Weltbevölkerung bis zum Jahre 2000 die 6-Milliarden-Grenze überschritten haben wird und sich vielleicht einige Jahrzehnte später zwischen 10 und 12 Milliarden einpendelt.

Inzwischen darf man allerdings als bekannt voraussetzen, daß solche globalen Prognosen kaum mehr ergeben als beeindruckende und allenfalls noch erschreckende und vielleicht sogar lähmende Ziffern. Den eigentlichen Problemen der Bevölkerungsentwicklung, und zwar sowohl deren Ursachen als auch deren Konsequenzen, wird man sich wohl nur sinnvoll nähern können, wenn man die Analyse zunächst auf den Rahmen problemhomogener Regionen beschränkt. Eine weltweite Betrachtungsweise würde zum Beispiel die Fragestellung, mit der wir uns beschäftigt haben, gar nicht erst in Erscheinung treten lassen. Unabhängig davon, zu welchen Schlußfolgerungen wir letztlich hinsichtlich des Bevölkerungstrends kommen, der auf die hochentwickelten Länder zukommt, scheint mir seine Analyse auch für jene Länder bedeutsam zu sein, die mit einer entgegengesetzten Bevölkerungsentwicklung konfrontiert sind. Zeigt sich doch dabei, daß ein exponentielles Bevölkerungswachstum nicht etwas ist, das mit der Gewalt eines Naturereignisses über uns hereinbricht, sondern an konkret angebbare und veränderbare gesellschaftliche Verhältnisse gebunden ist.

---

[63]) HELD/LEVY, op. cit., S. 324.

In unserer Analyse kam es uns vor allen Dingen darauf an, zu zeigen, von wie komplexen Wirkungszusammenhängen eine soziologische Analyse demographischer Prozesse auszugehen hat. Dabei ist es, wie andeutungsweise demonstriert wurde, gleichgültig, ob man sich mit den Determinanten, oder — was im vorhergehenden im Vordergrund stand —, mit den Konsequenzen demographischer Sachverhalte beschäftigt.

Die Schwierigkeiten, die sich für eine soziologische Analyse ergeben, wurden einleitend schon kurz skizziert. Diese Schwierigkeiten haben ihren Grund sicher auch im gegebenen Zustand der soziologischen Theoriebildung, der sich durch eine äußerst große Heterogenität auszeichnet[64]). Sie sind aber auch prinzipieller Natur, denn die Frage nach den Auswirkungen eines Bevölkerungsrückganges in hochentwickelten Gesellschaften ist auf die Zukunft gerichtet und kann deshalb vornehmlich nur spekulativ beantwortet werden. Wie sich gezeigt hat, gilt dies vor allen Dingen für Aussagen über makro-soziologische und makro-ökonomische Phänomene. Auf günstigere Voraussetzungen kann sich dagegen eine Analyse des Mikrobereiches abstützen. Hier waren wir in der Lage, uns insbesondere im Bereich der Familie auf empirische Untersuchungen von Sachverhalten zu stützen, die bisher schon in kleineren Segmenten der Bevölkerung zu verzeichnen waren, unter der Annahme eines weiteren Geburtenrückganges aber eher zur Regel werden. Aus wissenschaftslogischer Perspektive haben selbstverständlich auch die in diesem Zusammenhang gemachten Aussagen hypothetischen Charakter, können aber doch als zumindest partiell empirisch bestätigt angesehen werden.

Als ein besonders gravierendes Problem hat sich schließlich die kaum noch überschaubare Interdependenz aller in diesem Zusammenhang relevanten Faktoren erwiesen. Wir haben an einigen Stellen aufzuzeigen versucht, wie sich aufgrund oft nur geringer Variationen bestimmter Annahmen, die ihrerseits wieder auf bestimmten Annahmen beruhen usf., entscheidende Veränderungen in den Voraussagen ergeben. Hätten wir das methodologische Prinzip der Variation von Annahmen systematisch durchgehalten, so wäre der Rahmen dieses Beitrages noch stärker gesprengt worden, als dies schon der Fall ist. Es bleibt deshalb nur zu hoffen, daß es zumindest gelungen ist, für weitere Untersuchungen bedeutsame Aspekte aufzuzeigen. Da die komplexe Problematik aber allein verbal kaum mehr befriedigend zu handhaben ist, empfiehlt sich als nächster Schritt die Entwicklung von Partialmodellen systemtheoretischer Natur, von denen zu hoffen ist, daß sie schließlich zu einem umfassenden Modell zusammengefügt werden können. Die vorgelegte Theorieskizze könnte dazu einen ersten Ansatzpunkt abgeben.

---

[64]) Einen Eindruck von dieser Heterogenität gibt: Zwischenbilanz der Soziologie, Verhandlungen des 17. Deutschen Soziologentages, im Auftrag der Deutschen Gesellschaft für Soziologie, herausgegeben von M. Rainer Lepsius, Stuttgart 1976.

Geburtenrückgang und Konsequenzen für die Stadtentwicklung

Darstellungen einiger Zusammenhänge und Auswirkungen
am Beispiel der Stadt Augsburg

von

Karl König, Augsburg

I. Vorbemerkungen

Die Bundesrepublik ist bekanntlich — als Vorreiter einer überall in Europa zu beobachtenden Entwicklung — bei der niedrigsten Geburtenziffer der Welt angelangt, und dabei ist noch ungewiß, ob der Tiefpunkt schon erreicht ist. Allein aus einem weiteren Abbau der nach wie vor vorhandenen regionalen Differenzierung in der Fruchtbarkeit könnte sich noch für einige Zeit ein Absinken der Geburtenfrequenzen ableiten. Noch zögert man, vor allem in der Politik, teils auch in der Wissenschaft, darin eine allzu dramatische Entwicklung sehen zu müssen, zumal in kurz- bis mittelfristiger Betrachtung die Vorteile eher zu überwiegen scheinen. Nicht zuletzt mag diese zögernde Haltung auch darauf zurückzuführen sein, daß bei einer zunächst noch mäßigen Abnahme der Gesamtbevölkerung die Besetzung der aktiven Jahrgänge mittelfristig noch wächst und hier erst etwa ab 1995 mit einem Absinken unter den heutigen Stand gerechnet werden muß.

Aus dieser gesamträumlichen Sicht heraus scheint auch immer noch der Blick getrübt für die weit einschneidenderen und rasch wirksam werdenden teilräumlichen Konsequenzen, die insbesondere KARL SCHWARZ anhand verschiedener Analysen und Modelluntersuchungen in den letzten Jahren wiederholt herausgestellt hat[1]).

Besonders drastisch wirkt sich heute schon der allgemeine Geburtenrückgang in den großen Städten aus, zumal er hier zusammentrifft mit anderen Gegebenheiten und Veränderungskomponenten, die seinen Effekt noch verstärken. Da sind zunächst einmal die ohnehin schon niedrigen Geburtenziffern, die ohne Zuwanderung aus Überschußgebieten längst nicht mehr zur Erhaltung des Bevölkerungsstandes, geschweige denn zu einem weiteren Wachstum ausgereicht hätten. Andererseits wird die Überalterung der Bevölkerung vieler großer Städte dort in naher Zukunft die schon über dem Durchschnitt liegenden allgemeinen Sterbeziffern weiter ansteigen lassen. Zu den zu erwartenden noch erhöhten Geburtendefiziten kommen die Auswirkungen der Abwanderungen beträchtlicher Bevöl-

---

[1]) K. SCHWARZ (u. a.): Tendenzen der gegenwärtigen Bevölkerungsentwicklung und ihre Bedeutung für die Planung. Vortrag anläßlich einer Tagung des Instituts für Städtebau Berlin der Deutschen Akademie für Städtebau und Landesplanung vom 6.—10. 12. 1976 in Berlin mit dem Thema „Bevölkerungsabnahme und räumliche Auswirkungen"; sowie: Überlegungen zu den Konsequenzen der neueren Bevölkerungsentwicklung. Referat anläßlich der zusammen mit der Deutschen Akademie für Städtebau und Landesplanung durchgeführten wissenschaftlichen Plenarsitzung der Akademie für Raumforschung und Landesplanung am 25. 9. 1975 in Duisburg.

kerungsteile in die Umgebung, die zwar nicht die Einwohnerzahl der städtischen Agglomerationen insgesamt vermindern, aber das Bevölkerungspotential der Kernstädte quantitativ und qualitativ beeinträchtigen.

Ziel dieses Beitrages soll es sein, am Modellfall Augsburg soweit möglich quantifizierend den eingetretenen Wandel und dessen Auswirkungen auf die künftige Bevölkerungsentwicklung zu skizzieren und daraus wesentliche Folgerungen für die Stadtentwicklung abzuleiten. Dabei stellt sich wie immer bei einer Fallstudie die Frage, wieweit aus den Gegebenheiten des Modellfalles auf die Entwicklung in der Gesamtheit der großen Kernstädte und Verdichtungsräume geschlossen werden kann, die doch letztlich Siedlungskörper mit sehr unterschiedlicher funktionaler Aufgabenstellung und Struktur sowie räumlicher Ausdehnung darstellen. Deshalb sollen vor allem im ersten Teil, der sich mit den gesamtstädtischen Prozessen der letzten Jahre befaßt, die Daten für Augsburg soweit möglich anhand solcher für die Großstädte insgesamt auf ihren repräsentativen Aussagegehalt hin getestet werden. Darüber hinaus sollen hier auch einige Zahlen und Fakten für die bayerische Landeshauptstadt München mit in die Betrachtung einbezogen werden, um an diesem außergewöhnlichen Beispiel einer bis vor wenigen Jahren besonders wachstumskräftigen Stadt mit zum Teil stark vom Großstadtdurchschnitt abweichender Bevölkerungsstruktur zu demonstrieren, wieweit sich hier andere Entwicklungen abzeichnen.

Bemerkt sei noch, daß in Augsburg mit Wirkung vom 1. 7. 1972 Eingemeindungen erfolgten, die die zuvor recht engen Gemarkungen der Stadt beträchtlich ausweiteten und die Einwohnerzahl um rund ein Fünftel auf 253 000 ansteigen ließen. Für die Zeit vor diesen einschneidenden Gebietsveränderungen stehen teilweise vom Statistischen Landesamt auf das erweiterte Stadtgebiet umgerechnete Daten zur Verfügung. In anderen Fällen konnten anhand verfügbarer statistischer Informationen ausreichend genaue Schätzwerte erarbeitet werden.

Auch bei zahlreichen anderen Großstädten traten im letzten Jahrzehnt gebietsmäßige Veränderungen ein, ganz abgesehen davon, daß sich der Kreis der Städte mit 100 000 und mehr Einwohnern laufend erweiterte. Wenn sich deshalb unsere zeitlichen Vergleichswerte für die Großstädte zum Teil — der Zahl und dem Gebietsstand nach — auf unterschiedliche Grundgesamtheiten beziehen, so dürfte das ohne nennenswerten Einfluß auf die für die Entwicklungsanalyse verwendeten Beziehungszahlen sein.

II. Entwicklung der Gebürtigkeit in den letzten 10 Jahren

Einleitend sei zunächst anhand der allgemeinen Geburtenziffern für einige „Eckjahre" die Entwicklung der Gebürtigkeit in Augsburg seit 1965 mit der in allen Großstädten und im Bundesgebiet insgesamt verglichen.

Lebendgeborene auf 1000 Einwohner

Jahr	Augsburg		Großstädte*)		Bundesgebiet	
	Zahl	Meßziffer 1965 = 100	Zahl	Meßziffer 1965 = 100	Zahl	Meßziffer 1965 = 100
1965	14,7	100	14,8	100	17,7	100
1970	10,9	74	11,0	74	13,4	76
1975	9,1	62	8,6	58	9,7	58
Abnahme	5,6	38	6,2	42	8,0	42

*) Nach jeweiliger Zahl zum damaligen Gebietsstand.

Anfang der 60er Jahre trugen bekanntlich die geburtenstarken Jahrgänge von 1936 bis 1941, die sich nun im Hauptfruchtbarkeitsalter befanden, zu relativ hohen Geburtenfrequenzen bei. 1965 war der Höhepunkt dieses Geburtenbooms schon etwas überschritten. Zu dieser Zeit lag die auf 1000 Einwohner bezogene Geburtenziffer der Großstädte bereits um rund ein Sechstel unter der Vergleichszahl für das Bundesgebiet insgesamt. Das war aber — soweit überhaupt — nur in unbedeutendem Maße die Auswirkung einer abweichenden Altersstruktur. Es handelt sich vielmehr um den in der Literatur, insbesondere auch vom Statistischen Bundesamt, wiederholt nachgewiesenen und sich auch nach neuesten Untersuchungen weiter bestätigenden Tatbestand, daß sich mit zunehmender Gemeindegröße abnehmende durchschnittliche Kinderzahlen je Ehe ergeben[2])[3]).

Die Geburtenziffer von Augsburg lag 1965 geringfügig unter der aller Großstädte zusammen. Der Rückgang der Geburtenfrequenz von 1965 bis 1970 war, wie in den Großstädten insgesamt, etwas höher als im Bundesgebiet. Im zweiten Jahrfünft aber — 1970 bis 1975 — fiel die Geburtenkurve in den Großstädten insgesamt und zumal in Augsburg weniger stark ab. Das war wohl ausschließlich darauf zurückzuführen, daß sich der nun beträchtliche Zustrom von ausländischen Arbeitnehmern in den großen Städten weit stärker auswirkte, zumal dort durch die Abwanderung einheimischer Bevölkerung in das Umland sich die Gewichte zusätzlich zum ausländischen Bevölkerungsanteil hin verschieben mußten. Im Herbst 1975 trafen denn auch im Bundesgebiet insgesamt 66 nichtdeutsche Personen auf 1000 Einwohner, in den kreisfreien Städten mit mehr als 100 000 Einwohnern dagegen 88, in Augsburg aber 109 und in München sogar 151.

Bei der ausländischen Bevölkerung führen hohe Fruchtbarkeitsziffern in Verbindung mit einer Altersschichtung, bei der zumal bei den weiblichen Personen, die fruchtbarsten Jahrgänge weitaus am stärksten besetzt sind, zu hohen Geburtenzahlen. Sie trugen insbesondere in zahlreichen Industriegroßstädten in zunehmendem Maße zu einer Abmilderung der dort von Jahr zu Jahr wachsenden deutschen Geburtendefizite bei. Die Situation und Entwicklung hierzu in Augsburg sei nachstehend anhand von getrennten Nachweisungen über die Lebendgeborenen für die deutschen und die ausländischen Einwohner aufgezeigt (siehe hierzu auch Tab. 1, Seite 134).

Jahr	Lebendgeborene Deutsche auf 1000 deutsche Einwohner			Lebendgeborene Ausländer		Bestand an Ausländern	
	Anzahl	Zahl	Meßziffer	Anzahl	auf 1000 Ausländer	Anzahl	in % aller Einwohner
1965	3 451	14,2	100	230	(28,2)	8 200*)	3,3
1970	2 376	10,9	70	415	24,3	17 100	6,7
1975	1 498**)	6,7	47	796**)	28,6	27 800	10,9

*) Auf den neuen Gebietsstand umgeschätzte Ausländerzahl nur in der Größenordnung gültig.

**) 57 Geburten, die nach der ab 1. 1. 1975 gültigen Staatsangehörigkeitsregelung nun als deutsche Lebendgeburten zählen, wurden der Vergleichbarkeit wegen lt. bisheriger Zählung zu den lebendgeborenen Ausländern umgesetzt.

[2]) G. MACKENROTH: Bevölkerungslehre. Theorie, Soziologie und Statistik der Bevölkerung. Berlin 1953.

[3]) CH. HÖHN: Ursachen des Geburtenrückgangs und Perspektiven der weiteren Bevölkerungsentwicklung — Vortrag anläßlich einer Veranstaltung des Instituts für Städtebau Berlin der Deutschen Akademie für Städtebau und Landesplanung vom 6.—10. Dez. 1976 in Berlin zum Thema „Bevölkerungsabnahme und räumliche Auswirkungen".

Die Zahl der Lebendgeborenen von Müttern deutscher Nationalität hat sich in Augsburg in der Zeit von 1965 auf 1975 absolut um annähernd 57 % vermindert. Wegen der gleichzeitig schrumpfenden deutschen Gesamtbevölkerung sank die allgemeine Geburtenziffer etwas weniger, nämlich um 53 %.

Demgegenüber hat sich die Zahl der Lebendgeborenen beim ausländischen Bevölkerungsteil mehr als verdreifacht. Wie sehr sich dabei im Jahre 1975 die Fruchtbarkeitsziffern, für fünfjährige Altersgruppen berechnet, zwischen deutschen und ausländischen Frauen unterschieden, ergibt sich aus dem nachfolgenden Schaubild.

Insgesamt betrug die Zahl der Lebendgeborenen auf 100 weibliche Personen zwischen 15 und 45 Jahren bei den Ausländerinnen etwas über 10 und war damit etwa dreimal so hoch wie bei den deutschen Frauen im Fruchtbarkeitsalter. Das Geburtenmaximum lag

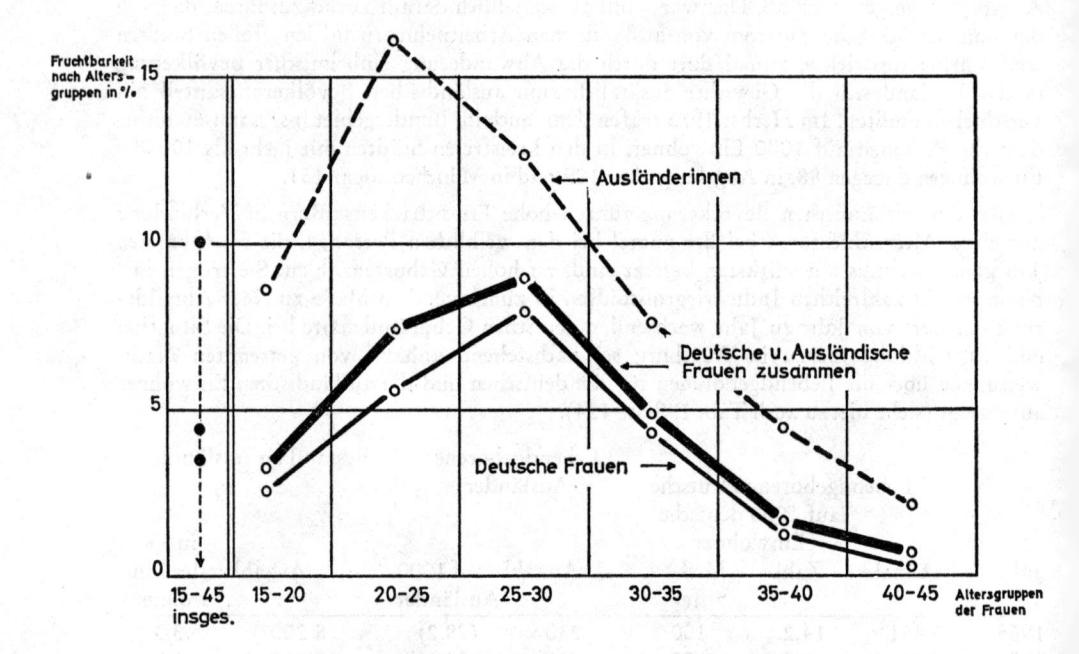

Abb. 1: Geburtenhäufigkeit bei deutschen und ausländischen Frauen nach fünfjährigen Altersgruppen
— Augsburg 1975 —

bei den deutschen Frauen bei den 25- bis 30jährigen, bei den ausländischen dagegen bei den 20- bis 25jährigen und hielt sich hier auch bei der folgenden Fünfergruppe noch auf hohem Niveau. Der Anteil dieser beiden Altersgruppen an allen Frauen zwischen 15 und 45 war bei den Ausländerinnen, wie nachstehende Daten zeigen, ungleich größer als bei den deutschen Frauen in Augsburg.

	Anteil an allen deutschen/ausländischen Frauen von 15 bis 45 in %	
Alter in Jahren	deutsche Frauen	ausländische Frauen
15 bis unter 20	17,5	12,3
20 bis unter 25	17,7	23,2
25 bis unter 30	14,6	25,3
30 bis unter 35	15,2	17,4
35 bis unter 45	35,0	21,8
15 bis unter 45	100,0	100,0
Anzahl	43 780	7 293

Auf beide Gruppen zusammen, also die 20- bis 30jährigen, entfiel bei den Frauen nichtdeutscher Nationalität nahezu die Hälfte aller weiblichen Personen im Fruchtbarkeitsalter, bei den deutschen weiblichen Einwohnern aber nur rd. ein Drittel.

III. Entwicklung der Sterblichkeit 1965 bis 1975

Gewisse Schlüsse bezüglich der quantitativen Auswirkung des Geburtenrückgangs auf den Bevölkerungsbestand lassen sich bereits bei einer Gegenüberstellung mit den Abgängen durch Tod ziehen. Messen wir zunächst auch hier wieder in großen Zügen die Entwicklung im Zeitraum von 1965 bis 1975 in Augsburg im überörtlichen Vergleich.

Gestorbene auf 1000 Einwohner

Jahr	Augsburg		Großstädte		Bundesgebiet	
	Zahl	Meßziffer 1965 = 100	Zahl	Meßziffer 1965 = 100	Zahl	Meßziffer 1965 = 100
1965	11,5	100	12,5	100	11,5	100
1970	12,6	110	13,4	107	12,1	105
1975	13,0	113	13,3	106	12,1	105

Die Sterbeziffern einzelner Jahre sind nicht frei von Zufallsschwankungen, wie sie insbesondere infolge von Witterungseinflüssen oder Grippeepidemien auftreten können. Die Werte lassen aber doch eine allgemein steigende Tendenz erkennen. Wenn diese in den Großstädten etwas deutlicher zum Ausdruck kommt als im Bundesgebiet insgesamt, so hängt das primär mit dem in der Regel höheren Anteil älterer Mitbürger zusammen, der anhand folgender Daten nach dem Stand bei der Volkszählung 1970 belegt wird.

Von 1000 Einwohnern entfielen auf vorstehende Altersgruppen

Stadt/Gebiet	unter 15	15 bis unt. 45	45 bis unt. 65	65 und mehr	75 und mehr
Augsburg	190	405	260	145	46
Großstädte	188	413	249	150	49
Großstädte ohne Berlin	193	417	248	142	45
Bundesgebiet	232	409	227	132	42
Zum Vergleich:					
München	157	474	239	130	41

Das Verhältnis jung zu alt ist in den Großstädten im Vergleich zur Bevölkerung im gesamten Bundesgebiet deutlich zu den Alten hin verschoben. Das gilt auch noch, wenn man Berlin mit seinem extrem hohen Anteil an älteren Einwohnern hier bei der Berechnung der gewogenen Durchschnittswerte außer acht läßt. Zu unserem Modellfall Augsburg wird man sagen können, daß dort im Jahr 1970 der Anteil der Personen mit 65 und mehr Jahren etwas unter dem großstädtischen Durchschnitt blieb, dieser aber geringfügig überschritten wird, wenn man als Vergleichsmaßstab das Großstadtmittel ohne Berlin heranzieht. Etwa entsprechend ist das Bild hinsichtlich der Augsburger Sterbeverhältnisse in der vorangehenden Zahlenaufstellung (wobei hier auf die Berechnung der Großstadtdurchschnittswerte ohne Berlin verzichtet wurde).

Eine gesonderte Betrachtung für die deutsche Bevölkerung bringt bei der Sterblichkeit eine deutliche Abweichung nach oben. Von der Altersschichtung bestimmt ist die Zahl der Todesfälle bei den Ausländern relativ gering. So wurden in Augsburg in den letzten Jahren rd. 60 Gestorbene nichtdeutscher Nationalität gezählt, das sind etwa 2,2 auf 1000 ausländische Einwohner. Die deutsche Sterbeziffer, bezogen auf 1000 deutsche Einwohner, betrug 1975 14,4 gegenüber einem Wert von 13,0 für die Gesamtbevölkerung.

IV. Bilanz der natürlichen Bevölkerungsbewegung

Wie sah nun in der Zeit von 1965 bis 1975 die Bilanz aus Geburt und Tod in Augsburg und vergleichsweise in allen Großstädten aus? Für Augsburg sind in Tabelle 1 die entsprechenden Daten für die deutsche Bevölkerung nachgewiesen und um die kompensierenden Geburtenüberschüsse bei den Ausländern ergänzt.

Tab. 1:

Entwicklung der Sterbeüberschüsse bei den deutschen Einwohnern in Augsburg und deren Kompensation durch ausländische Geburten 1965—1975

Jahr	Deutsche Lebendgeborene Anzahl	auf 1000 deutsche Einwohner	1965 = 100	Gestorbene Deutsche Anzahl	auf 1000 Einwohn.	Geburten-, Sterbeüberschuß Anzahl	auf 1000 Einwohn.	Ausländ. Lebendgeborene Anzahl	auf 1000 Ausländ.	Ausländischer Geburtenüberschuß
1965	3 451	14,2	100	2 869	11,8	582	2,4	230	.*)	217
1967	3 209	13,4	94	3 079	12,8	130	1,4	271	.*)	246
1968	3 112	13,0	92	3 246	13,6	— 134	—0,6	250	23,9	212
1969	2 889	12,1	85	3 254	13,7	— 365	—1,6	325	24,6	283
1970	2 376	10,0	70	3 174	13,4	— 798	—3,4	415	24,3	370
1971	2 164	9,2	65	3 090	13,1	— 926	—3,9	560	26,9	496
1972	1 910	8,2	58	3 269	14,0	—1 359	—5,8	645	26,9	581
1973	1 673	7,3	51	3 242	14,1	—1 569	—6,8	692	25,5	631
1974	1 558	6,9	49	3 141	13,8	—1 583	—6,9	807	28,1	742
1975	1 498**)	6,7	47	3 234	14,4	—1 736	—7,7	796**)	28,6	742

*) Ausländerbestandszahlen in der Umschätzung auf das erweiterte Stadtgebiet unsicher — Werte auf 1000 im übrigen mit der entsprechenden Bezugszahl für deutsche Geburten wegen der völlig abweichenden Altersstruktur der ausländischen Einwohner nicht vergleichbar.

**) Der Vergleichbarkeit wegen 57 Fälle, die nach der ab 1. 1. 1975 geltenden Staatsangehörigkeitsregelung nun als deutsche Geburten zählen, zu den ausländischen Geburten umgesetzt.

Wir skizzieren hieraus die Antwort auf unsere Frage wieder anhand der Daten für das Ausgangs- und Endjahr unserer Beobachtungszeit sowie etwa dem mittleren Stand im Jahr 1970 (siehe auch Abb. 2).

Entwicklung des Geburten-, Sterbeüberschusses (—) in Augsburg

Jahr	auf 1000 deutsche Einwohner			Geburten-, Sterbeüberschuß (—)		
	Lebendgeb. Deutsche	Gestorbene Deutsche	Geburten-, Sterbeüber- schuß	Deutsche	Ausländer	insges.
1965	14,2	11,8	2,4	582	217	799
1970	10,0	13,4	—3,4	— 798	370	—428
1975	6,7	14,4	—7,7	—1 679*)	685*)	—994

*) Nach der neuen, ab 1. 1. 1975 gültigen Staatsangehörigkeitsregelung lauten diese Zahlen — 1 763 bzw. 742.

Mitte der 60er Jahre überwogen in Augsburg die Lebendgeborenen eines Jahres noch um rd. 800 die Sterbefälle. 1970 stand dem bereits ein Übergewicht der Gestorbenen in Höhe von rd. 400 gegenüber und bis 1975 hatte sich das Geburtendefizit bereits auf knapp 1000 erhöht. Dabei wurde in allen drei Fällen dieses Ergebnis zunehmend in positivem

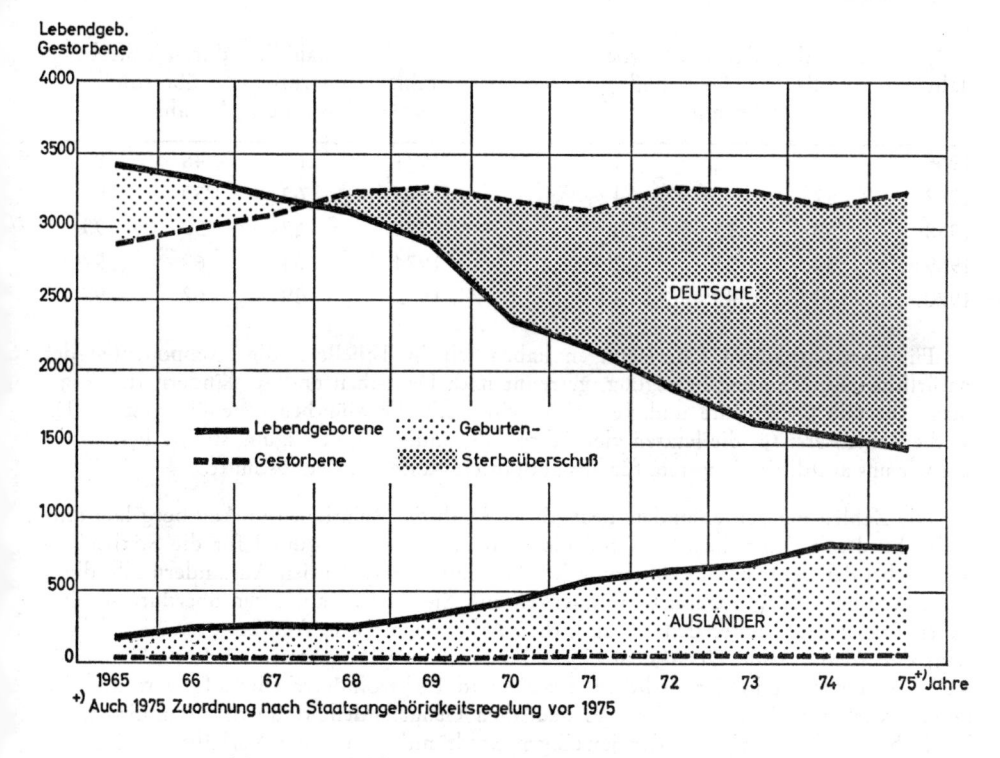

Abb. 2: *Entwicklung des Geburten-, Sterbeüberschusses in Augsburg bei deutschen und ausländischen Einwohnern 1965—1975*

Sinne korrigiert durch den Geburtenüberschuß bei den Ausländern. Bei den deutschen Einwohnern allein schlug der Geburtenüberhang in Höhe von rd. 600 im Jahre 1965 — in vergleichbarer Abgrenzung — um in ein Minus in Höhe von knapp 1700, das sind —7,7 auf 1000 deutsche Einwohner.

Ganz ähnlich war die Situation bei den Großstädten insgesamt. Wie hier die Entwicklung verlief, spiegelt sich etwa in folgenden Daten, die auf einer Auswertung der entsprechenden Jahrgänge des vom Deutschen Städtetag herausgegebenen Statistischen Jahrbuchs Deutscher Gemeinden beruht (siehe die folgende Tabelle).

1965 mit 1967 gab es nur jeweils zwei Großstädte mit besonders überalteter Bevölkerungsstruktur (Berlin und Braunschweig bzw. Hannover), in denen die natürliche Bevölkerungsbewegung mit einem geringen negativen Saldo abschloß. Ab 1968 gewannen unter dem Einfluß der rückläufigen Gebürtigkeit die Städte mit Geburtendefiziten rasch an Boden und machten 1970 schon rd. ³/₄ aller Großstädte aus. Seit 1972 beträgt deren Anteil mehr als ⁹/₁₀, obgleich diese Entwicklung nun deutlich durch wachsende Kompensationen infolge vermehrter Ausländergeburten gebremst wurde. Einen leichten Geburtenüberschuß konnten auch 1974 und 1975 noch Wolfsburg und Neuss bzw. Heilbronn registrieren und damit Städte, die erst in neuerer Zeit die Großstadtgrenze überschreiten konnten und das insbesondere einer beträchtlichen Zuwanderung jüngerer Erwerbsjahrgänge verdanken.

Jahr	Zahl d. Großstädte	dar. mit Sterbeüberschuß Anzahl	%	Jahr	Zahl d. Großstädte	dar. mit Sterbeüberschuß Anzahl	%
1965	57	2	4	1971	60	48	80
1967	57	2	4	1972	62	59	95
1968	58	15	26	1973	62	59	95
1969	59	25	42	1974	64	62	97
1970	59	43	73	1975	69	67	97

Für unsere späteren Überlegungen haben wir in Tabelle 2 die Komponenten der natürlichen Bevölkerungsbewegung, getrennt nach Deutschen und Ausländern für Augsburg, für alle Großstädte und vergleichsweise auch für München gegenübergestellt. Da solche Zahlen erst für die letzten vier Jahre vollständig zur Verfügung stehen, beschränkten wir uns auf diesen jüngsten, für uns auch interessantesten Zeitabschnitt.

Die Zahlen belegen besonders deutlich, daß sich die Relationen in Augsburg hier sehr weitgehend mit denen in allen Großstädten decken. Das gilt zumal für die Sterbeüberschüsse bei der deutschen Bevölkerung je 1000 Einwohner. Bei den Ausländern allerdings weist Augsburg höhere Geburtenfrequenzen auf. Sie dürften auf einen überdurchschnittlichen Frauenanteil unter den ausländischen Arbeitnehmern in Augsburg zurückzuführen sein, der wieder seine Ursache in einem relativ hohen Angebot an Arbeitsplätzen für weibliche Personen in der örtlichen Textil- und Elektroindustrie hat. Eine mehr oder minder wirksame Kompensation des deutschen Geburtendefizits durch ausländische Lebendgeborene hängt also in der jeweiligen Stadt nicht nur vom Verhältnis der nichtdeutschen zur deutschen Bevölkerung ab, sondern auch von einer oft recht unterschiedlichen strukturellen Gliederung der Ausländer, zumal nach dem Geschlecht, wohl aber auch nach dem Familienstand und zum Teil auch nach dem Alter.

Tab. 2:

Augsburger Geburten- und Sterbeziffern 1972—1975 im überörtlichen Vergleich

		Auf 1000 deutsche Einwohner			Lebendgeborene Ausländer auf 1000 Ausländer
		Deutsche Lebendgeborene	Gestorbene Deutsche	Sterbeüberschuß	
Augsburg	1972	8,2	14,0	—5,8	26,9
	1973	7,3	14,1	—6,8	25,5
	1974	6,9	13,8	—6,9	28,1
	1975	6,7*)	14,4	—7,7	28,6*)
Großstädte/Stadtkreise**)	1972	8,2	14,0	—5,8	24,2
	1973	7,2	14,0	—6,8	23,6
	1974	6,9	14,1	—7,0	26,2
	1975	6,5*)	13,9	—7,4	24,8*)
München	1972	6,7	11,2	—4,5	13,6
	1973	6,3	11,1	—4,8	12,9
	1974	6,2	11,1	—4,9	13,9
	1975	6,0	11,6	—5,6	15,7*)

*) Werte entsprechend alter Staatsangehörigkeitsregelung korrigiert, bei Großstädten/Stadtkreisen insgesamt und bei München schätzungsweise.

**) Zahlen für 1974/75 für die jeweiligen kreisfreien Städte mit 100 000 und mehr Einwohnern, daher nicht ganz übereinstimmend mit auf vergleichbarem Stand umgeschätzten Zahlen in Tabelle 3.

Hier ist der Gegensatz zwischen Augsburg und München bemerkenswert. Einer außergewöhnlich hohen Ausländerquote, die wir schon an anderer Stelle aufgezeigt hatten, steht in München eine relativ geringe Ausländergebürtigkeit gegenüber. Nach Untersuchungen, die vor einigen Jahren in Augsburg und München durchgeführt wurden, betrug beispielsweise der Anteil der verheirateten Frauen unter den weiblichen Gastarbeitern in Augsburg 35 %, in München aber nur 26 %. In München führen wohl die weiblichen Studentinnen unter den Ausländern wie auch das höhere Angebot an für Frauen geeigneten Dienstleistungstätigkeiten zu einer besonders hohen Ledigenquote unter den nichtdeutschen weiblichen Einwohnern. In der bayerischen Landeshauptstadt wird man also, selbst wenn man es anders wollte, auch auf weitere Sicht nur in geringerem Umfang mit einer Aufstockung der deutschen Geburtendefizite durch Ausländer rechnen können.

Diese Aussage leitet über zu einer weiteren kurzen Betrachtung der natürlichen Bevölkerungsbewegung in München. Wir entnehmen der Tabelle 2, daß dort auch die Geburtenhäufigkeit bei den deutschen Einwohnern in den letzten Jahren deutlich unter den entsprechenden Verhältniszahlen für alle Großstädte zurückblieb, obgleich, wie wir gezeigt hatten, in München die Personen zwischen 15 und 45 Jahren allgemein in der Bevölkerung einen ganz ungewöhnlich hohen Anteil ausmachen. Hier dürfte sich auswirken, daß in München nur rund zwei Drittel der Ausländer aus Anwerbeländern stammen. Diesen geringen Fruchtbarkeitsverhältnissen bei Deutschen wie bei Ausländern stehen aber in München zum Ausgleich außergewöhnlich niedrige Sterbeziffern gegenüber, so daß die Gesamtbilanz aus Geburt und Tod ein weniger negatives Ergebnis ausweist als in den Großstädten allgemein (1975: München —2,8, kreisfreie Großstädte —4,7). Auf weitere Sicht könnte sich damit in München eine unverminderte Abwanderung junger Familien in das Umland besonders negativ bemerkbar machen und die Geburtendefizite der Kernstadt spürbar anwachsen lassen.

Abschließend halten wir die Bilanz der natürlichen Bevölkerungsbewegung, bezogen auf jeweils 1000 Einwohner, für die letzten vier Jahre für Augsburg und für alle Großstädte fest.

Sterbeüberschuß auf 1000 Einwohner

Jahr	Deutsche Bevölkerung in Augsburg	Bevölkerung insgesamt Augsburg	Großstädte
1972	—5,8	—3,0	—3,7
1973	—6,8	—3,7	—4,5
1974	—6,9	—3,3	—4,3
1975	—7,7	—3,9	—4,9

Hinsichtlich des Sterbeüberschusses, bezogen auf die Gesamtbevölkerung, kam also Augsburg wegen der höheren Kompensation durch Ausländergeburten deutlich besser weg als die großstädtische Bevölkerung des Bundesgebietes in ihrer Gesamtheit. Dabei stellt sich freilich die Frage, wieweit die Kinder von Müttern nichtdeutscher Nationalität auf die Dauer der Bevölkerung der einzelnen Stadt bzw. des Bundesgebietes insgesamt zugerechnet werden können, ein Problem, auf das wir noch zurückkommen.

V. Bevölkerungsverluste durch Randwanderung

Nun zum zweiten Bestimmungsfaktor der Bevölkerungsveränderungen, den Wanderungen. Bei deutschen Einwohnern erleben wir, wie schon eingangs erwähnt, seit längerem in fast allen Städten ein Überlaufen nach außen, d. h. einen Wanderungsverlust im Bevölkerungsaustausch mit der Umgebung der Stadt. Dieser wurde in den meisten Städten durch Zuwanderungsüberschüsse aus dem weiteren Hinterland oder aus anderen Bundesländern abgemildert. Darüber hinaus wurden in der Zeit außerhalb der wirtschaftlichen Rezessionsphasen, hier noch weit mehr als bei Geburt und Tod, die passiven Salden bei der einheimischen Bevölkerung durch Wanderungsgewinne bei den ausländischen Arbeitnehmern und deren Angehörigen kompensiert. Aktuelle Daten über die entsprechenden Tatbestände in Augsburg liefert die nachstehende Tabelle.

Jahr	Salden aus den Wanderungen zwischen Augsburg und dem									
	Umland*)			übrigen Bundesgebiet			Sonst.**) Gebiete, Ausland	insgesamt		
	Deutsche	Ausländ.	zus.	Deutsche	Ausländ.	zus.		Deutsche	Ausländ.	zus.
1972	—1996	+ 80	—1916	+519	+ 58	+577	+2280	—1233	+2174	+ 941
1973	—2507	+169	—2338	+287	+ 48	+335	+2813	—2010	+2820	+ 810
1974	—2280	+235	—2045	— 11	+337	+326	— 295	—2131	+ 117	—2014
1975	—1040	+167	— 873	+ 70	— 15	+ 55	—2273	— 914	—2177	—3091

*) Landkreise Augsburg und Aichach-Friedberg, die Augsburg weitgehend ringförmig umschließen.

**) Ost-Berlin, DDR, Deutsche Ostgebiete, Ausland und Verzogene mit unbekanntem Ziel.

Die Bevölkerungseinbußen an das nahe Umland betrugen von 1972 bis 1974 im Schnitt 2100 Einwohner pro Jahr. Sie waren dabei bei den Deutschen noch etwas höher (Durchschnitt 2260) und wurden durch einen leichten Gegenstrom bei den Ausländern etwas abgeschwächt. Im Jahr 1975 führte die Rezession zu einer beträchtlichen Minderung der Randwanderungsverluste, der aber schon 1976 nach vorläufigen Ergebnissen wieder ein Ansteigen auf annähernd 1500 folgte.

Der Wanderungszustrom aus dem übrigen Bundesgebiet war schon 1974 wie die gesamte innerdeutsche Mobilität infolge des Konjunktureinbruchs etwas reduziert. Nimmt man noch die Jahre 1970 und 1971 hinzu, dann kommt man hier für die vier Jahre von 1970 bis 1973 im Schnitt auf einen Wanderungsgewinn von 400 bis 500 pro Jahr.

Für die Zeit von 1972 bis 1974 machte der durchschnittliche jährliche Gesamtverlust bei der deutschen Bevölkerung durch Wanderungen in Augsburg 7,9 auf 1000 deutsche Einwohner aus. Für den Durchschnitt der Großstädte ermittelten wir als vergleichbaren Wert —7,8 je 1000 Deutsche. Eingeengt auf die Umlandwanderung, betrug in Augsburg der entsprechende Verlust bei der einheimischen Bevölkerung —9,3 auf 1000.

Vergleichbare Zahlen über das Ausmaß der Bevölkerungseinbußen der Städte an ihr Umland gibt es bisher nicht. Deren Ermittlung stößt auch methodisch wegen des Problems einer vergleichbaren Abgrenzung des Untersuchungsraumes auf gewisse Schwierigkeiten. Es ist aber anzunehmen, daß die Großstädte insgesamt 1972/74 aus der innerdeutschen Fernwanderung gleichfalls gewisse Überschüsse erzielen konnten, die ihren negativen Saldo bei der Stadt-Umland-Wanderung abmilderten. Daraus läßt sich indirekt folgern, daß in Augsburg zur Vergleichszeit die Einwohnerverluste an die Gemeinden vor den Toren der Stadt sich im durchschnittlichen Rahmen bewegten.

Anders sieht es bei München aus. Die bayerische Landeshauptstadt konnte infolge ihrer weiten Verwaltungsgrenzen längere Zeit selbst ihre hohen Bevölkerungszugänge weitgehend innerhalb der Gemarkungsgrenzen auffangen. Erst Anfang der 70er Jahre stellten sich beträchtliche Wanderungsdefizite im Bevölkerungsaustausch mit der Umgebung ein, die offenbar vom Ausbau des weit in das Umland hinausreichenden S-Bahn-Systems mitverursacht wurden. Nach unseren Berechnungen ergeben sich für München für 1972/73 Randwanderungsverluste in Höhe von ca. 16 bis 17 auf 1000 deutsche Einwohner, die aber 1974 auf etwas über 10 je 1000 zurückgingen und 1975 noch etwa 6 pro 1000 der deutschen Bevölkerung ausmachten.

VI. Bevölkerungsbilanz für die letzten Jahre

Wir ziehen nun aus den Ergebnissen der natürlichen Bevölkerungsbewegung und den Wanderungen die Bilanz, um die Auswirkungen auf die Gesamtbevölkerungszahl zu skizzieren. Hierzu verweisen wir insbesondere auf die Tabelle 3, die die entsprechenden Daten für die letzten vier Jahre jeweils für Deutsche und Ausländer und zusammen sowohl für Augsburg wie für die 64 Großstädte vom Jahr 1974 nachweisen.

Für die *deutsche Bevölkerung* entnehmen wir dieser Aufstellung zunächst folgende Bilanzwerte für die vier Jahre von 1972 mit 1975.

	Anzahl	auf 1000 deutsche Einwohner*) Augsburg	Großstädte
Sterbeüberschuß	— 6 247	—27,2	—27,4
Wanderungsverlust	— 6 288	—27,5	—27,5
Abnahme insgesamt	—12 535	—54,8	—54,9
Durchschnitt pro Jahr	— 3 134	—13,7	—13,7

*) Summe der Relativwerte der einzelnen Jahre.

Insgesamt verlor die Stadt in diesen Jahren rd. 12 500 deutsche Einwohner, im Durchschnitt 3134 pro Jahr, davon fast genau zur Hälfte durch den rapiden Geburtenrückgang. Die andere Hälfte entfällt auf Wanderungsverluste, wobei diese im Rezessionsjahr 1975 beträchtlich abgeschwächt waren.

Die deutsche Einwohnerschaft der Stadt sank

von 235 800 am 1. 1. 1972

auf 223 300 am 31. 12. 1975

und damit um 5,3 %, oder im Durchschnitt pro Jahr, bezogen auf die jeweilige Ausgangsbevölkerung, um annähernd 1,4 %. Die Summe der Relativwerte deckt sich fast vollkommen mit der für alle Großstädte, wobei die Zahlen in Tabelle 3 allerdings, vor allem bei den Wanderungsverlusten, von 1972 und 1974 größere Abweichungen aufweisen, bedingt wohl durch Zufallsschwankungen in den örtlichen Baufertigstellungen.

Die Sterbeüberschüsse der einheimischen Bevölkerung wurden in diesen vier Jahren durch Geburtenüberschüsse bei den Ausländern in der Stadt um 2700 oder 43 % vermindert. Bei allen Großstädten macht diese Kompensation nur rd. 31 % aus. Hier wirken sich der überdurchschnittliche Ausländerbesatz an sich in Augsburg sowie der hohe Anteil an verheirateten Frauen aus. Der Gesamtverlust der Bevölkerung, gemessen an den addierten Veränderungsquoten auf 1000 Einwohner, fiel denn auch mit minus 27,3 etwas geringer aus als im Durchschnitt der Großstädte (minus 32,2). Dabei signalisiert freilich schon die überdurchschnittliche Schrumpfung in Augsburg im Jahre 1975, daß dem höheren Ausgleich der Bevölkerungseinbußen bei den Deutschen durch die Ausländerzuwanderung in den Jahren 1972/73 nun umso höhere Abgänge, gleichfalls wieder bei den Ausländern, gegenüberstehen.

Für die *Gesamtbevölkerung* der Stadt erhalten wir wieder für die vier Jahre von 1972 bis 1975 folgende Veränderungssalden, denen wir wieder die entsprechenden Relativwerte für alle Großstädte gegenüberstellen

	Anzahl	auf 1000 Einwohner*) Augsburg	Großstädte
Sterbeüberschuß	—3 551	—13,9	—17,4
Wanderungsverlust	—3 354	—13,3	—14,8
Abnahme insgesamt	—6 905	—27,2	—32,2
Durchschnitt pro Jahr	—1 726	— 6,8	— 8,1

*) Summe der Relativwerte der einzelnen Jahre.

Auch hier erweisen sich Sterbeüberschuß und Wanderungsverlust fast im gleichen Maße an der Minderung der Einwohnerzahl beteiligt. Dabei wurde der Rückgang bei der einheimischen Bevölkerung in Höhe von rd. 12 500 Personen durch die Zugänge bei den Ausländern auf rd. 7000 herabgedrückt. Die Kompensation durch den nichtdeutschen Bevölkerungsteil machte damit rd. 44 % aus, bei allen Großstädten dagegen nur rd. 36 %.

Die Gesamtbevölkerung der Stadt sank

von 257 036 am 1. 1. 1972

auf 250 131 am 31. 12. 1975

und verminderte sich im Jahr 1976 weiter auf rd. 246 400.

Tab. 3:

Bevölkerungsbewegung in den Jahren 1972—1975

Stadt Augsburg

Bevölkerungs-gruppe		Geburten-Sterbe-überschuß (—)*)		Wanderungsgewinn -verlust (—)		Zu-, Abnahme (—) zusammen	
		Anzahl	auf 1000 Einw.**)	Anzahl	auf 1000 Einw.**)	Anzahl	auf 1000 Einw.**)
Deutsche	1972	— 1 359	—5,8	— 1 233	— 5,3	— 2 592	—11,5
	1973	— 1 569	—6,8	— 2 010	— 8,7	— 3 579	—15,6
	1974	— 1 583	—6,9	— 2 131	— 9,4	— 3 714	—16,4
	1975	— 1 736	—7,7	— 914	— 4,1	— 2 650	—11,8
Ausländer	1972	581	.	2 174	.	2 755	.
	1973	631	.	2 820	.	3 451	.
	1974	742	.	117	.	859	.
	1975	742	.	— 2 177	.	— 1 435	.
Zusammen	1972	— 778	—3,0	941	3,7	163	0,7
	1973	— 938	—3,7	810	3,2	— 128	— 0,5
	1974	— 841	—3,3	— 2 014	— 7,9	— 2 855	—11,2
	1975	— 994	—3,9	— 3 091	—12,3	— 4 085	—16,2

64 Großstädte***)

Deutsche	1972	—108 200	—5,9	—154 500	— 8,4	—262 700	—14,2
	1973	—126 900	—6,8	—162 000	— 8,7	—288 900	—15,5
	1974	—130 900	—7,0	—119 100	— 6,5	—250 000	—13,5
	1975	—142 200	—7,7	— 71 100	— 3,9	—213 300	—11,6
Ausländer	1972	33 400	.	119 100	.	152 500	.
	1973	36 500	.	152 100	.	188 600	.
	1974	42 800	.	18 900	.	61 700	.
	1975	43 600	.	— 83 600	.	— 40 000	.
Zusammen	1972	— 74 800	—3,7	— 35 400	— 1,8	—110 200	— 5,5
	1973	— 90 400	—4,5	— 9 900	— 0,5	—100 300	— 5,0
	1974	— 88 100	—4,3	—100 200	— 4,9	—188 300	— 9,2
	1975	— 98 600	—4,9	—154 700	— 7,6	—253 300	—12,5

*) Der Einfluß der Änderung des Staatsangehörigkeitsgesetzes (ab 1.1.1975) wurde schätzungsweise — anhand der Angaben von 8 Städten — korrigiert, d. h., es wurde 1975 der Vergleichbarkeit wegen eine entsprechende Quote von deutschen Lebendgeborenen zu den ausländischen Geburten umgesetzt.

**) Bei den Angaben für Deutsche bezogen auf 1000 deutsche Einwohner. Auf die Berechnung dieser Beziehungszahlen bei den Ausländern wurde wegen der völlig anderen, vor allem alters- und geschlechtsstrukturellen Zusammensetzung verzichtet.

***) Angaben für die 64 Großstädte (einschl. Berlin) nach dem Stand Ende 1974 — Einflüsse von Gebietsveränderungen konnten nicht immer ausgeschaltet werden. Zahlen für 1975 wegen der zahlreichen Gebietsveränderungen bei Großstädten in Nordrhein-Westfalen schätzungsweise auf Gebietsstände 1974 umgerechnet.

VII. Die Bevölkerungsvorgänge im Stadtumland in den Jahren 1972 bis 1975

Wie wir erkannt haben, muß die Auswirkung des Bevölkerungsrückgangs in der Kernstadt durch den Geburtenrückgang in Verbindung mit den Einwohnerverlusten an die nahe Umgebung gesehen werden. An diesen sind, wie wir noch zeigen werden, gerade die biologisch aktiven Jahrgänge in besonderem Maße beteiligt. Aus diesem Grunde und auch um darzulegen, wie sich die Einwohnerschaft im gesamten Agglomerationsraum während der Jahre 1972 bis 1975 entwickelt hat, haben wir nachstehend für diese Zeit die Bevölkerungsveränderungsdaten für die Stadt, die Umlandkreise und den Gesamtraum aufgezeigt.

Wir wollen hier nur so viel festhalten, daß in den beiden Umlandkreisen während dieser vier Jahre immer noch leichte Geburtenüberschüsse erzielt wurden, die allerdings deutlich rückläufig waren und auch davon mitgeprägt waren, daß der Anteil älterer Mitbürger dort geringer ist und damit auch die günstigeren Sterblichkeitsverhältnisse zum Geburtenüberschuß beigetragen haben. An sich sind von 1965 bis 1975 die allgemeinen Fruchtbarkeitsziffern in den Umlandkreisen stärker zurückgegangen, was auf die schwächere Ausländerzuwanderung zurückzuführen sein wird. Immerhin aber wurden dort 1975 noch 12,2 Lebendgeborene je 1000 Einwohner gezählt gegenüber 9,1 auf 1000 in der Stadt Augsburg. Der Geburtenüberschuß in den beiden Umlandkreisen reichte aber nur noch im Jahr 1972 aus, um die Sterbeüberschüsse in der Kernstadt auszugleichen. Seither jedoch schließt für den Raum insgesamt die Bilanz aus Geburt und Tod mit einem negativen Ergebnis ab.

Der Wanderungsgewinn der beiden Umlandkreise betrug in den vier Jahren knapp 11 000 und war damit um rd. 2700 höher als der Abwanderungsverlust der Stadt an diese Kreise. Der gesamte Agglomerationsraum hatte von 1972 mit 1975 einen Wanderungsgewinn von gut 7400 zu verzeichnen, der aber zu einem erheblichen Teil mit der Ausländerzuwanderung in den Jahren 1972/73 zusammenhängt. Im Rezessionsjahr 1975 führten insbesondere wieder die Ausländerabwanderungen zu einem Wanderungsverlust von 10,4 auf 1000 Einwohner. Im ganzen gesehen wird man erwarten dürfen, daß der Gesamtraum nach Überwindung der Rezession und dem Ausgleich gewisser wirtschaftsstruktureller Schwächen doch auch weiterhin in gewissem Umfang Wanderungsgewinne aus der innerdeutschen Fernwanderung erzielen kann.

VIII. Ausblick in die Zukunft

Bevor wir uns eingehender mit der Bedeutung des Einwohnerschwundes für die Stadt auseinandersetzen, wollen wir noch versuchen, aufbauend auf die gewonnenen Erkenntnisse, die Entwicklung in den nächsten 10 bis 15 Jahren unter Status-quo-Bedingungen abzuschätzen. Erst in dieser längerfristigen Betrachtung kann man das volle Ausmaß der eingetretenen Zäsur in der Entwicklung der großen Städte einigermaßen beurteilen.

Bei unseren Berechnungen für Augsburg greifen wir auf eine jahrgangsweise Fortschreibung der Alters- und Geschlechtsgliederung über ein vorliegendes EDV-Programm zurück, wobei wir *folgende Eingabedaten* zugrunde legen.

Deutsche Bevölkerung
Fruchtbarkeit laut den Verhältnissen in Augsburg im Jahr 1975. — Altersspezifische *Sterbenswahrscheinlichkeiten* nach Durchschnittswerten in Augsburg 1970/73.

Tab. 4:

Salden aus natürlichen Bevölkerungsvorgängen und Wanderungen 1972—1975
für Augsburg und Umlandkreise

Saldenwerte auf 1000 Einwohner

Jahr	Geburten-, Sterbeüberschuß (—)			Wanderungsgewinn, -verlust (—)			zusammen			
	Augsburg	Umland	zu-sammen	Augsburg	Umland	zu-sammen	Augsburg	Umland	1000 Einw. zusammen	Anzahl zusammen
1972	—3,0	3,2	0,1	3,3	15,0	9,1	0,2	18,2	9,2	4 803
1973	—3,7	2,4	—0,6	3,2	15,9	9,5	—0,5	18,3	8,9	4 667
1974	—3,3	2,6	—0,3	—7,9	8,9	0,5	—11,2	11,5	0,2	198
1975	—3,9	2,1	—0,9	—12,3	1,9	—5,3	—16,2	4,0	—6,2	—3 017
absolut 1972—1975	—3 551	2 756	—795	—3454	10 900	7 446	—7 005	13 656	12,9	6 651

	Zahl der Einwohner		Zu-, Abnahme (—)	
	Ende 1971	Ende 1975	Anzahl	%
Augsburg	257 036	250 031	—7 005	—2,7
Umlandkreise	254 974	268 630	13 656	5,4
zusammen	512 010	518 661	6 651	1,3

Hinsichtlich des Bevölkerungsverlustes durch *Randwanderung* wurde davon ausgegangen, daß sich dieser — entsprechend einer allgemeinen Minderung der Wohnbautätigkeit in Verbindung mit geringerem Wachstum des individuellen Realeinkommens — um etwa ein Drittel gegenüber dem Durchschnitt der Jahre 1972/74 reduziert. (Ansatz: —1400, dann von Jahr zu Jahr entsprechend der Verminderung der deutschen Bevölkerung leicht reduziert.)

Bei der innerdeutschen *Fernwanderung* wurde zugrunde gelegt, daß die nachrückenden, stärker besetzten Erwerbsjahrgänge, die vor allem in ländlichen Räumen zu einem vermehrten Überangebot an Arbeitskräften führen, auch bei wirksamen raumordnerischen Umsteuerungsmaßnahmen zumindest einen Wanderungsgewinn etwa entsprechend den durchschnittlichen Verhältnissen 1970/73 bewirken. Die Wanderungsströme wurden alters- und geschlechtsspezifisch entsprechend ihrer bisherigen Zusammensetzung strukturiert (Ansatz: +450).

Ausländische Bevölkerung

Prognoseansätze für den ausländischen Bevölkerungsteil stoßen gegenwärtig auf besondere Schwierigkeiten. Wir sind davon ausgegangen, daß das Überangebot beim deutschen Arbeitskräftepotential eine *weitere Reduzierung des Bedarfs* an ausländischen Arbeitskräften zur Folge hat. Die Auffassungen, welcher „Grundbedarf" hier für die Wirtschaft weiterhin notwendig sein wird, gehen auseinander. Die Annahmen schwanken zwischen einer Abnahme um ein Viertel bis zu einem Drittel gegnüber dem Jahr 1974. Jüngste Verlautbarungen zur künftigen Ausländerpolitik — lt. Abschlußbericht der Bund-Länder-Kommission an die Arbeitsminister — lassen auf eine weitmöglichste Verminderung der Ausländerbeschäftigung, aber auch auf eine Beschränkung einer Nachholung von Angehörigen schließen. Davon ausgehend wurde gegenüber dem Stand von 1974 zunächst eine Reduzierung der Ausländerbevölkerung um rund ein Drittel bis Mitte 1985 angenommen (in Augsburg wanderten bereits 1975/76 rund 13 % der Ausländer ab). Tatsächlich ergibt sich infolge der Geburtenüberschüsse bei den Ausländern eine geringere Schrumpfung ihrer Gesamtzahl.

Die Anrechnung dieser Geburtenüberschüsse beinhaltet eine besondere Problematik. Bei totaler Rotation wären die Ausländergeburten weitgehend nur ein „durchlaufender Posten". Nur die Geborenenzahlen, die etwa während der durchschnittlichen Aufenthaltsdauer der Ausländer anfielen, wären zahlenmäßig dem Bevölkerungsstand für Dauer zuzuschreiben. Bei totaler Integration würden rasch schwächer besetzte Jahrgänge an weiblichen Personen ins Hauptfruchtbarkeitsalter nachrücken. Diese würden darüber hinaus sich in ihrem Verhaltensmuster mehr der deutschen Bevölkerung anpassen, d. h. weniger Kinder zur Welt bringen als die gegenwärtige Müttergeneration. Wir legten zugrunde, daß der reduzierte Ausländerbestand weitgehend zur Integration neigen wird. Unter diesen Aspekten setzten wir für die Status-quo-Prognose an, daß sich die *Geburtenüberschüsse bei den Ausländern* — nach neuer Staatsangehörigkeitsregelung — bis 1985 *auf die Hälfte vermindern* und dann bis 1990 sich auf dieser Höhe halten.

Ein Blick auf die künftige Geburtenentwicklung in unserer Bevölkerungsvorausschätzung bei den deutschen Einwohnern zeigt, daß sich das Einrücken stärker besetzter Jahrgänge in das Heiratsalter in Augsburg kaum bemerkbar macht. Das entspricht einer Feststellung, die sich nach Aussagen von KARL SCHWARZ[4]) in einer Modellrechnung allgemein für größere Städte ergeben hat. In unserer Berechnung mögen sich hier zusätzlich die in Zukunft nach Status-quo-Bedingungen erwarteten weiteren Wanderungsverluste an die Umgebung auswirken.

---

[4]) K. SCHWARZ: Theoretische Überlegungen zur Bevölkerungsentwicklung in ihrer Bedeutung für die Raumordnung — Akademie für Raumforschung und Landesplanung, Arbeitsmaterial 1976—8, Hannover 1976.

Die Zahl der Gestorbenen nimmt später zu. Innerhalb des Personenkreises mit 65 und mehr Jahren, der zunächst bis 1980 um mehrere tausend ansteigt, dann aber schon Mitte der 80er Jahre leicht unter den gegenwärtigen Stand absinkt, ergibt sich eine Gewichtsverlagerung zu den Hochbetagten hin. So wächst der Anteil der Personen mit 75 und mehr Jahren unter allen Einwohnern im Rentenalter von gegenwärtig rund 34 % auf 44 % im Jahre 1990 an.

Für die Komponenten der natürlichen Bevölkerungsbewegung errechneten wir bei den deutschen Einwohnern der Stadt unter den genannten Bedingungen folgende Entwicklung.

Jahr	Deutsche Lebendgeburten	Gestorbene Deutsche	Sterbeüberschuß (—) Anzahl	1975 = 100	Ausländ. Geburtenüberschuß	Sterbeüberschuß (—) insgesamt
1975	1 555	3 205*)	— 1 650	100	680	— 970
1980	1 510	3 330	— 1 820	110	510	— 1 310
1985	1 450	3 360	— 1 910	116	340	— 1 570
1990	1 345	3 300	— 1 955	118	340	— 1 615
Summe						
1976/85	15 100	33 050	—17 950	—	4 920	—13 030
1976/90	22 000	49 700	—27 700	—	6 620	—21 080

*) Durchschnitt 1975/76 zur Ausschaltung einer Überhöhung im Jahr 1975.

Der deutsche Sterbeüberschuß erhöht sich demnach bei unveränderten Fruchtbarkeits- und Sterbeverhältnissen bis Ende der 80er Jahre um knapp ein Fünftel auf nahezu 2000. Hinzu kommt nun die schrumpfende Kompensation durch Ausländergeburten, so daß der Sterbeüberschuß bei der Gesamtbevölkerung von knapp 1000 im Jahr 1975 auf etwa 1600 in der zweiten Hälfte der 80er Jahre anwächst. Der Verlust an Einwohnern infolge zu geringer Geburten wird damit bis 1985 rd. 13 000 betragen, das sind, auf die 250 000 Einwohner von Ende 1975 bezogen, 5,2 %. Bis 1990 wird sich der Negativsaldo von Geburt und Tod auf 21 100 erhöhen, das sind, wieder auf die Bevölkerung von 1975 bezogen, 8,4 %. Hinzu kommt nun der Wanderungsverlust infolge Verminderung des Ausländerbestandes sowie der zwar gegenüber den Verhältnissen von 1972/74 verminderten, im ganzen aber doch immer noch sehr wirksamen Einbußen durch Abwanderungen in die Umgebung. Daraus resultiert folgende Bevölkerungsvorausschätzung.

Bevölkerungsvorausschätzung für Augsburg für 1985 und 1990 unter den genannten Rahmenbedingungen

a) Veränderungskomponenten

		1975/85	1975/90
Deutsche Sterbeüberschüsse		—17 950	—27 700
Innerdeutsche Wanderungsverluste		— 9 200	—13 600
Abgänge durch Ausländerabwanderung		— 7 800	— 7 800
+ Abgänge aus ausländ. Geburtenüberschuß		— 1 400	— 1 400
Abgänge insgesamt		—36 350	—50 500
Anrechenbarer ausländischer Geburtenüberschuß		+ 4 920	+ 6 620
Bevölkerungsabnahme	Anzahl	—31 430	—43 880
	%	— 12,6	— 17,6
Abnahme der deutschen Einwohner*)	Anzahl	—27 150	—41 300
	%	— 12,2	— 18,5
Abnahme der ausländ. Einwohner**)	Anzahl	— 4 300	— 2 600
	%	— 15,8	— 9,5

b) Entwicklung der Einwohnerzahl

	insgesamt	davon Deutsche	Ausländer**) Anzahl	%
Bevölkerung Ende 1975	250 100	222 900	27 200	10,9
Abgang 1975/85	— 31 400	— 27 200	— 4 300	13,4
Bevölkerung Ende 1985	218 700	195 700	22 900	10,5
Abgang 1975/90	— 43 900	— 41 300	— 2 600	5,9
Bevölkerung Ende 1990	206 200	181 600	24 600	11,9

*) Die innerdeutschen Wanderungsverluste wurden so behandelt, als würden sie nur bei deutschen Einwohnern auftreten.

**) Ohne Berücksichtigung von Veränderungen durch Einbürgerungen.

Nach diesen Vorausschätzungen ist also mit recht beträchtlichen Bevölkerungsabnahmen zu rechnen, bei denen die Sterbeüberschüsse bei der deutschen Bevölkerung am schwersten wiegen. Auf sie entfallen im Jahrzehnt 1975/85 rd. 57 %, in den 15 Jahren bis 1990 schon 65 % der Bevölkerungsabgänge, wobei freilich zu bedenken ist, daß die Abwanderung junger deutscher Ehepaare und Familien in das Umland diesen Negativposten verstärkt. Bei den Ausländern bewirkt die Annahme einer Integration der verbleibenden zwei Drittel vom Bestand von 1974, daß der Abwanderungsverlust, vor allem im letzten Jahrfünft, in dem der Schrumpfungsprozeß beendet sein soll, in erheblichem Maße noch vom verbleibenden Geburtenüberschuß ausgeglichen wird. Daraus resultiert dann auch innerhalb der ausländischen Bevölkerung eine altersstrukturelle Verschiebung nach unten zu den Kindern und Jugendlichen hin, aber auch nach oben in Richtung älterer Erwerbsjahrgänge. Würde die Integration zu einer noch stärkeren Abnahme der Fruchtbarkeit bei den Ausländern führen als sie hier angenommen wurde, so hätte das zur Folge, daß die Sterbeüberschüsse bei den deutschen Einwohnern in noch geringerem Maße ausgeglichen würden.

IX. Bevölkerungsverluste der Großstädte bis 1990

Unsere bisherigen Untersuchungen haben gezeigt, daß die Augsburger Situation weitgehend als repräsentativ für den durchschnittlichen Entwicklungsverlauf in den Großstädten in den letzten Jahren gelten kann. Darauf aufbauend haben wir die für Augsburg angestellten Berechnungen mit den gleichen Rahmenbedingungen auf die Gesamtheit der großstädtischen Bevölkerung übertragen. Dabei sind wir, um den Anschluß an unsere Entwicklungstabelle 1972/75 zu wahren, wieder von den 64 Städten mit 100 000 und mehr Einwohnern nach dem Stand Ende 1974 ausgegangen, deren Einwohnerzahl wir nach dem gleichen Gebietsstand auf Ende 1975 hochgeschätzt haben (siehe nachfolgende Tabelle).

Unter diesen Annahmen ergibt sich für die großstädtische Bevölkerung des Bundesgebietes im Sinne der vorgenannten Abgrenzung eine Schrumpfung der Einwohnerzahl in der Zeit von

1975 bis 1985 in Höhe von —2,5 Mill. oder rund 13 %
1975 bis 1990 in Höhe von —3,6 Mill. oder rund 18 %.

Vergleichsweise entspricht er damit (bis 1990) der Summe der Einwohnerzahlen der Städte München, Frankfurt, Bremen, Hannover und Mannheim Ende des Jahres 1975.

Die Zahl der Städte mit 100 000 oder mehr Einwohnern hat sich im Jahr 1975 durch Gebietsveränderungen von 64 auf 69 erhöht. Darüber hinaus nahm die Einwohnerzahl einer Reihe von Großstädten durch Eingemeindungen und Zusammenlegungen erheblich zu, ohne daß sich damit in der Regel im Geburtendefizit oder in den Wanderungsverlusten je 1000 Einwohner einschneidende Veränderungen ergeben hätten. Für diese 69 Großstädte mit ihren Einwohnerzahlen vom Jahresende 1975 (zus. rd. 21,8 Mill.) vermindert sich unter gleichen Rahmenbedingungen die Bevölkerung in der Zeit von
    1975 bis 1985 um nahezu 2,8 Mill. Einwohner
    1975 bis 1990 um über   3,9 Mill. Einwohner.

Vorausschätzung für die großstädtische Bevölkerungsentwicklung*)
unter den der Augsburger Modellrechnung zugrundegelegten Rahmenbedingungen

a) *Veränderungskomponenten*

		1975/85	1975/90
Deutsche Sterbeüberschüsse		−1 500 000	−2 315 000
Innerdeutsche Wanderungsverluste		− 700 000	−1 030 000
Abgänge durch Ausländerabwanderung		− 560 000	− 560 000
+ Abgänge aus ausländ. Geburtenüberschuß		− 98 000	− 98 000
Abgänge insgesamt		−2 858 000	−4 003 000
Anrechenbarer ausländischer Geburtenüberschuß		+ 327 000	+ 436 000
Bevölkerungsabnahme	Anzahl	−2 531 000	−3 567 000
	%	−12,7	−17,9
Abnahme der deutschen Einwohner**)	Anzahl	−2 200 000	−3 345 000
	%	−12,2	−18,5
Abnahme der ausländ. Einwohner***)	Anzahl	− 331 000	− 222 000
	%	−18,5	−12,4

b) *Entwicklung der Bevölkerung*
(Angaben in 1000)

			davon	
				Ausländer***)
	insgesamt	Deutsche	Anzahl	%
Bevölkerung Ende 1975	19 878	18 090	1 788	8,9
Abgang 1975/85	− 2 531	− 2 200	− 331	13,1
Bevölkerung Ende 1985	17 347	15 890	1 457	8,4
Abgang 1975/90	− 3 567	− 3 345	− 222	6,2
Bevölkerung Ende 1990	16 311	14 745	1 566	9,6

*) Ausgangsbasis: Bevölkerung der 64 Großstädte Ende 1974 (einschl. Berlin-West) fortgeschätzt für gleichen Gebietsstand auf Ende 1975.

**) Die innerdeutschen Wanderungsverluste wurden so behandelt, als würden sie nur bei deutschen Einwohnern auftreten.

***) Ohne Berücksichtigung von Veränderungen durch Einbürgerungen.

Dabei sei darauf verwiesen, daß die Annahmen, vor allem für die Ergebnisse des Wanderungsaustausches innerhalb des Bundesgebietes eher als zu optimistisch angesehen werden müssen. Sie beinhalten, um das noch einmal genauer zu verdeutlichen, eine Reduzierung der Bevölkerungsverluste bei den deutschen Einwohnern durch Wanderungen für die Dauer auf den Tiefstand vom Jahr 1975. Dahinter steht allerdings die Annahme, daß die Abwanderungen in die nahe Umgebung gegenüber den Spitzenjahren 1972/73 sich um etwa 1/3 vermindern, die Wanderungsgewinne aus der innerdeutschen Fernwanderung jedoch sich wieder auf den Stand vor der Rezession erholen. Es könnte durchaus sein, daß ohne unmittelbare steuernde Einflüsse sich der negative und positive Posten der innerdeutschen Wanderung weniger annähern und damit die Bevölkerungseinbußen der großen Städte noch höher anzusetzen wären. Dabei müssen für unsere Betrachtung denkbare „Rückkoppelungseffekte" einer solchen Entwicklung außer Betracht bleiben.

X. Bedeutung hoher Bevölkerungsverluste für die Stadt

Die Frage, wieweit die Bevölkerungszahl einer Stadt absinken darf, ohne ihre Funktionsfähigkeit im ganzen zu gefährden, ist in jüngster Zeit wiederholt gestellt worden. Sie wird in dieser Form zumal allgemein gültig nicht beantwortet werden können. Es geht hier nicht um einige tausend Einwohner mehr oder weniger, sondern um das Zusammenwirken der verschiedensten Einflußfaktoren, wobei darüber hinaus die Situation bei der einzelnen Stadt auch unter Einbeziehung einer Reihe weiterer örtlicher Aspekte zu beurteilen ist.

Mit dem Problem der Auswirkungen der Bevölkerungsverluste auf die Städte haben wir uns schon in einer früheren Untersuchung am Beispiel Augsburg eingehender befaßt[5]). Aus der neuesten Literatur sei hier eine prägnante Zusammenstellung der mit der großstädtischen Bevölkerungsentleerung verbundenen Probleme von HANS HEUER und RUDOLF SCHÄFER zitiert[6]).

— Trennung der Funktionen Wohnen und Arbeiten, längere Verkehrswege, Erhöhung des Pendlervolumens;

— Beeinträchtigung der großstädtischen Wohnfunktion durch Zunahme des Verkehrsaufkommens und der Umweltbelastung;

— Verödung der Innenstädte nach Geschäftsschluß, Anstieg der Kriminalität;

— Umschichtung der Sozialstruktur der Bevölkerung;

— Sinkendes Steueraufkommen der Kernstädte bei gleichzeitig steigernder Finanzkraft der Umlandgemeinden;

— Unterauslastung der Infrastruktur in den Innenstadtgebieten bei gleichzeitigem Infrastrukturdefizit in den Neubausiedlungen am Stadtrand;

— Zersiedlung der Landschaft im großstädtischen Umland, womit deren ökologische Ausgleichsfunktion verloren zu gehen droht;

— Schließlich sind auch im Umland bei ungesteuerter Entwicklung nachhaltige Verdichtungsfolgen zu erwarten, womit dessen Attraktivität — was häufig übersehen wird — längerfristig wieder verloren geht.

---

[5]) K. KÖNIG: Wachstum nach außen — Verdichtung nach innen? — In: Informations- und Steuerungsinstrumente zur Schaffung einer höheren Lebensqualität in Städten — Vorträge des Kolloquiums vom 27. 2. bis 2. 3. 1974 in Augsburg (S. 679—715). Herausgegeben von Martin Pfaff und Friedhelm Gehrmann, Göttingen 1976.

[6]) H. HEUER/R. SCHÄFER: Möglichkeiten der Beeinflussung kleinräumiger Wanderungsprozesse in großstädtischen Verdichtungsgebieten. In: Raumforschung und Raumordnung 1976, Heft 4.

Diese vor allem aus der Sicht der Stadtumlandwanderung aufgestellte Skala kann allgemeine Gültigkeit beanspruchen. Den zusätzlichen Einfluß auf die Veränderung der Altersschichtung durch den Geburtenschwund wird man hier in die Umschichtung der Sozialstruktur der Bevölkerung mit einbeziehen können, ebenso deren Konsequenzen für die altersbezogene Nachfrage nach Infrastruktur in dem Punkt „Unterauslastung der Infrastruktur in den Innenstadtgebieten".

Nur auf einige dieser Punkte kann hier aus Augsburger Sicht mit dem Versuch einer Quantifizierung noch weiter eingegangen werden. Zunächst wird bekanntlich die Umschichtung der Sozialstruktur durch die Abwanderung größerer Bevölkerungsteile in das Umland dadurch hervorgerufen, daß an dieser Abwanderung vor allem einkommensstarke Bevölkerungsgruppen beteiligt sind und damit der Anteil der sozial schwächeren Bevölkerung in den Großstädten steigt. Diesen selektiven Einfluß der Stadtumlandwanderung auf die Sozialstruktur konnten wir für Augsburg schon anhand einer Studie im Jahre 1968 nachweisen[7]). Eine Untersuchung des Wanderungsaustausches mit der Umgebung der Stadt in beruflicher Gliederung ergab deutlich weit überdurchschnittliche Verluste für die Stadt bei gehobenen Berufen. Eine Zusammenfassung von Berufsabteilungen und -gruppen mit mehr geistigen Berufen gegenüber solchen eindeutig handwerklicher Art führte u. a. zu folgenden Daten.

Wegzüge je 100 Zuzüge
handwerkliche Berufe   123
sonstige Berufe   149

Bei einer eingehenden Untersuchung des Lehrstuhls für Sozial- und Wirtschaftsgeographie der Universität Augsburg[8]) zum Problem der Stadt-Umland-Wanderung wird anhand von Wanderungsdaten im wesentlichen für das Jahr 1974 festgestellt: Mit aufsteigender beruflicher Qualifikation nimmt die Abwanderung zu. Besonders mittlere sowie leitende Angestellte und Beamte weisen hohe Abnahmen von jährlich etwa 1,5 % auf, weniger beteiligt an der Abwanderung sind dagegen selbständige Handwerker, Inhaber kleinerer Geschäfte sowie Arbeiter und Rentner. Diese neueren Daten von 1974 lassen vermuten, daß diese sozial selektive Wirkung der Stadt-Umland-Wanderung gegenüber 1968 noch zugenommen hat.

Hinzu kommt bekanntlich die in allen Städten ähnlich auftretende Tatsache, daß die Stadt hierbei in spürbarem Maße Familien mit Kindern an das Umland verliert, während von den Randgemeinden relativ gesehen mehr Alleinstehende und weniger Familien, im übrigen auch Ausländer zuwandern. Daraus leitet sich mit die altersselektive Komponente ab, die sich in folgenden Zahlen aus der Augsburger Untersuchung 1973/74 spiegelt.

Randwanderungsverluste 1974*) nach Altersgruppen

Altersgruppe	Saldo aus Zu- u. Abwanderung	Abnahme je 1000 Einw. der Altersgruppe
unter 15	— 507	— 11
15 bis unter 30	— 596	— 12
30 bis unter 45	— 621	— 12
45 bis unter 60	— 235	— 5
60 und älter	— 209	— 4

[7]) K. König: Zum Problem der Randwanderung in den Städten — Modellstudie am Beispiel der Stadt Augsburg. In: Beiträge zur Frage der räumlichen Bevölkerungsbewegungen, Forschungs- und Sitzungsberichte der Akademie für Raumforschung und Landesplanung Band 55, Hannover 1970.
[8]) F. Schaffer/F. Hundhammer/G. Peyke/W. Poschwatta: Randwanderung im Raum Augsburg — Struktur — Motive — Probleme. Beiträge zur Statistik und Stadtforschung 1975/2, Amt für Statistik und Stadtforschung der Stadt Augsburg.

XI. Finanzielle Auswirkungen auf den Haushalt der Stadt

Mit dem Problem der sozialen Selektion setzt sich der Beitrag von HOFFMANN-NOWOTNY in dieser Publikation eingehend auseinander[9]).

Aus den von HEUER/SCHÄFER angesprochenen Problemkreisen einer städtischen Bevölkerungsentleerung greifen wir noch die Frage des sinkenden Steueraufkommens heraus. Dabei muß man sich bewußt bleiben, daß damit letztlich nur ein enger Ausschnitt aus dem breiten Spektrum der finanziellen Auswirkungen der Einwohnerverluste in den Städten angesprochen wird, eine Problematik, die letztlich nur im Rahmen einer regionalen Betrachtung unter Einschluß einer Bewertung aller sozialen Kosten und Erträge voll zu beurteilen wäre. Mit einem weiteren Teilproblem hierzu, den Konsequenzen einer mangelnden Auslastung der Infrastruktur in den Städten befaßt sich der Beitrag von GERD MARKUS in diesem Band[10]).

Auch Berechnungen, die sich lediglich auf das Aufkommen an Steuer- und steuerähnlichen Einnahmen beschränken, sind nicht ohne Problematik. Solche Versuche, soweit sie dem Verfasser bekannt sind, erstrecken sich auf solche Mindereinnahmen — denen konsequenterweise auch die Minderausgaben gegenüberzustellen sind —, die direkt oder indirekt auf die Einwohnerzahlen bezogen sind, d. h. mit bestimmten *Beträgen je Einwohner* exakt darstellbar sind. Berechnungen dieser Art werden dabei durchweg im Zusammenhang mit den Einwohnerabgängen durch die Randwanderung angestellt. Es muß sich aber im Gemeindefinanzausgleich auch auswirken, wenn Einwohner-Gewichtsverlagerungen infolge höherer Sterbeüberschüsse in den Städten eintreten, ohne daß deren Ausgabenbedarf entsprechend vermindert wird.

Ein wesentlicher Posten in diesen Analysen, nämlich die Auswirkungen auf den Anteil aus der Einkommensteuer ist immer nur nach den gerade geltenden Schlüsselzahlen zu berechnen. Wenn diese jeweils nach drei Jahren auf eine neue Basis umgestellt werden, kann die Situation wesentlich anders aussehen. Solange dabei das jeweilige Umland im durchschnittlichen Einkommensniveau deutlich tiefer liegt als die Stadt, ohne daß die Einzeleinkommen in größerem Umfang die anrechenbare Obergrenze (derzeit 16 000 DM bei Ledigen bzw. 32 000 bei Verheirateten) überschreiten, werden sich für die betreffende Kernstadt Abwanderungen von Bevölkerungsschichten mit mittleren bis gehobenen Einkommen in überproportionale Verluste aus dem Einkommensteueraufkommen umsetzen. Dabei wirken sich zusätzlich überregionale Verschiebungen in der Einwohner- und Einkommensverteilung aus, die gleichfalls für die Zukunft praktisch nicht abschätzbar sind.

Unter diesen Aspekten sind die in Augsburg für 1975 angestellten Analysen der finanziellen Auswirkungen des Bevölkerungsrückgangs auf die Pro-Kopf-Einnahmen und -Ausgaben der Stadt zu betrachten.

---

[9]) H.-J. HOFFMANN-NOWOTNY: Soziologische Aspekte einer rückläufigen Bevölkerungsbewegung. In diesem Zusammenhang sei auch auf eine Untersuchung von SIEGFRIED SCHMELING hingewiesen: „Strukturveränderung als Begleiterscheinung der Bevölkerungsabnahme einer mittleren Stadt". In: Akademie für Raumforschung und Landesplanung, Arbeitsmaterial 1976—8, Hannover 1976.

[10]) G. MARKUS: Infrastrukturelle Folgen abnehmender Einwohnerzahlen, dargestellt am Beispiel der Stadt Bremen.

Einnahmen je Einwohner in DM

Finanzzuweisungen als Ersatz für Aufgaben des übertragenen Wirkungskreises	15,05
Zuschuß als Träger eines Gesundheitsamtes	6,00
Kfz-Steueranteil	30,92
Einkommensteueranteil (Schlüsselzahl 1975/77)	279,37
Schlüsselzuweisungen im Gemeindefinanzausgleich	41,17
Summe der Pro-Kopf-Einnahmen	372,51

Ausgaben je Einwohner in DM

Beiträge für eine Reihe von überörtlichen Einrichtungen, Verbänden usw.	9,02
Krankenhausumlage	22,73
Bezirksumlage	79,66
Summe der Pro-Kopf-Ausgaben	111,41

Saldo aus Einnahmen und Ausgaben je Einwohner in DM .... — 261,10

Bei einem Einwohnerverlust im Jahre 1975 in Höhe von rd. 4000 ergibt sich daraus also eine Einbuße für den städtischen Haushalt in Höhe von rd. einer Million DM, der sich natürlich, wenn nicht die Umstellung auf eine neue Schlüsselbasis beim Einkommensteueranteil zu einer wesentlichen Verschiebung führt, von Jahr zu Jahr wiederholt. Diese Beträge sind deutlich geringer, als sie vergleichsweise für München berechnet wurden, insbesondere weil die bayerische Landeshautpstadt infolge des hohen durchschnittlichen Einkommensniveaus ihrer Bevölkerung auch einen höheren Einkommenssteueranteil je Einwohner erhält bzw. in diesem Fall verliert. Wenn im übrigen auch eine vergleichbare Rechnung in Stuttgart zu wesentlich höheren finanziellen Ausfällen je abgegangenem Einwohner führte, so ist das auch darauf zurückzuführen, daß im Gemeindefinanzausgleich von Baden-Württemberg die allgemeinen Zuweisungen pro Kopf der Bevölkerung eine größere Rolle spielen gegenüber den speziellen Zuweisungen für bestimmte Aufgaben als in Bayern. Auch solche Faktoren wirken sich also auf derartige Berechnungen aus und beeinträchtigen die Vergleichbarkeit der Ergebnisse von Stadt zu Stadt[11]).

Schließlich muß in diesem Zusammenhang darauf verwiesen werden, daß die Abwanderungen ins Umland mit ihren selektiven Wirkungen auf die städtische Bevölkerungsstruktur in der Kernstadt weit mehr zusätzliche Sozialkosten als Entlastungen zur Folge haben. Diesen ist sie aber bei der sich verschlechternden Finanzsituation, zu der noch zusätzlich Abwanderungstendenzen in der gewerblichen Wirtschaft beitragen, nicht mehr gewachsen, so daß sich die Konkurrenzsituation zum Umland ständig verschlechtert (ein Impuls für weitere Abwanderungen). Mit diesem Problemkreis befaßte sich eingehend HUBERT HARFST anläßlich der Jahrestagung 1976 des Verbandes der Städtestatistiker[12]). Er kommt dabei zu der Feststellung, daß Städtebauförderungsprogramme, Modernisie-

---

[11]) Die in diesem Fall geringeren Einnahmeausfälle in Bayern sind nicht unbedingt als Vorteil anzusehen. Sie werden praktisch damit erkauft, daß mit dem größeren Gewicht der speziellen Zuschüsse, die mit einer Fülle von Auflagen gekoppelt sind, die kommunale Selbstverwaltung in stärkerem Maße eingeschränkt ist.

[12]) H. HARFST: Gemeindefinanzreform und Stadtentwicklung — Referat anläßlich der 76. Hauptversammlung des Verbandes Deutscher Städtestatistiker am 30. 11. 1976 in Berlin. In: Tagungsbericht VDSt, herausgegeben vom Statistischen Landesamt Berlin, 1977.

rungsmittel usw. den Verfall der Kernstädte langfristig nicht aufhalten können. Er knüpfte daran die Forderung, das Steueraufkommen der Gemeinden zu erhöhen und die Mehreinnahmen entsprechend dem Finanzbedarf der zentralen Orte und der Großstädte zu verteilen. Falls diese Lösung politisch nicht durchsetzbar sei, könne auch eine Beteiligung der Umlandgemeinden an den regionalen Versorgungsaufgaben der Kernstädte die Probleme lösen.

XII. Bevölkerungsrückgänge und Wohnungsangebot

Wieder am Beispiel Augsburgs wollen wir nun demonstrieren, wie sich der Bevölkerungsrückgang in Höhe von annähernd 18 %, wie wir ihn anhand unserer Modellannahmen für 1990 ermittelt hatten, in Verbindung mit dem im gleichen Zeitraum erwarteten Kapazitätszugang durch Neubau auf Angebot und Nachfrage im Augsburger Wohnungsmarkt auswirken dürfte. Wir gehen zunächst einmal davon aus, daß die Auflockerung in der Belegung der vorhandenen Wohnkapazität sich durch steigende Wohnraumansprüche weiter fortsetzt, wenn auch in erheblich geringerem Ausmaß als zu Anfang der 70er Jahre. Für Augsburg ergaben verschiedene Berechnungsansätze für den Zeitraum beginnend mit der Wohnungszählung vom Herbst 1968 bis Ende des Jahres 1975 eine Verbesserung der Relation Wohnräume/Einwohner um durchschnittlich 2 % pro Jahr. Wir legen die Annahme zugrunde, daß sich die Zahl der je Einwohner verfügbaren Wohnräume bis 1990 im ganzen gerade noch um den Prozentsatz verbessert, um den die Bevölkerung schrumpft, also um 17,6 % bzw. pro Jahr knapp 1,2 %. Damit würde sich etwa die Wohnfläche je Einwohner, die bei der Wohnungszählung von 1968 in Augsburg 23,4 qm ausmachte und die Ende 1975 bei knapp 27 qm lag, auf etwas über 31 qm erhöhen.

Diese Annahme kann auch bei erheblich verlangsamtem Anwachsen der Realeinkommen durchaus als realistisch, ja vielleicht eher noch als etwas zu pessimistisch angesehen werden, zumal die Verkleinerung der durchschnittlichen Haushaltsgröße infolge der geringeren Kinderzahlen hier einen Effekt im Sinne einer zusätzlichen Auflockerung der Wohnungsbelegung bewirken wird.

Wir kommen damit zu dem Ergebnis, daß der gegenwärtige Wohnungsbestand im Hinblick auf die Einwohnerverminderung voll ausreicht, um die weiter steigenden Wohnflächenansprüche abzudecken. Rein rechnerisch muß damit jede über den laufenden Ersatzbedarf hinaus erstellte Neubauwohnung eine Leerwohnung zur Folge haben. Nun erbrachte aber eine für kleinräumige Bevölkerungsprognosen durchgeführte Erfassung des Baurechts für den Wohnungsbau (Stand Anfang 1977) nach §§ 30 und 33 (rechtkräftige und in Aufstellung befindliche Bebauungspläne) sowie nach § 34 (im Zusammenhang bebauter Ortsteile — hier geschätzte Werte) eine zu erwartende Wohnbautätigkeit, die rd. 16 800 neue Wohnungen erbringen müßte, wobei angenommen wird, daß rd. 13 000 bis zum Jahr 1990 erstellt werden. Da wir bei unseren Schätzungen immer vom Bestand Ende 1975 ausgingen, müssen wir noch die rd. 1000 im Jahre 1976 vollendeten Neubauwohnungen hinzuzählen. Berücksichtigen wir andererseits einen gewissen Bedarf für einen zu erwartenden, wenn auch nicht sehr hohen Haushaltszuwachs, einen Ersatzbedarf für weitere Zweckentfremdungen sowie schließlich einen zusätzlichen Wohnungsbedarf für Umsetzungen bei Sanierungs- und Modernisierungsmaßnahmen, so können wir immer noch mit einem Wohnungsüberschuß gegenüber den Verhältnissen Ende 1975 in Höhe von etwa 10 000 bis 11 000 Wohnungen oder 10 % rechnen. Das gilt — daran sei hier noch einmal erinnert —, obgleich in den übrigen Wohnungen durch Bevölkerungsschwund, sei er durch Abwanderungs- oder Sterbeüberschüsse hervorgerufen, zugleich eine rechnerische Auflockerung der Wohndichte in Höhe von knapp 18 % eintritt. Die Lage wird im allgemeinen in anderen großen Städten ähnlich, wenn nicht noch kritischer (mehr Wohnbaurechte) sein.

XIII. Entleerung alter Stadtviertel

Gewisse Einwohnerrückgänge in den Kernstädten, wieder rein quantitativ gesehen, könnte man durchaus als eine positive Entwicklung ansehen. Sie ermöglichen eine Art Gesundschrumpfen, einen Abbau zu hoher Siedlungsdichten in einzelnen Stadtbereichen, ebenso die Beseitigung oder Verminderung manch örtlicher Unterversorgung bei öffentlichen Einrichtungen, aber auch die Schaffung von mehr Grün- und Freiflächen, kurzum eine Verbesserung der Lebenssituation in der ganzen Stadt. In der Praxis aber ist das Instrumentarium für eine gezielte Umsetzung dieses Auflockerungsprozesses in erstrebenswerte räumliche Nutzungsänderungen nur allzu begrenzt, selbst wenn die Novellierung des Bundesbaugesetzes hier einige wesentliche Verbesserungen gebracht hat.[13]). Von der finanziellen Seite her sind die hierzu notwendigen Eingriffe in das Marktgeschehen über den Erwerb der relevanten Grundstücke auch auf weite Sicht sehr eingeengt. Andererseits vollzieht sich diese Auflockerung der Besiedlung räumlich selektiv, und zwar in einer Weise, die für die künftige Stadtstruktur und das Funktionieren des ganzen Stadtorganismus äußerst gefährlich werden kann. Die Entleerungsprozesse werden sich konzentrieren in älteren Wohngebieten, vor allem in den Innenstädten, aber auch in anderen Altbauvierteln abspielen, einerseits weil die dortigen Wohnungen in ihrem Standard zum großen Teil den heutigen Anforderungen nicht mehr entsprechen, zum anderen, weil gerade in diesen Bereichen vielfach auch das Wohnumfeld am meisten beeinträchtigt ist.

Es ist nicht ganz einfach, die zu erwartenden geballten Entleerungsprozesse, bei denen ja auch das Wohnumfeld mit von Einfluß ist, modellhaft darzustellen. Soweit sie sich bisher bereits bemerkbar machten, wurden sie meist dadurch überlagert, daß in solche von der einheimischen Bevölkerung verlassene Wohngebiete Ausländer nachrückten, die den Abwanderungsprozeß der Deutschen einerseits beschleunigten, im ganzen aber wieder zu einer Bevölkerungsverdichtung beitrugen. Wir machen deshalb zunächst den Versuch einer solchen Modellrechnung über unser im letzten Abschnitt ermitteltes Wohnungsüberangebot, wenn das Baurecht bis 1990 in dem erwarteten Umfang ausgeschöpft wird. Wir gehen von der im großen und ganzen sicher berechtigten Annahme aus, daß in erster Linie der alte Wohnungsbestand aus der Zeit vor der Jahrhundertwende von der Entleerung — zumindest ihrer bisherigen Bewohnerschaft — betroffen wird.

Zunächst stellen wir fest, daß bei der Wohnungszählung von 1968 im heutigen Stadtgebiet knapp 16 000 Wohnungen in Wohngebäuden gezählt wurden, die im Jahre 1900 oder früher erstellt worden waren. Davon dürften bis Ende 1975 rund 1000 Wohnungen abgebrochen und durch Neubauten ersetzt worden sein, wobei wir zugrunde legen, daß sich dieser Abgang in etwa gleichmäßig auf diesen alten Bestand verteilt. Damit macht der errechnete Wohnungsüberhang in Höhe von rd. 10 500 Wohnungen 70 % des Ende 1975 noch vorhandenen Bestandes an Wohnungen aus der Zeit von 1900 oder früher aus.

Wir wählen nun einen Raum im zentralen Bereich der Stadt aus, in dem diese „Uraltwohnungen" bei der Wohnungszählung 1968 mit den höchsten Anteil an allen Wohnungen ausgemacht hatten, nämlich die Innenstadtbezirke 1, 2 und 4. Sie umfassen weitgehend den ältesten Kern, die früher umwallte Stadt ohne deren spätere Erweiterung um

---

[13]) H. Heuer/R. Schäfer, a. a. O.

die sogenannte Jakobervorstadt. Die Flächenausdehnung beträgt rd. 107 ha, auf denen Ende 1975 rd. 12 400 Einwohner wohnten. Der 2. Stadtbezirk schließt dabei den größten Teil des Hauptgeschäftszentrums mit ein.

Für den ganzen Bereich zusammen stellten wir folgende Berechnungen an.

Wohnungsbestand Ende 1975	5 527
Wohnungsbestand bei der Wohnungszählung 1968	4 791
darunter Wohnungen in Gebäuden, die 1900 oder früher errichtet	2 514
korrigiert um durchschnittlichen Abgang 1968/75	2 347
davon 70 % (= Entleerungsquote)	1 644
Entleerungswohnungen in % des Wohnungsbestandes 1975:	29,7

Nach diesen Annahmen würden also rd. 30 % der Wohnungen im Jahre 1990 leerstehen. Die Zahl der Einwohner würde noch stärker zurückgehen, weil wir für die übrigen Wohnungen noch die Auflockerung der Wohnungsbelegung in Höhe von knapp 18 % berücksichtigen müssen. Die Bevölkerung würde damit von rd. 12 400 um 42 % auf 7200 absinken.

Nun wird man, zumal im Hauptzentrum, in dem schon manches alte Bürgerhaus modernisiert wurde, das Alter der Gebäude nicht immer als signifikant für eine schlechte Qualität der Wohnungen ansehen können. Es bleiben aber bei unserer Rechnung immerhin 30 % dieses alten Wohnungsbestandes von vornherein außer Betracht, und diese schließen sicher in erster Linie solche mit neuzeitlichem Wohnstandard mit ein.

Wir haben im übrigen eine Kontrollrechnung durchgeführt, die von ganz anderen Ansätzen ausgeht. Wir berechneten für die gleichen drei Stadtbezirke, und zwar für die Wohnkapazität von 1970 die Abnahme der deutschen Bevölkerung zwischen dem Bestand bei der Volkszählung 1970 und dem zum Jahresende 1976 (für 1975 liegen diese Daten nicht vor). Dieser Rückgang betrug ca. 3100 Personen oder rund 24 %. Die mit 3,7 % recht hohe durchschnittliche jährliche Abnahme, in die aber auch die weitere Zweckentfremdung von Wohnungen in diesem Gebiet mit einging, haben wir zunächst einmal in gleichem Maße vermindert wie vorher die Belegungsauflockerung bei unserer Bilanzierung des Wohnungsangebotes. Wir kommen dann bis zum Jahre 1990 zu einer prozentualen Reduzierung der deutschen Bevölkerung im Ausmaß von 37 %, die also nicht allzuviel hinter dem Ergebnis unserer ersten Berechnungsmethode über den Bestand an Wohnungen aus der Zeit vor 1900 zurückbleibt.

Nun dürfte sich die Auflockerung in der durchschnittlichen Wohnraumbelegung in diesen Entleerungsgebieten nicht in gleichem Maße verlangsamen wie in der ganzen Stadt. Über die Wohlstandsentwicklung hinaus führen hier — zumal bei einem Wohnungsüberangebot — zusätzliche Faktoren (erhöhte Sterblichkeit, Wegzug mobiler Einpersonen- und sonstiger Haushalte bei weiter absinkendem Wohnmilieu) zu vermehrten Wohnungsaufgaben. Nehmen wir an, der Auflockerungseffekt vermindert sich hier bei den deutschen Einwohnern nur um ein Viertel gegenüber der Zeit von 1970 auf 1976 und damit auf etwa 2,8 % pro Jahr, so ergeben sich auch bei dieser Rechnung für den Zeitraum 1975 bis 1990 Abnahmen bei der deutschen Bevölkerung in Höhe von gut 40 %.

Ergänzend ist aber zu erwähnen, daß in den in die Untersuchung einbezogenen Gebieten im Krieg der Bestand an Wohnungen aus der Zeit des letzten Jahrhunderts teilweise durch Bomben zerstört und inzwischen durch Neubauten ersetzt wurde. In weniger vom Luftkrieg heimgesuchten Altbaugebieten würde also diese „Entleerungsrechnung" zu einer noch höheren Bevölkerungsreduzierung führen müssen. Das würde in unserem Fall auch gelten, wenn wir — bei entsprechend verfügbaren Daten — nicht mit Stadtbezirken gearbeitet, sondern die Modellrechnung noch kleinteiliger auf zusammenhängende Altbaubestände aus der Zeit von 1900 und früher eingeengt hätten.

Beispielhaft können wir das am ersten unserer drei ausgewählten Stadtbezirke demonstrieren (Stadtbezirk 1 = Lechviertel, östl. Ulrichsviertel). Er umfaßt große Teile dessen, was man heute in Augsburg mit dem Begriff „Altstadt" identifiziert, einen von schmalen Gassen durchzogenen, eng bebauten Wohnbereich von meist niedrigem Wohnstandard. Hier ergaben sich im Zeitraum von der Volkszählung 1970 bis Ende 1976 folgende Bevölkerungsveränderungen (bezogen auf gleichen Wohnraumbestand).

		Deutsche Einwohner	Ausländer	Deutsche auf 1 Ausländer
Mai 1970		4 868	496	10
Ende 1976		3 506	1 201	3
Zu-, Abnahme (—)	Anzahl	—1 362	705	— 7
	in %	— 28,0	142,1	—

Hier hat sich also die deutsche Einwohnerschaft um rd. 28 % (ca. 4,3 % pro Jahr) vermindert. In breiter Front sind Ausländer nachgerückt, ohne daß die alte Wohndichte wieder erreicht wurde, wobei sich auch hier einige Zweckentfremdungen mit ausgewirkt haben mögen. Unter Zugrundelegung unserer oben skizzierten Annahmen müßte hier bis 1990 unter Status-quo-Bedingungen, das heißt ohne eine gezielte Umsteuerung, mit einer weiteren Reduzierung der deutschen Bevölkerung bis annähernd zur Hälfte gerechnet werden.

Bei allem ist noch zu bedenken, daß ein solcher Entleerungsprozeß, wenn er in dieser Form stattfindet, auch andere, weniger alte Wohngebäude mit in diesen Sog ziehen würde, zumal wenn diese inselartig unter die sehr alten Bauten eingelagert sind. Wenn große Gebiete von einer solchen Erosion erfaßt werden, so zieht das ja weitere Konsequenzen nach sich, wie sie HEIK AFHELDT in einem Beitrag mit dem Titel „Der Wachstumsschock" skizziert hat[14]). Er führt dort u. a. aus: „Einzelne Stadtteile sind der Gefahr einer schnellen sozialen Erosion ausgesetzt. Einrichtungen werden unwirtschaftlich, die Versorgung eingeschränkt, die Versorgungsqualität zunehmend zurückgeschraubt. Es entstehen neue und ungewohnte Bau- und Nutzungslücken. Wir werden erleben, daß ganze Blöcke ‚wüst fallen' ".

Eine andere Frage ist: Käme es wirklich ohne steuernde Eingriffe zu dieser Entleerung ganzer Stadtteile? Der damit verbundene Verfall der Grundstückspreise könnte als willkommene Gelegenheit angesehen werden, die Nutzungsumsteuerung einzuleiten. Darauf zu spekulieren, wäre aber wohl ein gefährliches Risiko.

Die Entwicklung in den letzten 6—8 Jahren läßt uns bereits erkennen, was wirklich zunächst geschehen wird. Der Minderung der deutschen Bevölkerung in unseren drei ausgewählten Stadtbezirken stand dort bis Ende 1974 eine nicht ganz halb so hohe Zunahme bei den Ausländern gegenüber. Seither ist wegen der Abwanderung zahlreicher Ausländer wieder ein gewisser Rückgang erfolgt. Wenn aber nun die Gastarbeiter als „Nachmieter" weitgehend ausfallen, so kommt es mit weiter relativ sinkenden Mieten zum Eindringen von Bevölkerungsschichten des geringsten Einkommensniveaus oder aber mit geringster

---

[14]) H. AFHELDT: Der Wachstumsschock. In: Zeitschrift „Structur" Nr. 4/76.

Mietzahlungsbereitschaft. Das kommt praktisch einem weiteren sozialen Absinken dieser Gebiete gleich. Diese „Deklassierung" der zentralen Bereiche der Stadt sollte, so meinte Erika Spiegel in einem zu dieser Problematik äußerst aufschlußreichen Referat[15]), vermieden werden. Dabei kann man annehmen, daß es sich letztlich, wie schon bei den Ausländern, um Übergangs- und Abnutzungsmieter handeln würde. Was dann folgt, nennt Detlef Marx[16]) „Die düstere Perspektive der Entwicklung in den amerikanischen Slumgebieten mit ihren zum Teil großen Flächen trostlos verkommener Häuser, an denen die Eigentümer alle Rechte aufgegeben haben, weil sie kein Geld haben und/oder keine Mieter finden für renovierte Häuser in den Innenstadtgebieten."

XIV. Konsequenzen für die Stadtentwicklungspolitik

Wir sind damit wohl beim brennendsten Problem der Folgen eines zu großen und hinsichtlich der Entwicklung der Bevölkerungsstruktur ausgesprochen selektiv wirkenden Entleerungsprozesses der Städte angelangt. Dabei kommt dem negativen Saldo der natürlichen Bevölkerungsbewegung bei der deutschen Bevölkerung eine entscheidende und wachsende Bedeutung zu. Und doch ist dieser Faktor nur im engsten Zusammenhang mit den Einwohnerverlusten beim Wanderungsaustausch der Kernstädte mit ihrer Umgebung zu sehen. Dieser verstärkt einerseits, vor allem wegen seiner Auswirkungen auf die Altersstruktur, den negativen Effekt der natürlichen Komponente, hat aber darüber hinaus seine eigene Problematik, insbesondere auch in Verbindung mit verschiedenen Rückkoppelungseffekten. Zu den schwerwiegendsten zählt hier die ständige „Produktion" von mehr Verkehr, der sich weitgehend in Individualverkehr zwischen Umland und Stadt umsetzt und damit in den Kernstädten die räumlichen Lebens- und Arbeitsbedingungen immer noch weiter verschlechtert. Dabei muß man es durchaus als offen ansehen, ob die Vorstellung, daß man in der Stadt arbeitet, aber im Umland unter doch meist günstigeren Erholungs- und Umweltbedingungen wohnt, nicht bereits zu einem solch ausgeprägten gesellschaftlichen Leitbild geworden ist, daß nur noch wirtschaftliche Zwänge, die sich vor allem auf den einzelnen Betroffenen auswirken, gegensteuern könnten.

Ein gelenktes laisser-faire, dem hier gelegentlich unter dem Aspekt einer freien Wahl des Wohnplatzes — offenbar ohne Rücksicht auf die sozialen Folgekosten — das Wort geredet wird, ist in seinen geselllschaftlichen Konsequenzen noch gar nicht abzusehen. Aber schon ein vermindertes weiteres Abströmen städtischer Bevölkerung in das Umland macht dort eine Steuerung des Bevölkerungs- und Siedlungswachstums dringlich, wie sie wohl ohne eine andere Verwaltungsorganisation, bei der die räumlich relevanten Planungen, deren zeitliche Durchführung sowie auch deren Finanzierung aus einer Hand gesteuert werden, nicht erreichbar ist. Für manche alte innerstädtische Wohngebiete würde sich sehr rasch die Frage einer Umnutzung stellen, wobei in manchen Städten eine gewisse Ausweitung innerstädtischer tertiärer Nutzungen nun durchaus als beste Lösung gelten könnte.

Nach Bruno Weinberger „kann und darf es nicht sein, daß wir die deutschen Städte immer mehr preisgeben und die deutsche Bevölkerung in ländlicher Abgeschiedenheit das vorbeiziehende Welttheater bestaunt"[17]).

---

[15]) E. Spiegel: Soziale Aspekte innerstädtischer Entwicklungen. Vortrag im Rahmen der Fachtagung „Planen ohne Wachstum" des Instituts für Städtebau und Wohnungswesen der Deutschen Akademie für Städtebau und Landesplanung, München, 15. 3. bis 18. 3. 1976.

[16]) D. Marx: Probleme moderner Stadtentwicklung. In: Volkswirtschaftliche Korrespondenz der Adolf-Weber-Stiftung, Frankfurt, 1975, Nr. 10.

[17]) B. Weinberger: Städte als Entwicklungszentren ohne ausreichende Finanzen? In: Für die Zukunft der Städte, Beiträge des Deutschen Städtetages zur Kommunalpolitik, Reihe A, Heft 3, Köln 1976.

Die großen Städte sind sich darin einig, daß sie im Interesse ihrer ganzen Region die Entleerung der Kernstadt auf ein unvermeidliches Maß beschränken wollen. Sie setzen in ihren Zielvorstellungen für die Stadtentwicklungsplanung durchweg Bevölkerungsrichtwerte an, die weit über Status-quo-Erwartungen liegen, die aber aus heutiger Sicht vielfach als illusorisch erscheinen müssen (es sei denn, sie gehen von vornherein davon aus, daß entgegen allen Bestrebungen der Raumordnung, die anstehenden Arbeitskräfteüberschüsse in ländlichen Gebieten nur von den großstädtischen Arbeitsmärkten aufgenommen werden und diese Zuwanderer freien Wohnraum in der Kernstadt annehmen).

Die unmittelbaren Einflußmöglichkeiten der Städte, um steuernd gegen ihre Bevölkerungsverluste anzugehen, sind nach wie vor relativ begrenzt. Sie beschränken sich von vornherein praktisch auf die Wanderungen, wobei zwei Ziele gegeben sein können:
— spürbare Reduzierung der Abwanderung zahlreicher Einwohner in die Umgebung,
— Förderung der Zuwanderungen aus dem Nahbereich, aber auch aus ihrem weiterem Hinterland sowie möglichst auch aus dem übrigen Bundesgebiet.

Uns bewegt hier vor allem die erste Komponente, das Bemühen, den Wanderungsverlusten an das nahe Umland zu begegnen. In einer Reihe von Städten, darunter Augsburg, wurden hierzu Untersuchungen über die Motive dieser Stadtflucht durchgeführt. Sie führten im großen und ganzen zu den gleichen Ergebnissen: Das Gefälle im Wohnstandard zwischen Stadt und Umland, angefangen von der Größe und Qualität der Wohnungen über die Bau- und Mietpreise bis hin zu den Wohnungsfolgeeinrichtungen und den Wohnumfeldern wurden als entscheidend dafür erkannt, daß zumindest bis zum Beginn der Rezession immer mehr Städter ihr Domizil vor die Tore der Stadt hinaus verlagerten.

Erste Reaktionen der Städte ließen Bestrebungen erkennen, mit möglichst vielen der heutigen Nachfrage angepaßten Neubauangeboten, darunter zahlreichen Einfamilienhausbauten, die Wohnverhältnisse im Umland in die Stadt zu tragen, um damit der Konkurrenz vor den Toren der Stadt die Stirn zu bieten. In diesem Zusammenhang sei auf einigermaßen überraschende Ergebnisse der Augsburger Nahwanderungsstatistik für das Jahr 1976 hingewiesen. Das Wiederhochschnellen der Randwanderungsverluste auf nahezu das Doppelte gegenüber 1975 ist weniger auf ein Anwachsen der Wanderungsströme nach außen, als auf eine relative Abschwächung der Zuwanderung von dort in die Stadt zurückzuführen. Diese Erscheinung tritt dabei nicht etwa gebündelt auf, sondern erstreckt sich auf nahezu alle stadtnahen Herkunftsgemeinden. Da nun im gleichen Jahr die Wohnungsvollendungen durch Bautätigkeit gegenüber 1975 auf weniger als die Hälfte zusammengeschrumpft waren, liegt zunächst der Schluß nahe: Es müssen neue Wohnungen erstellt werden, um die Abwanderung vor die Tore der Stadt zu bremsen, ebenso aber um die Zuwanderung von dort zu fördern. Dabei ist zu bedenken, daß die Erfahrungen in Augsburg wie in anderen Städten bisher lehrten, daß die neuen Wohnungen in der Stadt in der Hauptsache von Bürgern aus der Stadt selbst und nur relativ wenig von Zuwanderern von außen her bezogen wurden. Müßte man dann aber folgern, daß das Interesse an einer Wohnsitzverlegung aus dem Nachbarraum in die Stadt nachgelassen hat, so wäre das kaum weniger Anlaß zum Nachdenken, selbst wenn es in engem Zusammenhang mit einem verminderten Arbeitsplatzangebot stehen sollte.

Jedenfalls: Unsere Modellrechnung am Beispiel Augsburg hat nur zu deutlich gezeigt, daß die Ausweisung zahlreicher neuer Wohngebiete in der Stadt zur Bekämpfung der Nahwanderungsverluste ein äußerst zweischneidiges Schwert ist, weil es in der Regel den Entleerungsprozeß im citynahen Bereich und in sonstigen älteren Wohngebieten fördert. Wenn man versucht, in gewissem Umfang in der Stadt selbst an geeigneten Stellen wieder mehr den Eigenheimbau zu ermöglichen, so wird dagegen wenig einzuwenden sein. Alle übrige Neubautätigkeit — abgesehen vom Ersatzbau — sollte aber sehr maßvoll gesteuert, soweit möglich auch umgesteuert werden. Sie sollte sich darauf beschränken, in Siedlungsbereichen oder Planungsräumen, in denen die notwendige Auslastung vorhandener Infrastruktur allzu sehr bedroht ist oder in denen die Sicherung einer Mindestversorgung dies notwendig macht, das Bevölkerungspotential entsprechend aufzustocken.

Aus Untersuchungen zur Bevölkerungsmobilität, die im Raum Stuttgart angestellt wurden[18]), schließen die Verfasser auf ein hohes Maß an „kleinräumiger Ortsgebundenheit", auf ein Bestreben, zumindest rein wohnungsbezogene Veränderungswünsche in der vertrauten räumlichen Umgebung zu realisieren. Sie knüpfen daran die Forderung auf kleinräumiger Ebene, d. h. in einzelnen Stadtteilen differenzierte Wohnungsangebots- und Nachfrageuntersuchungen in Verbindung mit Bevölkerungsprognosen anzustellen, um auf dieser Ebene Defizite im quantitativen und qualitativen Bedarf abzubauen.

Auf diesem Wege suchen offenbar mehr und mehr Städte dem Abwanderungsproblem zu begegnen, wie in einem Beitrag von Franz Schaffer und Mitarbeitern zum gleichen Problemkreis zum Ausdruck kommt[19]).

Es erscheint aber einigermaßen zweifelhaft, ob auf diese Weise mehr als ein begrenzter Teilerfolg zu erzielen ist. Bei der heutigen Mobilität und der geringen Bindung zwischen Eltern- und Großelterngeneration, gerade infolge der verminderten Kinderzahlen, sind solche lokalen Ortsverbundenheiten wohl weitgehend auf Bevölkerungskreise beschränkt, die an sich aus verschiedenen Gründen in ihrer Mobilitätsbereitschaft eingeengt sind.

XV. Stadtumbau durch Sanierung und Modernisierung

Bei den Vorschlägen für eine stadtteilbezogene Wohnungs- und Baupolitik geht es in der Regel nicht um die Gewinnung neuen Wohnraums auf bisher unbesiedelten Flächen, sondern um Umbau- und Modernisierungsmaßnahmen, die insbesondere auch zu einer „Revitalisierung" innenstadtnaher Wohngebiete führen sollen. Detlef Marx und Klaus Schussmann sprechen in einer jüngst angestellten Untersuchung bei der Modernisierung von Wohnquartieren — im Gegensatz zur Modernisierung von Wohnungen — von einer „erhaltenden Erneuerung". Dabei weisen sie, gemessen an sozialen Kosten und Nutzen, deren wirtschaftliche Vorteile im Vergleich zu möglichen alternativen Planungskonzepten, darunter einer akzentuierten Neubautätigkeit am Stadtrand und im Umland nach[20]).

Das Ziel einer Erneuerung der Innenstadtbereiche unserer Städte ist in jüngster Zeit deutlich in den Mittelpunkt der Diskussion um die Wohnungsbau- und Stadtentwicklungspolitik gerückt. Nicht zuletzt ist in der Regierungserklärung vom Dezember 1976 die Erneuerung der Innenstadtbereiche unserer Städte als ein Schwerpunkt der künftigen Arbeit herausgestellt worden.

---

[18]) J. Baldermann/G. Heckingen/E. Knauss: Bevölkerungsmobilität im Großstadtraum. In: Raumforschung und Raumordnung 1976, Heft 4.

[19]) F. Schaffer/F. Hundhammer/G. Peyke/W. Poschwatta: Wanderungsmotive und Stadt-Umland-Mobilität. Sozialgeographische Untersuchungen zum Wanderungsverhalten im Raum Augsburg. — In: Raumforschung und Raumordnung 1976, Heft 4.

[20]) D. Marx/K. Schussmann: Erhaltende Erneuerung als Planungskonzept: Wirtschaftliche Aspekte. Manuskript eines Referats im Rahmen der Fachtagung der Deutschen Akademie für Städtebau und Landesplanung anläßlich der Eröffnung der DEUBAU 1977.

Die möglichen Entleerungsprozesse, die wir versucht haben, am Beispiel einiger Augsburger Innenstadtbezirke zu quantifizieren, sollen also nicht stattfinden. Die Frage ist dann nur, wo sonst werden sich die unter den Modellannahmen zu erwartenden Überkapazitäten im Wohnungsangebot niederschlagen, wobei diese sicher noch durch die Ausweisung zusätzlicher Wohnbaugebiete aufgestockt werden. Allein im zweiten Halbjahr 1976 ist z. B. in Augsburg neues Baurecht für rd. 2000 Wohnungen geschaffen worden. Ob sie sich bei den Neubauwohnungen selbst oder eben doch in alten städtischen Wohngebieten oder teils/teils auswirken werden, mag im Einzelfall von den verschiedensten Faktoren abhängen, wird aber nicht zuletzt auch von der Kostenfrage her entschieden werden.

Nun wird bei solchen Reaktivierungsmaßnahmen häufig die Bebauungsdichte herabgesetzt werden, so daß sich daraus ein gewisser zusätzlicher Wohnungsbedarf ableitet. Im übrigen, wenn es gelänge, die in unserer Bevölkerungsvorausschätzung noch enthaltenen Randwanderungsverluste kurzfristig völlig abzubauen, so hätten damit allein an die 6000 Wohnungen des errechneten Überhangs ihre Eigentümer oder Mieter. Ob aber wirklich so ein aufgestauter Nachfragedruck nach modernisierten und auch in ihrem Wohnumfeld verbesserten Innenstadtwohnungen besteht[21]?

So viel scheint sicher: Je weiter das soziale Absinken, die Wohnungsabnutzung bis hin zur teilweisen Entleerung in den bedrohten Stadtgebieten fortgeschritten ist, um so schwerer, wenn nicht unmöglich wird es sein, die erhaltende Erneuerung wieder in Gang zu bringen. Ein einzelner Hausbesitzer, der sich dann noch bemüht, sein Anwesen auf einen zeitgerechten Standard zu bringen, dürfte vergebens auf einen wirtschaftlichen Erfolg seines Bemühens warten. Diese Überlegungen zeigen nur, wie brennend dieses Problem für die Städte geworden ist. Dabei stimmen alle Ansätze, die zu einer Lösung von seiten der Wissenschaft wie der Politik bisher geboten werden, nicht sehr hoffnungsvoll.

Wenn sich aber offenbar mehr und mehr die Erkenntnis durchsetzt, daß der Bevölkerungsabfluß aus den Städten in ihr Umland, jeweils auch im Interesse der gesamten Region, weitmöglichst gedrosselt werden sollte, dann gilt es nun wirklich zu handeln, d. h. u. a. von Halbheiten, sich widersprechenden und gegenseitig aufhebenden Maßnahmen und Handlungen auf den verschiedensten Ebenen wegzukommen.

So viel ist klar: Die Städte allein können diese Aufgabe nicht lösen. Gemeinsame Anstrengungen von Staat und Stadt um einen Abbau des Gefälles im Wohnstandard zum Umland hin sind zwar unausweichlich, reichen aber aller Voraussicht nach nicht aus zur Problemlösung im angesprochenen Sinne. Das gilt zumal, wenn weiterhin die Folgekosten der Abwanderung in das Umland mit öffentlichen Mitteln subventioniert werden, wenn vom einzelnen her gesehen seine Substitution von Wohnkosten durch Verkehrskosten gleichfalls weitgehend von der öffentlichen Hand getragen wird, wenn darüber hinaus die Wohnsitzverlegungen durch den weiteren Ausbau von Siedlungsschwerpunkten vor den Toren der Stadt gefördert werden. Das gilt ebenso für den Ausbau des öffentlichen Nahverkehrs von der Stadt in das Umland, wenn dieser nicht von einer Reihe flankierender Maßnahmen begleitet wird.

---

[21] Im Zusammenhang mit dieser Thematik sei auch auf eine Untersuchung von WOLFGANG POSCHWATTA verwiesen mit dem Titel: Wohnen in der Innenstadt — Struktur, neue Entwicklungen, Verhaltensweisen, dargestellt am Beispiel der Stadt Augsburg. Augsburger Sozialgeographische Hefte, Nr. 1/1977.

Letzten Endes dürften nur Maßnahmen der verschiedensten Art, die den Verursachern die Kosten ihres Handelns zumindest teilweise aufbürden oder zusätzlich auf andere Veise die Umlandwanderung erschweren, dazu führen, das weitere Auseinanderfließen der städtischen Siedlungskörper zu bremsen und damit auch eine allzu starke Einwohnerreduzierung wie auch Bevölkerungsumstrukturierung in den Kernstädten zu verhindern. Noch sind solche Maßnahmen äußerst unpopulär und damit auch für den Politiker wenig annehmbar. Mögen Modellrechnungen der vorliegenden Art mit dazu verhelfen, die Problemerkennung auszuweiten und damit einen Beitrag zur Beeinflussung der politischen Willensbildung zu leisten.

Die Bedeutung sozialer Verhaltensweisen für die Vorbereitung von Planungsentscheidungen für die Stadtentwicklung

von
Siegfried Schmeling, Kassel

I. Warum die Fragestellung?

Mit den Beobachtungen über den Rückgang der Geburten- und Einwohnerzahlen in der Bundesrepublik erhält die Fragestellung nach Ursachen und Bedingungen der Bevölkerungsbewegungen ein neues Gewicht, das bei großräumiger Betrachtung völlig anders zu bewerten ist als bei kleinräumiger, stadtteilbezogener Betrachtung.

Bevölkerungsbewegungen sind in den letzten Jahren stets als quantitative Erscheinungen betrachtet worden. Sie stellten in der Planung ein Mengenproblem dar. Es ging darum, festzustellen, um wieviel Einwohner ein Gebiet in einem gegebenen Zeitraum zugenommen hat und weiter zunehmen wird. Grundsatz war, daß Geburten- und Wanderungsüberschuß qualitativ als etwas Positives zu bewerten waren, denn Zunahmen bedeuteten Wahrscheinlichkeit des Wirtschaftswachstums, höhere Schlüsselzuweisungen des Landes an die Gemeinden, u. U. auch höhere Gehälter politischer Beamter.

Seit einigen Jahren stellen wir nun fest, daß sich Wanderungsrichtungen verschieben. Die Großstädte, die in den ersten Nachkriegsjahren einen erheblichen Wanderungsgewinn erlebten, nehmen ab, einmal, weil kleinere Städte bevorzugter wurden, zum anderen, weil sich der Geburtenüberschuß in einen Sterbeüberschuß verwandelte. Die Großstädte schrumpfen in ihrer Einwohnerzahl; wir wissen nicht, warum kleinere Städte bevorzugter werden. Bei manchen Entwicklungsmodellen, die Planer verwenden, frage ich mich, ob Planer noch wissen, was „Stadt" überhaupt ist.

Die Abnahme der Geburtenzahlen ist seit der Mitte der 60er Jahre bekannt. Eigentlich müßten wir uns alle auf eine Änderung der Stadtentwicklungsprogramme eingestellt haben. Wir hatten Zeit dazu. Eigentlich müßten wir seit 10 Jahren wissen, daß wir keine neuen Kindergärten, bald keine neuen Grundschulen, dann keine neuen, sondern möglicherweise anders strukturierte Sekundarstufen und in wenigen Jahren auch weniger Hochschulplätze brauchen. Wir werden Wege suchen müssen, wie wir die Kreativität der jungen Menschen wieder entwickeln können, nachdem sie durch den numerus clausus verdrängt worden ist.

Die Neigung besteht heute darin, einfach die Bedarfszahlen zu verkleinern: statt zwei Schulen nur noch eine, statt 100 ha Neubauland nur noch 60 oder 30 ha. Werden wir damit den tatsächlichen Strukturen gerecht, wenn wir uns auf die Veränderung von Quantitäten und von Richtwerten beschränken? Liegt die Resignation vieler Planer über das Entgleiten der Planungsgrundlagen nicht darin, daß sie Zahl mit Wert gleichsetzen, Quantität mit Qualität vertauschten? Können Salden und Richtwerte überhaupt etwas aussagen über die Qualität des Lebens, die zu gestalten Aufgabe des Planers ist?

Ich suchte die Antwort in sozialen Verhaltensformen. Die nachstehenden Aussagen sollen kein abschließendes System darstellen. Sie sind gewissermaßen „auf dem Wege" gemacht worden, auf der Suche nach den Grundlagen für den Planungsauftrag, den der Politiker dem Planer vor Beginn der Planungsarbeiten zu geben hat. Die Stadtplanung in dem bisher praktizierten Sinn konkretisierte sich in Bebauungsplänen, d. h. in der Festsetzung von bebaubaren und unbebaubaren Flächen und in der Festlegung von Art und Maß der baulichen Nutzung (siehe u.a. § 29 ff. Bundesbaugesetz [BBauG]). Da Bebauungspläne Ortsgesetze sind, haben sie zunächst einen statischen Charakter, der Entwicklungen in der Gesellschaft nicht berücksichtigt. Werden solche Entwicklungen erkannt und für schwerwiegend gehalten, müssen Bebauungspläne durch neue ersetzt werden.

Die Neufassung des BBauG, die am 1. 1. 1977 in Kraft getreten ist, verwendet zwar den Begriff Entwicklungsplanung, ohne ihn aber inhaltlich zu konkretisieren. Mit der Suche nach sozialen Verhaltensformen und ihren Umweltbedingungen versuchte ich, einen Beitrag zur Konkretisierung zu leisten. Dabei war ich mir klar darüber, daß keineswegs alle Erkenntnisse unmittelbar Gegenstand eines Planungsauftrages werden können. Bei einigen wird es notwendig sein, aus ihnen die in Bebauungsplänen realisierbaren Elemente in weiteren Erkenntnisprozessen zu eliminieren. Aus andern Erkenntnissen wird man politische Konsequenzen nicht durch Bebauungspläne, sondern durch den Einsatz von Förderungsmitteln, durch Öffentlichkeitsarbeit, durch die Weckung von Bürgerinitiativen oder durch persönliche Aktivitäten der Politiker ziehen müssen. Es wird nicht ausgeschlossen, daß andere Erkenntnisse sich den politischen Aktivitäten entziehen. Der planende Politiker bzw. der politisch engagierte Planer sollte auch sie gewonnen haben, weil sie Indikatoren für Mängel sein könnten, die beseitigt werden sollten.

Die Arbeit begann ich in der Absicht, Vorarbeiten für Modelle innerstädtischer Umzüge zu leisten, bei denen die unterschiedlichen Attraktivitäten der einzelnen Stadtbezirke berücksichtigt werden sollten. Je weiter ich in die Materie eindrang, um so mehr änderte sich das Gesamtbild der gewonnenen Erkenntnisse. Die nachfolgenden Ausführungen zeigen noch deutlich den Prozeß des Werdens und Erkennens, auch die Tatsache, daß ich zunächst nur Bevölkerungsbewegungen sozialen Verhaltensformen und Umweltbedingungen gegenüberstellte. Ich habe den Ausführungen diesen Charakter des Unvollständigen gelassen, weil ich ständig Neues hinzuerfahre und weil eine zu frühzeitige strenge Systematisierung die Offenheit neuen Erkenntnissen gegenüber einschränken könnte.

Ich bemühte mich, Ausschnitte aus dem wahren Bild einer Stadt zu zeigen. Sie ist nicht schlechter als andere Städte, aus denen ähnliche Bilder gewonnen werden könnten.

II. Arbeitshypothese

An den Anfang stellte ich eine Arbeitshypothese, um einen Zusammenhang zwischen bestimmten sozialen Erscheinungen und Wanderungsbewegungen aufzudecken. Dabei war und bin ich der Überzeugung, daß die Beobachtungen und Gedanken aus Kassel keine typischen Kasseler Probleme darstellen, sondern daß die Erscheinungen, die deutlich wurden, auch an anderen Orten Gültigkeit haben werden. Die Hypothese lautet: Jeder Mensch lebt in sozialen Bedingungen, die seinen Freiheitsspielraum[1]) einengen. Jeder Mensch empfindet dies, mehr oder weniger deutlich bewußt, anders.

---

[1]) Die Freiheit wird ambivalent empfunden: nicht nur als Unabhängigsein *von* der Gemeinschaft, sondern auch als Sichentfaltenkönnen *in* der Gemeinschaft. Freiheitsverlust kann daher auch leidvoller Vereinsamung äquivalent sein.

Einengungen können u. a. darin bestehen, daß Verluste befürchtet werden (z. B. Angst um den Arbeitsplatz, Angst vor Kapital- oder Prestigeverlusten), daß direkte Eingriffe von außen empfunden werden (Immissionen, Aggressionen unleidlicher Nachbarn, Behinderungen in der kreativen Gestaltung der Umwelt) oder daß eine erstrebte Statusanhebung erschwert wird (Wunsch nach einer „guten Adresse"). Die Arten der Einengungen gehen ineinander über. Sie lassen sich allein schon deshalb nicht immer isolieren, weil sie aus verschiedenen Bewußtseins-Ebenen stammen (z. B. einerseits Wohnungsbau aus Gründen der Kapitalanlage, andererseits nur aus Vorurteilen und Emotionen zu begründende Abneigung gegen bestimmte Wohngebiete).

Ich bezeichne das Feld zwischen vorhandenem und erstrebtem Freiheitsspielraum als Entfaltungsraum. Je nach den Wechselbeziehungen zwischen vorhandenem und erstrebtem Entfaltungsraum wird der Mensch diese anerkennen oder verändern wollen. Dabei wird eine Rolle spielen, ob er sich als Einzelner vor Entscheidungen gestellt sieht oder ob er erkennt, daß auch andere in ähnlicher Situation leben. Das gilt für die Wechselbeziehungen zwischen Individuum und Familie wie zwischen Gruppen von unterschiedlicher Größe und Handlungsfähigkeit. Das Wort „Einzelner" muß also nicht gleich „Individuum" sein, es kann sich auch auf einzelne Gruppen beziehen.

Dem Einzelnen (oder „der einzelnen Familie" oder „der einzelnen Gruppe") stehen drei Verhaltensmuster zur Wahl, wenn er den vorhandenen Entfaltungsraum als unerträglich und beklemmend empfindet.

a) Er verläßt den vorgegebenen Entfaltungsraum (z. B. er wechselt den Arbeitsplatz und/oder den Wohnsitz und/oder den Partner).

Diese Entscheidung wird er fällen, wenn er das Risiko des Wechsels und seiner Folgen kleiner, unbedeutender einschätzt als den erhofften Glücksgewinn und/oder wenn er anders die Einengung des Entfaltungsraumes nicht sprengen kann.

b) Er strebt die Änderung des Entfaltungsraumes durch Änderung der Umwelt an. Gelingt dies nicht unmittelbar, so schließt er sich einer der Gruppen an, die den jeweils herrschenden entgegengesetzt sind. Er geht in die legale oder illegale Opposition. Diese Entscheidung setzt voraus — wenn man von dem Fall des Michael Kohlhaas absieht —, daß entsprechende Gruppen da sind oder geschaffen werden können.

c) Er erkennt, daß ihm die Voraussetzungen fehlen, seinen Freiheitsspielraum zu erweitern, und resigniert. Soweit er das Gefühl des Beengtseins nicht durch Aktivitäten in neuen Verhaltensweisen kompensieren kann, treten Tendenzen auf, sich religiösen Gruppen anzuschließen. Resignationen können sich bis zum Selbstmord steigern.

Wanderungen sind somit eine Art möglicher Reaktionen auf Einschränkungen des erstrebten Freiheitsraumes.

Es ist versucht worden, die Hypothese mit unterschiedlichen Methoden auf ihre Gültigkeit zu prüfen. Die Ergebnisse der Untersuchungen sind in der Reihe der Monographien der Akademie für Raumforschung und Landesplanung, Hannover, unter dem Titel *„Strukturänderungen als Begleiterscheinungen der Bevölkerungsabnahme einer mittleren Stadt"*[2]) erschienen. Im folgenden werden daraus Ergebnisse zusammengefaßt. Sie sind in der Stadt Kassel gewonnen und durch Beobachtungen im Umland ergänzt worden.

---

[2]) Die Monographie ist in Heft 8 des Arbeitsmaterials der Akademie 1976 erschienen. Anstelle des Begriffes „Entfaltungsraum" ist dort der Begriff „Vitalsituation" verwendet worden. Da dieser Begriff in der Fachliteratur auch mit anderem Inhalt gebraucht wird, ist er hier zur Vermeidung von Irrtümern ersetzt worden.

III. Umfang und Altersaufbau der Bewegungen

Zunächst sollen die Größenordnungen der räumlichen Bevölkerungsbewegungen erfaßt werden. Kassel hat ca. 200 000 Einwohner, darunter ca. 17 000 Ausländer. Die Bevölkerungsbewegungen kann man nach Ziel- und Quellgebiet in 4 Gruppen unterscheiden:

1. Bevölkerungsbewegungen innerhalt der Stadt.
   Sie umfaßten vom 1. 1. 1971 bis 31. 12. 1973 ca. 79 000 Personen.
2. Bevölkerungsbewegungen zwischen der Stadt und dem unmittelbar angrenzenden Umland.
   Ihre Zahl (Fortzüge und Zuzüge) umfaßt im gleichen Zeitraum 23 000 Personen.
3. Bevölkerungsbewegungen zwischen der Stadt und dem an das Umland angrenzenden Gebiet der Region Nordhessen 14 000 Personen.
4. Bevölkerungsbewegungen zwischen der Stadt und den übrigen Teilen der BRD 36 500 Personen.

Hierbei sind die Ausländer mit erfaßt. Die Gesamtzahl der Wanderungsfälle entsprach somit ca. 70 % der Bevölkerung.

Sicher ist die Angabe eines solchen Prozentsatzes problematisch, denn nicht alle Einwohner haben gleich häufig ihren Wohnsitz gewechselt. Außerdem sind, wie schon erwähnt, Zuzüge und Fortzüge addiert worden. Trotzdem zeigt der Prozentsatz, wie hoch die Zahl der Bevölkerungsbewegungen ist. Fast immer sind sie mit sozialen Veränderungen verbunden. Dabei können die Veränderungen sowohl Ursache wie Folge der Bewegungen sein. Z. B. werden Wohnungen, aus denen kinderreiche Beamtenfamilien ausziehen, selten wieder von Beamten gleichen Gehaltes, gleicher Kinderzahl und gleichen sozialen Engagements bezogen werden. Mit den Bewegungen verschieben sich nicht nur Zahlen, sondern auch Strukturen. Wäre es nicht so, gäbe es weder Stadtrandsiedlungen, noch Sanierungsgebiete oder Ortsteile mit hohen Ausländerzahlen.

Das unterschiedliche Wanderungsvolumen der vorstehenden Zusammenstellung entspricht keineswegs dem Saldo. Drückt man den Wanderungsgewinn bzw. -verlust in % des Wanderungsvolumens aus, so entsprach die Bewegung zwischen Stadt und Umland —24 % (also einem Verlust), zwischen Stadt und übrige Gemeinden der Region +8 % (also einem Wanderungsgewinn) und zwischen Stadt und übriger BRD —2 % (also einer fast ausgeglichenen Bilanz).

Die Stadt verliert Einwohner an das Umland, gewinnt aus angrenzenden Gebieten, während sich im übrigen die Verluste in Grenzen halten. Die Verluste werden nie auszuschließen sein, denn sie sind u. a. durch begrenzte Arbeitsplatzangebote bedingt, wenn die Stadt nicht Teil eines größeren Ballungsgebietes mit vielfältiger Wirtschaftsstruktur ist.

In der Altersgruppierung beziehen sich die Wanderungsbewegungen in erster Linie auf die Gruppe der 21—35jährigen. Die geringste Mobilität zeigen die alten Menschen. Allein schon daraus ergibt sich die ständige Tendenz einer Überalterung, wenn eine Richtung bevorzugt wird. Unterscheidet man die Altersgruppen danach, wohin die Wanderungen führen, so zeigen sich wesentliche Unterschiede. Wanderungsbewegungen über große Entfernungen bevorzugen in beiden Richtungen die 21—35jährigen, unter den Fortziehenden auch die 16—21jährigen. Ältere Menschen bevorzugen geringere Entfernungen. Bei den 35—50jährigen und den Kindern (Familienwanderungen) überwiegen die Fortzüge in das unmittelbar angrenzende Umland. Damit erfährt die Stadt altersmäßig einen Substanzverlust.

Diesem Verlust steht ein Zuzug von 16—20jährigen aus dem weiteren Umland gegenüber. Das sind vermutlich Arbeitskräfte aus ländlichen Gebieten, die in der Stadt einen Arbeitsplatz suchen. Die Zahl ist bis zum Ende des Untersuchungszeitraumes ständig gestiegen. Sie wird auch weiter steigen, wenn die Bundesbahn die Zahl der Stückgüterannahmestellen im ländlichen Raum reduziert, denn mit dieser Maßnahme werden Betriebe angeregt, sich in die Zentren zu verlagern.

Wird die Zuwanderung der jungen Menschen geringer, wenn es nicht gelingt, diesen Arbeitsplätze anzubieten? Hiermit ist zu rechnen, denn die Einwohnerzahlen entwickeln sich nicht proportional dem Bedarf an Arbeitsplätzen, weil die Erwerbstätigen, die in das Umland ziehen, ihren Arbeitsplatz nicht aufgeben[3]). Oder wird die Stadt zum Sammelpunkt der Arbeitslosen des Umlandes? Die Geburtsjahrgänge der letzten 50er und der ersten 60er Jahre werden in der Mitte oder der 2. Hälfte der 80er Jahre Familien gründen wollen. Von ihrem sozialen Niveau wird es abhängen, ob sie sich Wohnungen in den Stadtrandgebieten oder im Umland schaffen bzw. suchen werden oder ob sie in den z. T. wenig kinderfreundlichen Wohnungen der Innenstadt bleiben und hier möglicherweise Ausländerfamilien ablösen. Solche Bewegungen sind in Ansätzen bereits erkennbar. Werden es in erster Linie Menschen sein, die ihre Vitalsituation verbessern wollen, oder werden sie resignieren?

Wird die Gruppe der eingewanderten und einheimischen Jugendlichen, die auf einem niedrigeren sozialen Niveau leben muß, als sie es erhofft hat, dann ein anderes generatives Verhalten zeigen, weil die emotionale Basis der Lebensauffassung und Lebensgestaltung eine andere sein muß als die der gleichaltrigen der letzten beiden Jahrzehnte?

In diesem Zusammenhang sollte man an ein Problem denken, das m. E. noch nicht genug beachtet ist, nämlich die Folgen der Bildungspolitik auf die Wanderungsbewegungen. Das breite Bildungsangebot, das Hoffnungen weckt, die erworbenen Kenntnisse auch anzuwenden, geweckten Neigungen auch nachzugehen, steht nicht nur im ländlichen Bereich, sondern auch in den Städten mit wirtschaftlicher Monostruktur einem begrenzten Arbeitsplatzangebot gegenüber. Je größer diese Diskrepanz ist, desto größer ist das Streben, den Raum zu verlassen, um dorthin zu ziehen, wo man sich die Erfüllung der Wünsche erhofft. Hier ist mit Frustrationen zu rechnen, die die Jugend befallen wird. Noch könen wir nicht absehen, welche wirtschaftlichen, kulturellen und politischen Folgen sich aus der Resignation ergeben werden. Unsere Generation wird dann nicht bestreiten dürfen, daß sie daran schuldig ist, denn daß diese Resignation kommen wird, können wir schon seit 10 Jahren wissen.

Die innerstädtischen Wanderungen (Umzüge) werden z. T. durch die Bautätigkeit privater und gemeinnütziger Bauträger bestimmt. Trotzdem kann man durch Bautätigkeiten nur einen Teil der Wanderungen beeinflussen, weil auch zwischen Altbaugebieten eine rege Mobilität herrscht. Der Grad der Mobilität ist nicht nur altersabhängig, sondern er wird auch durch den Sozialstatus bestimmt: Arme ziehen seltener um und bevorzugen ein ähnliches Milieu in einer Entfernung, die es gestattet, Kontakte aufrechtzuerhalten. Wenn Angehörige gehobener Schichten umziehen, verlassen sie in der Regel auch den Bezirk. Sie ziehen nicht in Neubauten des gleichen Bezirkes.

Bei einer Untersuchung der Wanderungen zwischen den etwa 50 benachbarten Bezirken in Kassel konnte festgestellt werden, daß es Bezirke ähnlicher Strukturen (Bau-

---

[3]) Die Beziehungen zwischen Arbeitsplatzangebot, Isochronen der Pendlerbewegungen, Bildungsangebot einerseits und den Wanderungen andererseits habe ich in meiner Dissertation „*Räumliche Bevölkerungsbewegungen, ein komplexes Grundproblem der Raumordnung, dargestellt an der Region Nordhessen*", Seite 120 ff. beschrieben.

weise, Baualter, Bauzustand) gibt mit intensiven Fluktuationen über die gemeinsame Grenze und einem Saldo, der nahezu gleich Null war. Die Bewegungen gleichen sich aus. Sollte man nicht dem Gedanken nachgehen, hier auch soziologische Gemeinsamkeiten finden zu können, die Umzüge prägen?

Zwischen andern benachbarten Bezirken gab es so gut wie keine Umzüge. Hier scheint es Sperren zu geben, die zwar manchmal aus unterschiedlichen Mietpreisen, häufig aber auch nur aus Traditionen, Vorurteilen usw. zu erklären sind. Soll Planung solche Sperren achten, oder sollen sie überwunden werden? Haben wir die politische Kraft und die wirtschaftlichen Mittel, sie zu überwinden, oder liegt hier ein Grund für Fehlinvestitionen, weil Vorurteile stärker sind als wirtschaftliche Anreize?

Bei andern Bezirken gab es Umzüge in einer Richtung, die fast gleich dem Saldo waren. Dies sind typische Abwanderungs- bzw. Zuwanderungsbezirke. Abwanderungsgebiete sinken im sozialen Niveau fast immer, wenn wir von den möglicherweise positiven Folgen einer Massenausweisung der Ausländer absehen. Trotzdem gibt es auch hier Ausnahmefälle. Die ehemalige Altstadt in Kassel an der Martinskirche, im Krieg zerstört, dann wieder aufgebaut (3geschossige Miethäuser), nicht sehr modern, nicht sehr weiträumig, in der Nähe der City, trotzdem Tante-Emma-Läden, ist ein Gebiet, in das viele Alte aus Stadtrandbezirken ziehen. Sie bleiben da, solange sie sich selbst erhalten können. Der Bezirk hat hohe Sterbeüberschüsse bei fast konstanter Einwohnerzahl und kaum feststellbaren Stukturänderungen, ein großes Altersheim, das entsprechend erhalten und gepflegt werden sollte.

IV. Beziehungen zwischen Wanderungen, Kinderzahlen und Wohnungsbedarf

Wanderungsbewegungen werden u. a. durch die Trennung der Generationen bestimmt. Die Personenzahl je Haushalt sank von 4,3 (1950) auf etwa 2,6 (1970). Diese Trennung bestimmt auch die Wohnungsbauprogramme. Das, was man mitunter als Wohnungserweiterungswunsch bezeichnet, bezieht sich nicht nur auf gültige Beobachtungen. Der unmittelbare Wunsch nach einer größeren Wohnung aus sozialen Anpassungsprozessen erreicht schneller einen Grenzwert, als gelegentlich aus utopischen Raumordnungsplänen zu entnehmen ist. In Kassel hat sich herausgestellt, daß über ein Jahrzehnt die Wohnungsgrößen im öffentlich geförderten Wohnungsbau mit ca. 70 qm, im privaten, nicht geförderten Wohnungsbau mit ca. 80 qm nahezu konstant geblieben sind.

Man ermittele einmal innerhalb eines gegebenen Zeitraumes bezirksweise die Anzahl der Personen, die in Neubauten gezogen sind. Zieht man diese Zahl vom Wanderungssaldo ab, so erhält man den Saldo aus der vorhandenen Bausubstanz ohne Neubauten. Man findet Bezirke, deren Saldo gleich Null ist: Es besteht keine Fortzugstendenz aus Altbauten und keine Tendenz zur Vergrößerung der Wohnfläche je Person. In anderen Bezirken findet man Salden bis zu —5 % pro Jahr, vereinzelt sogar noch größere. Damit ist nun nicht das wiederholt, was ich schon zuvor erwähnt habe. Solche negativen Salden wurden auch in ausgezeichneten Wohngebieten ermittelt. Es überlagern sich nämlich mehrere Ursachen für die Wanderungsbewegungen:

a) Die Bautätigkeit zieht aus irgendwelchen Bezirken Menschen an; kommen also alle neuen Bewohner aus anderen Bezirken und werden alle Wohnungen tatsächlich bewohnt, ist der Saldo der Bautätigkeit direkt proportional.

b) Dieser Bewegung wirken Umwelteinflüsse entgegen, die die Vitalsituation der Bewohner negativ beeinflussen. Dies sind Einflüsse, die von allgemeinen Bewußtseinsebenen abhängen. Ist z. B. bewußt geworden, daß bestimmte Geruchsbelästigungen schädlich und unerträglich sind, ziehen Menschen fort. Diese Tendenz kann, wenn es sich nicht um vorübergehende Belästigungen handelt, lange Zeit fortwirken. Sie kann stärker werden, wenn sich das allgemeine Bewußtsein verschärft, und sie kann noch fortwirken, wenn die Belästigung nicht mehr eintritt, weil das Gebiet durch einen Makel belastet ist, den man durch die Bekanntgabe physikalischer Meßergebnisse nicht so ohne weiteres beseitigen kann. Aus den einmal gefällten Urteilen werden Vorurteile, die an Mitmenschen und an die nächste Generation weitergegeben werden. Sie sind sehr lange wirksam, weil sie in Bewußtseinsebenen vordringen, die dem Instinkt der Gefahrenabwehr sehr nahe sind. Ausdrücklich muß darauf hingewiesen werden, daß sich solche Vorurteile nicht nur gegen die Gefahr von Immissionen richten, sondern auch gegen die Gefahr der Unterwanderung des Wohnbezirkes durch „niedrigere" soziale Schichten. Vorurteile sind somit sehr vielschichtig. Berücksichtigt ein Politiker beim Planungsauftrag vorhandene Vorurteile nicht, wird er immer Gefahr laufen, politisch bei der Verwirklichung der Planung zu scheitern. Die erhoffte Bautätigkeit tritt nicht ein, oder ein Teil der Wohnungen wird nicht bezogen.

c) Eine andere räumliche Bevölkerungsbewegung kommt aus der Entwicklung der einzelnen Familie:

Zwei junge Menschen gründen einen Haushalt und bekommen ein Kind: Einwohnerzunahme 50 %. Sie bekommen ein zweites: Einwohnerzunahme jetzt 100 %. Nach einigen Jahren verläßt ein Kind das Elternhaus, um beruflich anderen Ortes bessere Chancen wahrzunehmen oder sich weiterzubilden oder einen eigenen Haushalt zu gründen: Abnahme 25 %. Bald folgt das zweite: Abnahme auf den ersten Stand. Dann kommt der verhältnismäßig lange Zeitraum, in dem die Eltern allein in der Wohnung sind, bis ein Partner stirbt und der andere die Wohnung aufgibt. In die Wohnung zieht eine neue Familie, die Entwicklung beginnt von vorn. Was dies für eine Familie ist, hängt davon ab, für welche Schicht der Wohnwert den sich wandelnden Ansprüchen entspricht. Stellt man die Entwicklung graphisch dar, so ergibt dies das Bild einer zweiseitigen Treppe oder eine Stufenpyramide.

Wird eine Siedlung so gebaut, daß innerhalb eines kleinen Zeitraumes viele junge Familien hier Wohnungen finden, dann überlagern sich die „Stufenpyramiden" zu Sinuskurven. Es muß zwangsläufig zu wellenförmigen Entwicklungen, zu Abwanderungsmaxima und -minima kommen, die noch nichts darüber aussagen, ob ein Wohngebiet gut oder schlecht ist. Trendextrapolationen, die diese wellenförmige Bewegung nicht berücksichtigen, müssen falsch sein. Diese Wellen überlagern sich mit den zuvor unter a) und b) dargestellten Bewegungen und mit dem Wandel im generativen Verhalten. Hieraus resultieren die unterschiedlichen Höhen der Wellenberge, die der Gesamtbewegung entsprechen.

In unseren alten Städten wurde langsam gebaut und besiedelt. Dem Maximum der einen Gruppe entsprach das Minimum der anderen. Die Kurve verlief fast waagerecht. Der rasche Wiederaufbau unserer Städte, das Aus-dem-Boden-Stampfen neuer Siedlungen, einseitige Programme z. B. für Alte oder für Kinderreiche, haben mancherorts zu Strukturen geführt, deren Altersaufbau wie ein Tannenbaum aussieht. Den abstehenden Zweigen entspricht die große Zahl der 35—50jährigen und der Kinder, den Zwischenräumen die kleine Zahl der Alten und der etwa 20jährigen.

Da kaum alte Menschen in die neuen Siedlungen gezogen sind, werden keine Wohnungen durch Tod frei. Die jetzt 30—40jährigen werden auch dann noch in den Wohnungen bleiben, wenn die nachrückenden Jahrgänge Hausstände gründen wollen. Die vielgeschossigen Mietwohnungen aus unveränderbaren Fertigelementen gestatten keine Anpassung an neue Verhältnisse. Die jungen Menschen *müssen* wandern. Aus der Neubausiedlung mit einer ganz auf Kinder abgestimmten Infrastruktur wird ein Altersheim großen Stils, wenn es nicht möglich ist, die Siedlung zu erweitern und damit unterschiedliche Altersstrukturen zu überlagern.

In den letzten Jahren sind die Altbaugebiete der Innenstadt zunehmend überaltert. Sterben die alten Menschen aus, so entsteht eine Leerraumreserve, die durchaus einer jüngeren Generation angeboten werden könnte, wenn die Altbauten modernisiert, die schädlichen Umwelteinflüsse gemildert und kinderfreundliche Freiflächen geschaffen werden. Hierin muß sich jedoch Entscheidendes ändern. Bisher werden Modernisierungsmittel von privater Hand kaum in Anspruch genommen, weil die Kosten der Modernisierung nicht auf die Mieten im vollen Umfang umgelegt werden können. Bauordnungen und Bausatzungen fordern zwar Spielplätze und Kfz.-Stellplätze in angeblich ausreichendem Umfang. Schon lange haben die Pkw die Kinder verdrängt. Bei manchen Spielplätzen ist das Betreten verboten, oder sie sind so angelegt, daß sie kein Kind zum Spielen einladen. Ich kenne Prozesse, in denen um die Beseitigung der Spielplätze gekämpft wird, aber keinen, in dem sich Bürger für die Schaffung der Spielplätze einsetzen. Kam erst die Abneigung gegenüber dem Kind und dann die Kinderfeindlichkeit des Wiederaufbaus, oder war es umgekehrt? Eltern, die auf eine gesunde Erziehung ihrer Kinder Wert legen, müssen die Innenstädte verlassen, die zwar käufergerecht und autogerecht, aber nicht kindergerecht sind. Allein schon dieses Verhältnis zum Kind fördert die Entwicklung der Stadtrandsiedlungen und der Umlandgemeinden.

Je geringer die Zahl der Kinder pro Haushalt ist, um so geringer ist der Wohnungsbedarf, der sich aus der Trennung der Generationen ergibt. Da die Zahl der Haushaltsgründungen möglicherweise bis 1990 wächst, wird auch der in den letzten Jahren stagnierende Wohnungsbau wieder zunehmen, sofern die zuvor erwähnten sozialen Probleme der Arbeitsplatzbeschaffung nicht entgegenstehen, z. B. zur Auswanderung der jungen Menschen führen.

Um 1990 wird der Wohnungsbedarf zu sinken beginnen und in dem folgenden Jahrzehnt in eine Überbedarfsdeckung umschlagen.

Aus den vorstehenden Ausführungen sollte man nicht entnehmen, daß ich den Innenstädten keine Entwicklungschance im Vergleich zu den Stadtrandgebieten einräume. Die konservativen Bauweisen gestatten es wesentlich leichter, Grundrisse zu ändern, als die Schalenbauweisen vieler Miethäuser in Siedlungen der letzten Jahre. Andeutungsweise zeigen sich bereits Verjüngungsprozesse, bei denen allerdings die wachsenden Studentenzahlen der Gesamthochschule eine Rolle spielen. Leider ist es so, daß Familien Minderbemittelter in minderwertige, z. T. unzulässige Dachgeschoßausbauten und Keller ziehen, weil sie trotz Wohngeld die steigenden Mieten des angeblich sozialen Wohnungsbaues nicht mehr bezahlen können. Hier tritt mit sozialen Problemen eine sehr ernste Frage auf. Der soziale Wohnungsbau wird zu einen staatlich geförderten Wohnungsbau des Mittelstandes. Die sozial Schwachen können hier nur einige Jahre wohnen. Wir haben zwar die besten Bauordnungen, reden lauter als andere von der Qualität des Lebens, müssen aber ängstlich besorgt sein, daß slumartige Wohnungen erhalten bleiben, weil wir allem Anschein nach nicht in der Lage sind, im Wohnungsbau auf Dauer sozial zu sein.

Anders als in der Innenstadt liegen die Entwicklungschancen in den Einzelhausgebieten der Stadtränder und der Umlandgemeinden. Zwischen 1990 und 2000 kommen diejenigen Personen, die von 1960 bis 1970 in den Stadtrandgebieten oder im Umland Eigenheime errichtet haben, ins Sterbealter. Schon vorher hatten deren Kinder eigene Hausstände, z. T. anderen Ortes gegründet. Die Einwohnerzahl war gesunken und damit die Kaufkraft und der Insfrastrukturbedarf. Da wenig Kinder geboren werden, werden auch wenig Enkel in die vorhandenen Häuser ziehen.

Der Verjüngungsprozeß, der in den Innenstädten möglich ist, wird in den Randzonen durch das Eigentum erschwert: Alternde Eigentümer bleiben länger in ihren Wohnungen als alternde Mieter. Es treten Versorgungs- und Verkehrsprobleme auf. Die Entwicklung wird die Vertreter der Umlandgemeinden besonders deshalb schockieren, weil sie sich an die Tatsache gewöhnt haben, daß in ihren Gemeinden die Geburtenziffer höher war als in der Stadt. Tritt keine neue Zuwanderung ein, so wird die Geburtenzahl unter den Bundesdurchschnitt sinken, weil in den Gemeinden sich diejenigen angesiedelt haben, deren Kinder schon geboren sind. In den Umlandgemeinden wird der Zwang, eine Zuwanderung zu erhalten, zur Lebensfrage, wenn nicht aus Wachstumsgemeinden Schrumpfgemeinden werden sollen. Das Problem gilt natürlich genauso in den Randgebieten der Städte. Subventionierungen in der Innenstadt, die Wohnwertverbesserungen dienen, werden ihre Pendants in den Vororten erhalten, dort allerdings z. T. durch Subventionierungen des wesentlich wichtiger werdenden Nahverkehrs und der Versorgung aufgezehrt. Man darf dabei nicht übersehen, daß in diesen Randgebieten nicht nur Privilegierte mit Chauffeur und Hausmädchen wohnen, sondern viele aus dem Mittelstand oder dem Kreis der Facharbeiter, die aus Gründen des Prestigegewinnes dorthin gezogen sind (Wunsch nach „guter Adresse"). Wir können den Fall nicht ausschließen, daß in den Randgebieten und Umlandgemeinden Sanierungsprobleme ganz anderer Art auftreten, als wir sie aus den Innenstädten kennen. Werden wir eines Tages, wenn sich das Verhältnis zum Eigentum nicht ändert, unabhängig von allen Ideologien diese Einzelhausgebiete abreißen müssen, weil sie keine Lebenschancen mehr bieten, oder werden wir durch Parzellierung der Grundstücke, durch An- und Umbauten jene Anpassungsprozesse zu erreichen suchen, ohne die Städte nicht leben können? Oder müssen Tauscheigenheime propagiert werden („Tausche Eigenheim gegen Altenwohnung!")?

V. Beziehungen zwischen Kommunikationsstrukturen und Bevölkerungsbewegungen

An einigen Stellen habe ich angedeutet, daß die Beziehungen zwischen den Menschen und ihren Ortsteilen unterschiedlich zu sein scheinen. Aus vielen Anzeichen ist zu entnehmen, daß die Bindungen der gebildeten Schichten an räumlich begrenzte Ortsteile geringer sind als die Bindungen derjenigen Bevölkerungsschichten, die nur eine Volksschule besucht haben. Die Korrelation zwischen der Zahl dieser Personen und der Zahl der grenzüberschreitenden Fortzüge war signifikant negativ. Die Bereitschaft zum Fortzug steigt mit dem Bildungsniveau. Negativ war bei meinen Untersuchungen auch die Korrelation der Zahl der Mitglieder in Vereinen zu der Zahl der Fortzüge. Hemmen also Vereinstätigkeiten die Fortzugsbereitschaft? Oder wenn ich die Frage im Sinn der Eingangshypothese formuliere: Fördert die Vereinstätigkeit die Vitalsituation im Sinne höheren Freiheitsspielraumes und damit höherer Qualität des Lebens?

Wenn man eine Antwort auf diese Frage sucht, muß man sich zunächst über die Intensität zwischenmenschlicher Beziehungen in den üblichen Institutionen unserer Gesellschaft klar sein. Folgende Angaben mögen dazu Hinweise geben:

Bezeichnet man jedes Treffen eines Mitgliedes einer Institution mit einem anderen im Rahmen einer Veranstaltung als Kommunikationsfall (KF), dann könnte ich aus Befragungsergebnissen folgende Häufigkeiten pro Jahr schätzen:

A	1. Sportvereine	1 200 000	KF
	2. Römisch-Katholische Kirche	800 000	KF
	3. Ev. Landeskirche	770 000	KF
	4. Sonstige Kirchengemeinden	250 000	KF
	5. Sängervereine	70 000	KF
	6. Kleingartenvereine	60 000	KF
	7. Altenclubs usw.	50 000	KF
		3 200 000	KF

Sicher ist damit die Kommunikationsstruktur noch nicht annähernd erfaßt. Überregionale Verbindungen, wie z. B. Goethegesellschaft, Unitarier, Geschichtsvereine usw., sind nicht erfaßt. Die Zahlen für die sonstigen Kirchengemeinschaften können auch sehr viel höher (bei 500 000?) liegen. Hierzu sind nur keine Angaben gemacht worden. Weiter können keine Angaben über Kommunikationsakte gemacht werden, die im persönlichen Bereich von Nachbar zu Nachbar, beim Arzt, beim Einkauf und der Arbeit oder indirekt über Massenmedien stattfinden.

Folgende Zahlen sollen Größenordnungen nur andeuten. Auch sie beziehen sich auf die Stadt Kassel (1972).

B	Theater- und Konzertbesucher	160 000	KF
	Ausstellungs- und Museumsbesucher	190 000	KF
	Kinobesucher	rd. 1 000 000	KF
	Jugendbegegnungen in Häusern der offenen Tür	380 000	KF
		1 730 000	KF

Die Summe aus A und B umfaßt ca. 5 Mio. KF. Diesen stehen max. 20 000 KF der politischen Parteien gegenüber, wenn man von Sonderveranstaltungen in Wahljahren absieht.

Sicher sind die Intensitäten der einzelnen Kommunikationen unterschiedlich. Beim Kinobesuch wird sie fast Null sein. Andere haben eine sehr hohe, den Menschen prägende Intensität.

Von vielen KF wird das Sprichwort gelten „Womit man umgeht, das hängt einem an", d. h., sie erzeugen zwischenmenschliche Aktionen der Annäherung und Angleichung.

Da fast alle Institutionen zunächst einmal das Bestreben haben, sich selbst zu erhalten, neigen sie weniger zu revolutionären als zu konservierenden Haltungen. Sie bilden einen in sich unterschiedlich strukturierten Block gegenüber Andersdenkenden, auch gegenüber den Parteien. Es ist daher verständlich, daß Parteien mit ihren politischen Programmen nur dann einen nennenswerten Erfolg haben, wenn sich Institutionen mit ihnen identifizieren. Parteien werden unterliegen, wenn sich gegen sie Fronten bilden, die sich sowohl als Unwillen einer großen Personenzahl oder als aggressive Bürgerinitiativen darstellen können. Planen „unter veränderten Verhältnissen" heißt nicht nur, daß sich die Zielsetzung des Planers verschiebt, sondern daß Wirklichkeit und Erwartung der Bürger auseinander streben. Das wird sich auch im politischen Bereich in Konfrontation äußern.

Über die Vereinstätigkeit habe ich besondere Untersuchungen durchgeführt, die nicht veröffentlicht worden sind. Bei den *Sportvereinen* zeigt sich, daß in den Abwanderungsgebieten, in denen die Berufsgruppe Arbeiter stärker als in anderen vertreten ist, wenig Sportvereinsaktivitäten zu beobachten sind. Die Teilnahme ist rückläufig. Dagegen zeigen die besser renommierten Gebiete eine Zunahme bei jetzt schon prozentual höheren Mitgliederzahlen. Soweit diese durch Angestellte und Beamte bestimmt werden, beteiligen sich auch die Arbeiter, bezogen auf ihre Gesamtzahl, mehr als in den Abwanderungsgebieten. Im übrigen darf nicht verschwiegen werden, daß die Aktivitäten in Vereinen unabhängig von dieser Beobachtung wesentlich von den Initiativen Einzelner abhängig sind, die Vereine gründen bzw. am Leben erhalten.

Die negative Korrelation zwischen Mitgliedschaften in den Sportvereinen und grenzüberschreitendem Fortzug legt den Gedanken nahe, daß auch Mitgliedschaften in Sportvereinen zum Wohlbefinden beitragen können. Etwa 44 % der Mitglieder gehören Vereinen an, die sich als ortsteilbezogen bezeichnen.

Eine andere Kommunikationsstruktur haben *Kleingartenvereine*. Man kann sie in 2 Gruppen einteilen: 1. Vereine, deren Mitglieder im Fußgängereinzugsbereich des Gartens wohnen. Von diesen sind 52 % Arbeiter. 2. Vereine, deren Mitglieder ihren Garten nur im Auto erreichen können. Von diesen sind nur 34 % Arbeiter. Aus einer Kartierung der Wohnsitze aller Kleingärtner habe ich entnehmen können, daß in umweltbelasteten industrienahen Gebieten bis zu fast 16 % der Haushaltsvorstände Kleingärtner sind, während in den Einzelhausgebieten des Stadtrandes so gut wie keine Kleingärtner wohnen (z. T. weniger als 1 %). Kleingärten können Einfamilienhäuser nahezu ersetzen. Das Durchschnittsalter der Vereinsmitglieder und ihrer Angehörigen ist etwas niedriger als das Durchschnittsalter der Stadtbevölkerung. Die Haushalte umfassen mehr Personen. Ihre Seßhaftigkeit ist um 1 bis 2 Jahre größer. Wer einen Kleingarten in der Nähe hat, zieht nicht so häufig um wie derjenige, der in umweltbelasteten Mietwohnungen wohnt und über keinen Garten verfügt.

Bei einer Befragung mit 88,3 % Beteiligung der Kleingärtner nannten auf die Frage, warum sie sich Gärten hielten, 8 % *nur* wirtschaftliche Gründe (Gemüse und Obstanbau), 39 % wirtschaftliche Gründe *und* solche der Freizeitgestaltung, 53 % ausschließlich nichtwirtschaftliche Gründe. Hieraus schließe ich, daß Kleingärten ein Mittel der Kompensation von Einengungen des Entfaltungsraumes sein können. Kleingärten sind kein wirtschaftliches, sondern ein soziologisches Element der Stadtgestaltung, das stabilisierend wirken könnte. Aber es deuten sich schon Veränderungen an: Ausländer erhalten keine Gärten. Deutsche, die einen Garten übernehmen wollen, müssen für die Laube und die Oberbesserung Entschädigungen zahlen, die z. Z. etwa zwischen 3000,— und 7000,— DM liegen. Der Betrag steigt, weil die Lauben immer größer, die gewählten Pflanzen kostbarer werden (Koniferen). Das bedeutet, daß die Kleingärten in zunehmendem Maße als Ausgleich für nicht wunschgemäße Wohnverhältnisse in der Innenstadt dem Mittelstand zur Verfügung stehen werden. Schon jetzt wird keineswegs jeder Bewerber als Mitglied aufgenommen. Unter staatlichem Kündigungsschutz wird sich langsam eine elitäre Sondereinrichtung entwickeln, die Armen verwehrt wird, obwohl gerade diese in umweltgefährdeten Wohnungen leben und andere Kontakte brauchen würden.

Eine andere bedeutende Gruppe unter den Institutionen, die Kommunikationen anbieten, bilden die *Kirchen*. Hier muß man deutlich unterscheiden zwischen Staatskirchen (Röm.-Kathol. Kirche, Ev. Landeskirche einschl. evangelischen Freikirchen) und anderen christlichen Gemeinschaften.

Es ist bekannt, daß die Neuapostolische Kirche ständig an Mitgliedern wächst, jedoch nicht in den bevorzugten Neubaugebieten des Nordwestens, sondern im industriereichen und immissionsgeschädigten Norden, einem der Abwanderungsgebiete. Dort wird jetzt wieder ein Kirchenbau errichtet.

In einem anderen industriereichen Abwanderungsgebiet im Osten der Stadt werden seit Jahren immer wieder Sektenbewegungen festgestellt. Sie tauchen auf und verschwinden wieder. In den 50er Jahren mußte die Ev. Landeskirche alle verfügbaren Kräfte einsetzen, um eine Spaltung der Kirche im Osten der Stadt zu verhindern. In letzter Zeit taucht wieder eine solche Erweckungsbewegung auf. Ob auch sie wieder verschwinden wird, ist nicht abzusehen. Solche Erscheinungen werden zwar immer nur von kleinen Gruppen berichtet, aber man darf nicht übersehen, daß es zur Eigenart solcher Bewegungen gehört, sich im „Stillen Kämmerlein" zu entfalten und nicht in der Öffentlichkeit. Eine Korrelation zwischen den Mitgliederzahlen der außerhalb der Ev. und Kath. Kirche stehenden christlichen Gemeinschaften und den Zahlen der Fortzüge und Umzüge war mit einem Wahrscheinlichkeitsgrad von 99 % positiv. Noch deutlicher ist der Zusammenhang der Mitgliederzahlen mit der Zahl der auffälligen Jugendlichen (der Begriff wird noch erläutert), der Sozialhilfeempfänger und der Zahl derjenigen, die keine weiterführende Schule besucht haben. Sollte man bei diesen Zusammenhängen nicht vermuten dürfen, daß es Beziehungen zwischen dem Hinwenden zu charismatischen Bewegungen und dem Empfinden fehlender Qualität des Lebens im Sinne eines wachsenden Entfaltungsstaues gibt?

Anders stellt sich die Entwicklung in der Ev. Landeskirche (Zeitraum 1966—1974) dar:

In dieser etablierten Kirche nahm die Seelenzahl in allen Bezirken ab. Der Unterschied zwischen dieser Veränderung und dem Saldo der Einwohnerzahl war in den Industriebezirken am kleinsten, in den Neubaugebieten des Establishment am größten. Je größer in einem Bezirk die durchschnittliche materielle Qualität des Lebens ist, desto größer ist die Abnahme der Seelenzahl.

Dies scheint den vorstehenden Aussagen zu entsprechen. Das Bild verschiebt sich jedoch, wenn man nach dem Anteil der Arbeiter fragt, die tatsächlich am kirchlichen Geschehen teilnehmen. Er ist wesentlich kleiner als der Anteil der Beamten und Angestellten, damit auch kleiner als der Anteil der Arbeiter, die de jure zu der betreffenden Gemeinde zählen. Nur in einer Gemeinde in der Innenstadt ist das nicht so gewesen. Hier betonten die Pfarrer, daß sich alle Schichten beteiligen. Die Gemeinde gehört zu dem Bezirk, dem ich im nächsten Kapitel über „die Beziehungen der Einwohner zu ihren Stadtbezirken" das Merkmal „Bewußtsein der Urbanität" (Faktor 3) zugeordnet habe.

Es überlagern sich unterschiedliche Phänomene. Das eine bezieht sich auf die Tatsache, daß die Ev. Landeskirche in erster Linie eine Kirche des Mittelstandes ist und die Arbeiter in prozentual geringerem Maße gewinnt. Das andere bezieht sich darauf, daß gerade in den sog. „guten" Neubaugebieten des Mittelstandes die Seelenzahl keineswegs um die gleichen Prozentpunkte zunahm wie die Einwohnerzahl. (Die Aussagen stammen aus einem Vergleich der amtl. Bevölkerungsstatistik, der Statistik des Gesamtverbandes ev. Kirchengemeinden und einer Umfrage bei allen Pfarrern.)

Zum Abschluß dieses Kapitels sei ergänzend auf einige Merkmale hingewiesen, die zwar nicht eindeutig zur Kommunikationsstruktur im engeren Sinn, wohl aber zur sozialen Struktur gehören. Die Verteilung der Empfänger von *Sozialhilfe* für den ständigen Lebensunterhalt steht zweifelsfrei in Beziehung zur Verteilung der Arbeiter und zum Altersaufbau der Um- und Fortziehenden. So ergibt sich, daß diese Sozialhilfeempfänger (oft als die Übriggebliebenen) besonders häufig in den Abwanderungsgebieten anzutreffen sind. Allerdings muß darauf hingewiesen werden, daß eine Verschiebung nicht auszuschließen ist. Bisher sind die Abwanderungsgebiete die alten Miethausviertel mit großer Umweltbelastung. Wie bereits erwähnt, wird eines Tages die Abwanderung aus den Einzelhausgebieten einsetzen. Die Einzelhäuser werden keineswegs nur von Wohlhabenden bewohnt; das mag für viele Neubauten der 70er Jahre gelten. Im Gegensatz zu dieser weit verbreiteten Behauptung haben in den 50er und 60er Jahren gerade Arbeiter in sogenannter Selbst- oder Nachbarschaftshilfe Einfamilienhäuser mit Einliegerwohnungen gebaut. Hält der Trend an, daß sich die Generationen trennen, so werden auch hier eines Tages die Alten allein wohnen. Das wird zwangsläufig zu einer anderen Verteilung der Sozialhilfeempfänger führen.

Eigentlich gehörte in diese Zusammenstellung auch eine Aussage über die Häufigkeit der Wohnsitze von Kriminellen. Nachdem ich aus früherer Tätigkeit im Landkreis Kassel wußte, daß zwischen den einzelnen Gemeinden die Häufigkeiten je 1000 Einwohner erheblich voneinander abwichen, lag nahe, dies auch für die Stadt zu untersuchen. Im denen fast jeder jeden kannte, kein oder höchsten 1 Wohnsitz festzustellen. In Dörfern mit neuerer Bausubstanz, in denen überschaubare Raumbildung fehlten, wurden bis zu 12 Wohnsitze pro 1000 Einwohner ausgezählt.

Leider wurde mir die entsprechende Statistik der Stadt von der Polizei aus Geheimhaltungsgründen vorenthalten, obwohl ich meine, daß es bei entsprechender Information möglich sein müßte, im Rahmen eines Gesamtkonzeptes der Beziehungen zwischen Bau- und Sozialstrukturen gewisse Wahrscheinlichkeiten über Deliktbereitschaften vorherzusagen. Ich muß mich daher auf Aussagen über Jugendliche beschränken, über die ich Unterlagen erhalten konnte. (Totalerhebung aller behördenbekannten Fälle der Jahre 1971—73).

Zunächst habe ich zwei Gruppen von auffälligen Jugendlichen gebildet:

a) 909 Fälle von Fürsorgeerziehung, Personenrechtsentzug, freiwilliger Erziehungshilfe, formloser Betreuung;

b) 1163 Fälle von Jugendkriminalität.

In beiden Gruppen wurden alle Fälle erfaßt, die der Behörde bekannt geworden sind. Allerdings konnte nicht berücksichtigt werden, ob in einzelnen Ortsteilen oder in einzelnen sozialen Gruppen Fälle vertuscht oder verschwiegen werden, weil man andere Moralbegriffe hat oder weil man sein Gesicht wahren will.

Es stellte sich heraus, daß die unterschiedliche Verteilung beider Gruppen in den einzelnen Bezirken zufallsbedingt sein kann. Ich habe daher beide Gruppen zusammengefaßt und folgende stochastische Gesetzmäßigkeiten ermittelt:

1. Auffällige Jugendliche sind selten in folgenden Gebieten:

   a) mit großer Sportbeteiligung der Jugend ($r = -0{,}81$),

   b) in Gebieten, in denen sich die Einwohner besonders durch Landschaft und Parkanlagen mit ihrem Ortsteil verbunden fühlen ($r = -0{,}62$),

   c) in Gebieten mit großer Zahl der Eigentümerwohnungen ($r = -0{,}56$).

2. Es gibt keine nachweisbare Beziehung zwischen der Zahl der auffälligen Jugendlichen und folgenden Merkmalen ($r \approx 0$).

   a) Alter der Wohnungen,

   b) Zahl der kinderreichen Familien,

   c) Zahl der Einwohner, die sich durch Geburt, Familie, Nachbarschaft mit dem Ortsteil verbunden fühlen,

   d) Zahl der wahlberechtigten Personen, die an der Wahl 1974 nicht teilgenommen haben.

3. Sie sind in Gebieten mit folgenden Merkmalen häufiger als in anderen Gebieten anzutreffen:

a) Wanderungssaldo ist negativ (r = +0,37)[4],
b) große Zahl der Sozialhilfeempfänger (r = +0,77),
c) große Mitgliederzahl der christlichen Gemeinschaften außerhalb der Ev. Landeskirche und der Röm.-kath. Kirche (r = +0,58),
d) große Zahl der Einwohner, die ihren Ortsteil negativ beurteilen (r = +0,4), oder die erklären, sich mit ihrem Ortsteil nicht verbunden zu fühlen (r = +0,4), oder die ihren Ortsteil als schmutzig bezeichnen (r = +0,46),
c) große Zahl der Einwohner, für die der Volksschulabschluß der höchste Schulabschluß war (r = +0,48).

Bei einer Auszählung der Wohnsitze entsprechend den Gebieten unterschiedlicher Bauweise zeigten sich Unterschiede. In Gebieten mit 1- oder 2geschossiger offener Bauweise befanden sich die wenigsten Wohnsitze. Auf 1000 Jugendliche (Alter zwischen 10 und 20 Jahre) kamen 71, in Gebieten mit Hochhäusern oder mit einer mind. 3geschossigen Reihenhausbebauung 81 und in Gebieten der geschlossenen Bauweise 109 Jugendliche.

Selbstverständlich ist auch mir bewußt, daß die Jugendkriminalität und verwandte Erscheinungen sehr stark durch Erbanlagen, Erziehung usw. bestimmt werden. Hier geht es um die Frage nach einem zusätzlichen Merkmal, der Umwelt, dem Milieu. Ich habe die Wohnsitze der Mütter der in der ersten Gruppe genannten Jugendlichen von Umzug zu Umzug über einige Jahre verfolgt und festgestellt, daß es Bezirke gibt, die von fast allen gemieden wurden. Es sind die Gebiete, in denen auch kaum Gastarbeiter wohnen. Hier scheinen soziale Klüfte zu existieren.

Schon aus dem bis jetzt Dargestellten kann man sagen, daß es Gebiete gibt, die sich nicht nur im äußeren Erscheinungsbild voneinander unterscheiden, sondern die auch unterschiedlich auf den Menschen einwirken. In gewissen Wohnvierteln scheint der Mensch glücklicher zu leben als in andern. Dabei geht es keineswegs nur um den Gegensatz Einfamilienhaus/Miethaus. Es gibt in Kassel wie in andern Großstädten Miethäuser mit alten Menschen, vielen Ausländern und all den negativen Eigenschaften, die ich schon angedeutet habe, und jenen Altstadtbezirk, den ich schon erwähnte, in dem sich viele alte Menschen wohl fühlen und der nur begrenzt von Ausländern unterwandert ist. Man kann zwar sagen, daß die Wohnungen der erstgenannten Bezirke vorwiegend wenigen Privatleuten gehören, im letztgenannten dagegen überwiegend einer gemeinnützigen Genossenschaft. Das reicht jedoch nicht, das Spezifische, das Menschen an ihrem Glück hindert, aufzudecken. Einfache Vergleiche von Prozentzahlen, Salden oder Korrelationskoeffizienten reichen hier nicht mehr aus. Sie können nur hinweisen, wo man weitersuchen muß.

VI. Beziehungen der Einwohner zu ihren Stadtbezirken

Bereits in den vorstehenden Ausführungen sind Aussagen gefallen, die auf Beziehungen der Bewohner zu ihren Stadtbezirken, in denen sie wohnen, hinweisen. Dies soll hier noch etwas näher untersucht werden.

Im Rahmen einer Verkehrsbefragung sind etwa 15 000 Haushaltsvorständen (37 000 Personen) u. a. folgende Fragen vorgelegt worden:

---

[4] Die angegebenen Korrelationskoeffizienten sind für 48 Gebietseinheiten berechnet und mit p = 0,99 signifikant von Null verschieden. Einflüsse aus unterschiedlicher E-Zahl der Einheiten sind durch Partialkorrelation eliminiert worden. Ich erwähne dies, weil diese Angaben in der genannten Monographie fehlen.

a) „Wodurch fühlen Sie sich mit dem Wohngebiet, in dem Sie wohnen, besonders verbunden?"
   3 von 11 vorgegebenen Aussagen waren zugelassen.
b) „Welchen Eindruck haben Sie von dem Wohngebiet, in dem Sie wohnen?"
   3 von 12 vorgegebenen Eigenschaftswörtern konnten ausgewählt werden.
c) „Gibt es etwas, was Sie von Ihrem Wohngebiet abstößt?"
   3 beliebige Aussagen waren zugelassen.

Die Befragung ist mit den gleichen Fragen am gleichen Tage im Umland durchgeführt worden. In einigen Äußerungen unterscheiden sich die Bewohner von Stadt und Umland so, daß ein Zufall ausgeschlossen werden kann:

Zu a) (Verbundenheit)
   Im Umland sind Bindungen durch Geburt und Eigentum häufiger als in der Stadt.
   In der Stadt sind die Bindungen durch nachbarschaftliche Beziehungen, durch das Ortsbild, durch Park- und Grünanlagen stärker als im Umland.

Zu b) (Eindruck):
   Im Umland werden häufiger die Eigenschaftswörter „ruhig", „romantisch", „weiträumig" gebraucht,
   in der Stadt dagegen „unruhig", „schmutzig", „häßlich".

Zu c) (Innere Abwehr):
   Im Umland wird relativ häufig die unzureichende Planung und Verwaltung genannt,
   in der Stadt dagegen „Lärm", „Unruhe", „Luftverschmutzung", „mangelnde Grundausstattung".

Aus diesen Aussagen kann man nur Relationen entnehmen, nicht etwa die Vermutung, die Stadt würde von der Mehrzahl ihrer Bewohner negativ beurteilt. Das trifft nur für einige Bezirke zu. Zur Frage b) machten in der Stadt 65,4 %, im Landkreis 80,4 % positive Aussagen. Im übrigen spiegelt sich die Polarität Stadt/Umland wider: Hier die Großstadt mit ihrem Verkehr und den Miethausgebieten, dort das weiträumige Umland mit Einzelhäusern.

Um die Komplexität der Aussagen deutlich werden zu lassen, habe ich die Aussagen mit den Ergebnissen aus andern Befragungen (Sportvereine, Kleingartenvereine, Kirchen) und mit Aussagen der amtlichen Statistik in einer Faktorenanalyse zusammengefaßt. Wenn in den nachfolgenden Ausführungen die Ergebnisse genannt werden, so geschieht dies — wie auch bei den andern Aussagen — im Wissen um die Begrenztheit des menschlichen Erkenntnisvermögens. Aber gerade dieses Wissen ist es, aus dem ich mich verpflichtet gefühlt habe, alle Erkenntnismittel anzuwenden, über die ich verfüge.

Das Ergebnis der Untersuchung ist die Erkenntnis, daß es unterschiedliche Einstellungen gibt, aus denen sich der Bürger seiner Stadt bewußt wird. Ich meine nicht die ökonomischen, historischen oder künstlerischen Möglichkeiten der Betrachtung einer Stadt. Diese Aspekte habe ich außer acht gelassen, weil die Untersuchung zu umfangreich geworden wäre, obwohl ich nicht verschweigen kann, daß sie mir bei meiner Arbeit ständig bewußt waren. Hier geht es nur um Komplexe, die sich aus der Synthese der schon angedeuteten Merkmale ergeben.

Der erste Komplex (Faktor 1) umfaßt Merkmale, die mit der eingangs genannten Arbeitshypothese, d. h. mit der Einengung des Entfaltungsspielraums, zusammenhängen:

mangelndes Gefühl der Ortsverbundenheit, Tendenz zum Wohnungswechsel, Absinken des sozialen Niveaus durch Ausleseprozesse, die mit der Wanderung eintreten (Zunahme der Ausländer, auffällige, z. T. kriminelle Jugendliche, Sozialhilfeempfänger, geringer Bildungsstand), Klagen über das Verhalten von Mitmenschen, fehlendes Gefühl der Sicherheit.

Sicher sind die vorstehenden Merkmale in allen Bezirken feststellbar. Es gibt keinen Bezirk, aus dem kein Mensch fortzieht oder in dem kein Sozialhilfeempfänger wohnt. Die Merkmale verdichten sich aber in einigen Bezirken. Es sind jene, in denen der Faktor 1 ein hohes Gewicht hat. Sie sind räumlich bestimmbar. In diesen Bezirken wird häufiger der Eindruck „schmutzig" oder „unruhig" geäußert als in andern Wohngebieten. Die Gesamtbeurteilung ist negativ. Vereinstätigkeiten sind geringer, dagegen Mitgliedschaften in christlichen Gemeinschaften und Sekten häufiger. Es wird vorwiegend SPD gewählt.

Das Gewicht einzelner Merkmale ist extrahierbar. Die Einzelaussage, wie z. B. „schmutzig", darf man nicht eng begrenzt, also nicht wörtlich auslegen. Man muß die Gesamtheit des Faktors, nicht nur im Sinne eines Gegensatzes zu den Vokabeln „gereinigt" oder „gefegt", einbeziehen. Hier handelt es sich um eine Grundstimmung, die hygienische, gesellschaftliche und ästhetisch-bildhafte Elemente einbezieht, z. B. die Gegensätze von „anheimelnd", „heimatlich", „vertraut". Es fehlt der Raum, wo man zu Hause ist, der im Ortsteil erweiterte Raum, welcher auch emotionale Aktivitäten bindet. Die politische Aufgabe besteht in solchen Gebieten nicht im Reinigungsdienst, sondern ist als Gestaltungsaufgabe anzusehen, wobei unbedingt notwendig ist, ortsteilspezifische Maßnahmen zu entwickeln. Was für das eine Gebiet als schmutzig im Sinne vorstehender Ausführungen anzusehen ist, gilt für das andere Gebiet noch lange nicht.

Ein 2. Faktor aus der Faktorenanalyse deutet auf einen andern Komplex: Eigentum in den Randgebieten, vor allem in den Neubaugebieten und in der City; Wohnen im Grünen, junge Familien, gefühlsmäßige Verbundenheit durch Haus, Garten, Familie, nicht durch die Stadt selbst. Man beurteilt das Wohngebiet positiv. Eine wesentliche Rolle spielen Vereinstätigkeiten, jedoch nicht in religiösen Gemeinschaften. Geringe Fortzugstendenz. Der Faktor hat sein größtes Gewicht in Bezirken, in denen der erste Faktor unbedeutend ist. Allerdings haben die Bezirke einen völlig unterschiedlichen Sozialaufbau: typische Arbeiterviertel, eines davon etwas verrufen aber mit großem inneren Zusammenhang der Bewohner. Mir ist kein Fall bekannt, daß in diesem Viertel ein Bewohner einen anderen wegen unerlaubten Bauens angezeigt hätte. Aus andern Teilen der Stadt erhält die Bauaufsicht fast wöchentlich solche Anzeigen. Diesem Faktor sind aber auch die Neubaugebiete der Mittelschicht und mittleren Oberschicht zuzuordnen. Hier begründet man seine Eigenständigkeit durch Bildung, Rang und Geld. Die Gebiete gelten als sehr attraktiv.

Beim Faktor 1 hatte ich den Eindruck, auch wenn er sich nicht expressiv verbis ergab, als hänge er mit Vereinsamung des Menschen in einer abstoßenden Umwelt zusammen. Dies ist in den Gebieten mit hohem Anteil des Faktors 2 nicht erkennbar, wird aber eintreten, wenn in dünn besiedelten Randgebieten nach Fortzug der Jugendlichen die Überalterung beginnt.

Es ergab sich bei der Untersuchung noch ein 3. Komplex: das etwas überalterte Bürgertum in alten Wohnungen. Man fühlt sich mit dem Ortsteil verbunden, zunächst durch das Ortsbild, die Park- und Grünanlagen, aber auch durch Nachbarschaft und Geselligkeit. Das letztgenannte Merkmal ist allerdings weniger deutlich. Die Zahl der Fortzüge ist hoch. Der Anteil der Beamten und Angestellten nimmt ab. Räumlich bezieht sich der Faktor einmal auf Teile der Innenstadt, die vor der Zerstörung der Oberschicht oder der gehobenen Mittelschicht gehörte. Hier lebt noch etwas von dem Bewußtsein der Urbanität der Gründerjahre einer mittleren Stadt. Man lebt in der Erinnerung und will nicht so recht wahrhaben, daß in mancher großen Wohnung heute eine Studentenkommune oder eine türkische Familie wohnt und daß aus manchen Einzelhandelsgeschäften Diskotheken oder Spielsalons geworden sind.

Es gibt noch ein anderes Gebiet, das diesem Faktor zuzuordnen ist: eine Siedlung mit knapp 2000 Einwohnern, 5 bis 6 ha groß, als Werkssiedlung gebaut, heute eine Insel im Gewerbegebiet, Miethäuser. Auch hier ist ein ortsspezifisches Bewußtsein entwickelt worden, aus dem heraus sich die Bewohner gegen alle Einflüsse von außen wehren. Beide Bereiche zeigen trotz negativer Merkmale noch keine Anzeichen typischer Sanierungsgebiete.

Die 3 Faktoren spiegeln unterschiedliche Strukturen im Sinne verschiedener Bewußtseinsinhalte über das Wesen der Stadt wider, aus denen unterschiedliche Fragen an den Politiker gerichtet werden könnten:

Faktor 1: Ich bin krank an dieser Stadt. Kann man die Ursachen nicht ändern?

Faktor 2: In aller Distanziertheit fühle ich mich wohl in dieser Stadt. Das wird doch wohl so bleiben?

Faktor 3: Ich liebe meinen Bezirk. Doch wie lange kann ich es noch?

Zielen die drei Faktoren auf ein neues Gestaltungskonzept? GERD ALBERS hat in Heft 2, 1977, der „Mitteilungen der Heimstätten und der Landesentwicklungsgesellschaften" städtebauliche Konzepte im 20. Jahrhundert — ihre Wirkung in Theorie und Praxis — zusammengestellt. Man könnte geneigt sein zu vermuten, ich wollte die Reihe der z. T. gegensätzlichen Gestaltungskonzepte, denen ALBERS u. a. Eigenschaftswörter wie geometrisch, radial, ortogonal, funktional, organisch, malerisch, topologisch usw. zuordnet, durch ein weiteres Konzept erweitern. Das hieße, beide Arbeiten mißzuverstehen:

1. Die Gestaltungskonzepte beziehen sich auf die Planungen neuer Siedlungen bzw. Städte. Sie sind nur hilfsweise bei der Änderung vorhandener Städte zu berücksichtigen. Die dargestellten Faktoren sind in einer vorhandenen Stadt ermittelt. Für diese legen sie politische Entscheidungen nahe. Für Planungen neuer Städte bilden sie nur Denkanstöße, die nur bei ähnlichem Sozialgefüge verwendbar sind.

2. Gestaltungskonzepte sind Ideen von Planern. Ihnen liegt der Gedanke zugrunde, daß die sozialen Verhaltensweisen überall gleich oder für die Planung unerheblich sind. Planer betrachten es als selbstverständlich, daß sich die Menschen in ihren Städten wohl fühlen. Als Ideen haben Konzepte auch dann einen baugeschichtlichen Wert, wenn sie nicht verwirklicht werden.

3. Der Planer ist bemüht, wenn möglich allen von ihm geplanten Städten das gleiche oder ein ähnliches Konzept zugrundezulegen. Mein Konzept fordert ortsspezifische Lösungen. Die Faktoren spiegeln spezielle Bewußtseinslagen wider. Es ist durchaus denkbar, wenn nicht sogar wahrscheinlich, daß in anderen Städten mehr oder weniger Faktoren zu berücksichtigen sind, die andere Merkmale zusammenfassen. Dabei kann nicht verkannt werden, daß eine Auswahl der Merkmale für die Analyse das Ergebnis beeinflußt.

4. Gestaltungskonzepte schließen sich in der Regel aus. So kann ein Stadtplan nicht „schachbrettartig" und „organisch" zugleich sein.

    Faktoren schließen sich nie gegenseitig aus. In jedem Bezirk sind alle vorhanden, nur mit unterschiedlichem Gewicht.

VII. Beziehungen der Einwohner zur City

In letzter Zeit wird immer häufiger die Frage gestellt, wie man „das Leben" in unseren Innenstädten intensivieren könnte. Man diskutiert die Verbesserung des öffentlichen Nahverkehrs, die Schaffung von Parkplätzen, den Wohnungsbau, die Einrichtung von Cityfesten usw. Hier sind zwei unterschiedliche Wünsche auseinanderzuhalten:

1. Die reine Versorgung durch den Einkauf bezieht sich ausschließlich auf die verkaufsoffenen Zeiten. Die Intensität des Besuches der City ist außer von Verkehrseinrichtungen abhängig von der Qualität und Quantität des Angebotes im Verhältnis zu den Angeboten anderer Zentren. Mit der Ausbreitung der Städte durch die Einzelhausbebauungen im Umland der City wird aus einem punktuellen Zentrum ein großflächiges Gebilde, auf das sich zentrale Funktionen verteilen. Es wird immer schwerer, die Attraktivität der Innenstadt zu erhalten und zu fördern, weil der Besucher der Stadt abwägt, ob Aufwendungen und Unbequemlichkeiten aus dem Verkehr durch den wirtschaftlichen Nutzen und die Annehmlichkeiten des Citybesuchers aufgewogen werden.

Attraktivität wird durch dieses Abwägen bestimmt, sie ist keine absolute Größe und wandelt sich im Zeitablauf durch die Abhängigkeit von der sich gleichfalls ändernden Attraktivität anderer Räume und durch den Wandel der Wunschvorstellungen der Käufer. Es kann somit keine konstante Größe für die Attraktivität einer City geben, daher auch keine auf Dauer geltende Lösung der Frage, wie sie zu fördern ist. Planungsvorstellungen müssen diesen Wandel einbeziehen.

Das Bemühen der Verkäufer, die Attraktivität nicht nur zu erhalten, sondern zu steigern, hat zu Ausleseprozessen im Handel geführt, die Bodenpreise steigen, wenig exklusive Geschäfte wandern in Randzonen ab. Mit der Steigerung der Exklusivität wird aus dem Angebot der kurzfristigen Bedarfsdeckung eines der langfristigen Versorgung. Das bedeutet aber, daß sich bei einer konstanten Zahl der zu versorgenden Einwohner die Zahl der Citybesucher reduziert, weil zur Deckung des langfristigen Bedarfes nur wenige Besuche im Jahr erforderlich sind. Die Maßnahmen zur Steigerung der Attraktivität schmälern diese selbst, die Entwicklung kippt um. Hiergegen könnte nur die Ausweitung des Einzugsbereiches wirksam sein.

Dem sind aber Grenzen gesetzt:

a) Besucher aus Entfernungen, die nur in mehr als 30 Minuten überwunden werden können, werden nur selten die Stadt besuchen, weil Kosten und Zeitaufwand zu groß werden. Hier gilt ein ähnlicher Grenzwert wie bei Berufspendlern.

b) Die Ausweitung des Einzugsbereiches bedingt höhere Verkehrsaufwendungen, mehr Parkplätze. Die Folgen können zur Unwohnlichkeit und damit zu einer Isolierung der Innenstadt führen, die nun nicht mehr von den Bewohnern der Stadt selbst zusammen mit den eigenen Wohngebieten als Erlebniseinheit empfunden wird. Schwindet die Erlebniseinheit, so schwindet auch das politische Verantwortungsgefühl. Man zieht sich auf das eigene Zentrum zurück und verstärkt die Isoliertheit des Zentrums. Es ist bezeichnend, daß das Nachtleben in der City der Metropolen durch Menschen bestimmt wird, die eine völlig andersartige soziale Bindung zur Stadt haben als die Bewohner oder als die Käufer. Das bedeutet, daß zwischen Tag und Nacht soziale Spannungen gewissermaßen in der Luft liegen, die bei einer nur kleinen Einwohnerzahl zu dem Gefühl der Unheimlichkeit führen und Abwanderungstendenzen fördern. Politische Planungsentscheidungen sind aus den vorstehenden Gründen Grenzwertentscheidungen, wobei das Optimum der Förderung des Handels nicht dem Optimum der Stadtentwicklung entspricht. Es ist jedoch noch ein weiteres Element zu berücksichtigen, das man aus den vorerwähnten Faktoren herleiten kann.

2. Die untersuchten Beziehungen der Einwohner zur Stadt sind in Faktoren zusammengefaßt, denen Ortsteile zugeordnet werden können, in denen unterschiedliche Verhaltensformen überwiegen. Will man das Leben in der City fördern, so wird man sich fragen müssen, welche Menschen es sein könnten, die zum ständigen Leben in der City beitragen können. Hierzu möchte ich von einer kleinen Befragungsaktion berichten:

Vor etwa 3 Jahren wurde ich in einer Versammlung einer Gruppe von etwa 50 Architekten und Stadtplanern vorgestellt. Die Anwesenden stellten mir die Frage, was ich zur Förderung des Lebens der City vorschlagen könnte. Ich ließ Zettel verteilen, auf denen jeder das notieren konnte, was nach seiner Ansicht in der City fehlen würde. Nach Einsammlung der Zettel gab ich die Wünsche den Anwesenden nicht bekannt, sondern bat sie, sich vorzustellen, daß es möglich geworden sei, die Wünsche zu erfüllen. Dann bat ich, daß sich alle Personen melden möchten, die nach Erfüllung ihrer Wünsche wenigstens zweimal in der Woche oder an Sonn- und Feiertagen die City aufsuchen würden. Es meldete sich niemand. Soweit ich es übersehen konnte, wohnten alle Anwesenden in Gebieten, die dem Faktor 2 zuzuordnen sind (Beruf, Familie, Haus, Garten, Eigentum überwiegen die Bindungen an die Stadt als dem Ort, an dem sich ständig zwischenmenschliche Aktionen vollziehen).

Man muß sich hierzu folgende Situation vorstellen:

Ein Ehepaar baut sich in den Außenbezirken ein Haus, weil es gerade in der mit dem Haus im Grünen verbundenen Lebensform ein hohes Maß an persönlicher Entfaltung erwartet. Der Politiker hofft, daß es möglichst oft zur nächsten Haltestelle des öffentlichen Nahverkehrs geht, dort eine Weile — vielleicht in Schnee und Regen — auf die nächste Bahn wartet, eine halbe Stunde in die Stadt fährt, um dort „Leben in der City" zu genießen oder zu entfalten und anschließend wieder zurückzufahren. Wie intensiv muß das Leben in der City sein, um hierzu Menschen zu bewegen und welche Wünsche zur persönlichen Entfaltung müssen diese Menschen bestimmen?

Menschen, die dem Faktor 2 zuzuordnen sind, werden vermutlich nicht für das Wohnen im City-Bereich zu gewinnen sein. Diese Menschen stellen vielmehr die Abwanderer aus der City, sofern sie nicht aus besonderen Gründen, wie z. B. aus dem Eigentum oder aus besonderen beruflichen Bedingungen an die City gebunden sind. Selbstverständlich zählen zu den Ausnahmen auch diejenigen, die sich in der Betriebsamkeit der City besonders wohlfühlen. Es ist allerdings nicht ausgeschlossen, daß Menschen dieses Faktors mit dem Alterwerden einen Bewußtseinswandel erfahren. Sie können Haus und Garten nicht mehr bewirtschaften und befürchten die Vereinsamung. Mit der Suche nach Kontakten entsteht der Wunsch, wieder unter Menschen zu sein. Damit werden sie zwar keine potentiellen City-Bewohner, wohl aber Bewohner von citynahen Wohngebieten. Mit dieser Aussage drängt sich mir die Frage auf, die ich noch nicht abschließend beantworten kann, ob nicht in jedem Menschen eine Anlage ruht, woraus jeder Faktor Ausdruck seines Wesens sein könnte und nur die Lebenssituation die Intensität des einen oder anderen Faktors bestimmt.

Der Faktor 1 umfaßt die Gebiete, in denen die Mehrzahl der Einwohner an der Einengung ihres Entfaltungsraumes leiden. Es ist sehr kritisch, Menschen, die dem Faktor 1 zuzuordnen sind, für eine Ansiedlung im City-Bereich werden zu wollen. Immer sind es Menschen, die in Spannungsfeldern leben, welche möglicherweise auch auf die emotionalen Beziehungen zur Stadt übertragen werden. Man sollte sich fragen, ob tatsächlich Hoffnung besteht, daß gerade sie sich in Bereichen auf Dauer wohlfühlen, die potentiell selbst Spannungsfelder sind oder werden können. Für diese Entscheidungen, die nur im Einzelfall gefällt werden können, sollten Sozialtherapeuten zuständig sein. Menschen, deren Bewußtseinsebene vorwiegend dem Faktor 3 entspricht, sind sicher die Innenstadtbewohner der City-Rand-Gebiete. Ob sie auch Bewohner der City selbst sein werden, hängt davon ab, ob die Intensität der Betriebsamkeit als störend empfunden wird. Der Faktor war in der Analyse der Gesamtstadt nicht ausgeprägt genug, um mehr darüber aussagen zu können. Da ich jedoch jenen Stadtbezirk kenne, den er gewissermaßen beherrscht, vermute ich, daß man dem Faktor einen Hang zum Konservatismus nicht absprechen kann. Das würde bedeuten, daß aus Gruppen, die durch den Faktor 3 bestimmt werden, nur dann mit Zuwanderungen in citynahe Bereiche zu rechnen ist, wenn Hektik und Isolation der City nicht das Gefühl einer traditionsgebundenen Urbanität mit einem Hauch von Romantik zerstört. Für Menschen dieser Gruppe muß die City mehr sein als ein Verteilerzentrum. Sicher liegt darin ein schwer zu lösendes Problem in einer Stadt, die durch Zerstörung ihres Kernes vieles von der Traditionsgebundenheit verloren hat.

Es ist nicht zu leugnen, daß sich unsere Städte von manchen Städten des Mittelmeerraumes nicht nur durch andere klimatologischen Bedingungen, sondern auch durch andere soziale Beziehungen der Bürger zueinander unterscheiden. Damit stellt sich die Frage, ob soziale Verhaltensformen statischer Natur sind oder einer Änderung unterliegen.

Langfristig sind sicher solche Änderungen nicht auszuschließen. Zur Zeit kann man in der jungen Generation zahlreiche Spielarten von Gruppenbildungen beobachten, die die Vorkriegsgeneration in dieser Art nicht gekannt hat. Die Diskussionskreise, die Studentenkommunen, die Demonstrationen vom teach-in bis zum Streik sind nur einige Beispiele für eine neue Art der Auseinandersetzung mit der sozialen Umwelt. Ich halte es nicht für ausgeschlossen, daß sich hier ein grundsätzlicher Wandel in den sozialen Verhaltensformen anbahnt. Die Tatsache, daß die Jugendlichen einer wirtschaftlich ungewisseren Zukunft entgegengehen als die Generation ihrer Eltern, führt nicht nur gelegentlich zu Konkurrenzsituationen, sondern bei vielen auch zu einem Anlehnungsbedürfnis.

Ist meine Beobachtung richtig, so wird sich der Wandel im Sozialverhalten auch auf die Beziehungen zur Stadt auswirken. Menschen der neuen Verhaltensmuster werden Angst vor der Vereinsamung in dünn besiedelten Stadtrandbezirken haben. Sie werden mehr als die 35—50-jährigen von heute Wohnungen in der eng besiedelten Innenstadt suchen. Hierin besteht eine Chance für die Innenstädte, allerdings auch eine Gefahr für die Stadtrandgebiete, aus denen möglicherweise Einwohner abwandern.

Diese Gefahr wird verstärkt durch die Tatsache, daß weniger Ehen geschlossen werden und vermutlich damit auch weniger Menschen bereit sein werden, sich zu Investitionen wie den Wohnungsbau zu entschließen, deren Zinsbelastungen in vielen Fällen nur getragen werden können, wenn eine partnerschaftliche Zusammenarbeit auf lange Zeit gesichert ist.

Das Scheidungsrecht, das manchen das Zögern lehrt, feste Bindungen einzugehen, wird nicht ohne Einfluß auf soziale Verhaltensformen und damit auf die Entwicklung unserer Städte sein. Politische Programme, die das sich im Zeitablauf ändernde Sozialverhalten nicht einbeziehen, können scheitern, weil sie vom zufälligen Zusammentreffen der Korrespondenz von Programm und Verhaltensform einzelner Gruppen abhängig sind. Pflege der Innenstadt heißt, Menschen zu suchen, die in dem Leben der Innenstadt einen Weg ihrer Selbsterfüllung finden, heißt aber auch, Änderungen von Verhaltensformen, die zu größeren freiwilligen Sozialbindungen der jungen Generation führen können, zu fördern. Reicht das Wenige aus, das hierfür getan wird?

VIII. Spiegelung der Faktoren im politischen Verhalten

In meiner Hypothese hatte ich angedeutet, daß Menschen, die ihren Entfaltungsraum ändern wollen, möglicherweise auch ein von andern Menschen abweichendes politisches Verhalten zeigen. Ein allseits bekanntes Beispiel hierfür sind die Bürgerinitiativen, die nicht nur auf Bundes- oder Landesebene, sondern bis in kleinste räumliche Einheiten hinein wirksam werden können. Ich will mich hier darauf beschränken, einen solchen Fall zu schildern:

In einem Baublock mit einer 4geschossigen geschlossenen Wohnbebauung ist eine Baulücke. Hier soll ein SB-Markt errichtet werden. Geschäfte aller Branchen sind in der Umgebung bereits vorhanden. Die Bewohner protestieren gegen den Neubau. Zunächst erscheint es so, als seien sie von der Konkurrenz dazu ermuntert worden. In einer Bürgerversammlung stellt sich heraus, daß sich die Bürger nicht Konkurrenzkämpfen anschließen wollen. Ihnen geht es auch nicht um das Bauwerk, das in der vorgesehenen Gestaltung von der vorhandenen Bebauung abweicht, sondern um den Verlust der Kommunikationsmöglichkeiten, die jeder kleine Laden in Gesprächen der Kunden untereinander und in den Ratschlägen des Kaufmanns in vertrauter Umgebung bietet. Für viele ältere Menschen ist der kleine Laden der Treffpunkt, an dem Vereinsamung überwunden werden kann. Ihn zu verlieren, ist gleich einer Verschlechterung des Entfaltungsraumes. Ein billigeres Warenangebot wiegt dies nicht auf. Gegen das Anliegen der Bürger kann man auch nicht mit Marktfreiheit argumentieren, denn Kommunikation ist keine Handelsware. Es ist erstaunlich, daß noch kein Planer auf den Gedanken gekommen ist, SB-Läden so zu gestalten, daß sie im Kommunikationsangebot dem Kunden ein Äquivalent bieten.

Allgemeines Aufsehen erregten die Kommunalwahlen 1977 in Hessen, durch die die regierende Partei in vielen Gemeinden die Mehrheit einbüßte. Obwohl dieser Verlust in Kassel nicht eintrat, liegt es nahe zu fragen, ob die vorstehend geäußerten Gedanken zum persönlichen Entfaltungsraum von Menschen, aber auch Gruppen, Parallelen zu den Wahlergebnissen in den einzelnen Bezirken zeigten. Zunächst muß festgestellt werden, daß die Einzelergebnisse aus ca. 50 Stadtbezirken erheblich vom Mittelwert abwichen. Daher können bundes- oder landesweite Trends nicht ausreichen, das Phänomen zu erklären. Die Verluste lagen zwischen 3,7 % und 12 %, bezogen auf einen Vergleich der Prozentpunkte der beiden Kommunalwahlen 1972 und 1977. Will man die Verluste den Ergebnissen der Faktorenanalyse gegenüberstellen, so müssen alle die Bezirke ausgenommen werden, in denen sich durch konkrete oder erhoffte kommunalpolitische Entscheidungen der Zeit nach 1974 (hier wurden die Daten der Faktorenanalyse erhoben) Erwartungshorizonte verschoben haben. Dazu gehören auch jene mit besonders hohen Wanderungsgewinnen, für die sich Prozentpunkte der Wahlverluste nicht sinnvoll errechnen lassen.

Stellt man für die restlichen 32 Bezirke (31. 12. 75: 161 466 E), eine Rangliste für die Verluste der regierenden Partei auf, so kann man diese mit der Rangfolge der Gewichte vergleichen, die sich für den Faktor 1 der Faktorenanalyse[5]) (faktorloadings) ergeben haben. Der Vergleich ergibt eine Aussage mit einer Wahrscheinlichkeit von fast 99 % für einen Zusammenhang zwischen dem Wahlverhalten und dem Faktor 1, den ich als Symbol der Einengung des Entfaltungsraumes betrachte, oder anders ausgedrückt: Krank werden in und an der Stadt im sozialpsychologischen Sinn beeinträchtigt das politische Verhalten gegenüber der regierenden Partei. Ich habe Anlaß zu der Vermutung, daß der Zusammenhang noch deutlicher geworden wäre, wenn die Daten der Faktorenanalyse, speziell ausgerichtet auf das vorliegende Problem, kurz vor der Wahl zusammengestellt worden wären.

Gesteht man mir diese hypothetische Aussage zu, so kann man folgende politische Aussagen machen[6]):

1. Die Wahlergebnisse waren für die Regierungspartei schlechter als aus der Analyse erwartet

    a) in den Bezirken mit prozentual überdurchschnittlicher Abwanderung, sofern nicht durch besondere kommunalpolitische Maßnahmen dem negativen Image engegengewirkt worden ist,

    b) in den Bezirken, in denen sich Bürger besonders deutlich und wiederholt gegen die Planung einer Bundesbahnschnellstrecke (Angst vor Lärm und Erschütterung), gegen den Neubau einer Feuerwehrschule (Angst vor Rauchbelästigungen und Verkehrslärm), gegen die Bebauung einer im Bebauungsplan festgesetzten Grünzone oder gegen den Ausbau einer Durchgangsstraße ausgesprochen haben,

    c) in den Bezirken mit prozentual hoher Zuwanderung, sofern vorwiegend Einzelhäuser gebaut worden sind,

    d) in Bezirken, in denen Hoffnungen auf Verbesserungen der Siedlungsstruktur geweckt aber nicht erfüllt wurden,

    e) in Siedlungen des sozialen Wohnungsbaues der 60er Jahre, in denen die Mieten sehr erhöht worden sind,

    f) in Bezirken mit hohem Anteil von Wohnungen für Bundesbahnbedienstete (die Bundesbahndirektion ist von Kassel nach Frankfurt verlegt worden, Versprechungen für Ersatzeinrichtungen wurden nicht voll erfüllt).

2. Die Wahlergebnisse waren besser, als nach der Faktorenanalyse zu erwarten war, in den Bezirken, in denen durch Maßnahmen Strukturen so verbessert wurden (Neugestaltung eines Ortskernes, Anlegung von Grünzonen zur Immissionsminderung und von Kleingärten und Freizeitanlagen), daß die Bindungen an den Ortsteil als Lebensraum verbessert wurden. Es ist nicht zu erkennen, daß die Schaffung von Infrastruktureinrichtungen zur Verbesserung der Wahlergebnisse ausreichten, sofern sie als selbstverständliche Pflichterfüllung betrachtet wurden (Straßen-, Kanal- und Schulbau usw.). Negative Entwicklungen können durch positive Entscheidungen ausgeglichen werden.

---

[5]) Die Tabelle befindet sich im Arbeitsmaterial der Akademie 1976—8, Tabelle 7 bis 10; der Korr.-Koeff. betrug bei 32 Rängen und einseitiger Anwendung nach SPEARMANN + 0,4.

[6]) Über die Kausalität soll damit noch keine Aussage gemacht werden.

Die vorstehende Zusammenstellung scheint in sich widersprüchlich zu sein. Dies ist aber nicht der Fall. Die unter 1. genannten Gründe sind mehreren unterschiedlichen Komplexen zuzuordnen. Einmal gibt es Bezirke, in denen seit Jahren, z. T. seit mehreren Generationen, der Entfaltungsraum des einzelnen im Sinne meiner Ausführungen eingeengt ist. Für sie ist die besondere Gewichtigkeit des Faktors 1 festgestellt worden („die Menschen leiden an ihrer Stadt"). Sofern es Bezirke sind, in denen zur Verringerung des Entfaltungsstaues keine besonderen Maßnahmen ergriffen worden sind, entsprechen sie der vorstehenden Ziffer 1 a.

Die unter Ziffer 1 b, d, e, f erwähnten Bezirke sind dagegen solche, in denen die Einengung des Entfaltungsraumes erst in jüngster Zeit entstanden ist oder befürchtet wird. Hier konnte die Faktorenanalyse noch keine Erkenntnisse liefern.

In beiden Fällen sind die Wahlverluste keine Aussagen gegen eine bestimmte Partei oder gegen ein bestimmtes Programm, sondern sie richten sich gegen die Regierungspartei als solcher. Für politische Maßnahmen zur Abwendung von Verlusten zeigen u. a. die unter Ziffer 2. genannten Beobachtungen mögliche Denkansätze wie auch die einzelnen Elemente des Faktors 1 (schmutzig, unruhig, häßlich, nicht liebenswert).

Anders sind die unter Ziffer 1 c zusammengefaßten Bezirke (Zuwanderungsbezirke mit Einzelhausbebauung) zu beurteilen. Hier können parteispezifische Phänomene, z. B. soziale Anpassungsprozesse oder die Art des Wahlkampfes, z. B. das Wecken der Furcht vor der Sozialisierung, eine Rolle gespielt haben. Dazu gehört, daß in diesen Bezirken der Faktor 1 zwar gar kein Gewicht hatte, wohl aber der Faktor 2: keine Ortsteilbezogenheit. dennoch Wohlbefinden in der Stadt, aber nicht aus der Eigenart der Stadt heraus, sondern aus dem Eigentum und der Familie, also in gewisser Distanziertheit. Bei politischen Maßnahmen wird man in diesen Bezirken Fragen an das eigene Programm, an die Kommunikationsstruktur und an die Selbstdarstellung der Politiker, die die Kommunikationsstruktur bestimmen, in die Überlegungen einbeziehen müssen.

Es wird allerdings auch zu berücksichtigen sein, ob in den Zuwanderungsbezirken die Wahlverluste mit einer geringen Beteiligung an der Wahl verbunden waren. In diesem Fall muß der Verlust keine politischen Gründe haben. Familien, die ein Eigenheim beziehen, sind zunächst lange Zeit auf das „Hineinleben in das Eigentum" konzentriert; sie brauchen Jahre, bis sie Interessen auch in kommunalpolitischen Themen finden. Bei einer Befragung in der Stadtrandgemeinde Kaufungen beobachtete ich einen Zeitraum bis zu 5 Jahren. Hält man soziale und politische Strukturen für ein Zusammenwirkendes, dem Qualität des Lebens als Planungsaufgabe zuzuordnen ist, liegt es nahe, anstelle von bundeseinheitlichen Planungsrichtwerten soziale Verhaltensmuster zu erforschen, die allerdings von Ortsteil zu Ortsteil verschieden sein können.

Ohne sich mit Verhaltensmuster auseinanderzusetzen, wird man weder Bürgerinitiativen verstehen noch in den vom Gesetzgeber geforderten Anhörungen der Bürger oder in den vorgeschriebenen Bürgerversammlungen bestehen können.

IX. Die Frage nach den Beziehungen zwischen dem Sozialverhalten und technologischen Innovationen

In diesem Abschnitt geht es nicht mehr um ein bestimmtes Sozialverhalten, das unmittelbar zu Bevölkerungsbewegungen führen kann, sondern um besondere Formen der Einengung des Entfaltungsraumes. Aus dem Gebiet der Iniovationsforschung hat

GERHARD MENSCH in der Zeitschrift „Bild der Wissenschaft", Heft 10, Oktober 1976, unter dem Titel „Ausbruch aus dem Patt" die Frage nach dem Schub neuer Technologien an den Staat und die Wirtschaft gestellt. Seinem Aufsatz ist zu entnehmen, daß bisher allen Innovationen, die allgemein-wirtschaftlich von Bedeutung waren, Aktivitäten Einzelner oder kleiner Gruppen um Jahrzehnte vorausgingen. G. MENSCH spricht in Anlehnung an Schlumpeter von Stagnationskräften der Wirtschaft, die Basisinnovationen verdrängen, bis diese so stark werden, daß sie die Stagnationskräfte zerstören. Gibt es solche Stagnationskräfte auch innerhalb unserer städtischen Gemeinwesen?

In einem Bereich von ca. 10 000 Menschen, den ich nicht näher bezeichnen möchte, wurde 1971 bei einer Begehung von Haus zu Haus festgestellt, daß ca. 45 % aller Betriebe solche Kleinstbetriebe waren, von denen die Gewerbeaufsicht noch nichts wußte, die daher auch nie Gewerbesteuern gezahlt hatten. Sie arbeiteten als Familien-, z. T. als Einmannbetriebe in der 1. Generation. Die Tätigkeiten umfaßten zahlreiche Branchen von der Metallveredelung bis zu Steinmetzarbeiten. Mitunter waren es hochqualifizierte Arbeiten, die besondere Fertigkeiten erforderten. Die Bereiche, in denen sich die Arbeitsstätten unbemerkt entwickeln konnten, waren sogenannte alte gewachsene Ortslagen, keine Stadtrandsiedlungen und keine Industriegebiete.

Auch in der Folgezeit stellte ich, jetzt in andern Siedlungsbereichen, fest, daß neue Arbeitsstätten dieser Art entstehen. Sie fabrizieren in Kellern, Garagen, Ställen und in Gebäuden, die als Wohngebäude getarnt sind. Planungsrechtlich sind viele unzulässig, weil die Standorte zu Wohngebieten gehören. Viele entsprechen auch bauordnungsrechtlich geltenden Vorschriften nicht: es fehlen Belüftungsanlagen, Beleuchtungsmöglichkeiten, Absauggeräte usw. Mitunter erzeugen sie Lärm oder üble Gerüche. Generell ist nicht auszuschließen, daß aus solchen Betrieben auch irgendwann einmal Innovationen angeregt werden.

Bei vielen Versuchen zur Betriebsgründung beschweren sich Nachbarn, weil sie sich gestört fühlen, oder nur, weil sie irgend etwas melden sollen. Nachbarn, das weiß jeder Planer, sind die strengsten Baupolizisten. Die Behörde muß tätig werden. Da sie keine Förderungsmittel hat, um den Betrieb zu verlegen oder auszustatten, ordnet sie die Schließung an. Die soziale Gemeinschaft stößt den Betrieb ab. Der Entfaltungsraum einer Familie, die Kreativität und Initiative entwickelt hatte, ist zerstört.

Ob Resignationen, die aus solchen Entwicklungen entstehen, für die Allgemeinheit von Bedeutung sind, vermag niemand zu sagen. Aber man kann es ahnen, wenn man dabei an das Heer derjenigen denkt, die als Bauarbeiter, Hilfsarbeiter, Umgeschulte und Angelernte einen wesentlichen Beitrag zum Wiederaufbau leisteten durch sogenannte Freundschafts-, echte oder unechte Nachbarschaftshilfe, oder wie man diese besondere Art der Freizeitbetätigung nennen mag. Sie ist unzulässig und heute nur noch in geringerem Maße möglich; immer wurde sie als eine Art der Selbstbetätigung, niemals von Untüchtigen betrieben. Sieht man in dem Wunsch nach Erweiterung des Entfaltungsraumes ein mit unserer Zivilisation eng verbundenes soziales Anliegen, so muß die Frage erlaubt sein, wie die Gesellschaft die Einengung des Entfaltungsraumes dieser Menschen und der Arbeitslosen ertragen wird.

X. Zwei abschließende Gedanken

Ich habe versucht zu zeigen, daß mit Bevölkerungsbewegungen immer auch soziale Verschiebungen eintreten, die zu Auslesen führen. Dabei kam ich zur Kenntnis unterschiedlicher Verhaltensweisen und sozialer Konfliktsituationen. Weitere Verhaltensformen müßten ergänzend hinzuerarbeitet werden, wie Verhalten gegenüber Behörden, am Arbeitplatz oder im Verkehr. Ohne ihre Kenntnis kann kaum Stadtentwicklungspolitik betrieben werden. Ich meine, vieles spräche für die Richtigkeit meiner Hypothese von der Einengung des Entfaltungsraumes als einer der Kräfte, die Verhaltensformen beeinträchtigen. Das gilt für Bevölkerungsbewegungen wie für Erscheinungen des generativen Verhaltens. Doch ich habe erkannt, daß der Beweis nur unvollkommen gelingen kann, solange Vergleichsuntersuchungen aus andern Städten fehlen. Manches ist mehr geahnt als bewiesen. Eine Erscheinung ist mir unter den Händen zerronnen: *die* Gesellschaft.

Was ist das überhaupt, die Gesellschaft? Ich habe eine Fülle von dem gefunden, was man vielleicht verschiedenen Subkulturen zuordnen kann. Die Stadt scheint nur aus Subkulturen zu bestehen, die sich in örtlichen, kulturellen, wirtschaftlichen und/oder religiösen Bindungen unterscheiden. Alle diese Bindungen bilden Gruppenindividualitäten. Die Art des Erfülltseins in den Bindungen dieser Gruppenindividualitäten scheint mir zu dem zu gehören, was Qualität des Lebens ausmacht. Deshalb sollte am Anfang allen Planens die Frage nach diesen Individualitäten und ihren Komunikationsstrukturen stehen und nicht die Frage nach Richtwerten, Geschoßflächenzahlen und ähnlichen Modellelementen, die erst abgeleitete Größen sind.

Menschen etwa gleicher Bildung, etwa gleichen Vermögens und ähnlicher Herkunft verhalten sich in unterschiedlichen örtlichen Gegebenheiten nicht gleich, sondern unterschiedlich. Die Ungültigkeit dieser Behauptung muß erst noch bewiesen werden, bevor standardisierte Methoden der Wohlstandsmaximierung, der Regionalen Gesamtrechnung oder der Kosten-Nutzen-Analyse über die Grenzen ökonomischer Aussagen hinaus übertragbare Allgemeingültigkeiten mit fixen Richtwerten erhalten. Internationalität der Planungselemente hat in den letzten Jahren Planen und Bauen zur menschenfernen Monotonie geführt. Wer dies nicht erkennt, frage sich nach dem Grund für das Entstehen anarchistischer Bewegungen einerseits und Bürgerinitiativen andererseits.

Ist der Trend nach Nostalgie und Denkmalspflege wirklich nur ein kunsthistorisches Interesse oder der Wunsch, einen Ersatz für die verlorengegangene Individualität wiederzufinden? Kann man sie als nichttechnologische Basisinnovationen des Städtebaues bezeichnen, denen die noch zu erarbeitenden Grundlagen des Politikers und des Planers gegenüberzustellen sind?

Bevölkerungsentwicklung und ihre Auswirkungen auf die Infrastruktur im Landkreis Kassel

von

Heinrich Klose, Kassel

I. Problemstellung

Das Ziel dieses Beitrages ist die Darlegung der Auswirkungen von der öffentlichen Infrastruktur[1]) auf die Bevölkerungsentwicklung im Landkreis Kassel, insbesondere auf die Binnenwanderungen im Bereich der Stadt Kassel und den angrenzenden kreisangehörigen Gemeinden.

Der Landkreis Kassel mit 1293 qkm ist das Untersuchungsgebiet. Hier sind nach der kommunalen Gebietsreform vom 20. 8. 1972 rund 212 000 Einwohner ansässig. Sie verteilen sich auf 29 Großgemeinden mit insgesamt 128 Ortsteilen.

Die Bevölkerungsentwicklung wird hier durch folgende drei Faktoren bestimmt:
— die überwiegend positiven Salden der natürlichen Bevölkerungsentwicklung,
— die überwiegend negativen Salden der Fernwanderungen,
— die positiven Salden der Binnenwanderungen in dem Nachbarschaftsbereich mit der Stadt Kassel (Anliegergemeinden).

Die Salden der Fern- und Binnenwanderungen für das Jahr 1974 sind nach Herkunfts- und Zielgebieten u. a. auch für die angrenzenden hessischen Kreise in der nachstehenden Abbildung dargestellt.

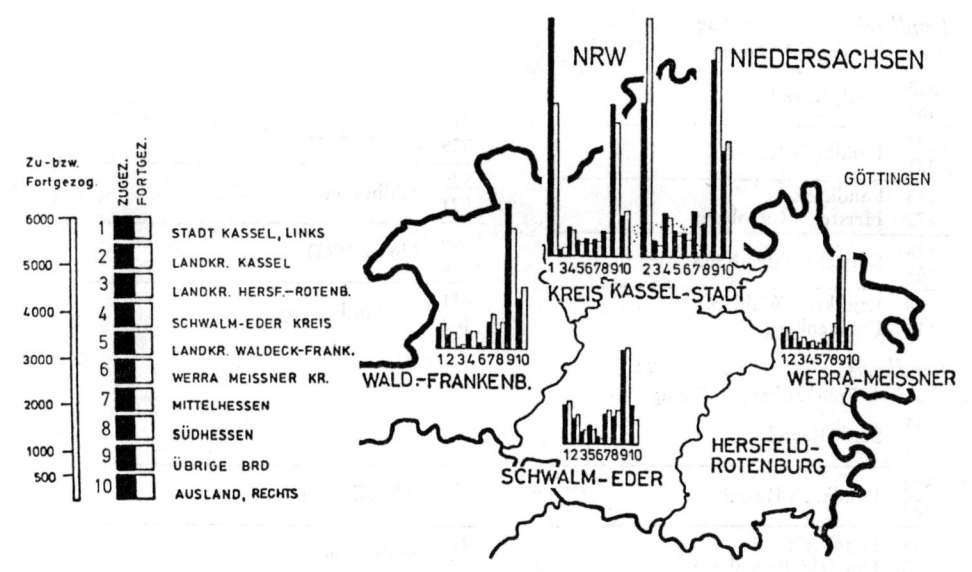

Abb. 1: Wanderungen 1974 nach Herkunft und Zielgebieten

---

[1]) HIRSCHMANN 1958: Social Overhead Capital (SOC) im weiteren Sinne: von Verwaltung, Rechtsordnung, Bildungswesen, Gesundheitswesen, Verkehrswesen, Kommunikationswesen, Energieversorgung, Wasserversorgung, landwirtschaftliche Drainagesysteme.

Übersicht der Fortzüge und Zuzüge der Abb. 1

Stadt • Fortzug
Kassel • Zuzug

5055 / 3231	Stadt Kassel			
163 / 172	Landkreis Hersfeld-Rotenburg		385 / 319	Mittelhessen
614 / 573	Schwalm-Eder-Kreis		563 / 509	Südhessen
358 / 348	Landkreis Waldeck-Frankenberg		3229 / 2848	übrige BRD
381 / 297	Werra-Meißner-Kreis		869 / 967	Ausland

Landkreis • Fortzug
Kassel • Zuzug

3231 / 5056	Landkreis Kassel			
325 / 224	Landkreis Hersfeld-Rotenburg		959 / 620	Mittelhessen
934 / 839	Schwalm-Eder-Kreis		695 / 977	Südhessen
516 / 433	Landkreis Waldeck-Frankenberg		4185 / 4441	übrige BRD
464 / 313	Werra-Meißner-Kreis		2254 / 2459	Ausland

Landkreis • Fortzug
Werra-Meissner • Zuzug

313 / 464	Stadt Kassel			
297 / 381	Landkreis Kassel		215 / 309	Mittelhessen
185 / 272	Landkreis Hersfeld-Rotenburg		320 / 521	Südhessen
158 / 168	Schwalm-Eder-Kreis		1899 / 1990	übrige BRD
68 / 111	Landkreis Waldeck-Frankenberg		431 / 460	Ausland

Landkreis • Fortzug
Waldeck-Frankenberg • Zuzug

433 / 516	Stadt Kassel			
348 / 358	Landkreis Kassel		563 / 754	Mittelhessen
56 / 80	Landkreis Hersfeld-Rotenburg		446 / 554	Südhessen
328 / 382	Schwalm-Eder-Kreis		3057 / 2533	übrige BRD
111 / 68	Werra-Meißner-Kreis		1074 / 1307	Ausland

Landkreis Schwalm-Eder	• Fortzug • Zuzug		
839 934	Stadt Kassel		
573 614	Landkreis Kassel	645 782	Mittelhessen
287 306	Landkreis Hersfeld-Rotenburg	580 768	Südhessen
382 328	Landkreis Waldeck-Frankenberg	2018 2081	übrige BRD
168 158	Werra-Meißner-Kreis	855 548	Ausland

Nach Abbildung 1 finden in Nordhessen die häufigsten Wanderungen zwischen der Stadt Kassel und dem Landkreis Kassel statt, gefolgt von den Zielgebieten „übrige BRD" und „Ausland". Der Saldo für die letzteren Zielgebiete ist überwiegend negativ. Die übrigen Wanderungsbeziehungen, insbesondere zwischen den vier anderen nordhessischen Gebietskörperschaften sind so klein, daß sie bei der weiteren Betrachtung vernachlässigt werden können.

Die öffentliche Infrastruktur in den 29 Gemeinden des Landkreises Kassel ist in den Grundzügen der Kreisentwicklungsplanung inventarisiert und durch die Ausweisung der zentralörtlichen[2]) Bedeutung der Siedlungseinheiten in dem Entwurf des Regionalen Raumordnungsplanes strukturiert. Die Kreisentwicklungsplanung ist hier dem Ziel nach Koordination der Investitionen für den Haushaltsplan des Landkreises Kassel um die Wirtschaftskraft zu stärken und dem Inhalt nach Empfehlungen an die Gemeinden für die Bauleitplanung als Ersatz gemeindlicher Entwicklungsplanung im Sinne des § 1 (5) BBauG. Die Regionalplanung ist dem Ziel nach Landesplanung und dem Inhalt nach Vorgabe im Sinne des § 1 (4) BBauG für die gemeindliche Bauleitplanung.

In den vergangenen 150 Jahren erfolgte im Landkreis Kassel die Ausstattung der Gemeinden mit öffentlicher Infrastruktur immer unter dem Aspekt der Grenzlage. Die Grenzlage des Untersuchungsgebietes ist in der Abbildung 2 für die Verwaltungseinteilungen zwischen 1832—66, 1866—1918, 1919—1938 und für 1975 aufgezeigt.

Heute ist dieses Gebiet ebenso Grenzlage für Hessen wie für das Bundesgebiet und die EG. Mit der Grenzlage sind ungünstige Standortbedingungen verbunden, die sich zunächst in der Abwanderung der Bewohner darstellen. Diese Betrachtung stellt u. a. die Wirksamkeit der Förderungsmaßnahmen[3]) für die Infrastruktur auf die Bevölkerungsentwicklung heraus. Die Veränderungen am Inventar der Infrastruktur werden hier als Richtwert für die Bevölkerungszahlen gesehen. Die Auswirkungen dieses Zusammenhanges bleiben, wie später bewiesen wird, für den Trend in der Bevölkerungsentwicklung des Landkreises konstant.

---

[2]) CHRISTALLER definiert die Zentralität eine Ortes als den „Bedeutungsüberschuß, den seine zentralen Einrichtungen in ihrer Kapazität nach Abzug der von den Ortsbewohnern benötigten Güter und Dienste haben, der also noch zur Versorgung der Umlandbevölkerung zur Verfügung steht (vgl. Handwörterbuch der Akademie für Raumforschung und Raumordnung, Hannover 1970, Sp. 3854).
[3]) Zum Beispiel unsere heutigen GA-, ERP- und Zonenrandmittel.

Auf dieser Basis sollen die Auswirkungen der Ausstattung mit Infrastruktur auf die Wanderungen mit folgenden Hypothesen belegt werden:
- Fernwanderungen werden durch die Ausstattung mit öffentlicher Infrastruktur nur beeinflußt, soweit diese gleichzeitig Arbeitsplätze schafft.
- Binnenwanderungen werden in den Siedlungseinheiten eines Verdichtungsgebietes durch die Ausstattung mit öffentlicher Infrastruktur beeinflußt.
- Die Zentralität der Gebietskörperschaften wird durch die Ausstattung mit öffentlicher Infrastruktur funktionell angelegt.

Zur Belegung dieser Hypothesen werden in ausgewählten Gemeinden die Veränderungen der Bevölkerungsdaten und Ausstattung mit Infrastruktur seit 1834 betrachtet. In diesem Zusammenhang werden die Auswirkungen der Binnenwanderungen im Verdichtungsgebiet anhand von Befragungsergebnissen diskutiert.

II. Bevölkerungsstruktur

Die Bevölkerung im Landkreis Kassel nimmt z. Z. (30. 6. 1976) noch leicht zu. In der Zusammenschau mit der Stadt und dem Landkreis Kassel muß unter den heutigen Voraussetzungen von einem, z. B. konstanten Arbeitsplatzangebot mit tendenziell 1 %̄ Bevölkerungsabnahme pro Jahr gerechnet werden. Die geburtenstarken Jahrgänge rücken in das erwerbsfähige Alter vor. Entsprechende Ausweitung des Arbeitsplatzangebotes erscheint derzeit nicht realisierbar. Deshalb muß von einer Erhöhung der Abwanderungsraten ausgegangen werden.

Der Trend bei der natürlichen Bevölkerungsentwicklung und dem Wanderungssaldo sowie der Anzahl der Einwohner und Einwohnerdichte und weiter die zentralörtliche Bedeutung der 29 Gemeinden sind in Abb. 3—4 dargestellt.

1. Entwicklung der Bevölkerung

Für den Landkreis Kassel stehen Daten ab 3. 12. 1834 aus der Zeit des Kurfürstentums Hessen, der Preußischen Provinz Hessen Nassau von 1871 bis 1925, dem Regierungsbezirk Kassel bis 1939, der nachfolgenden Provinz Kurhessen und ab 1945 dem Land Hessen mit dem Regierungsbezirk Kassel bis zum 30. 6. 1976 zur Verfügung. Die Daten sind meist ortsteilscharf. Für die Gemeinden Ahnatal, Bad Karlshafen und Vellmar sowie für den Landkreis Kassel insgesamt sind die historischen Bevölkerungsdaten in der Abb. 5 aufgetragen.

Die Veränderungen der Bevölkerungsdaten dieser „Zollabrechnungsbevölkerung", „ortsansässigen Wohnbevölkerung" und der Wohnbevölkerung werden mit der im Laufe der Jahre geschaffenen öffentlichen Infrastruktur in den Gemeinden in Beziehung gesetzt. Zur Aufzeichnung der Tendenzen bei den Binnenwanderungen (Fortzug, Zuzug, Umzug) im Nachbarschaftsbereich Kassel werden Ergebnisse der vom Zweckverband Raum Kassel[4]) von Juni 1975 bis Juni 1976 durchgeführten Zuzugsbefragung[5]) herangezogen. Den Wandernden wurden 21 Fragen vorgelegt. Persönliche Daten, Haushalts-, Familien-, Beschäftigungsdaten und noch einige Fragen über mögliche Motive des Zuzugs sowie über das Herkunftsgebiet wurden gestellt. Zur Information wird der Fragebogen als Anhang beigefügt.

---

[4]) Der Zweckverband Raum Kassel ist ein Planungsverband im Sinne des § 4 BBauG vom 18. 8. 1976 für die Flächennutzungsplanung in den Gemeinden Ahnatal, Baunatal, Fuldabrück, Fuldatal, Kaufungen, Kassel, Lohfelden, Niestetal, Vellmar und Schauenburg.

[5]) Zweckverband Raum Kassel, Statistische Berichte Heft 4, Veröffentlichung 1977 vorgesehen.

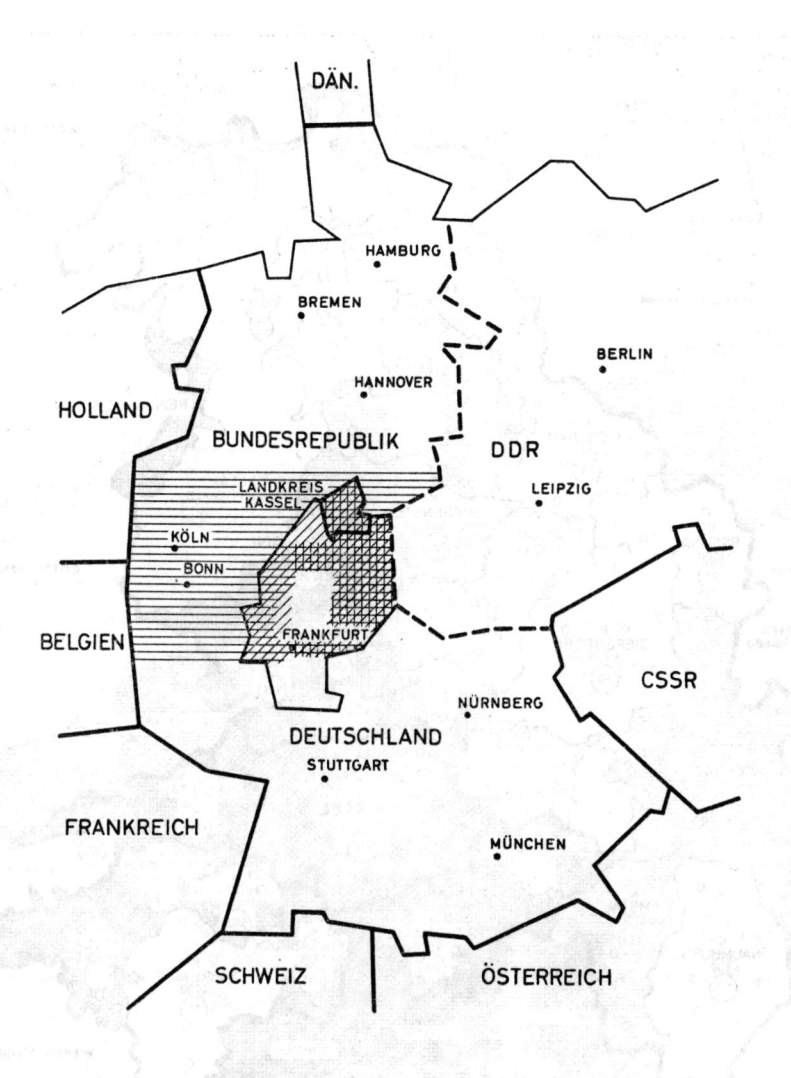

POLITISCHE ZUGEHÖRIGKEIT DES LANDKREISES KASSEL SEIT 1832

KURHESSEN KASSEL
||||||||| 1832-1866

KÖNIGREICH PREUSSEN
≡≡≡ 1866-1918

PREUSS. PROVINZ HESSEN
////// 1919-1938

BUNDESLAND HESSEN
——— 1975

Abb. 2: Grenzlage des Unterrichtsgebietes

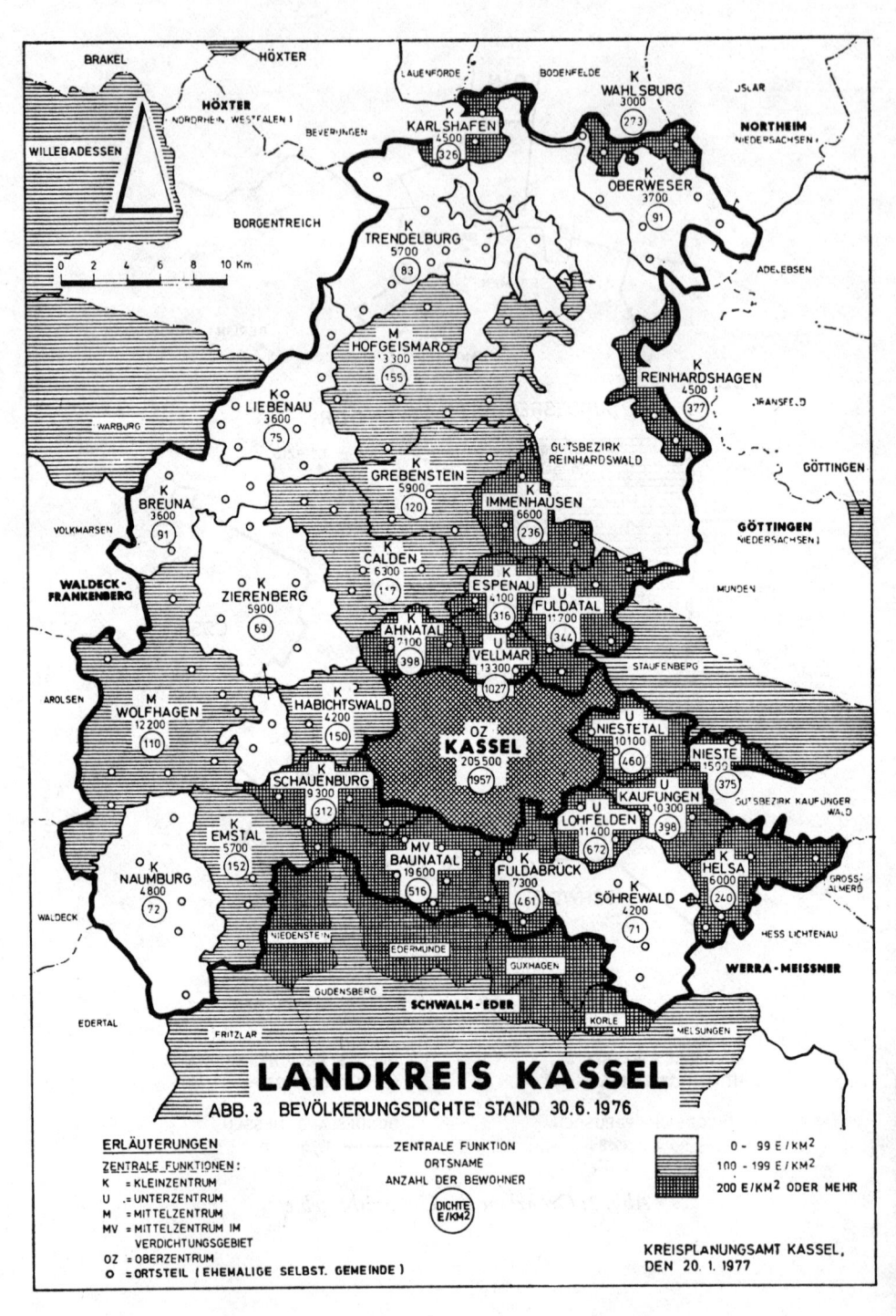

Abb. 3: Bevölkerungsdichte (Stand 30. 6. 1976)

Abb. 4: Bevölkerungsentwicklung 1970 bis 30. 6. 1976

Abbildung 5

Gegenstand der Nachweisung	Zeitabschnitt	Heckershausen	Weimar	Ahnatal	Helmarshausen	Karlshafen	Karlshafen	Frommershausen	Niedervellmar	Obervellmar	Vellmar	Landkreis Kassel
Zollabrechnungs-Bevölkerung	3. 12. 1834	404	890	1186	1155	1549	2704	148	550	484	1182	79885
	3. 12. 1858	467	1281	1289	1306	1807	3113	182	562	520	1264	82609
Veränderung absolut		63	40	103	151	258	409	34	12	36	82	2751
Veränderung in %		15,6	5,1	8,7	13,1	16,7	15,1	23	2,2	7,4	6,9	3,4
⌀ jährl. Veränderung		2,6	1,7	4,3	6,3	10,8	17,0	1,4	0,5	1,5	3,4	114,6

2. Ableitung der Tendenzen

Viele Gemeinden im Landkreis Kassel weisen bis zum 30. 6. 1976 positive durchschnittliche jährliche Geburtensalden vor. Dieser Sachstand kann als Tendenz für die Bevölkerungsentwicklung gesetzt werden, ohne die demographischen Faktoren im einzelnen zu untersuchen.

Bei der historischen Betrachtung ist festzustellen (vgl. Abb. 3—5), daß die Bewohner der langsam gewachsenen alten Städte im Landkreis Kassel weniger wanderfreudig sind als die der Dörfer und die der schnell gewachsenen neuen Städte. Bemerkenswert ist, daß Frauen in Gebieten geringer Siedlungsdichte (unter 100 EW/qkm) etwas wanderfreudiger sind als Männer. Diese Entwicklung drückt sich auch dadurch aus, daß es für Landwirte schwierig ist, Ehefrauen zu finden.

Auf Grund des Gesetzes der großen Zahlen ist die Schätzung der Bevölkerungsentwicklung für Mikro-Gebiete natürlich mit hohen Fehlerquoten behaftet. Die Entwicklung der Ausländerzahlen wird von nicht demographischen Faktoren bestimmt und ist deshalb in ähnlicher Weise schwer vorauszuschätzen.

Amtsinterne Ermittlungen des Landkreises Kassel zeigen, daß in Zonen mit über 200 Einwohnern pro qkm der Anteil der Fernwanderungen um rund 30 % unter dem der Binnenwanderung liegt. In Zonen mit geringer Siedlungsdichte spielt die Wanderung zwischen den Gemeinden der Dichtezone keine Rolle. Dort wird von der gesamten Abwanderung die Fernwanderung (vgl. Abb. 1) mit 90 % Anteil zu einem wesentlichen Kriterium für die Bewertung der Ausnutzung vorhandener Einrichtungen der Infrastruktur. D. h., daß aus Zonen mit weniger als 100 Einwohner pro qkm findet ein Umsetzen in Richtung der Zonen höherer Verdichtung (Ballungsgebiete) statt. In den Zwischenzonen neutralisiert sich die Entwicklung.

Im Sinne von Hirschmann ist öffentliche Infrastruktur ein Vorhalten der z. B. Erschließung von Baugebieten mit Straßen, Wasserver- und Entsorgung. Alle Gemeinden im Landkreis Kassel verfolgen hauptsächlich dieses Entwicklungskonzept.

Fortsetzung Abb. 5

Ortsanwesende Bevölkerung	3. 12. 1864	484	890	1374	1340	1741	3081	200	627	517	1344	85619
	1. 12. 1910	661	1281	1942	1312	1908	3220	313	1285	961	2559	94892
Veränderung absolut		177	391	568	−28	167	139	113	658	444	1215	9273
Veränderung in %		36,6	43,9	41,3	−2,1	9,6	4,5	56,5	104,4	85,9	90,4	10,8
⌀ jährl. Veränderung		3,8	8,5	12,3	−0,6	3,6	3,0	2,5	14,3	9,7	26,4	201,6
Wohnbevölkerung	16. 6. 1925	751	1523	2274	1347	1869	3216	449	1802	1426	3677	71560
	13. 9. 1950	1699	2565	4264	1835	3627	5462	652	3289	2710	6651	177033
Veränderung absolut		948	1042	1990	488	1758	2246	203	1487	1284	2974	105473
Veränderung in %		126,2	68,4	87,5	36,2	94,1	69,8	45,2	82,5	90,0	80,9	147,4
⌀ jährl. Veränderung		37,9	41,7	79,6	19,5	70,3	89,8	8,1	59,5	51,4	119	4218,9
Wohnbevölkerung	14. 9. 1950	1699	2565	4264	1835	3627	5462	652	3289	2710	6651	177033
	27. 5. 1970	2092	4098	6190	1764	2910	4674		6229	3624	9853	195663
Veränderung absolut		393	1533	1926	−71	−717	−788		2288	914	3202	18630
Veränderung in %		23,1	59,8	45,2	−3,9	−19,8	−14,4		58,1	33,7	48,1	10,5
⌀ jährl. Veränderung		19,7	76,7	96,3	−3,6	−35,9	−39,4		114,4	45,7	160,1	931,5
⌀ jährl. Geburtensaldo		16	23	39	−3	−5	−8		48	22	70	310
⌀ jährl., davon weiblich		9	12	21	−2	−2	−4		23	10	33	161
⌀ jährl. Wanderungss.		26	31	57	−19	−12	−31		66	25	91	621
⌀ jährl., davon weiblich		15	15	30	−10	−7	−17		30	12	42	304
Wohnbevölkerung	28. 5. 1970	2092	4098	6190	1764	2910	4674		6229	3624	9853	195663
	31. 12. 1975			7188			4568				13676	211400
Veränderung absolut		keine orts-		998 16,1	keine stadt-		−106 −2,3	keine stadt-			3823 38,8	15737 8,0
⌀ jährl. Veränderung				199,6			−21,2				764,6	3147,4
⌀ jährl. Geburtensaldo		teilscharfe		16	teilscharfe		1	teilscharfe			20	−241
⌀ jährl., davon weiblich				12			4				8	−121
⌀ jährl. Wanderungss.		Fortschr.		170	Fortschr.		−22	Fortschr.			750	3388
⌀ jährl., davon weiblich				91			−14				324	1424

Die Auswirkungen neuer öffentlicher Infrastruktur auf die Wanderungen können am Beispiel der Ruhrautobahn Kassel/Dortmund dargestellt werden. Alle Orte an Auffahrten zur Autobahn haben einen positiven Wanderungssaldo. Diese Entwicklung stellt die Erreichbarkeit der zentralen Orte, Arbeitsplätze oder Kommunikationszentren als einen entscheidenden Faktor für die Binnenwanderungen, nicht aber für die Fernwanderungen heraus. Der Schwellenwert für die Erreichbarkeit liegt in diesem Fall bei 40 Minuten Zeitdistanz.

Die Ruhrautobahn ist eine enorme Förderungsmaßnahme des Bundes zur Ausstattung mit öffentlicher Infrastruktur. Jedoch konnte mit dieser Förderungsmaßnahme für die Orte im Einzugsbereich der Autobahn nicht der negative Saldo der Fernwanderungen neutralisiert werden. Transportanlagen sind eben Voraussetzungen, aber kein Ersatz für Arbeitsplätze. Die als Folge der Förderungsmaßnahme geschaffenen Arbeitsplätze liegen im Dienstleistungsbereich Fremdenverkehr. Die mobilen Altersgruppen der qualifiziert ausgebildeten 21- bis 30jährigen werden von diesen Arbeitsplätzen nicht angesprochen. Sie wandern weiterhin in die großen Ballungszentren ab.

Die Anteile der Senioren-Fernwanderungen sind durch die Verbesserung der Zugänglichkeit für die Orte im Landkreis Kassel nicht meßbar erhöht worden. Für die Orte konnte eine Veränderung des negativen Fernwanderungssaldo durch die Seniorenwanderungen nicht erreicht werden, weil sie ohnehin einen geringen Umfang an den gesamten Wanderungen ausmachen. Trotzdem läuft in den Fremdenverkehrsgebieten die Diskussion um die Bereitstellung altenspezifischer Infrastruktur. Generell ist die Frage zu stellen, ob die alten Menschen das überhaupt suchen. Eine neue altenspezifische Infrastruktur könnte wiederum zu einer Kollektivierung führen, der sie durch die Fernwanderungen ausweichen wollten.

Erreichbarkeit und Zugänglichkeit von Infrastruktur wirken auf Wanderungen im Kreis Kassel (Stadt Kassel ausgenommen) für Zonen mit über 200 EW/qkm absorbierend. Gleichzeitig findet dort ein Dispersionsprozeß in der Form statt, daß noch vorhandene Freiflächen bebaut werden. Generell steht als nicht erfaßbare Variable der „Erfolg der gemeindlichen Verwaltung" u. a. entsprechend preisgünstiges Bauland zur Verfügung zu stellen.

Es ist folgerichtig, daß in Zeiten der positiven natürlichen Bevölkerungsbilanz der negative Saldo der Fernwanderungen einen besonders hohen Anteil der gesamten Bevölkerungsbewegung ausmachte. Diese Entwicklung bedeutet, daß die aufgezeigte Tendenz historisch im Landkreis Kassel stabil bleibt, obwohl Einwanderungen wie von Heimatvertriebenen, Religionsflüchtlingen (Hugenotten, Waldenser) und Auswanderungen wechseln. Die stetigen Abwanderungen aus den Zonen mit geringen Siedlungsdichten wird heute nur deshalb so deutlich, weil der hohe negative Wanderungssaldo[6] nicht mehr mit einem noch größeren Überschuß der natürlichen Bevölkerungsentwicklung ausgeglichen wird.

Der Landkreis Kassel und alle Gemeinden in den Zonen mit geringer Siedlungsdichte bemühen sich erfolgreich um den Fremdenverkehr. Während der 4monatigen Saison im Sommer wird von diesen Gemeinden durchschnittlich das Zehnfache der Wohnbevöl-

---

[6] KARL SCHWARZ: Analyse der räumlichen Bevölkerungsbewegung, Abhandlungen der Akademie für Raumforschung und Landesplanung Band 58, Hannover 1969, S. 129—159.

kerung als Übernachtungen gemeldet[7]). Die Feriengäste sind für die Gemeinden zeitweise als positiver Saldo der Fernwanderungen und ggf. als vorübergehend anwesende Wohnbevölkerung zu verstehen. Den Feriengästen steht zunächst die vorhandene Infrastruktur der Gemeinde zur Verfügung. Diese Gemeinden sind jedoch gehalten, ihre öffentliche Infrastruktur, wie z. B. die Abwasserversorgung auf diese Spitzenbelastungen auszulegen. Als spezielle Ausstattung mit öffentlicher Infrastruktur wird für die Feriengäste öffentliche Infrastruktur in der Form von Trailer-, Campingplätzen, Feriendörfern, Wanderwegen, Parkplätzen, Sport- und Kommunikationsanlagen errichtet, betrieben und unterhalten.

Es ist hinzuweisen, daß bau- und kulturgeschichtliche erwähnte Gebäude und Siedlungen ebenfalls öffentliche Infrastruktur im Sinne des Hess. Denkmalschutz-Gesetzes sind. In vielen Orten werden diese Objekte untergenutzt, z. B. 70 qm und mehr Wohnfläche/E, bzw. stehen leer. Mit einer „vorübergehend anwesenden Wohnbevölkerung" zeichnen sich Möglichkeiten ab, wenigstens während der Sommermonate die Häuser entsprechend zu nutzen und damit die Erhaltung der Bausubstanz zu gewährleisten.

Die Auswirkungen der „vorübergehend anwesenden Wohnbevölkerung" tendieren im Landkreis Kassel dazu, sie auch während der Zeit ihrer Abwesenheit anteilmäßig der gemeindlichen Wohnbevölkerung hinzuzurechnen[8]).

Die Auswirkungen von Ausstattung mit Infrastruktur auf Binnenwanderungen zwischen der Stadt Kassel und dem kreisangehörigen Nachbarschaftsbereich werden mit dem erwähnten Zuzugsfragebogen dargestellt.

Die Auswertung der ca. 4100 Fragebogen ergab, daß insgesamt u. a. nach der amtseigenen Fortschreibung 6028 Personen während des Untersuchungszeitraumes wanderten. Der Zahlenunterschied ergibt sich durch Kinder unter 16 Jahren die keine Fragebogen ausfüllten. Die Ergebnisse der Befragung werden zunächst für das Gebiet der Stadt Kassel vorgetragen und dann dem kreisangehörigen Nachbarschaftsbereich der Stadt Kassel gegenübergestellt.

Die Auswertung nach Umzugsgründen ergab für den Bereich der Stadt Kassel, daß mit 40 % die wohnungsorientierten Gründe vor den berufsbezogenen und familiären mit je 20 % und einer 20%igen Restgruppe lagen. Im Bereich der Nachbarschaftsgemeinden der Stadt Kassel verschob sich die Verteilung der wohnungsorientierten Gründe auf 5 %. Die berufsbezogenen Gründe erhöhten sich auf 50 % und die familiären auf 25 %. Auch hier ist eine 20%ige Restgruppe vorhanden. In den Gemeinden Ahnatal und Vellmar werden mit 22 % Gemeinden aus dem Landkreis Kassel als Herkunftsgebiet genannt. Die Rate der Zuziehenden aus der Stadt Kassel liegt bei über 60 %. Die Ausstattung mit öffentlicher Infrastruktur dieser Gemeinden am Naturpark „Habichtswald" war kein Wanderungsmotiv, sondern mit 85 % der Wunsch nach einem Eigenheim.

Die Betrachtung der wohnungsorientierten Wanderungsgründe nach demographischen Merkmalen Alter und Geschlecht ergab für die Stadt Kassel, daß die Gruppe der 21- bis 30jährigen ungefähr mit 38 % unter den Fortzugsfällen und mit ungefähr 37 % unter den Zuzugsfällen leicht gefolgt von den 30- bis 45jährigen mit ungefähr 31 % Fortzug und zu 25 % Zuzug liegen. Für den Nachbarschaftsbereich sind hier vergleichbare Werte

---

[7]) RAUCH: Die flexible Wohnbevölkerung, Statistisches Bundesamt Wiesbaden voraussichtlich 1977 veröffentlicht. Hinweis: Er unternimmt den Versuch, von der juristischen Betrachtung der Bevölkerungsverteilung zu einer tatsächlich anwesenden Bevölkerungsverteilung zu kommen.
[8]) Kreisausschuß-Planungsamt, „Sportstätten-Leitplan des Landkreises Kassel", Abbildung „Ermittlung des Sportstättenbedarfs der Bevölkerung", Kassel 1977.

ermittelt worden. Das Fortzugsgefälle nach dem Geschlecht ist bei der Stadt mit einem 70-%-Anteil der Männer zu 30 % Frauen jedoch für den Nachbarschaftsbereich mit einem fast 40-%-Anteil der Frauen ausgewiesen.

Als ein wesentliches Ergebnis der Befragung zeichnet es sich ab, daß dieser negative Wanderungssaldo der 21- bis 45jährigen zu einem Sachzwang wird. Für diese Gruppen sind nicht ausreichende Arbeitsplätze in Stadt und Kreis Kassel vorhanden. Dieser Sachzwang wird durch das Eintreten der geburtenstarken Jahrgänge in diese Altersgruppen die Abwanderungsrate aus dem Untersuchungsgebiet wesentlich erhöhen.

Die Gegenüberstellung nach Aufgabe des Haupt- und Nebenwohnsitzes ergab, daß in Kassel ungefähr 44 % Wohnungsgründe für die Aufgabe von Hauptwohnsitzen und ungefähr 40 % berufliche Gründe für die Aufgabe von Nebenwohnsitzen ausschlaggebend waren. Für den Nachbarschaftsbereich sind ebenso 40 % berufliche Gründe für die Aufgabe von Nebenwohnsitzen genannt worden. Bei den Hauptwohnsitzen sind jedoch nur 15 % Wohnungsgründe für die Wanderung ausschlaggebend gewesen.

Ein sehr differenziertes Bild ergibt die Beziehung von Hauptfortzugsgründen und höchstem Schulabschluß des Haushaltsvorstandes. In der Stadt Kassel und im Nachbarschaftsbereich haben die Wohnungsgründe bis auf die Abschlußgruppen „Abitur" bzw. „Hochschule" die größte Bedeutung für die Wanderungen. Die beruflichen Gründe stellen mit mehr als 40 % das überwiegende Wanderungsmotiv für diese beiden Abschlußgruppen dar.

Die Dauer der Ansässigkeit, von z. B. mehr als 10 Jahren in der Stadt Kassel wirkt sich bei den Wandernden so aus, daß sie mit 40 % den Nachbarschaftsbereich als Zielgebiet benennen. Von den seit Geburt Ansässigen im Nachbarschaftsbereich wird die Stadt Kassel zu 50 % als Zielgebiet genannt.

Die Zielgebiete bei allen Fortzugsfällen aus der Stadt Kassel, Ausländer eingeschlossen, sind mit ca. 20 % der Nachbarschaftsbereich und weiter mit 20 % die südlichen Gebiete in Bayern und Baden-Württemberg, gefolgt mit 15 % von den Gebieten in Hamburg und Bremen. Bemerkenswert ist, daß die Stadt Kassel im Nachbarschaftsbereich mit etwas mehr als 20 % als Zielgebiet genannt wird[9]). Diese Befragungsergebnisse bestätigen den Trend der Wanderungen nach Herkunft und Zielgebieten (vgl. Abbildung 1).

Grundsätzlich zeigt diese Befragung, daß die amtliche Bevölkerungsprognose erheblich von der tatsächlichen Bevölkerungsentwicklung in den Gemeinden abweicht. In einzelnen Gebieten des Landkreises Kassel sind die kleinräumigen Prognosewerte der Landesplanung für 1985 bereits 1976 erheblich überschritten worden. Erklärungen für die großen Abweichungen der amtlichen Prognose von der tatsächlichen Bevölkerungsentwicklung in den Gemeinden sind u. a., daß die Gründe für Binnenwanderungen nicht gebührend berücksichtigt werden.

3. Ergebnisse

Zusammengerechnet verlieren die Stadt und der Landkreis Kassel Bevölkerung. Z. Z. wird im Landkreis Kassel dieses Defizit durch die „vorübergehend anwesende Wohnbevölkerung" (Ferienzeit-Wohnbevölkerung) und durch die Binnenwanderungen im Nachbarschaftsbereich mit der Stadt Kassel gedeckt.

Früher wurde der negative Wanderungssaldo mit einem noch größerem Überschuß der natürlichen Bevölkerungsentwicklung ausgeglichen. Der negative Fernwanderungssaldo wird durch den hohen Anteil der 21- bis 30jährigen bestimmt.

---

[9]) Die Prozente sind auf Gemeinden bezogen, so daß sich in absoluten Zahlen die Salden der Wanderungen im Nachbarschaftsbereich und der Stadt Kassel nicht ausgleichen.

Die Strukturen der Bevölkerung und die Siedlungsdichte grenzen räumlich die Gründe für Wanderungen ab. Die Binnenwanderungen im Nachbarschaftsbereich zu der Stadt Kassel werden mit über 80 % durch den Wunsch nach einem Eigenheim bestimmt.

Die abgeleiteten Tendenzen belegen in einer sicheren Bandbreite die eingangs gesetzten Hypothesen. Sie bestätigen, daß zwischen den Fernwanderungen und der Ausstattung mit Arbeitsplätzen in der öffentlichen Infrastruktur ein sehr feiner Zusammenhang besteht. Für die Bevölkerungsentwicklung kann dieser Zusammenhang als Steuerungsinstrument benutzt werden.

III. Öffentliche Infrastruktur

In der Problemstellung werden nach HIRSCHMANN die öffentliche Infrastruktur als Einrichtungen für Vorleistungen, die generell von der Bevölkerung verwendet werden können und Einrichtungen, die in der Kontrolle oder im Eigentum der öffentlichen Hand sind, bezeichnet. Diese öffentliche Infrastruktur ist u. a. auch Gegenstand der unterschiedlichsten Formen öffentlicher Förderung.

Im Landkreis Kassel werden z. Z. die verschiedenen Förderungen angewandt, wie z. B. Zonenrand-, GA-, ERP-Förderung, Entwicklungs- und Sanierungsmaßnahmen nach dem StBauFG. Deshalb kann davon ausgegangen werden, daß die Zuwachsraten der öffentlichen Infrastruktur auch mittelfristig positiv verlaufen werden. Die Entwicklung der Ausstattung mit öffentlicher Infrastruktur in der Stadt und dem Landkreis Kassel muß tendenziell Arbeitsplätze für die 21- bis 30jährigen binden. Die Gesamthochschule Kassel ist in diesem Zusammenhang ein guter Beitrag.

Mit der Ausstattung an Infrastruktur wird nicht nur die Schaffung von „Lebensqualität"[10] in den Gemeinden, sondern insbesonders die Herabsetzung der Fernwanderungsraten verfolgt. Deshalb muß nach Meßinstrumenten für den „Erfolg" dieser Maßnahmen gefragt werden. Es bieten sich dafür Indikatoren an, wie z. B. „Summe aller Investitionen und Folgekosten sämtlicher öffentlicher Hände pro Jahr und Gemeinde zu Höhe der Fernwanderungsraten pro Jahr und Gemeinde". Aus diesem Zusammenhang stellen sich Fragen nach den Kosten, um in den Zonen mit geringer Siedlungsdichte die Bevölkerungszahl konstant zu halten bzw. die Größe der Abwanderungsraten zu steuern.

1. Entwicklung der Ausstattung mit Infrastruktur

Entsprechend den Darstellungen in Abschnitt 1. werden die Daten der Ausstattung mit öffentlicher Infrastruktur aufgezeigt. Insbesonders sollen die Verflechtungen einzelner Einrichtungen mit anderen diskutiert werden, um den langfristigen Zusammenhang mit den Fernwanderungsraten herauszustellen.

Rahmendaten über vorhandene, entstandene und abgebaute Ausstattung mit öffentlichen Infrastruktureinrichtungen in Bad Karlshafen und Vellmar sind in Abb. 6 zusammengestellt. Darin fallen die Entwicklungen der nach Bedarf „gewachsenen" Einrichtungen, wie z. B. Kirche, Schule gegenüber den „gesetzten" Einrichtungen, wie z. B. Kaserne, Saline, auf. Bemerkenswert sind die Schwierigkeiten der „gesetzten" Infrastruktureinrichtungen, um langfristig in der Gemeinde erhalten zu bleiben. Um ihre Dienstleistungen dauerhaft bereitzustellen, kommt den Verflechtungen mit den gewachsenen vorhandenen Einrichtungen in der Regel eine entscheidende Bedeutung zu.

---

[10] HEINRICH KLOSE, in: Informationen und Steuerungsinstrumente zur Schaffung einer höheren Lebensqualität in Städten, Göttingen 1976, S. 741—748.

Abbildung 6: Ausstattung mit Infrastruktur

1833 vorhanden	1834—1858 entstanden	1834—1858 abgebaut	1864—1910 entstanden	1864—1910 abgebaut	1925—1950 entstanden	1925—1950 abgebaut	1950—1970 entstanden	1950—1970 abgebaut	1970—1975 entstanden	1970—1975 abgebaut
H = Helmarshausen Kleinzentrum Ruinen von Kloster und Kirchen ca.: Häuser							1969 Hallenbad und Sport-zentrum	1970 51 000 Übernachtungen	1970 Hessen-klinik 1975 62 000 Übernachtungen	
K = Karlshafen **Mittelzentrum** Invalidenhaus 1710 landgräfl. Mühle Pack- und Rathaus Gericht, Gefängnis 1719: Rechte über – 2 freie Jahrmärkte – 1 Wochenmarkt – Wechselrecht für Kaufleute – 25 Jahre Freiheit für Manufakturen Hafenbecken und Stichkanal entlang der Diemel (Plan: Lahn–Weser verbinden) Sole gefaßt 1763 fürstliches Salzwerk errichtet **1766** neues Zollhaus (50 Bedienstete) Thurn und Taxische Postzentrale 1789 staatl. privil. Zigarren-industrie	1848 Friedrich W. Nordbahn nach Kassel. (Bahn leistet jetzt das, was Kanal leisten sollte) 1839 Wasser- und Schiffahrts-amt 1843 regelmäßige Weser-Dampf-schiffahrt bis Bremen 1838 Solequelle für Kur-zwecke	1841 Hochwasser verschlammt Hafen-becken 1835 fürstl. Salz-bergwerke aufgegeben wegen Zoll-vertrag mit Preußen 1836 Ende der staatl. Tuch-industrie	1878 Eisenbahn Northeim–Ottbergen 1864 Forstamt 1869 Solebad-kuren 1890 Anlage von Wander-wegen 1897 Kurhaus 1900 Kurhotel 1910 Eisenbah-ner-Erho-lungsheim 1903 Errichtung von 2 Sali-nen am rech-ten Weser-ufer	1864 sämtliche Privilegien, die durch die Kontinen-talsperre nicht auf-gehoben wurden, annulliert	1929 Verkehrs-amt ein-gerichtet 1934 Kuranzeiger erscheint	1930 Gefängnis 1945 Wasser- und Schiffahrts-amt wird Außenstelle 1945 Salinen ver-nichtet	1968 Gesamt-schule auf Nordbahn-hofsgelände 1955 1965 staatl. An-erkennung als Heilbad 1964 Freibad mit Sole 1964 Prädikat „Soleheil-bad" 1950 90 000 Übernach-tungen 1970 228 000 Übernach-tungen	1968 Friedrich W. Nordbahn bis Trendel-burg 1969 Amtsgericht 1969 Weser-schleuse zum Hafen. Ha-fenbecken wird „hist. Kulisse"	1972 Zwangs-weiser Zu-sammen-schluß mit Karlshafen 1975 Klein-zentrum 1972 Planungen für Kurpark auf Mühlen-gelände und Sanatorium mit 360 Betten 1975 215 000 Übernach-tungen	1972 landgräfl. Zollgebäude Lagerhäuser 1975 Außenstelle Wasser- und Schiffahrts-amt

			1975
ohne zentrale Bedeutung			Vellmar Unterzentrum mit Ausrichtung auf Mittelzentrum auf Verdichtungsgebiet – Gemeinde Vellmar wird Stadtrecht verliehen
F = Frommershausen 1 Gastwirtschaft 1 Kirche mit Pfarrhaus 1 Schulhaus mit Schulmeister	– 81 Vertrag F + NV über gemeinsame Schulbenutzung	– 47 Kirche repariert 2. Kirche in Verbindung mit Gemeindezentrum gebaut	67 F + N Aussiedlung freiwilliglandw. als Gemeinde zusammengeschlossen 57–59 Adventistenkirche 64 Jugenddorf
N = Niedervellmar 3 Gastwirtschaften 1 Kirche mit Pfarrhaus 1 Schulhaus mit Schulmeister 1 Mühle	– 86 F = Kirche modernisiert 89 N = neue Schule	25 N neue alte Schule	52 Gemeindezentrum Vellmar mit Kirchsaal 65 Diabetiker-Klinik 53 Gemeindehaus Kindergarten 70 O schließt sich freiwillig der Gemeinde V an – Kleinfeldstation 73 Hallenbad 74/75 Vellmar-West evang. Gemeindezentrum
O = Obervellmar 2 Gastwirtschaften 1 Kirche 3 Mühlen	– Pfarrhaus fertig Kirche renoviert	27 O Freibad und Umkleidekabinen 27 O Hochbehälter und Brauchwasserleitung	Aussiedlung landw. Betriebe
Ahnaberger Kloster säkularisiert, Zehntscheune verfällt	– 54 Eisenbahn Richtung Immenhausen fertig	– 76 neuer Friedhof gekauft Friedhof wird „Park"	75 Herkules-Supermarkt als übergemeindliches Einkaufszentrum – Gesamtschule – Altenwohnheim – 5 Kindertagesstätten/ Jugendzentrum – Kulturhalle Niedervellmar
1784 landgräfliche Anordnung für ausgewiesene Obstbaumpflanzgebiete und Kartoffelanbaugebiete		Obstplantage Baugebiete	– Bürgerhaus Obervellmar – 4 Tennisplätze – 2 Volkshochschulen – 4 Bundesstraßen als 4spurige Stadtautobahn gebaut – 4 Forstämter – Bau Zentralfeuerwache – Bau Polizei-Großrevier 18 Kinderspielplätze 4 Jugendspielplätze
	– 98 mech. 2 Wassermühlen königl.-preußischer ehemaliger Militärfiskus bricht die als Kaserne benutzte sog. Zehntscheune ab		

Zur Darstellung der Verflechtung einer öffentlichen Infrastruktureinrichtung mit anderen wird die ehemalige Kreisverwaltung in Hofgeismar benutzt. Abgesicherte Daten sind vorhanden. Die Einrichtung „Kreisverwaltung" kann stellvertretend für Forstämter, Zolldienststellen, ja für alle von Bund, Ländern und Kommunen getragenen Einrichtungen der öffentlichen Infrastruktur auf der sogenannten „unteren Ebene" stehen.

In der Kreisverwaltung Hofgeismar waren bis zu ihrer Auflösung ca. 200 Bedienstete beschäftigt. Wie MÜLLER[11]) in seiner Untersuchung über die wirtschaftliche Entwicklung der Stadt Hofgeismar feststellt, waren die Besuche bei der Kreisverwaltung bis zu 80 % mit einer Einkaufsfahrt verbunden worden. Nach seinen Ermittlungen bedeutet der Weggang der Kreisverwaltung für diese Stadt mit z. Z. 13 000 Einwohnern einen Kaufkraftverlust von mehr als 16 %. D. h., daß die Verflechtung einer Einrichtung mit anderen ein Vielfaches von den in der Einrichtung vorgehaltenen Arbeitsplätzen und Kommunikationsmöglichkeiten ausmacht.

In Hofgeismar waren seit 1833 zahlreiche, die Kreisverwaltung ergänzende öffentliche Einrichtungen wie z. B. Katasteramt, Landwirtschaftsamt, Amtsgericht angesiedelt worden. Die sogenannte „Funktionalreform" stellt heute den Fortbestand dieser Einrichtungen mit der bisher bekannten Verflechtung in Frage.

2. Ableitung der Tendenzen

Typische Möglichkeiten der Entwicklung und Verflechtung von gewachsenen und gesetzten Einrichtungen der Infrastruktur wurden vorstehend und in der Abbildung „Ausstattung mit Infrastruktur" aufgezeigt.

In Bad Karlshafen haben die Vielzahl der bis 1900 gesetzten Einrichtungen öffentlicher Infrastruktur den Trend in den Bevölkerungszahlen nicht verändert. Heute wiederholt sich vielerorts kurzfristig diese Entwicklung in folgender Form. Große öffentliche Förderungsmittel werden für neue gesetzte Einrichtungen vergeben, jedoch gehen häufig die Einrichtungen vor einer meßbaren Einflußnahme auf die Bevölkerungszahlen in Konkurs.

Bad Karlshafen konnte trotz der für Nordhessen gewaltigen öffentlichen Förderungen zur Austattung mit Infrastruktur im Lauf der vergangenen 150 Jahre seine Bevölkerungszahlen nicht verdoppeln, während die Stadt Vellmar sich verfünfzehnfachte (vgl. Abb. 5)[12]). Die Fragen nach den Kosten dieses Wachstums werden nicht beantwortet, sondern auf die Tatsache des Zuwachses hingewiesen. In Vellmar ist der große Bevölkerungszuwachs überwiegend auf Binnenwanderung zurückzuführen. Die neue gesetzten Einrichtungen der Infrastruktur werden in Vellmar sorgfältig und mit Glück ausgewählt, wie z. B. ein hervorragendes Hallenbad, das kostendeckend betrieben wird. Bemerkenswert ist in diesem Zusammenhang, daß die Ausstattung mit Infrastruktur nicht der Bevölkerungsentwicklung vorauseilte.

Die Erfahrungen im Kreis Kassel zeigen, daß die gesetzten Einrichtungen lange brauchen, um mit anderen verflochten zu werden. Zum Beispiel, die Mehrzahl der Gemeinde-

---

[11]) WOLFGANG-HANS MÜLLER: Untersuchung zur Wirtschaftsentwicklung im Raum Hofgeismar/Hessen; Ergebnisbericht. Düsseldorf 1972.

[12]) Der Ansatz für Ausstattung mit Infrastruktur im Haushalt von Gemeinden mit steigender Einwohnerzahl entspricht nicht den jährlichen Zuwachsraten, weil insbesondere die Unterhaltungskosten für die geschaffene Infrastruktur zu Buche schlagen und damit die Bereitstellung neuer Einrichtungen begrenzen.

bewohner unterstützen noch nicht aktiv die Bemühungen um den Fremdenverkehr. Bei einer Vielzahl neu gesetzten Einrichtungen können in der Regel die leitenden Stellen nicht mit Personen aus der Wohnbevölkerung besetzt werden, weil die berufliche Qualifizierung fehlt. Einen Grund für die langsame Verflechtung neuer Einrichtungen könnte ein Ergebnis aus der Befragung andeuten. Im Image von mehr als 50 % der mehr als 10 Jahre ansässigen Wohnbevölkerung nimmt ihre Gemeinde eine unrealistische überhöhte zentralörtliche Bedeutung ein.

Die Betrachtung der Bevölkerungszahlen und Ausstattung mit Infrastruktur über 150 Jahre zeigt für die Gemeinden des Landkreises Kassel u. a. folgenden Zusammenhang auf. Trotz der Zunahme von Bevölkerung und Bedeutung der Ausstattung mit Infrastruktur nimmt die Häufigkeit der zentralen Orte um rund ein Drittel ab und die Entfernung zwischen ihnen zu. Diese einschneidende Entwicklung für die Bevölkerung und Ausnutzung der Infrastruktur verläuft wie die Zunahme der Motorisierung. Es zeigt sich, daß der zeitliche Schwellenwert für die Erreichbarkeit der zentralen Orte mit einer Stunde konstant blieb, jedoch die Erreichbarkeit wurde mindestens verzehnfacht.

Unter der Tendenz eines immer größer werdenden Abstandes zwischen den zentralen Orten zeichnet es sich für den Landkreis Kassel ab, daß sich die Abwanderungen von der historischen Flächenwanderung zu einer Punktwanderung aus den langsam gewachsenen Städten verändert haben. Diese Veränderungen der Wanderungen bedeuten für die Klein- und Mittelstädte einschneidende Konsequenzen im Bereich der kurz- und mittelfristigen Planungen. Die Anliegergemeinden der Stadt Kassel können mit ihren stark positiven Binnenwanderungssalden auch mittelfristig den negativen Fernwanderungssaldo mindestens neutralisieren. Die Bevölkerungszahlen werden hier durch die Angebote der Infrastruktur im Bereich der Lebensqualität zu steuern sein.

3. Ergebnisse

Die einzelnen Orte verzeichnen erhebliche Zuwachsraten mit Einrichtungen der öffentlichen Infrastruktur. Trotz dieser Entwicklung nimmt die zentralörtliche Bedeutung der Gemeinden insgesamt ab. Dabei verlagert sich der Schwerpunkt der Abwanderung aus der Fläche auf die Orte mit zentralörtlicher Bedeutung.

Die Konzentration von Einrichtungen der öffentlichen Infrastruktur zur Hebung der „Lebensqualität" könnte für die Orte die tendenzielle Erhöhung der Fernwanderungsraten nicht verändern. Diese Entwicklung gilt auch für die Anliegergenmeinden im Nachbarschaftsbereich mit der Stadt Kassel.

Es zeigte sich, daß der Ausbau von gewachsenen Einrichtungen der Infrastruktur in Verbindung mit ergänzenden gesetzten Einrichtungen sich stabilisierend auf den Trend der Bevölkerungsentwicklung auswirken. Überwiegen jedoch die Einrichtungen der gesetzten Infrastruktur, so wird eine kontinuierliche Entwicklung für den Ort insgesamt erschwert. Löst man umgekehrt aus dem Ort eine verflochtene Einrichtung zufällig heraus, so wird ein Vielfaches der in der Einrichtung vorgehaltenen Möglichkeiten für den gesamten Ort aufgelöst.

Die Verbindung der Ausstattung mit Einrichtungen der öffentlichen Infrastruktur und der Bevölkerungszahlen belegen die eingangs gesetzten Hypothesen.

IV. Folgerungen

Die Einrichtungen der öffentlichen Infrastruktur steuern nicht nur mit ihren vorgehaltenen Arbeitsplätzen und angebotenen Dienstleistungen, sondern auch insbesondere mit ihren Verflechtungen untereinander die Entwicklungen bei Binnen- und Fernwanderungen. Die Steuerungsmöglichkeiten hängen jedoch von den Strukturen der Bevölkerung ab. Die im Landkreis Kassel gemachten Erfahrungen über die Auswirkungen der Infrastruktur auf die Entwicklung der Bevölkerungszahlen lassen sich auf vergleichbar strukturierte Gebiete, wie z. B. Braunschweig[13]), übertragen.

Die Betrachtungen der ausgewählten Orte im Landkreis Kassel zeigen über 150 Jahre, daß Ergänzungen der gewachsenen Einrichtungen der Infrastruktur stabilisierend den Trend der Bevölkerungszahlen beeinflussen. Dies gilt insbesonders auch für die Zeit der Abwesenheit der „vorübergehend anwesenden Wohnbevölkerung" (Ferienzeitwohnbevölkerung).

Es ist verständlich, daß aus der kommunalen Praxis nach einem quantitativen Prognosemodell für die Entwicklung der Bevölkerungszahlen auf Gemeindeebene verlangt wird. Deshalb ist es u. a. auch notwendig, daß die amtliche Statistik wieder ortsteilbezogene Daten für die Wohnbevölkerung vorhält.

In den Gemeinden wirken sich die großen Entfernungen zwischen den Ortsteilen nachteilig auf die Ausstattung mit öffentlicher Infrastruktur aus. Diese Auswirkungen mindern bzw. setzen funktionell die zentralörtliche Bedeutung der Gemeinden herab. Diese Minderung der zentralörtlichen Bedeutung gilt auch für die Anliegergemeinden im Nachbarschaftsbereich mit der Stadt Kassel.

Das Problem von dem zur „Abwanderung gedrängten 21- bis 30jährigen-Anteil der Bevölkerung" ist hier angesprochen. Die landesplanerischen Ziele von Chancengleichheit für die Bevölkerung auf Bundesebene und konstante Bevölkerungszahlen auf dem Lande sind im Landkreis Kassel schwer sicherzustellen. Bis 1985 sind nach diesen Zielen 30 000 neue Arbeitsplätze in Stadt und Kreis Kassel programmiert. Diese Zielsetzungen sind unter den heutigen Bedingungen nicht realisierbar. Es ist selbstverständlich, daß Arbeitsplätze in dieser Größenordnung auch nicht annähernd mit der Ausstattung öffentlicher Infrastruktur gelöst werden können, sondern es sind neue Richtwerte für die Organisation der vorhandenen Arbeitsplätze zu setzen, wie z. B. kürzere Arbeitszeiten, Herabsetzung des Rentenalters, um möglichst viele Personen an einen Arbeitsplatz zu binden. Die Einstellung zum Problem der Abwanderung muß überdacht werden. Öffentliche Förderungsmittel für die Ausstattung mit öffentlicher Infrastruktur sollten nicht um den Preis des Konstanthaltens der Bevölkerung Arbeitsplätze schaffen, sondern solche Einrichtungen ergänzen, die bisher erfolgreich Bevölkerungszahlen beeinflußten.

Binnenwanderungen werden über die Ausstattung mit Infrastruktur in solche Orte des Verdichtungsgebietes gesteuert, wo mehr als nur preisgünstiges Bauland angeboten wird.

Nach den dargestellten Bedingungen wirkt die Ausstattung mit öffentlicher Infrastruktur als ein Steuerungsinstrument für die Bevölkerungsentwicklung im Rahmen der eingangs gesetzten Hypothesen.

---

[13]) Verband Großraum Hannover: Das regionale Raumordnungsprogramm und Entwurf, Braunschweig 1974.

ZUZUGSBEFRAGUNG KASSEL 1975/76

Mit weichem Bleistift beide Punkte verbinden!

115385

① Fortzug
  Zuzug
  Umzug
② Wohnsitz Begründung des Hauptwohns.
  Begründung des Nebenwohns.
  Aufgabe einer Nebenwohn. anderswo
③ Geschlecht des HV männlich
  weiblich
④ Familienstand des HV ledig
  verheiratet
  verwitwet
  geschieden
⑤ Soziale Stellung des HV erwerbstätig
  Schüler/Student
  Rentner/Pensionär
  Sonstige
⑥ Geburtsjahrgang des HV 1958 und 1959
  1955 - 1957
  1946 - 1954
  1931 - 1945
  1911 - 1930
  1901 - 1910
  1900 und älter
⑦ Staatsangehörigkeit des HV deutsch
  Türkei
  Spanien
  Jugoslawien
  Italien
  Griechenland
  Sonstige
⑧ Anzahl der Kinder des HV unter 15 Jahre keine
  1
  2
  3
  4
  5 und mehr
⑨ Dauer der Ansässigkeit am bisherigen Wohnort unter 1 Jahr
  1 bis unter 2 Jahre
  2 bis unter 3 Jahre
  3 bis unter 4 Jahre
  4 bis unter 5 Jahre
  5 bis unter 10 Jahre
  10 Jahre und länger
⑩ Anzahl der Zuziehenden insges. 1
  2
  3
  4
  5
  6
  7
  mehr als 7
⑪ Anzahl der zuziehenden Erwerbstätigen (einschl. Berufsausbildung) 1
  2
  3
  4
⑫ Beibehaltung Arbeitsplatz/Ausbildung am bisherigen Wohnort : ja
  nein
⑬ Höchster Schulabschluß des HV Volksschule
  Berufsschule

noch
⑬ Mittlere Reife
  Abitur
  Berufsfach/Fachschule
  Ingenieurschule
  Hochschule (auch Lehrerausb.)
⑭ Berufszweig des HV (Wirtschaftsabt.) Land- und Forstwirtschaft, Energie (WA 0/1)
  Stahl-, Masch.-Fahrzeugbau (WUA 24)
  übriges verarbeitendes Gewerbe (Rest WA 2)
  Baugewerbe (WA 3)
  Handel (WA 4)
  Verkehr u. Nachr., Kredit-Vers.-Gewerbe (WA 5/6)
  übrige Dienstleist. (WA 7)
  Gebietskörpersch., Organisationen (WA 8/9)
⑮ Bei Erwerbstätigkeit des HV Stellung im Beruf selbständig
  Angest. od. Beamter gehob. Pos.
  Meister u. ä.
  sonst. Angest. o. Beamter
  Facharbeiter
  an- oder ungelernter Arbeiter
⑯ Hauptgrund Arbeit/Beruf
  Bildung/Ausbildung
  Wohnung
  Familiäre Situation
  Sonstiges
⑰ Zieht HV gern nach Kassel ja
  nein
  weiß nicht

LANDKREIS KASSEL

⑱ Allgemeine Veränderungen bessere Umwelt
  bessere Kontakte
  Familienleben
  Bessere Einkaufsmöglichkeiten
  Besseres Bildungsangebot
  Besseres Freizeit- u. Erholungsangebot
  Größeres Angebot an kulturellen Einrichtungen
  Sonstige allgem. Veränderungen
⑲ Wohnveränderungen Bessere Wohnlage
  Größere Wohnung
  Mehr Wohnkomfort
  Günstigere Miete
  Eigenes Haus/Eigentumswhg.
  Wohnung i.d.N.v. Bekannten/Verw.
  Angenehmer Altersruhesitz
  Sonstige Wohnveränderungen
⑳ Berufliche Veränderungen Sicherheit des Arbeitsplatzes
  bess. Verdienst-/Aufstiegsmögl.
  Kürzerer Weg z. Arbeit/Ausb.
  Berufswechsel
  Versetzung
  Betriebsverlegung
  Betriebsneugründung/Erweiterung
  Sonstige berufl. Veränderungen
㉑ Herkunftsgebiet Gemeinden Zweckverb. Kassel
  Gemeinden Obergericht (Krs HMÜ)
  Gemeinden LK Kassel
  Gemeinden Region Kassel
  übrige nördliche Gebiete
  übrige südliche Gebiete
  übrige westliche Gebiete
  Ausland

㉒ Herkunftsgebiet LANDKREIS KASSEL ㉓ Wohnung in Kassel Stadtbez. Str. schl. Hausnr.

Richtige Schreibweise
0123456789

X X

Eine Dienstleistung des Kommunalen Gebietsrechenzentrums Kassel Entwurf - Druck Drescher-Paragon

Bevölkerungsprognosen
im Rahmen langfristiger städtischer Entwicklungs-Rahmen-Planung

von

Gerd Markus, Bremen

I. Die Aufgabe von gesamtstädtischen Prognosen und die besondere Bedeutung der Bevölkerungsprognose

1. Kommunal- und Landesaufgaben als planungsbedürftige Tätigkeit

Aus der Sicht des betroffenen Bürgers ebenso wie aus der Sicht der Exekutive stellt sich kommunales und staatliches Handeln als eine Vielzahl von Einzelmaßnahmen dar. Diese sind zu einem hohen Anteil leistungsorientiert, dienen also der Versorgung des Bürgers. Z. B. machten 1974 die unmittelbar als Leistungen an den Bürger zu wertenden Ausgaben[1] der Stadt[2] Bremen etwa 70 v. H. der der Bevölkerung insgesamt zugute kommenden Ausgaben[3] aus. Lediglich knappe 10 v. H. der Ausgaben waren der Förderung des Wirtschaftsgeschehens zuzuordnen und 20 v. H. der öffentlichen Sicherheit und dem Rechtsschutz.

Die Planungsbedürftigkeit dieser vielgestaltigen Versorgungstätigkeit einer Stadt und der öffentlichen Förderung ihres wirtschaftlichen Geschehens ergibt sich daraus, daß es sich bei all diesen Aufgaben um zielorientierte, im einzelnen alternativ durchzuführende Maßnahmen handelt, die vielfältigen Handlungsbeschränkungen unterliegen und deren Wirkung zum großen Teil zukunftsorientiert[4], also prognosebedürftig ist.

---

[1] In erster Annäherung für diese Ausgaben wurde hier die Summe der Ausgaben der Funktionen 1—4, Bildung und Wissenschaft, Soziale Sicherheit, Gesundheit, Wohnungswesen und Gemeinschaftsdienstes, verwendet. Bei diesen Ausgaben bzw. den durch sie repräsentierten Aktivitäten kann man davon ausgehen, daß sie von der Größe der jeweiligen Bevölkerungsgruppe abhängen, auch wenn diese z. T. im Umland der Stadt wohnt. Datenquelle: Haushaltspläne des Landes und der Stadtgemeinde Bremen 1974, Bremen 1974.

[2] Landes- und Stadthaushalt; Landesausgaben wurden dabei entsprechend der Relation der Bevölkerung der Stadtgemeinde Bremen zu der des Landes mit 0,8 gewichtet.

[3] Ausgaben der Funktionen 0—7, die über die in Anmerkung 1 genannten die Ausgaben für Allgemeine Dienste (0), Ernährung, Landwirtschaft und Forsten (5), Gewerbe, Energie (6), Verkehr (7) enthalten. Diese Ausgaben können im Gegensatz zu denen der Funktionen (8) (Vermögen) und 9 (Allgemeine Finanzwirtschaftskraft) als direkt der Bevölkerung zugute kommend betrachtet werden.

[4] Vgl. G. Gäfgen: Theorie der wirtschaftlichen Entscheidung, 2. Auflage, Tübingen 1968, S. 100 ff. — G. M. Heal: The Theory of Economic Planning, Amsterdam, London, New York, 1973 pp. 3—6.

2. Die Bevölkerung als Orientierungspunkt der Ziel- und Rückwirkungen der öffentlichen Maßnahmen

Es ist also davon auszugehen, daß ein wesentlicher Teil städtischer, hier: Kommunal- und Landesaufgaben, auf die Bevölkerung bzw. spezifische Gruppen der Bevölkerung ausgerichtet ist. Planerisch bedeutet dies, daß zur angemessenen Dimensionierung städtischer Versorgungsmaßnahmen u. a. Prognosen zukünftiger Bevölkerungsentwicklung, und zwar möglichst differenziert, z. B. nach Alter und Geschlecht oder sozialen Gruppen, vorliegen müssen. Zum anderen ist zu vermuten, daß diese Maßnahmen die Bevölkerungsentwicklung selbst nicht unerheblich beeinflussen. Dies wird zwar nicht bezüglich jeder Einzelmaßnahme, die im Interesse der Öffentlichkeit steht, sichtbar werden oder auch leicht nachweisbar sein, ist jedoch bei Bündeln von Maßnahmen derselben Zielrichtung, also Programmen, nicht zu bestreiten. Wohnungsbauförderungs- oder Gewerbeansiedlungsprogramme sind naheliegende Beispiele.

Bei derartigen Prognosen der städtischen Bevölkerungsentwicklung und der wesentlichen sie verursachenden Größen sind insbesondere die politischen Einflußmöglichkeiten herauszuarbeiten, um Handlungsräume für Stadtentwicklungspolitik sichtbar zu machen für den Fall, daß sich unter status-quo-Bedingungen global abzeichnende Entwicklungen, die politisch als unerwünscht gelten, abzeichnen. Anders ausgedrückt: Es stellt sich die Aufgabe, die Bevölkerung und ihre wesentlichen stadtwirksamen Aktivitäten, also Stadtentwicklung, der politischen Zielorientierung und Einwirkung, und damit der Planung, zugänglich zu machen.

3. Rahmenplanung als Orientierung der Einzelaktivitäten der öffentlichen Hand

Gegenwärtig ist es nicht möglich, die Zusammenhänge zwischen der Entwicklung der Bevölkerung, verschiedener ihrer Aktivitäten und der staatlichen bzw. kommunalen Tätigkeit sehr weit desaggregiert darzustellen. Daher kann es zunächst lediglich darum gehen, die obengenannte Aufgabe im Sinne einer Rahmenplanung zu lösen, die grob und nur auf wenige Größen beschränkt den städtischen Entwicklungsprozeß wiedergibt. Für diese Größe kommen vor allem die Bevölkerung, ihre ökonomische Aktivität, ihr Einkommen und der Staatsanteil am Bruttoinlandsprodukt in Frage:

— erstens die Bevölkerung, weil ihre Bedürfnisbefriedigung Ziel der Tätigkeit der öffentlichen Hand ist,

— zweitens ihre ökonomische Aktivität, dargestellt an der Arbeitsmarktsituation als wesentliche Zielgröße städtischen Handelns und an der Entwicklung des Bruttoinlandsproduktes,

— drittens das Einkommen der Bevölkerung, von dem ihre materielle private Versorgung abhängt

— und schließlich viertens der Staatsanteil am Bruttoinlandsprodukt als Maß für die städtische Versorgungsaktivität und zugleich im Sinne des Finanzrahmens dieser Tätigkeit.

Im folgenden wird versucht, die Bedeutung der Bevölkerungsprognose derartiger handlungs- und zielorientierter Rahmenplanung zu verdeutlichen und einige Folgen, die sich aus den Problemen städtischer Bevölkerungsprognosen für die Rahmenplanung ergeben, aufzuzeigen. Da der im folgenden vorgelegte Prognoseansatz u. a. auf Einflußmöglichkeiten der lokalen Gebietskörperschaften auf die Bevölkerungsentwicklung abstellt, wird abschließend auch auf die Zielorientierung derartiger Handlungsmöglichkeiten einzugehen sein.

Zunächst ist im zweiten Abschnitt auf das Instrumentarium zur Lösung der gestellten Aufgabe einzugehen. Daraus werden u. a. technische und Daten-Anforderungen an die Bevölkerungsprognose als wesentlicher Bestandteil vom Rahmenplanungen deutlich. Umgekehrt lassen sich Konsequenzen aus Problemen der Bevölkerungsprognose als Bestandteil einer Rahmenprojektion ableiten. Deren Kernprobleme und verwendete Lösungsansätze werden im dritten Abschnitt dargestellt. Außerdem wird auf empirische Ergebnisse von Wanderungsuntersuchungen eingegangen. Schließlich sind offene Prognoseprobleme der Bevölkerungsentwicklung zu zeigen sowie im vierten Abschnitt aus ihnen folgende Risiken für die Rahmenplanung.

II. Das Instrumentarium der langfristigen städtischen Entwicklungsrahmenplanung

1. Das verfügbare Instrumentarium

Auf die gegenwärtige Lage der städtischen Entwicklungsplanung haben SCHÄFERS und — an ihn anschließend — BOUSTEDT vor einiger Zeit hingewiesen[5]). Doch lassen sie bei aller Kritik keinen Zweifel an der Notwendigkeit planerischer Rahmenvorstellungen[6]). Es erhebt sich dann folglich die Frage nach dem „Wie". Rein technisch könnte diese Frage z. B. mit dem Hinweis auf Zeitreihenanalysen beantwortet werden, wäre nicht klar, daß dieses Instrumentarium ein inhaltliches Erfassen von Zusammenhängen zwischen einzelnen Faktoren der städtischen Entwicklung gerade nicht leistet, sondern nur direkte, isolierte Schätzungen einzelner Größen ermöglicht. Um der Forderung, inhaltliche Zusammenhänge zwischen z. B. den o. g. Größen der Rahmenplanung zu prognostizieren, gerecht zu werden, liegt es daher nahe, nicht nur auf Regressionsanalysen zurückzugreifen, sondern auch einen weiteren Schritt, nämlich den zur Verwendung von Modellen, zu tun, die das Zusammenwirken von Teilprozessen der städtischen Entwicklung wiedergeben. Im Mittelpunkt eines derartigen Geflechts von Zusammenhängen hätte die Entwicklung der Bevölkerung als zentraler Bezugspunkt staatlichen und kommunalen Handelns zu stehen. Bezüglich der Lösung dieser Aufgabe stehen zwei verschiedene Modellstrukturen zur Verfügung: Zum einen kann man zurückgreifen auf Land-Nutzungsmodelle[7]), zum anderen auf regionalwirtschaftliche Modelle[8]).

Die erstgenannten gehen davon aus, daß sich städtische Entwicklungsprozesse — und besonders ihre gegenseitige Bedingtheit — in der Nutzung der städtischen Grundstücke niederschlagen. Bildet man also diesen Marktprozeß und seine Bestimmungsgründe mehr oder minder genau ab, z. B. die durch die Funktionen Wohnen und Arbeiten bedingte

---

[5]) BERNHARD SCHÄFERS: Soziologie als mißdeutete Planungswissenschaft. In: Archiv für Kommunalwissenschaft, Jg. 9, 1970, S. 240 ff., und OLAF BOUSTEDT: Planung ohne Plan? ebd., Jg. 11, 1972, S. 29 ff.

[6]) SCHÄFERS, a. a. O., S. 251; BOUSTEDT, a. a. O., S. 40.

[7]) Cf. IRA S. LOWRY: Seven Models of Urban Development: A Structural Comparison. In: Matthew Edel and Jerome Rothenberg, Readings in Urban Economics, pp. 151 ff., New York, London 1972, und GEROLD S. GOLDSTEIN/LEON N. MOSES: A Survey of Urban Economics, Journal of Economic Literature, Vol. XI, 1973, pp 471—515.

[8]) OWEN P. HALL and JOSEPH A. LICARI: Building Small Econometric Models: Extension of Glickman's Structure to Los Angeles. Journal of Regional Science, Vol. 14, Dec. 1974, pp. 337 ff. Da die von LOWRY und von HALL/LICARI dargestellten Ansätze zur Bewältigung der hier gestellten Problematik simulationsfähige Modelle sind und das im folgende entworfene Schema zur Stadtentwicklung ebenfalls, behandelt der vorliegende Aufsatz zugleich das Thema der Realisierbarkeit von simulationsfähigen Modellen zur städtischen Bevölkerungsentwicklung unter gegenwärtigen Datenbeschränkungen.

Grundstücksnachfrage, so erhält man die Möglichkeit, über die Beschreibung städtischer Prozesse hinaus diese auch zu prognostizieren.

Abgesehen vom Stand der Forschung[9]) und den bedeutenden Schwierigkeiten, Entwicklungszusammenhänge derart detailliert zu fassen und für Prognosen verwendbar zu machen, setzt dieser Ansatz Rahmenprognosen der Bevölkerung und des wirtschaftlichen Geschehens voraus[10]). Andererseits gibt er wertvolle Einsichten in das Problem z. B. der zunehmenden Trennung von Wohnen und Arbeiten, also den Prozeß der Suburbanisation.

Regionalwirtschaftliche Modelle[11]) konzentrieren sich vornehmlich auf den Produktionsfaktoreinsatz innerhalb einer Region, die mit ihm verbundene wirtschaftliche Leistung, das daraus wiederum resultierende Einkommen der Bevölkerung und möglicherweise auch auf den regionalen Staatsanteil. Sie setzen zum Teil ebenfalls die Schätzungen der Bevölkerungsentwicklung voraus[12])[13]). Das für städtische Regionen seit längerer Zeit zentrale Problem der Suburbanisation läßt sich u. E. mit Hilfe der regionalwirtschaftlichen Modelle nicht fassen, obgleich sie mit der Prognose des Arbeitsmarktes und der wirtschaftlichen Entwicklung zentrale städtische Probleme abdecken.

2. Das Grobschema eines realisierbaren Prognosemodells städtischer Entwicklungs-Rahmenplanung

Aus dieser Situation heraus erscheint es zweckmäßig, ein Grobschema für die Prognose der städtischen Entwicklungsplanung zu entwerfen, das folgenden Kriterien genügt, nämlich

1. eine hinreichend differenzierte Bevölkerungsprognose enthält, um den Anforderungen der Infrastrukturplanung zu genügen;

2. das gegenwärtig wesentlichste städtische Entwicklungsproblem, das der Suburbanisation, erfaßt;

3. die städtische Entwicklung aus ihrer relativen Situation zu ihren Verflechtungsräumen erklärt;

4. stadtentwicklungspolitische Ziel- und Rahmenvariable zu prognostizieren in der Lage ist, nämlich die Beschäftigungssiutation, die Einkommensentwicklung und den für die Stadt verfügbaren Anteil am Bruttoinlandsprodukt;

5. Ansatzpunkte der politischen Einflußmöglichkeit auf die gesamte städtische Entwicklung aufzeigt[14]).

---

[9]) Cf. Gregory K. Ingram et al.: The Detroit Prototype of the NBER Urban Simulation Model, New York 1972, pp. 73 f., und James H. Brown et al.: Empirical Models of Urban Land Use, New York 1972.

[10]) H. J. Brown et al.: Empirical Models of Urban Land Use, New York 1972.

[11]) Vgl. dazu auch Hans Heuer: Sozioökonomische Bestimmungsfaktoren der Stadtentwicklung, Stuttgart 1975, S. 60 ff.

[12]) Owen P. Hall, Joseph A. Licari, a. a. O., pp. 338 f.

[13]) Vgl. z. B. Arbeitsschema für die Untersuchung der wirtschaftlichen und demographischen Entwicklung in Teilräumen, z. B. in PROGNOS AG, Entwicklungstendenzen im Bremer-Unterweser-Raum, Teil I, Basel 1973.

[14]) Vgl. Robert F. Engle: Issues in the Specification of an Econometric Model of Metropolitan Growth, Journal of Urban Economics, Vol. I, No. 2, pp. 250 ff.

Das folgende Modell orientiert sich an diesen Kriterien:

*Prognosemodell
für städtische Entwicklungsrahmenplanung*

○ Zielgrößen   ⊂ Ansätze zur politischen Einflußmöglichkeit

Ausgehend von der Schätzung des generativen Verhaltens und der Sterblichkeit wird die natürliche Entwicklung der Bevölkerung nach Alter und Geschlecht sowie nach Deutschen und Ausländern bestimmt. (Diese Schätzung kann auch für Teile eines Stadtgebietes vorgenommen werden, sofern das statistische Material das zuläßt, so daß sich ein Ansatzpunkt für ortsteildifferenzierte Prognoseansätze bietet. Sie können Grundlage von Modellen des Land-Nutzungs-Typs sein.) Die Wanderungen, das zweite Element der Bevölkerungsprognose, werden zunächst gruppiert nach denjenigen, die als Fernwanderungen im wesentlichen arbeitsmarktabhängig sind, denjenigen, die als Umlandwanderung den Prozeß der Suburbanisation bestimmen, und einem Rest, der weder dem einen noch dem anderen Ursachenkomplex unterliegt.

Mit dieser zunächst funktionalen Trennung wird gleichzeitig eine räumliche Trennung vorgenommen, nämlich in mindestens 3 Gebietseinheiten: die Stadt selbst, ihr Umland[15]), die übrige Welt. Dabei empfiehlt sich erfahrungsgemäß, „die übrige Welt" wiederum zu trennen in das übrige Bundesgebiet und das Ausland.

Die dargelegte Modellstruktur enthält also 4 Gebietseinheiten und zwei Bevölkerungsgruppen: Deutsche und Nicht-Deutsche.

Geht man davon aus, daß die Umlandwanderungen im wesentlichen wohnungsbestimmt sind[16]), so ist nach Möglichkeiten zu suchen, die relative Bauentwicklung der Stadt und des Umlandes zu prognostizieren. Auf Möglichkeiten zur Lösung dieses Prognoseproblems wird unten eingegangen. Bei den der Wohnungssituation unterliegenden Wanderungen ergibt sich die erste naheliegende Einflußmöglichkeit städtischer Politik auf die Bevölkerungsbewegung.

Der Hauptteil der arbeitsmarktabhängigen Wanderungen setzt sich erfahrungsgemäß aus den Wanderungen der Deutschen zwischen der jeweiligen Stadt und dem übrigen Bundesgebiet und den Wanderungen der Ausländer zwischen der jeweiligen Stadt einerseits und dem Ausland sowie dem übrigen Bundesgebiet andererseits zusammen. In beiden Fällen ist von Umlandwanderungen abzusehen. Die Schätzung dieser Fernwanderung ist in Abhängigkeit von der Prognose der relativen Arbeitsmarktentwicklung der Stadt zum Bundesgebiet oder zum Ausland durchzuführen. Dazu bedarf es einer vorläufigen Schätzung der städtischen Arbeitsmarktsituation und der der wesentlichen Bezugsregionen. Von letzteren kann angenommen werden, daß sie verfügbar sind.

Auf der Basis der Schätzung der natürlichen Bevölkerungsentwicklung läßt sich — mit Hilfe von alters- und geschlechtsspezifischen Erwerbsquoten — das Erwerbspersonenpotential, also das Arbeitskräfteangebot, schätzen. Hier ist eine weitere Differenzierung zweckmäßig, nämlich die zusätzliche Schätzung der Familienstandstrukturen der Frauen nach Alter, da das Erwerbsverhalten der Frauen erheblich von ihrem Familienstand abhängt.

Zum städtischen Erwerbspersonenpotential kommen im allgemeinen noch die Pendler, genau: der Saldo aus Ein- und Auspendlern. Bei größeren Städten spielen dabei die Einpendler die entscheidende Rolle. Ihre Entwicklung hängt nicht unwesentlich vom Saldo der Umlandwanderungen ab.

---

[15]) Funktional gesehen gehört das Umland zur Stadt. Das Bewußtwerden dieses Suburbanisationsprozesses und seine Erfassung hängt wesentlich von vorhandenen Gemeindegrenzen ab, die ihrerseits wieder das Umland definieren, je nachdem, ob und inwieweit sie z. B. von dieser Wanderung ohne Arbeitsplatzwechsel betroffen sind.

[16]) Dies ist empirisch zu überprüfen. Während sich für Bremen diese Hypothese bestätigt, dürfte die Stadt-Umland-Verflechtung in Hamburg anderer Art, nämlich wohn- und arbeitsmarktabhängig sein.

Exogen ist nun zunächst die Entwicklung des Arbeitsplatzangebotes, unter status-quo-Bedingungen, also implizit des Kapitalzustroms, zu schätzen. Die Gegenüberstellung von Arbeitsplatzangebot und -nachfrage führt zur Feststellung eines Arbeitsplatzüberschusses bzw. -defizits. Damit wird unter anderem die Frage nach dem Erreichen der Vollbeschäftigung als Zielgröße beantwortet.

Der Vergleich der städtischen Arbeitsmarktlage mit der z. B. des Bundesgebietes läßt nun den Rückschluß auf zu erwartende Fernwanderungsbewegungen zu. Da politischerseits z. B. mittels Wirtschaftsförderungsmaßnahmen — wenigstens in begrenztem Maße — auf die Entwicklung des Arbeitsplatzangebotes Einfluß genommen werden kann, ist mit der Frage des Erreichens der Vollbeschäftigung praktisch die Frage nach der Einflußnahme auf einen Teil der Wanderungsbewegungen verbunden[17].

Über die Schätzung der Arbeitsproduktivität ist dann die Prognose des Bruttoinlandsproduktes möglich. Es bestimmt wesentlich die Entwicklung des Volkseinkommens und ist mit diesem gemeinsam Grundlage für die Schätzung der städtischen Einnahmesituation. Von der Entwicklung des Volkseinkommens (VE) geht wiederum ein nicht unmaßgeblicher Einfluß auf die Umlandwanderung aus, wenn die Wohnsituation im Umland stark von der einkommensabhängigen Nachfrage nach Eigenheimen abhängt.

Die städtische Einnahmeentwicklung unterliegt wenigstens z. T. der städtischen politischen Einflußnahme. Gleichzeitig stellt sie ein Maß für die Versorgungsmöglichkeit der Bevölkerung mit öffentlichen Gütern, eine Zielgröße, sowie eine wesentliche Rahmenbedingung für städtische Handlungsmöglichkeit dar. Zusätzlich ist die Entwicklung der Pendlerzahlen von nicht unerheblichem Einfluß auf die Finanzentwicklung der Stadt, die indirekt über Umlandwanderung und Wohnungsbaupolitik politischem Einfluß unterliegt.

Von der Ausgabenstruktur gehen — wie oben festgestellt — z. B. über die Wohnungsbaupolitik und die Wirtschaftsstrukturpolitik Einflüsse auf die Bevölkerungsentwicklung aus. Darüber hinaus wird über die bildungs- und arbeitsmarktpolitischen Entscheidungen das Erwerbs- und das generative Verhalten der Frauen erheblich beeinflußt. Allerdings sind die zeitlichen Auswirkungen dieser Politik deutlich längerfristig als die der erstgenannten Maßnahmen.

Unter modelltheoretischen Aspekten mag der Hinweis von Interesse sein, daß die so entworfene Struktur zur Erfassung von Stadtentwicklungsprozessen drei größere Regelkreise umfaßt, deren Ausgangs- und Endpunkt die Bevölkerungsentwicklung darstellt: Die Bevölkerung einer Stadt beeinflußt über die wirtschaftliche Entwicklung, deren Träger sie ist, erstens ihr Umlandwanderungspotential, zweitens ihre Fernwanderung und drittens über ihr Bildungs- und Erwerbsverhalten ihr generatives Verhalten. In allen drei Fällen spielen sowohl die politischen Entscheidungen der entsprechenden städtischen Gremien eine erhebliche Rolle als auch die relative Entwicklung der jeweiligen Bezugsräume.

Für das Schätzverfahren hat diese Struktur die Konsequenz, daß mehrfaches Durchrechnen notwendig ist, beispielsweise wenn die Fernwanderungen in Abhängigkeit von der Arbeitsmarktsituation geschätzt werden, die Fernwanderungen selbst aber Teil des Ausgleichsmechanismus des Arbeitsmarktes sind. Ähnliches gilt für den Einfluß der Einkommensentwicklung auf die Umlandwanderungen[18].

---

[17] Eine Alternative zur Abhängigkeit der Wanderungen von der relativen Arbeitsmarktsituation stellt ihre Abhängigkeit von der relativen Entwicklung des VE dar. An der Grundstruktur des Modells ändert sich nichts.

[18] Es liegt an sich nahe, dieses Problem mit Hilfe von simultanen Gleichungssystemen zu lösen. Darauf wurde jedoch „im ersten Anlauf" in der Langfristplanung für Bremen aus verschiedenen Gründen verzichtet.

Nachdem mit der Schilderung des Instrumentes zur städtischen Entwicklungsrahmen-Planung die Grundlage zur Beurteilung der Probleme der Bevölkerungsprognose dargestellt wurde, gehen wir im folgenden Abschnitt auf die gegenwärtigen Kernprobleme der städtischen Bevölkerungsprognose ein.

III. Kernprobleme der städtischen Bevölkerungsprognose

1. Prognoseansätze, Datenlage, Erklärungshypothesen[19])

Aus dem oben dargestellten Rahmen, in den die Bevölkerungsprognose eingebettet ist, sind Einzelheiten über die Prognosen der natürlichen Entwicklung und der Wanderungen nicht zu entnehmen. Die Realisierbarkeit einzelner Prognoseansätze hängt stark von der vorhandenen Datenlage ab. Im folgenden werden für Städte realisierbare Prognoseansätze vorgestellt. Danach werden einige empirische Ergebnisse beschrieben.

In der Bundesrepublik wird auf Länder- und Bundesebene die Bevölkerungsentwicklung nach Alter und Geschlecht getrennt prognostiziert. Das setzt die Kenntnis der entsprechend nach Alter differenzierten Überlebenswahrscheinlichkeiten sowie der Zu- und Abwanderungen voraus und bietet die Möglichkeit, die Geburten über altersspezifische Fruchtbarkeitsziffern, Geburten je 1000 Frauen eines Altersjahrganges, zu schätzen. Die dazu notwendigen Vergangenheitsdaten, nämlich die Todesfälle nach Altersgruppen, die Geburten nach Altersjahr der Mütter, die Zu- und Abwanderungen nach Geschlecht und Alter liegen für Deutsche und Ausländer seit 1970 vor, und zwar auf Kreisebene.

Trennt man nicht nach Deutschen und Ausländern, so sind diese Daten auch über einen längeren Zeitraum verfügbar. Diese Trennung aufzugeben erscheint aber nur bei sehr niedrigen Ausländeranteilen an der Gesamtbevölkerung — z. B. 2 % — zweckmäßig, da erstens die Fruchtbarkeitsziffern der Ausländerinnen das dreifache Niveau der deutschen Frauen erreichen, zweitens die Anzahl der ausländischen Frauen sich in den letzten Jahren in den meisten Städten deutlich verändert hat und drittens der Ausweis der Entwicklung der Zahlen ausländischer Kinder für städtische Integrationspolitik von hoher Bedeutung ist. Gehen wir also davon aus, daß diese Trennung nach Deutschen und Ausländern gewünscht ist, so liegen die Daten für Fruchtbarkeit, Mortalität und Mobilität seit 1970 vor.

Für die Prognose der alters- und geschlechtsspezifischen *Überlebenswahrscheinlichkeiten* ist dies kein Problem. Diese Daten zeigen im allgemeinen nur geringfügige Bewegung; und die Prognose kann mit Hilfe von Durchschnittswerten über die Referenzperiode, die für den Prognosezeitraum konstant gesetzt werden, durchgeführt werden.

Sollte die statistische Basis trotz Mittelwertbildung über mehrere Jahre klein sein, wie z. B. bei Ausländern oder auch bei Deutschen in mittelgroßen Städten, und damit die Gefahr zufallsbedingter Verzerrungen groß sein, so bietet sich die Verwendung von gleitenden Durchschnitten über die Altersjahre an. Zweifellos bleibt bei diesem Verfahren unbefriedigend, daß nicht auf die Ursachen der Sterblichkeit zurückgegriffen wird und auch der Einfluß städtischer Gesundheits- oder z. B. verkehrspolitischer Maßnahmen auf die Sterblichkeit nicht sichtbar wird. Jedoch scheint in der Praxis das geschilderte Verfahren wegen der statistisch/prognostischen Geringfügigkeit derart bewirkter Änderungen hinreichend.

---

[19]) Eine Übersicht über alternative Methoden der Bevölkerungsschätzung bieten WALTER ISARD et al.: Methods of Regional Analysis, Cambridge (Mass.) und London, 1960, Kap. 1 und 2; und G. FEICHTINGER: Statistische Modelle demographischer Prozesse, Berlin, Heidelberg, New York, 1971, insbes. Teil IV, Kap. 7.

Für die Schätzung der *Fruchtbarkeits*ziffern, also von Geburten je 1000 Frauen eines Altersjahrganges, stellen sich erheblich schwierigere Probleme. Seit Mitte der 60er Jahre sinkt die Fruchtbarkeit erheblich, so daß ein so einfaches Prognoseverfahren wie bei der Sterblichkeit nicht zu verwenden ist. Das Heranziehen von Zeitreihenanalysen liegt nahe, stößt jedoch auf eine Reihe von Schwierigkeiten, von denen der Arbeitsaufwand noch die geringste ist[20]. Gehen wir zunächst davon aus, daß die statistische Basis — die Anzahl der Frauen eines Altersjahrganges — groß genug ist, um Zufallsverzerrungen so gering zu halten, daß Zeitreihenanalyse noch möglich ist, so stehen gegenwärtig lediglich die Fruchtbarkeitsziffern von 5 Jahren, nämlich von 1970 bis 1974 zur Verfügung. Um Entwicklungstendenzen überhaupt absehen zu können, wird man also auf die für längere Zeit verfügbaren nicht nach Deutschen und Ausländern differenzierten Daten zurückgreifen müssen. Jedoch scheint die Verwendung eines einheitlichen Analyse- und Extrapolationsverfahrens nicht unproblematisch. Bei entsprechenden Analysen für Bremen zeigte sich, daß die Fruchtbarkeitsziffern in den Altersjahren 20 bis 27 zunächst schnell sanken, dann — von 1971 an — deutlich langsam. Es hätte also nahegelegen, dieses verminderte Tempo des Absinkens mittels Trend bis auf ein Ende des Absinkens fortzuschreiben und dann die Werte der Fruchtbarkeitsziffern für den übrigen Prognosezeitraum konstant zu halten. Da diese Tendenz bei den Werten der Altersjahre über 27 aber nicht durchgängig zu beobachten war, versagte diese Methode für diese Jahrgänge, denn ihre Anwendung hätte die Projektion immer schnelleren Absinkens der Fruchtbarkeitsziffern — letztlich auf ein Niveau von Null — bedeutet.

Diese Situation wirft, wie schon die bei der Trendwahl auftauchende Frage nach der angemessenen Trendform, die Frage nach den Ursachen altersspezifisch unterschiedlichen generativen Verhaltens generell auf. Ohne die Beantwortung dieser Frage erscheint eine Prognose äußerst problematisch. Amerikanischen[21] und deutschen[22] Untersuchungen lassen sich nun Hinweise auf die Ursachen veränderten generativen Verhaltens entnehmen, jedoch existiert bisher unseres Wissens zumindest für Städte keine Datenbasis, die das altersspezifische generative Verhalten in Verbindung mit sozialstrukturellen Merkmalen bringt.

Als Fazit läßt sich ziehen: Eine Zeitreihenanalyse stößt auf erhebliche Schwierigkeiten, eine regionalbezogene Ursachenanalyse mit der Möglichkeit der Umsetzung in entsprechende Prognosen ist wegen des Datenmaterials nicht möglich. Die schließlich verwendbaren — und allgemein benutzten — Verfahren sind sehr einfach und bedürfen dringend der Verbesserung.

Die Situation wird für den Fall unzureichender statistischer Masse nicht eben besser, da dann im allgemeinen auf altersspezifische Schätzung der Fruchtbarkeit praktisch verzichtet werden muß. Denkbar ist z. B. ein Verfahren, das die durchschnittliche prozentuale Veränderung der Fruchtbarkeitsziffern auf alle Altersjahre der Frauen gleichmäßig anlegt. Oder es werden die Ausgangswerte mit Bundesentwicklungen fortgeschrieben und so die regional besondere Situation vernachlässigt.

---

[20] Es müssen die Zeitreihen der Fruchtbarkeitsziffern für Deutsche und Ausländerinnen der Altersjahrgänge 15 bis 45 — also etwa 60 Reihen — berechnet, analysiert und das Ergebnis in prognosefähige Form gebracht werden.
[21] CLYDE V. KISER, WILSON H. GRABILL, ARTHUR H. CAMPBELL: Trends and Variations in Fertility in the United States. Cambridge (Mass.) 1968.
[22] G.-R. RÜCKERT, D. SCHMIEDEHAUSEN: Bestimmungsgründe der regionalen Unterschiede der Geburtenhäufigkeit. In: Untersuchungen zur kleinräumigen Bevölkerungsbewegung, Forschungs- und Sitzungsberichte der Akademie für Raumforschung und Landesplanung, Bd. 95, Hannover 1975, S. 69 ff.

Prinzipiell erscheint es zweckmäßig — und mittels zusätzlicher Erhebungen möglich — neben der altersspezifischen Schätzung des generativen Verhaltens eine weitere Differenzierung, nämlich nach Familienstand und Ausbildung, vorzunehmen. Abgesehen davon, daß die Prognose der Anzahl der Haushalte nach Alter der Mitglieder von großer Bedeutung für Wohnungsbedarfsprognosen ist, weist die o. g. amerikanische Untersuchung auf die Ausbildungs- und Erwerbsabhängigkeit des generativen Verhaltens der Frauen hin[23]). Die zusätzlich differenzierte Ermittlung des altersspezifischen generativen Verhaltens könnte es immerhin möglich machen, die Verbindung zu städtisch verfügbaren Bildungsstatistiken der Mädchen und Frauen herzustellen und so bildungspolitisch initiierte Veränderungen im generativen Verhalten zu prognostizieren.

Um den dargestellten Ansatz der Bevölkerungsprognose realisieren zu können, sind auch die Wanderungen alters- und geschlechtsspezifisch und nach Deutschen und Ausländern getrennt zu schätzen. Jedoch wäre die direkte Schätzung der *Wanderungen* dann wieder mit den Problemen ausreichender statistischer Basis, kurzer verfügbarer Zeitreihen und der Schwierigkeit inhaltlicher Analyse der verzeichneten Bewegungen konfrontiert. Denn wie schon bei den Furchtbarkeitsdaten lassen sich die Wanderungen nicht nach sozialstrukturellen Merkmalen gruppieren. Es liegt daher nahe, folgenden Weg zu gehen, der erstens die genannten Probleme vermeidet und zweitens den oben aufgestellten Kriterien für eine Rahmenplanung städtischer Entwicklung genügt, insbesondere der Forderung nach Aufzeigen der Bedeutung sozial bedeutsamer städtischer Entwicklungen mit Bezug auf die städtischen Verflechtungsräume:

Die Wanderungen werden lediglich nach Deutschen und Ausländern, nicht aber nach Alter und Geschlecht getrennt, dafür aber räumlich mindestens in Umland- und Fernwanderungen aufgespalten. Diese Differenzierung verfolgt den Zweck, die Wanderungen in motivorientiert homogene Gruppen zu unterteilen, um so den Zugang zu den wesentlichen Ursachen der Wanderungen zu gewinnen. Damit erhalten Prognosen eine inhaltlich bessere Grundlage und bieten gleichzeitig Ansatzpunkte politischer Einflußnahme. Erst nach Schätzung der Reihen in der vorgeschlagenen Differenzierung, werden auf die Summe aller Wanderungen die alters- und geschlechtsspezifischen Strukturen angelegt.

Ein wesentliches Trennungskriterium zwischen Umland- und Fernwanderung ist der mit dem Wohnungswechsel verbundene Arbeitsplatzwechsel, also implizit die entstehende Pendlerverflechtung bei Umlandwanderungen[24]). Die Abgrenzung hat sich im Falle Bremens als zweckmäßig herausgestellt, dürfte jedoch auf Schwierigkeiten in Agglomeration stoßen, bei denen Wanderungen innerhalb der städtischen Region auch stark vom Arbeitsplatzwechsel bestimmt ist. Hier ist der Einzugsbereich der Stadt selbst etwa mit Hilfe von Schwellenwerten, z. B. als Anteil der zu Pendler werdenden Erwerbspersonen an allen in die umliegenden Gebiete der Stadt fortgezogenen Erwerbspersonen, zu definieren.

Gelingt die vorgeschlagene Trennung, so erhält man Zeitreihen, die einer Ursachenanalyse und damit indirekter Schätzung über erklärende Faktoren mittels Regressionsanalysen zugänglich sein dürften. Diese Reihen liegen für einen Zeitraum von 1965 an vor, da seitdem eine kreisweise Ausweisung der Wanderungsdaten existiert, und zwar nach Deutschen und Ausländern und Erwerbs- und Nicht-Erwerbspersonen.

---

[23]) CLYDE V. KISER et al., a. a. O., S. 147 ff. und S. 235.
[24]) Zur Abgrenzung von Stadtregionen und Umland vgl. Band 10 der Forschungs- und Sitzungsberichte der Akademie für Raumforschung und Landesplanung „Zum Konzept der Stadtregionen", Hannover 1970.

Wenn auch möglicherweise Datenprobleme bei den die Wanderungen erklärenden Faktoren bestehen, so ist jedenfalls von Seiten der Bevölkerungsprognosen selbst ein Ansatz für gut fundierte Schätzungen gegeben, die auf der relativen Entwicklung der Verursachungsfaktoren der jeweiligen Stadt zum Wanderungsbezugsraum beruhen. Damit wird allerdings das Vorhandensein von Daten über die Sozialstruktur der Wanderungen nicht ersetzt, die z. B. zur Bestimmung der Funktionen der jeweiligen Stadt in der gesamträumlichen Arbeitsteilung dienen können. Es würde beispielsweise sichtbar, ob signifikante Unterschiede im Bildungsniveau zwischen Zu- und Fortziehenden bestehen, ob also die Stadt permanent einen Zustrom oder einen Abfluß an „human capital" erfährt; ebenso ist es für die Stadtplanung interessant zu wissen, ob die Zu- oder Fortzüge nur bestimmte soziale Schichten betreffen und so die Gefahren sozialer Polarisation relevant werden.

Gelingt nun die oben vorgeschlagene Trennung der Wanderungsströme nach den Kategorien *Umland- und Fernwanderung*, die für die Stadtentwicklung von erheblicher Bedeutung sind, so bieten sich prinzipiell zwei Ansätze zur Prognose dieser Ströme: erstens der oben angedeutete Weg der *indirekten Prognosen* der Wanderungsströme oder des Saldos aus Zu- und Fortzügen in Abhängigkeit von der Entwicklung der Bestimmungsfaktoren dieser Wanderungsart der Stadt selbst relativ zum Bezugsraum. Jedoch wird die Anwendung dieses Ansatzes auf die Fälle beschränkt bleiben müssen, bei denen sich keine über die Zeit kumulierten großen Salden ergeben. So werden z. B. hohe positive Salden der Ausländerwanderungen nicht auf Jahrzehnte anhalten können, da die hohe Belastung der Infrastrukturausstattung der Stadt Gegenreaktionen zum Stopp des Nettozustroms von Ausländern erzeugen wird.

Für solche Fälle kommt prinzipiell ein anderes Konzept, das des *Aufnahme- oder Abgabepotentials*, zur Schätzung eines möglichen über die Zeit kumulierten Wanderungssaldos in Frage[25]. Danach wird zunächst geschätzt, wie viele Personen einer bestimmten sozialen Gruppe die Stadt per Saldo über einen gewissen Zeitraum aufnehmen, z. B. beschäftigungsabhängige Ausländer, oder abgeben kann, z. B. Wohnungseigentumerwerber an das Umland. Danach wird dieses Potential zeitlich verteilt, also die Entwicklung des jährlichen Wanderungssaldos geschätzt, danach das Niveau der betreffenden Wanderungen auf der Basis von Zeitreihenanalysen. Beispiele für die Realisierung und entsprechende Ergebnisse werden im folgenden Teilabschnitt gegeben.

Festzuhalten bleibt: Die Wanderungsprognose, als zweites Element der Bevölkerungsprognose, sieht sich in der Praxis mit ähnlichen Problemen konfrontiert wie die natürliche Bevölkerungsprognose, nämlich dem Fehlen von Daten der sozialstrukturellen Merkmale der Wandernden und ebenfalls relativ kurzen verfügbaren Zeitreihen. Jedoch bietet die seit einiger Zeit vorhandene räumliche Aufgliederung der Wanderungen die Möglichkeit zur Bildung einigermaßen homogener Wanderungsgruppen. Die Analyse der zu bildenden räumlich desaggregierten Zeitreihen eröffnet die Gelegenheit, der Forderung Rechnung zu tragen, die städtische Entwicklung mit Rücksicht auf die Entwicklung der Verflechtungsräume der Stadt zu prognostizieren.

---

[25] In Bremen wurde dieser Ansatz auf Anregung von F. HALLER erstmalig bei den Umlandwanderungen verwendet; mit welchem Erfolg, wird die zukünftige Entwicklung zeigen.

2. Empirische Ergebnisse der Wanderungen der Stadt Bremen und offene Fragen städtischer Wanderungsanalysen

Wie dargelegt sind die beiden Elemente einer städtischen Bevölkerungsprognose, die der natürlichen Entwicklung und die der Wanderungen, durch das Fehlen sozialstruktureller Daten der relevanten Personengruppen erschwert. Für die Wanderungen bieten sich jedoch hilfsweise Lösungen über Querschnittsanalysen an.

Im folgenden werden einige diesbezügliche Ergebnisse empirischer Arbeiten zur städtischen Fernwanderung und zur Umlandwanderung einschließlich Pendlerentwicklung dargestellt. Sie stützen die o. g. These, daß —zumindest ersatzweise — Querschnittsanalysen als Basis für Prognosen städtischer Wanderungsentwicklung unternommen werden sollten.

Im oben dargestellten Grobschema eines Prognosemodells wurde unterschieden nach Wanderungsbeziehungen einer Stadt mit dem Umland, der übrigen BRD und dem Ausland, und zwar für Deutsche und Ausländer.

Die hier im folgenden dargestellten Ergebnisse der Analysen und Prognoseansätze der Fernwanderungen und der Umlandwanderungen der Deutschen stellen die wesentlichsten Komponenten der Wanderungsprognose dar. Die Auslandswanderungen der Deutschen konnten mit Trendentwicklungen und konstant gehaltenen Durchschnittswerten fortgeschrieben werden, nachdem die Entwicklung der Zu- und Fortzüge zwischen der Stadt und den wesentlichsten ausländischen Staaten untersucht worden waren[26]). Für die Prognose der Ausländerwanderung kann dieselbe analytische Trennung der Wanderungsarten beibehalten werden. Ihr Ansatz wird jedoch durch die gegenwärtige Sondersituation des Anwerbestopps für ausländische Arbeitnehmer bestimmt, die einen Rückgriff auf die Standardinstrumente von Zeitreihen- und Regressionsanalysen verbietet. Er dürfte daher kaum von allgemeinem Interesse sein.

Festzuhalten bleibt jedoch, daß die im oben beschriebenen Modell zur Erfassung stadtentwicklungspolitischer Rahmenplanung aufgeführten Interdependenzen erfaßt werden, das Modell also realisierbar bleibt.

a) Analyse und Prognose der städtischen Fernwanderung[26a])

Der Prognose der Fernwanderung, also der Wanderung zwischen der Stadt — hier Bremen — und dem übrigen Bundesgebiet ohne das Umland der Stadt, wurde eine Querschnittsanalyse dieser Wanderungen in Abhängigkeit von einer Reihe von Faktoren vorangestellt, von denen möglicherweise ein Einfluß auf die Wanderungen ausgeht. Damit wird der oben erwähnten schwierigen Datenlage — Wanderungen ohne Sozialstrukturangaben der Wandernden — Rechnung getragen. Zur Erfassung der erwarteten Zusammenhänge wurden multiple lineare Regressionen berechnet.

---

[26]) Der Sonderfall der Zwei-Städte-Beziehung Bremens und Bremerhavens dürfte nicht von allgemeinem Interesse sein und konnte im übrigen mit Hilfe von Trendextrapolationen gelöst werden.

[26a]) Als Indikatoren möglicher erklärender Variabler standen bisher Daten von H. Birg zur Verfügung, die sich auf die 79 Verkehrsregionen des Bundesgebietes beziehen. Um den Arbeitsaufwand zu begrenzen, wurde die Analyse auf die Verkehrsregionen der Länder Schleswig-Holstein, Hamburg, Niedersachsen — ohne bremisches Umland —, Nordrhein-Westfalen und Hessen beschränkt. Die Wanderungsdaten wurden in räumlicher Hinsicht durch Aggregation der Kreisdaten an die Daten der Verkehrsregionen angepaßt. — Für die großzügige Bereitstellung dieser Daten vor Veröffentlichung, ohne die die geschilderte Analyse nicht hätte durchgeführt werden können, bin ich Herrn Dr. Birg sehr zu Dank verpflichtet. Im übrigen vgl. H. Birg: Regionale Verteilung der Binnen- und Außenwanderungen in der BRD in DIW, Wochenbericht 6/74, Berlin 7. 2. 1974, S. 43—50.

Für derartige Untersuchungen stehen die Daten der Wanderungen zwischen den Kreisen des Bundesgebietes seit 1968 zur Verfügung. Da zwischen zwei Orten, die nicht allzuweit voneinander entfernt liegen, selbst bei gleicher sozialer Attraktivität ein Bevölkerungsaustausch zu erwarten ist, liegt es nahe, das Resultat von Attraktivitätsunterschieden in den Wanderungssalden zu sehen. Diese wurden daher bei den Untersuchungen für Bremen aus den Wanderungsdaten ermittelt, und zwar kumuliert über den Zeitraum 1968 bis 1972, um zufallsbedingte Bewegungen eines Jahres auszugleichen.

Vergleichbare Untersuchungen für die Bundesstaaten der USA haben gezeigt, daß die Beschäftigungs- und Einkommensmöglichkeiten die die Wanderungen dominierenden Verursachungsgrößen sind, während andere soziale Bedingungen entweder zu schwach wirken, um erfaßbar zu sein, oder indirekten Einfluß über die dominierenden Variablen ausüben[27].

Es lag daher nahe, diese Einflußgrößen ebenfalls in den Rechnungen für Bremen zu berücksichtigen, und zwar mit den Variablen Bruttolohnniveau und Besatz mit Wachstumsindustrien, gemessen am regionalen Strukturfaktor beschäftigungsexpansiver Wirtschaftszweige.

Darüber hinaus spielt möglicherweise die relative Ausstattung mit sozialen Infrastruktureinrichtungen eine Rolle. Daher wurden Indikatoren für Beschäftigte im Sektor Kultur, Hochschul- und Gesundheitsversorgung sowie die Ausstattung mit Verkehrsverbindungen herangezogen.

Schließlich wurde die Struktur der sozialen Umwelt repräsentiert mittels eines Wohnungsqualitätsindex und dem Ausländeranteil an der Wohnbevölkerung:

Im Gegensatz zur Fragestellung BIRG's[28], der die Wanderungen im gesamten Bundesgebiet untersucht, spielt bei Wanderungen eines einzelnen Ortes die Entfernung zwischen den Ziel- und Herkunftsorte eine bedeutsame Rolle. Zu den oben genannten Variablen hatte folglich ein Entfernungsindex hinzutreten. Wie sich aus graphischen Darstellungen ergab, war die Beziehung zwischen Entfernungsvariablen und Wanderungssalden jedoch nicht linear und die Saldenwerte nahmen mit zunehmender Entfernung des Ziel- bzw. Herkunftsortes in absoluten Werten zunächst schnell, dann immer geringer ab. Die Entfernungsvariable wurde daher definiert als Kehrwert der Luftlinienentfernung in 100 km zwischen Bremen und der jeweils anderen Region. Interpretiert man nun diese Variable als Maß für Wanderungshemmnisse, so wirkt sie prinzipiell wanderungsmindernd — nämlich den absoluten Wanderungssaldowert mit wachsender Entfernung senkend — also unabhängig davon, welche Region die attraktivere ist. Entsprechend wurde ihr das jeweilige Vorzeichen der Wanderungssalden zugeordnet.

Mit Hilfe einer stufenweisen Regression[29] wurden die Beziehungen der Wanderungen zu den genannten sozioökonomischen Faktoren überprüft. Die Ergebnisse finden sich in den Gleichungen (1)—(4) der folgenden Tabelle.

---

[27] CICELY BLANCO: The Determinants of Interstate Population Movements. Journal of Regional Science, Vol. 5 No. I, 1963, pp. 77—84 und LARRY A. SJAASTAD: The Relationship Between Migration and Income in the United States, Papers of the Regional Science Association Vol. VI, 1960, pp. 37—64.

[28] S. oben Anmerkung 26 a.

[29] Vgl. dazu A. A. AFIFI, S. P. AZEN: Statistical Analysis, New York, London, 1972, pp. 128—137.

Dabei zeigte sich, daß lediglich die Variablen Entfernung, Besatz mit Wachstumsindustrien und Wohnungsqualität die Wanderungssalden signifikant beeinflussen. Die Herausnahme vier weiterer Variabler senkte den Erklärungswert unwesentlich, nämlich von 0,75 auf 0,72, also um weniger als die Herausnahme der Variablen Wohnungsqualität (Gleichung 4) oder die der Entfernungsvariablen (Gleichung 7).

Weitere Rechnungen, die das Bruttolohnniveau und die Beschäftigten im Sektor Kultur berücksichtigen, führten zu keiner Ergebnisverbesserung, entweder weil der Erklärungswert nicht stieg (vergleiche Gleichungen 4 und 6) oder weil Multikollinearität auftrat (vgl. Gleichungen 3 und 5).

Die Ergebnisse bestätigten die Hypothesen, daß — für die Stadt Bremen — Beschäftigungsmöglichkeit und Wohnqualität, insbesondere aber erstere, die Fernwanderungsentscheidungen beeinflussen, während die Ausstattung mit Infrastruktureinrichtungen zumindest keinen nachweisbaren Einfluß ausübt.

Diese Resultate sind zwar unter dem Gesichtspunkt politischer Einflußmöglichkeit und wegen der Berücksichtigung der Situation der Stadt relativ zu ihrem Verflechtungsraum von Wert, lassen sich aber für Prognosen der Wanderungsentwicklung einer Stadt nicht unmittelbar verwenden. Für die Prognosen wurde — bei als sicher geltender Abhängigkeit der Fernwanderungen von der relativen Beschäftigungslage der Stadt zu der des Bundes — der Zusammenhang zwischen Wanderungsentwicklung und Elastizität der Beschäftigtenentwicklung des Landes in bezug auf die des Bundesgebietes über lineare Regression ermittelt.

Wegen der schwierigen Datenlage bei den Beschäftigten ist, sofern es sich um Städte, die nicht Stadtstaaten sind, handelt, dabei auf andere, z. T. weniger gute Datenbasis als die hier verwendete, z. B. Beschäftigte nach Kreisen, zurückzugreifen. Es zeigt sich, daß hier in der Datensituation ein schwer zu überwindender Engpaß entsteht, der nur für den jeweiligen Einzelfall — pragmatisch — zu lösen ist.

b) Umlandwanderung und Pendlerentwicklung

Die Umlandwanderungen stellen bekanntlich[30]) eines der schwerwiegendsten Probleme der gegenwärtigen Großstadt-Entwicklung dar, da sie unmittelbar mit der Tendenz zur Monofunktionalisierung von Stadtvierteln verbunden sind und folglich auch mit der Entwicklung der Pendlerströme.

Die Hypothesen über die Ursachen der Umlandwanderung lassen sich, da Wanderungsdaten einer Stadt mit den Gemeinden des Umlandes seit 1965 vorliegen und Daten über Art und Zahl der Wohnbebauung sowie der industriellen Arbeitsplätze laufend erhoben werden, mit Hilfe von Regressionsrechnungen relativ leicht und verläßlich prüfen. So wurde für Bremen z. B. die Abhängigkeit des summierten Wanderungssaldos der Jahre 1965 bis 1973 von Umlandgemeinden mit Bremen und der Zahl der neuerstellten Wohnungen mit voll befriedigendem Ergebnis nachgewiesen. Das Prognoseproblem entsteht jedoch dadurch, daß Trendfortschreibungen bisheriger Umlandwanderungsentwicklungen zu unplausiblen Ergebnissen führen und Trendbrüche für die Zukunft erwartet werden müssen.

Das Problem der Prognose der zunehmenden Umlandverflechtung wurde in zwei Schritten gelöst: Im ersten wurde das Nettoumland-Wanderungspotential ermittelt, im zweiten die Verbindung zwischen Umlandwanderung und Pendlerentwicklung.

---

[30]) Vgl. zur Erscheinung selbst EDWIN S. MILLS: Studies in the Structure of Urban Economy, Baltimore, London 1972, Kapitel 2 und 3. WERNER NELLNER: Die Abgrenzung von Agglomerationen im Ausland. In: Zum Konzept der Stadtregionen, a. a. O., insbes. S. 110, 115.

Regressionskoeffizienten der Fernwanderungssalden der Stadt Bremen mit Strukturvariablen der Herkunfts- und Zielregionen

Glei-chungs-Nr.	abm. Glied	Entfer-nung	Brutto-lohn	Wachst. ind.	Beschäf-tigte im Sektor Kultur	Hochschul-ver-sorgung	Gesund-heit	Woh-nungs-qualität	Aus-länder-anteil	Schnell-ver-kehr	R^2
(1)	1106,5070	53,7915		— 9,9863		—0,7052**	0,4455*	—2,8361	—2,2102**	0,0376**	0,75
(2)	1083,3679	48,7867		— 9,4303		—0,5737**		—2,6772	—2,6803**		0,74
(3)	933,5451	56,0915		— 8,5465				—2,8879			0,72
(4)	1019,8543	59,6680		—10,3391							0,68
(5)	785,0620	42,8595		— 6,7294	—44,5324			—2,6387			0,75
(6)	1137,64	56,1355	—15,7553	—10,1906							0,68
(7)	1468,0078			—14,7678							0,45

Die Irrtumswahrscheinlichkeit (IW) der nicht gekennzeichneten Koeffizienten und der Erklärungs-
werte liegt unter 0,1%. Im übrigen gilt die folgende Kennzeichnung:
* = IW < 10%
** = IW > 10%

Beim Versuch, die Größe des Nettoumlandwanderungspotentials, also die Zahl derjenigen zu ermitteln, die für eine Abwanderung ins Umland per Saldo infrage kämen, waren folgende Überlegungen Ausgangspunkt:

1. Die Fortschreibung der Trends der Zuzüge aus dem Umland hätte für Bremen zu extremen Bevölkerungsverlusten geführt. Sie mußte daher als unplausibel verworfen werden. Diese Annahme wird gestützt durch amerikanische Erfahrungen, die ein merkliches Abnehmen der Suburbanisationstendenz der großen amerikanischen Städte in den 60er Jahren feststellten[31]).
2. Der Gravitationsansatz unterstellt, daß die Größe von Wanderungsströmen zwischen zwei Gebieten von ihrer Entfernung und der Zahl der in ihnen lebenden Einwohner bestimmt ist. Da für Zu- und Fortzüge diese erklärenden Variablen gleich sind, muß zur Erklärung von Wanderungssalden — hier der Stadt-Umland-Wanderung — auf andere Größen zurückgegriffen werden.

Der erstgenannte Grund machte es notwendig, auf Zeitreihenanalyse und Trendextrapolation — jedenfalls was den Wanderungssaldo bzw. die Fortzugsentwicklung betrifft — zu verzichten und einen anderen Prognoseansatz zu suchen. Die Überprüfung der zweiten Hypothese im Zusammenhang mit der allgemeinen Überprüfung der Wanderungsursachen zeigte, daß der für die Stadt negative Saldo der Umlandwanderung vor allem auf den Eigenheimerwerb zurückzuführen ist. Die Frage, wieviele Personen innerhalb eines bestimmten Zeitraumes die Stadt per Saldo verlassen werden, wurde daher umgewandelt in die Frage nach dem potentiellen zeitlich kumulierten Abwanderungssaldo.

Das Niveau der Wanderungsströme wurde dann durch Fortschreiben der in der Vergangenheit stabilen Zuzugsentwicklung fixiert, auf die dann die Werte der zeitlich verteilten negativen jährlichen Wanderungssalden aufgeschlagen wurden, um die Fortzüge zu prognostizieren. Die Schwierigkeit bestand in der Ermittlung des Abwanderungspotentials, also des Personenkreises, der folgende Bedingungen erfüllen muß:

1. Er muß vom Einkommen her in der Lage sein, Wohnungseigentum zu erwerben, ohne daß dies bereits geschehen ist.
2. Dieser Personenkreis mußte das Wohneigentum auch erwerben wollen.
3. Er muß wanderungswillig sein.

Aus der Schätzung der Volkseinkommensentwicklung ist mit Hilfe der Einkommensverteilungsstatistik der Lohn- und Einkommensteuer abschätzbar, wieviele Haushalte finanziell zum Wohneigentumserwerb innerhalb eines bestimmten Prognosezeitraumes in der Lage sein werden. Mit Hilfe der Gebäude- und Wohnungszählungsdaten und den erfaßten Haus- und Wohnungsbauten von 1968 ist es möglich, für vergangene Zeiträume den Anteil von Haushalten, die Wohneigentum erworben haben, an denen, die dieses unter finanziellen Aspekten hätten tun können, zu schätzen. Und schließlich erlaubt die Wanderungsstatistik, die Altersstruktur der Wandernden ins Umland einer Stadt zu schätzen und damit den wanderungswilligen Personenkreis einzugrenzen.

Die Frage, die sich dann für die eigentliche Wanderungsprognose stellt, ist die nach dem Fortdauern der relativen Eigenheimattraktivität des Umlandes in bezug auf die Stadt. Der Vergleich der relativen Baulandpreissituation in Gebieten annehmbarer zeitlicher (Auto-)Entfernungen zu den Arbeitsplatzzentren der Stadt einerseits und den Baulandpreisen in guten städtischen Wohnlagen andererseits dürfte diese Frage beantwortbar

---

[31]) Edwin S. Mills, a. a. O., S. 51.

machen, da für die Zukunft kaum mit einer grundlegenden Änderung des typischen Baulandpreis-„gebirges" zu rechnen ist, weder in seinen Spitzen in den besterschlossenen Zentren der Stadt noch in seinem Abflachen mit wachsender Entfernung vom Zentrum.

Aus der Beurteilung dieser Situation lassen sich u. E. auch politische Eingriffsmöglichkeiten in den Umlandwanderungsprozeß ableiten, die ja unter stadtentwicklungsplanerischen Gesichtspunkten eine erhebliche Rolle spielen.

Die Kehrseite der Umlandwanderungen der Städte sind die steigenden Pendlerzahlen. Hier erlaubt die Datenlage — zumindest partiell und über Querschnittsanalysen —, die Zusammenhänge zwischen Umlandwanderung und Pendlerentwicklung zu schätzen.

Ein Ansteigen der Berufspendlerzahlen in einer Stadt ist zu erwarten, wenn

— mit einer Wohnsitzverlagerung von Haushalten ins Umland der Stadt kein entsprechender Arbeitsplatzwechsel einhergeht und bzw. oder

— die Anzahl der im Umland zur Verfügung stehenden Arbeitsplätze mit der Entwicklung der Personen im erwerbsfähigen Alter nicht Schritt hält, der städtische Arbeitsmarkt aber aufnahmefähig ist.

Diese Hypothesen berücksichtigen, daß ein für die städtische Entwicklung wesentlicher Vorgang indirekt bzw. direkt abhängig ist von Verursachungsgrößen in der Stadt relativ zu ihrem Umland, nämlich Wohnungsbau- bzw. Arbeitsmarktlage in beiden Regionen. Gleichzeitig sind beide Ursachenfelder wiederum politischem Einfluß zugänglich.

Da die zu erklärende Größe, die Berufspendlerveränderung, nur aus den VZ-Daten ableitbar ist, ist eine Zeitreihenanalyse nicht möglich. Es muß also, da die Pendlerdaten kreis- und gemeindeweise vorliegen, auf eine Querschnittsanalyse zurückgegriffen werden.
Der abhängigen Variable, der Veränderung der Berufspendler im Zeitraum 1961 bis 1970 zwischen Bremen (Stadt) und den Kreisen bzw. Gemeinden des Umlandes, wurde der Umlandwanderungssaldo — summiert über die Jahre 1965 bis 1970 —, die Veränderung der nichtlandwirtschaftlichen sowie der landwirtschaftlichen Arbeitsplätze zwischen 1961 und 1970 gegenübergestellt.

Die zeitliche Inkongruenz der abhängigen und der einen erklärenden Variablen führt möglicherweise zu Verzerrungen der entsprechenden Koeffizienten. Jedoch konnte für Bremen aus der Pendlerstatistik der Arbeitsämter, die bis 1963 geführt wurde, ermittelt werden, daß diese Verzerrung schlechtestenfalls gering, wenn überhaupt vorhanden sein kann.

Das Ergebnis der acht für Bremen durchgeführten Regressionen stellt sich wie folgt dar:

1. Je 100 aus der Stadt — Bremen — per Saldo Fortziehenden wurden etwa 35 Personen zu Berufspendlern.

    (Die Regressionskoeffizienten variierten von 0,285 bis 0,396 mit deutlicher Häufung — vier von acht Werten — um 0,35 und waren ausnahmslos signifikant von Null verschieden.)

2. Der Einfluß des Angebotes an nichtlandwirtschaftlichen Arbeitsplätzen des Umlandes ließ sich nicht eindeutig nachweisen.

Der Einfluß der Freisetzung von Arbeitskräften der Landwirtschaft des Umlandes auf die Pendlerentwicklung ist vermutlich vorhanden, konnte aber wegen der Datenlage nur auf Kreisebene — also auf zu geringer Datenbasis — überprüft werden.

IV. Einige offene Probleme städtischer Bevölkerungsprognosen und Risiken der Stadtentwicklungsplanung

In Abschnitt II./2. wurde ein Grobschema, das die städtische Bevölkerungsprognose in einen größeren Rahmen sozioökonomischer Entwicklung stellt, skizziert. Innerhalb dieses Rahmens wurde die Bevölkerungsprognose in die Elemente Sterblichkeit, generatives Verhalten, Umland- und Fernwanderungen aufgespalten, und zwar getrennt nach Deutschen und Ausländern, Geschlecht und Alter. Mit Hilfe eines solchen Ansatzes ist es möglich, gewisse prognosetechnische Anforderungen zu formulieren, u. a. an den Bedarf an Informationen des generativen und des Wanderungsverhaltens.

Dabei stellte sich heraus, daß

1. das Fehlen sozialstruktureller Daten für die Analyse und Prognose des generativen und des Wanderungsverhaltens,
2. die Kürze der zur Verfügung stehenden Zeitreihen

gegenwärtig Hindernisse bei der Realisierung von Prognosen städtischer Bevölkerungsentwicklung darstellen.

Das Fehlen einer Theorie des generativen Verhaltens und von Informationen über unterschiedliches generatives Verhalten von Personengruppen verschiedener sozialer Schichtung macht fundierte Prognosen der natürlichen städtischen Bevölkerungsentwicklung zumindest sehr schwierig. Denn damit sind weder indirekte Prognosen möglich, noch direkte Prognosen auf der Basis von Zeitreihenanalysen mit wünschenswerter Grundlage versehen.

Die oben angeführten (vgl. Anmerkungen 21 und 22) Forschungsergebnisse zum generativen Verhalten, die sozialen Status, Ausbildung und Erwerbsverhalten als mögliche Einflußfaktoren herausstellen, sind zwar hilfreich insoweit, als damit ein erster Schritt in Richtung auf die Formulierung von erklärenden Hypothesen getan ist, zeigen aber gleichzeitig deutlich die Notwendigkeit entsprechender weiterer Untersuchungen.

Ein möglicher Ansatz zur kurzfristigen Überbrückung dieser Situation, die grundsätzlich nur durch ein verändertes statistisches Erhebungsprogramm zu lösen ist, besteht in dem Versuch, Querschnittsanalysen über — möglichst kleine — Teileinheiten einer Stadt durchzuführen, bei denen die abhängige Variable durch Fruchtbarkeitsziffern und die unabhängigen Variablen durch VZ- oder GWZ-Daten repräsentiert werden könnten.

Dieselbe Problemlage besteht im Prinzip auch für die Wanderungen, jedoch ist hier die Möglichkeit, zu Lösungen der Prognoseprobleme zu kommen, mit der Verfügbarkeit von Zeitreihen der Wanderungen nach Kreisen des Bundesgebietes u. E. deutlich besser. Dies insbesondere deshalb, weil mit Hilfe der VZ-Daten über Pendlerbewegungen ein Kernproblem gegenwärtiger (Groß-)Stadtentwicklung quantitativ gefaßt werden kann.

Gelingt es — wenn auch nur wie bei den Wanderungen in erster Näherung —, die wesentlichen Faktoren, die das generative Verhalten bestimmen zu analysieren und in prognosefähiger Form darzustellen, so dürften Schätzungen, die dem oben angeführten Kriterienkatalog engegenkommen, nicht außerhalb des Möglichen liegen.

Denn:

mit dem alters-, geschlechts- und nationalitätsdifferenzierten Ansatz der Bevölkerungsprognose ist der Forderung nach einer Schätzung, die den Bedürfnissen der städtischen Infrastrukturplanung genügt, ein gutes Stück nahegekommen, sofern man von der Wünschbarkeit einer kleinsträumigen Prognose abzusehen bereit ist;
— das gegenwärtig wohl wesentlichste städtische Entwicklungsproblem, das der Suburbanisation, ist erfaßt;
— die städtische Entwicklungssituation kann im Rahmen des vorgeschlagenen Wanderungsansatzes in bezug zu den Verflechtungsräumen der Stadt behandelt werden;
— die Prognosebasis für Beschäftigung, Einkommen und Finanzkraft als Zielvariablen städtischer Entwicklung ist soweit sie die Bevölkerungsschätzung betrifft verfügbar zu machen und
— Ansatzpunkte zur politischen Einflußnahme auf die Bevölkerungsentwicklung sind ebenfalls erkennbar.

Angesichts der Erfahrungen der letzten 10 Jahre mit der Veränderung des generativen Verhaltens und den Tendenzen zur Suburbanisation liegen die Risiken städtischer Politik in Versorgungsmaßnahmen der öffentlichen Hand, die der Bevölkerungsstruktur und damit der Nachfragesituation zumindest quantitativ nicht angepaßt sind; kurz: in der Gefahr von Fehlinvestitionen erheblichen Ausmaßes.

Dieser Gefahr kann begegnet werden
— durch eine genaue Beobachtung und Ursachenanalyse der Geburten und Wanderungsentwicklung einer Stadt mit dem Ziel einer möglichst guten Basis für Prognosen; dies bedeutet für das hier geschilderte Problem die Notwendigkeit zur Ausweitung der statistischen Datenbasis;
— durch Unterlassen aller öffentlichen Maßnahmen, die zu vermeidbaren Schwankungen der Bevölkerungsentwicklung führen. Dies setzt wiederum die Kenntnis der wesentlichsten Zusammenhänge zwischen den einzelnen Komponenten der Bevölkerungsentwicklung und ihren Verursachungsgrößen, wie sie grob darzustellen versucht wurde, sowie der Möglichkeiten, Schwankungen entgegenzuarbeiten, voraus.

Dem Risiko von Fehlinvestitionen der öffentlichen Hand kann, soweit es aus den geschilderten Datenmängeln resultiert, mit verhältnismäßig geringem Aufwand begegnet werden.

V. Anmerkungen zum Problem einer bevölkerungspolitischen Zielsetzung städtischer Entwicklungs-Rahmenplanung

Das im Abschnitt II. skizzierte Grobschema eines Prognosemodells städtischer Entwicklungs-Rahmenplanung enthält als politikorientiertes Modell neben den Handlungsparametern auch Zielvariable.

Als Zielgrößen sind in diesem Modell ausgewählt die Arbeitsmarktbilanz zur quantifizierten Darstellung des Vollbeschäftigungszieles und die Größen „Verfügbares Einkommen" und „Staatsausgaben" je Einwohner als grobe Zielindikatoren des materiellen Versorgungsniveaus. Wenn auch im Rahmen der Diskussion um die Zweckmäßigkeit und Begrenztheit wirtschaftlichen Wachstums Zweifel an der Angemessenheit zumindest der beiden letztgenannten Zielgrößen angemeldet werden, so ist doch bisher nicht erkennbar, daß diese Ziele vollständig verworfen werden.

Insofern mögen diese drei genannten Variablen — bis zu ihrem Ersatz durch bessere und geeignetere Größen — der Zielorientierung der städtischen Entwicklungsplanung, wenn auch nicht als bedingungslos zu maximierende, gelten.

Die Größe „Bevölkerung", obwohl hier als zentraler Orientierungspunkt genannt (vgl. S. 207 f.), tritt nicht als eigenständige Zielvariable auf. Diese ist jedoch unter zweierlei Bedingung durchaus denkbar, und zwar

1. wenn der Größe der Bevölkerung selbst ein Wert beizumessen ist,
2. wenn zwischen dem Beschäftigungsziel und der Bevölkerungsentwicklung ein Zusammenhang hergestellt ist,
3. wenn zwischen Einwohnerzahl und den Versorgungszielen je Einwohner eine erkennbare Beziehung besteht.

Während man im ersten Fall von der Bevölkerung als direkter Zielgröße sprechen kann, so wäre sie in den beiden letztgenannten als abgeleitete Zielvariable zu betrachten.

Die Setzung eines städtischen bevölkerungspolitischen Zieles wäre denkbar als regionaler Beitrag zu einem entsprechenden Ziel für z. B. die Bundesrepublik insgesamt. Ein derartiges Ziel ist nicht formuliert, eine daraus folgende Ableitung also nicht möglich.

Eine eigenständige Bevölkerungszielgröße für eine Stadt, die nicht auf die Frage einer möglichst guten Versorgung der Bevölkerung zurückgeführt wird, ist ebenfalls nicht zu erkennen. Aus Gründen politischer Gewichtigkeit könnte eine Stadt beispielsweise möglichst hohe Einwohnerzahlen anstreben, weil sie nur so in der Lage ist, bestimmte Zentrenfunktionen im Rahmen der räumlichen Ordnung zu übernehmen.

Letztlich ist jedoch zuzugeben, daß auch bei dieser Betrachtung die Höhe der Einwohnerzahl nicht als unmittelbares, sondern aus anderen Wertvorstellungen abgeleitetes Ziel anzusehen ist.

Der Größe einer Einwohnerzahl einen Wert aus sich selbst beizulegen, erscheint also zumindest sehr schwierig. Für eine Region, insbesondere aber eine Stadt ist eine Einwohnerzielgröße unter dem Gesichtspunkt bestimmter niedriger oder hoher Bevölkerungskonzentration denkbar. Eigentliches Ziel ist dann die Sicherung der notwendigen Kommunikation bei möglichst geringem mit ihr verbundenen Aufwand. Da andererseits hohen Wohn- und Arbeitsplatzdichten eine ganze Reihe von — bekannten — Nachteilen gegenüberstehen, also einander widersprechende Beurteilungskriterien bestehen, sind eindeutige Aussagen über eine bestimmte Bevölkerungskonzentration als Ziel auch nicht von vornherein möglich, sondern nur nach Abwägung der Vor- und Nachteile. Da meines Wissens weder diese Vor- und Nachteile hinreichend erfaßt, geschweige denn die mit ihnen verbundenen Bewertungsprobleme transparent gemacht worden sind, ist also auch die Frage einer bestimmten wünschenswerten Bevölkerungskonzentration — die Frage nach der optimalen Stadtgröße — nicht gelöst.

Würde man die Diskussion um die Vor- und Nachteile niedriger oder hoher Bevölkerungszahlen einer Stadt auf die mit ihr verbundenen Konsequenzen bezüglich der hier ausgewiesenen globalen Ziele der materiellen privaten und öffentlichen Versorgung sowie des Arbeitsmarktzieles beschränken, so wäre immerhin ein Ansatz zur Bestimmung einer zielorientierten, wenn auch abgeleiteten Bevölkerungszielsetzung gefunden. Nur muß beachtet werden, daß — selbst bei guter empirischer Absicherung von Beziehungen zwischen Stadtgröße und diesen Zielen — diese Zielgrößen wegen ihrer Undifferenziertheit wohl kaum als Größen zur Bestimmung einer Einwohnerzielzahl geeignet sind, die also in der Lage wären, einer bestimmten Einwohnerzahl einen Wert beizugeben.

Es ist also festzuhalten:

1. Ein eigenständiger Wert einer bestimmten Bevölkerungszahl einer Stadt ist nicht zu erkennen.
2. Die umfassende Beurteilung einer bestimmten Bevölkerungskonzentration erscheint — zumindest gegenwärtig — als zu komplex, als daß aus dieser Sicht eine Einwohnerzielsetzung abgeleitet werden könnte.
3. Die genannten Ziele, Vollbeschäftigung, materielle, private und öffentliche Versorgung, dürften zu grob sein, also wesentliche Probleme städtischer Entwicklung nicht fassen, und somit zumindest nicht geeignet sein, eine eigenständige *bevölkerungs*politische Zielsetzung abzuleiten.

Damit bleibt als Facit:

Es erscheint möglich, eine Bevölkerungsprognose für eine Stadt, die den Bedürfnissen der Infrastrukturplanung entgegenkommt, zu erstellen. Sie faßt die wesentlichsten städtischen Entwicklungsprobleme.

Diese Prognose kann außerdem Ansatzpunkte zu politisch orientierter Einflußnahme auf die Bevölkerungsentwicklung enthalten. Es erscheint jedoch schwierig, in dieses Prognosemodell eine bevölkerungsspezifische Zielsetzung einzuarbeiten, da ihr zumindest aus Sicht der Rahmenplanungsebene kein eigenständiger Wert beizumessen ist, und die Zusammenhänge, die bei einer Antwort auf die Frage nach der optimalen Stadtgröße zu berücksichtigen wären, zu komplex sind, als daß sie gegenwärtig befriedigend gelöst werden könnten.

Infrastrukturelle Folgen abnehmender Einwohnerzahlen

von
Gerd Markus, Bremen

Zusammenfassung

Ausgehend vom insbesondere für die großen Städte erwarteten starken Bevölkerungsrückgang in den jüngeren Altersgruppen werden die Unvermeidbarkeit von Überkapazitäten der Infrastrukturversorgung einschließlich ihrer Größenordnung gezeigt. Daran anschließend werden alternative Strategien entwickelt, um die Kosten der entstehenden Überkapazitäten gering zu halten.

Die dazu notwendigen Berechnungen erfolgen auf der Basis von Differenzengleichungen 1. Ordnung und eines Modells der Dynamischen Programmierung, die gleichzeitig als konkret einsetzbare Planungsinstrumente zur Ableitung von Investitionsstrategien empfohlen werden.

Einleitung

Die im Statistischen Jahrbuch deutscher Gemeinden über die Bevölkerungsentwicklung der Städte ausgewiesenen Daten sowie Hinweise von KARL SCHWARZ[1] und vom Deutschen Städtetag[2] lassen unschwer erkennen, daß die gegenwärtig z. B. in Bremen zu beobachtende Tendenz des Bevölkerungsrückgangs aus Gründen des generativen wie des Wanderungsverhaltens keine Einzelerscheinung ist, sondern den überwiegenden Teil der deutschen Großstädte betrifft. Gleichzeitig wird z. B. aus amerikanischen Untersuchungen[3] deutlich, daß dieses Phänomen auch in anderen westlichen Industriestaaten seit längerer Zeit bekannt ist. Auf Ursachen und Probleme dieser Entwicklung soll hier nicht im einzelnen näher eingegangen werden, mit Ausnahme des Problembereichs der infrastrukturpolitischen Konsequenzen einer solchen Entwicklung.

Der Beitrag verfolgt die Ziele,

1. Hinweise auf die quantitative Seite der Konsequenzen aus der zu beobachtenden Bevölkerungsentwicklung für die Infrastruktur zu geben,
2. damit die Notwendigkeit infrastrukturpolitischer Konsequenzen zu belegen,
3. einige alternative Strategien zu diskutieren,
4. auf die Nützlichkeit einiger seit langem bekannter, z. T. einfacher mathematischer Instrumente hinzuweisen.

Wir werden dazu

1. zunächst eine kurze Skizze von Ausmaß, Ursachenbereichen und Struktur der zu erwartenden Einwohnerentwicklung der Städte, exemplifiziert an Bremen, geben,

---

[1] SCHWARZ (1975), S. 122 (siehe Literatur am Schluß dieses Beitrages).
[2] Vorbericht für die 92. Sitzung des Hauptausschusses am 22. Nov. 1974 in Köln.
[3] MILLS (1972), S. 22—56.

2. ebenfalls sehr kurz auf die gleichzeitig zu erwartenden ökonomischen Rahmenbedingungen hinweisen und
3. die Konsequenzen für den Infrastrukturversorgungsbedarf, Probleme der Infrastrukturkapazitätsentwicklung und alternative Lösungsstrategien aufzeigen.

I. Die erwartete Bevölkerungsentwicklung

Infrastrukturelle Projektentscheidungen sind zukunftsorientierte Entscheidungen. Sie werden wirksam nach — z. T. mehrjähriger — Durchführungs-(Installierungs-)phase und besitzen langjährige, sich anschließende Wirkungsphasen.

Für infrastrukturelle Entscheidungen sind daher auf lange Sicht erwartete Bevölkerungsentwicklungen von Bedeutung. Andererseits wird sich die Praxis angesichts des Standes der Bevölkerungsprognosen[4]) mit 10—15jährigen Prognoseperioden zufriedengeben müssen.

1. Die globale Entwicklung der bremischen Bevölkerung

Die Bevölkerungszahl Bremens steigt über einen längeren Zeitraum bis 1966 an, stagniert auf einem Niveau von etwa 590 000 Einwohnern bis 1971 und beginnt dann, deutlich zu fallen. Für die Jahre 1974 bis 1985 ist mit einem Absinken der Einwohnerzahl von zwischen 9 und 12 %[5]) zu rechnen.

Dieser Rückgang erscheint im Hinblick auf die infrastrukturelle Bedarfs- und Kapazitätsseite nicht sehr dramatisch, vermag möglicherweise angestrebte Versorgungsniveauverbesserungen dem Ausmaß nach nicht einmal zu entsprechen und ist unter dem Gesichtspunkt impliziter Verbesserung der Versorgungslage zu begrüßen.

2. Bevölkerungsentwicklung nach Alter und Nationalität

Die eigentliche Problematik der gegenwärtigen städtischen Bevölkerungsentwicklung zeigt sich erst bei nach Ursachenbereichen, Alter, Nationalität, Ortsteilen und sozialem Status getrennter Betrachtung.

a) Die Entwicklung nach Ursachenbereichen und Nationalität

Bei Aufspaltung nach Deutschen und Ausländern und natürlicher und Wanderungsbewegung ergibt sich folgendes Bild:

Tab. 1:

Bevölkerung der Stadt Bremen 1973 und 1985

Bevölkerung	31. 12. 1973	31. 12. 1985	Veränderung gegen 1973 absolut	%
insgesamt	584 265	513 200	—71 065	—12,2
davon Deutsche	558 409	471 900	—86 509	—15,5
Ausländer	25 856	41 300	+15 444	+59,7
darunter Wanderungen	—	—	—28 600	—
davon Deutsche	—	—	—34 300	—
Ausländer	—	—	+ 5 700	—

---
[4]) Markus, Bevölkerungsprognosen in diesem Band.
[5]) Diese und die folgenden Daten über Bevölkerungs- und Wirtschaftsentwicklung sind veröffentlicht in „Bremen 1985", Bremen 1975.

Diese grobe Aufgliederung zeigt, daß die gegenläufigen Entwicklungen bei der Bevölkerungsbewegung für Deutsche und Ausländer mit bemerkenswerter Intensität ablaufen und die Abnahme der deutschen Einwohnerzahlen durch das Gewicht der natürlich bedingten Abnahme auf die jungen Jahrgänge konzentriert sein dürfte.

Dabei ist zu berücksichtigen, daß die Ausmaße der für Bremen zu erwartenden Entwicklung in anderen Städten deutlich übertroffen werden dürften.

b) *Die Entwicklung nach Alter und Nationalität*

Bei etwas veränderter, für die Infrastrukturpolitik geeigneterer Aufgliederung ergibt sich folgendes Bild:

Tab. 2:

Bestand und Veränderung der deutschen und ausländischen Wohnbevölkerung nach Altersgruppen 1973 und 1985 — Bremen

Alter von ... bis unter ... Jahre	Deutsche 31. 12. 1973	31. 12. 1985	Veränderung in
0—5	28 246	17 300	— 38,8
5—15	84 538	31 500	— 62,7
15—65	355 021	338 800	— 4,6
65 u. ä.	90 604	84 300	— 7,0
insgesamt	558 409	471 900	— 15,5

Alter von ... bis unter ... Jahre	Ausländer 31. 12. 1973	31. 12. 1985	Veränderung in
0— 5	3 249	4 600	+ 41,6
5—15	3 281	9 500	+189,5
15—65	18 738	26 500	+ 41,4
65 u. ä.	588	700	+ 19,0
insgesamt	25 856	41 300	+ 59,7

Hier nun zeigt sich deutlich das Ausmaß des zu erwartenden Bevölkerungsstrukturwandels, der wegen des altersspezifischen und nach Deutschen und Ausländern unterschiedlichen Infrastrukturbedarfs unmittelbar Auswirkungen auf die Entwicklung des Bedarfs an sozialer Infrastruktur hat und die Problematik der gegenwärtigen infrastrukturellen Lage begründet.

c) *Die Bevölkerungsentwicklung in den Ortsteilen einer Stadt und in sozialen Schichten*

Wenn auch die Bevölkerungsentwicklung die ganze Stadt erfaßt, so konzentriert die Wanderungsentwicklung sich doch bezüglich der Ausländerzahlen und der sozialen Schichtung auf bestimmte Ortsteile und auch das generative Verhalten zeigt ortsteil- bzw. schichtenspezifische Unterschiede.

Infrastrukturell ist das für die Einrichtungen von großer Bedeutung, deren Einzugsbereich relativ eng ist. Diese Aufgabe der differenzierteren Betrachtung wird gegenwärtig, soweit Alter, Deutsche und Ausländer betroffen sind, von mehreren großen Städten mit Hilfe sog. kleinräumiger Bevölkerungsprognosen angegangen, auch in Bremen.

Die Frage der intraregionalen Verteilung der sozialen Schichten bleibt m. W. dagegen unbeachtet.

Die Frage der mit der Nahwanderung verbundenen Siedlungsentwicklung ist für die Probleme der Flächeninfrastruktur (Straßen, Kanal) und die Auslastung der Infrastruktur mit engen Einzugsbereichen von erheblicher Bedeutung, die der sozialen Schichtung dann, wenn die Probleme kompensatorischer Infrastrukturpolitik zur Erreichung gleicher Startchancen und der Integration der Ausländer tatsächlich in Angriff genommen wird.

II. Die ökonomisch-fiskalischen Rahmenbedingungen

Wenn auch die Zahl der Personen im Alter von 15—65 Jahren insgesamt um 2,3 % in den Jahren 1974 bis 1985 abnehmen dürfte, so ergibt die Schätzung der Arbeitsmarktbilanz[6]) doch deutliche Arbeitsplatzdefizite. Auch hierin dürfte Bremen nicht allein stehen, da Prognosen über die längerfristige Entwicklung der wirtschaftlichen Leistung, insbesondere aber der Investitionstätigkeit generell für die BRD gegenwärtig nicht sehr optimistisch ausfallen.

Das hat zur Folge, daß gegenüber der Infrastrukturversorgung der Bevölkerung das Arbeitsplatzproblem stärker in den Vordergrund treten wird bei gleichzeitig abgeschwächter Wirtschaftstätigkeit, Einkommens- und damit Staatseinnahmenentwicklung. Die Übersetzung dieser Entwicklung in Aussagen über konkrete Restriktionen für die Infrastrukturpolitik setzt eine langfristige Projektion der gesamten Ausgabebedürfnisse voraus, die bisher zwar mittelfristig üblich ist bzw. wird, aber keineswegs langfristig.

Vor allem daher und aus Gründen der Themendarstellung wird auf die ökonomisch-fiskalischen Rahmenbedingungen der Infrastrukturpolitik nicht weiter eingegangen.

III. Infrastrukturelle Konsequenzen des neueren generativen und Wanderungsverhaltens der städtischen Bevölkerung

1. Einwohnerzahlabhängige Infrastrukturbereiche
Die staatlich und kommunal wahrzunehmende Infrastrukturversorgung der Bevölkerung betrifft u. a. folgende Bereiche:

Geburtenabteilungen in Kliniken, Kinderkrankenabteilungen, Horte, Kinderspielplätze und -gärten, Primarschulen, Sonderschulen, Schulen der Orientierungsstufe, der Sekundarstufen I und II, Jugendfreizeitheime, Sportanlagen, Einrichtungen zur präventiven oder ex-post-Behandlung von Jugendkriminalität, öffentliche Bäder, Universitäten und (Fach-)Hochschulen, Straßen, Kanalisation, Energieversorgung, Arbeitsplatzförderungen, Umschulungen, Krankenanstalten, Altersheime, Altentagesstätten.

Der Demonstration gegenwärtig sich abzeichnender infrastruktureller Problematik halber werden wir hier die Bereiche nicht diskutieren, bei denen

---

[6]) Bremen 1985, S. 151 f.

Tab. 3: Die erwartete Veränderung der deutschen und ausländischen Bevölkerung
ausgewählter Altersgruppen

Altersgruppe	Deutsche 1974	Deutsche 1985	%	Ausländer 1974	Ausländer 1985	%	Bevölkerung insgesamt 1974	Bevölkerung insgesamt 1985	%
3— 4	11 400	6 900	—39,4	1 300	1 800	+ 38,4	12,7	8,7	—31,4
5	7 100	3 200	—54,8	500	900	+ 80,0	7,6	4,1	—46,1
3— 5	18 500	10 100	—45,4	1 800	2 700	+ 50,0	20,3	12,8	—36,9
6— 9	34 100	12 000	—64,8	1 700	4 000	+135,3	35,8	16,0	—55,3
10—11	17 400	6 000	—65,5	700	2 100	+200,0	18,1	8,1	—55,2
12—15	32 000	17 200	—46,2	1 100	3 400	+209,1	33,1	20,6	—37,8
16—18	22 000	22 200	+ 0,9	900	1 700	+ 88,8	22,9	23,9	+ 4,4

Quelle: Arbeitsgruppen der LGP, Bevölkerung, Wirtschaft und Finanzen, Bremen 1985, Tab. B 29 A, B 30 A, eigene Berechnungen.

1. zu vermuten ist, daß der existierende Nachholbedarf den Bevölkerungsrückgang kompensiert,
2. der Rückgang der nachfragenden Bevölkerungsgruppe nur gering ist,
3. Möglichkeiten zu anderweitiger Verwendung von Personal-, Gebäude- und Einrichtungsinfrastruktur deutlich sind,
4. der Zusammenhang zwischen Bevölkerungszahlentwicklung und Infrastrukturausstattung nicht besonders eng ist.

Für diese Bereiche gelten im Grundsatz die folgenden Analyseansätze ebenso wie für die zur Demonstration herangezogenen, nur lassen sich die Probleme der Veränderung der Bevölkerungsstruktur an ihnen nicht so sinnfällig zeigen, dies wiederum weil das geringere Ausmaß die Dringlichkeit der Probleme verringert.

Ausgespart bleiben ebenso die Problemkomplexe, die vor allem siedlungsstrukturell bedingt sind, also z. B. die der Bereiche Verkehrs- und Kanalinfrastruktur, da hierbei auch Stadtentwicklungsfragen, also die der städtischen Ordnung, eine wesentliche Rolle spielen. Im Ergebnis bleiben vor allem die Infrastrukturbereiche von Kindergärten bis zur Sekundarstufe II, die die Altersjahrgänge der 3- bis 19jährigen betreffen.

Für die infrastrukturell bedeutsamen Altersgruppen dieser Jahrgänge werden die erwarteten Veränderungen für Bremen in Tabelle 3 gegeben.

2. Schätzungen des Infrastrukturbedarfs

a) Anforderungen an die Bedarfsschätzungen

Um die Schätzungen des Infrastrukturbedarfs einigermaßen seriös vornehmen zu können und sachfremde Einflüsse zurückdrängen zu können, wäre die Kenntnis zieladäquater Versorgungsniveaus und effektiver Ziel-Mittel-Relationen notwendig.

Das scheitert im allgemeinen bereits an der Notwendigkeit operationalisierter Definition der wünschenswerten quantitativen Zielsetzungen, der Problematik von Defizitmessungen, mangelnder Kenntnis der Beziehungen von Ziel und Mitteleinsatz (Input-Output-Relationen).

Nahezu beliebige Beispiele aus der Integrationsproblematik der Ausländer oder einer kompensatorischen Förderungspolitik zugunsten unterpriviligierter Schichten belegen das.

b) Die Lage in der Praxis

In der Praxis sind einerseits punktuell mehr oder minder begründete Vorstellungen über Ziele und Ziel-Mittel-Relationen vorhanden, die dann häufig in einfache Mitteleinsatzwerte pro Kopf einer bestimmten Bedarfsgruppe umgesetzt werden können, oder dieselben Fragen werden „politisch" entschieden, ebenfalls in Form einfacher Relationen, wie Klassenfrequenzen, Schüler-Lehrer-Relationen usf.

Auf diese inhaltliche Situation einzugehen, verzichten wir hier und weisen darauf hin, daß die anschließenden klaren Formulierungen in Form der Gleichungen nichts über die Qualität der zugrunde liegenden Analysen zur Bestimmung von Bedarfskoeffizienten aussagen, die in einfache Funktionen eingesetzt Bedarfe numerisch ermittelbar machen.

c) Die numerische Umsetzung

Sofern derartige einfache Relationen festgelegt werden, gibt z. B.

$$(1)\ P_t^b = p \cdot B_t^a$$

mit B = Bevölkerung
P = Personal
p = Personal je Kopf der betreffenden Bevölkerungsgruppe
a = Index für Altersgruppe
t = Zeitindex
b = Hinweis auf Bedarfswertcharakter der indizierten Größe

In dieser einfachen funktionalen Beziehung, Personalbedarf im Jahre t ist gleich dem Produkt aus Bedarfsgruppengröße zum Zeitpunkt t und einer Bedarfsrelation, ist letztere zunächst konstant gehalten und als unabhängig von z. B. B angenommen. Für unsere weitere Betrachtung ist diese Vereinfachung solange unerheblich, wie die Schätzung des Bedarfskoeffizienten, p, modellexogen erfolgt. Das schließt die Fälle der Abhängigkeit von Zeit oder anderen exogenen und/oder endogenen Variablen, z. B. B, mit ein, sofern nur die Schätzung selbst modellexogen erfolgt.

Außerdem ist darauf hinzuweisen, daß die Bedarfsrelation ganz verschiedene Situationen widerspiegeln kann, z. B. gesetzlich fixierte und entsprechend administrierte Relationen — z. B. Schüler-Lehrer- oder privat bestimmte Erzieher-Kind-Relationen, z. B. bei freien Kindergärten.

Bei entsprechender Interpretation der in (1) eingesetzten Variablen läßt sich dieselbe Gleichung selbstverständlich auch für Bedarfsschätzungen von Betriebsmitteln, z. B. Lehr- und Lernmittel, oder auch für die von Räumlichkeiten verwenden. Z. B. bedeutet

(1a) $$R_p^t = r \cdot B_t^a$$

mit R = Raumzahl, z. B. Schulräume
r = Raumbedarf je Kopf der betreffenden Bevölkerungsgruppe

die Funktion zur Berechnung des Raumbedarfs für eine bestimmte Versorgung der Bevölkerungsgruppe a zum Zeitpunkt t. Dabei läßt sich r z. B. interpretieren als Produkt des Kehrwertes der politisch fixierten Klassenfrequenz, f, evtl. differenziert nach Nachfragergruppen, dann also $\frac{1}{f^a}$, und einer — vermutlich über 1 liegenden — Größe, die die Bedarfszahl der Räume je Klasse angibt.

Bei der Verwendung derart einfacher Beziehungen dürfen bestimmte Komplexitäten der zugrunde liegenden Sachverhalte natürlich nicht übersehen werden. Bei der Kindergarten- und Primarstufenversorgung sind z. B. die örtlichen Einzugsbereiche nicht beliebig erweiterbar. Dabei kann es zu Schwierigkeiten bei der Realisierung politisch fixierter Gruppenfrequenzen mit Folgen für z. B. den Raum- oder Personalbedarf kommen. Tritt dieses Problem in größerem Umfang auf, wie bei Sonderschulen, so läßt es sich durch Einsatz von Transportmitteln lösen. Damit entstehen gleichzeitig neue Bedarfe mit entsprechendem Aufwand. Derartige Sachverhalte verlangen im allgemeinen komplexere Darstellungsformen als homogen-lineare Funktionen. Bei Globalbetrachtungen, z. B. Gesamtbedarfsschätzungen, dürften derart grobe Instrumente wie 1. jedoch durchaus von Nutzen sein, insbesondere wenn man die Möglichkeiten zur bedarfsgruppen- und zeitabhängigen Variation der Bedarfsrelation, hier bisher: p und r, berücksichtigt.

Sind linear-homogene Funktionen mit konstanten Koeffizienten zur Bedarfsermittlung verwendbar, so verändert sich der Bedarf der jeweiligen Infrastruktureinrichtungen prozentual genauso wie die zu versorgende Bevölkerungsgruppe. Wie in I./1. und

III./1. gezeigt, ist die Bedarfsveränderung wegen der a. o. differenzierten Altersgruppen- und Nationalitäten-Entwicklung bei Zugrundelegen eines Planungshorizontes bis 1985 ebenfalls sehr unterschiedlich und konzentriert sich auf die in III./1. angegebenen altersgruppenabhängigen Bedarfe.

Selbst bei der innerregional betrachtet unzureichenden Differenzierung und bei summarischer Betrachtung der deutschen und ausländischen Bevölkerungsgruppen sind die Werte des Bevölkerungsrückgangs dermaßen gravierend, daß Kapazitätsanpassungen politischerseits ins Auge zu fassen sind.

d) Bedarfsveränderungen

Eine Möglichkeit, notwendige Kapazitätsanpassungen zu mindern, besteht in der Änderung von Bedarfsrelationen, z. B. indem die Klassenfrequenzen generell gesenkt oder die Personalzuweisungen zu unterprivilegierten Bedarfsgruppen überproportional erhöht werden. In der Praxis dürften beide Wege gegangen werden, soweit Schulen betroffen sind, obgleich in Bremen wegen verhältnismäßig guter Infrastrukturbedarfsdeckung generelle, ungezielte Erhöhungen der Bedarfsrelationen nicht mehr im Vordergrund stehen dürften, sondern m. E. gruppenspezifische Maßnahmen den Vorrang verdienen. Für den Bereich der freiwillig in Anspruch genommenen Infrastrukturkapazitäten sind Maßnahmen zum Abbau von Nutzungsbarrieren, z.B. Kindergartenentgelte, denkbar.

Formal gesehen variiert damit der Bedarfskoeffizient in (1) im Zeitablauf und die bei konstanten Koeffizienten proportionale Übersetzung der Bedarfsgruppenveränderung in Bedarfsveränderung wird aufgelöst.

Wegen des Ausmaßes des Besetzungsrückganges der angeführten Altersgruppen ist jedoch selbst bei sehr deutlichen Erhöhungen der Bedarfsrelation, z. B. um 20 %, immer noch mit notwendigen Kapazitätsanpassungen zu rechnen. So würde eine derartige Verbesserung der Bedarfsrelation bei der vom Bevölkerungsrückgang in der Betrachtungsperiode (!) am wenigsten betroffenen Gruppe der 3—4jährigen die Bedarfssenkung von 31,4 % bei unveränderter Bedarfsrelation lediglich auf 17,7 % reduzieren.

Eine weitere Möglichkeit, den Bedarf zu verändern, besteht im Versuch, die natürliche und die Wanderungsbewegung der Bevölkerung mit dem Ziel gleichmäßiger Entwicklung zu beeinflussen. Obgleich nicht ausgeschlossen scheint, daß spürbare der Entwicklung der Familienstruktur angepaßte Maßnahmen, wie Einkommenstransfers, das generative Verhalten der Bevölkerung beeinflussen könnten, so stehen hierfür bisher praktisch keine Instrumente zur Verfügung, ganz abgesehen von der Frage, ob und inwieweit es Ziele gibt, die eine derartige Politik rechtfertigen.

Der verbleibende Einflußbereich auf die Bevölkerungsentwicklung sind die Wanderungen, bei denen für die Fernwanderungen arbeitsmarktpolitische Maßnahmen und für die Nah- bzw. Umlandwanderungen die Wohnungsbaupolitik als Beeinflussungsinstrumente in Frage kommen. Das ergibt sich aus den den Bevölkerungsprojektionen für Bremen zugrundeliegenden Analysen. Hier zeigen sich zwar Ansatzpunkte zur Infrastrukturnachfragebeeinflussung, zu bedenken bleiben jedoch eine Reihe von Problemen:

— Ist die Zielsetzung einer Auslastung bestehender Infrastruktur so wesentlich, daß derartige Maßnahmen überhaupt ergriffen werden sollen,

  1. wenn die Kosten derartiger Maßnahmen unter denen des Neuaufbaus derselben Infrastruktur an anderer Stelle liegen,

2. wenn sie darüber liegen?

— Konkurriert die infrastrukturelle Zielsetzung mit anderen Zielen, z. B. bei den arbeitsmarktabhängigen Fernwanderungen mit gleichzeitig existierenden Arbeitsmarktzielen andere soziale Schichten betreffend, oder verbietet sich bei den Umlandwanderungen eine irgendwie geartete Beeinflussung durch Subventionen aus sozialpolitischen Gründen?

— Sind die analysierten Beziehungen zwischen Arbeitsmarktlage und Wohnsituation einerseits und Wanderungen andererseits so stabil, daß sie bei Versuchen zur Beeinflussung der Wanderungen diese Maßnahmen erfolgreich sein lassen?

— Wanderungen sind bei den o. g. Altersgruppen praktisch nur im Familienverband denkbar. Welche Probleme ergeben sich durch Heranziehen auch anderer Altersgruppen im Rahmen einer Wanderungspolitik und welche Bedeutung ist diesen Problemen z. B. im Vergleich mit der infrastrukturellen Zielsetzung beizumessen?

3. Kapazitätsanpassungen

a) Die Veränderungen der Infrastrukturkapazitäten
Für die Entwicklung der Infrastrukturkapazitäten gilt zunächst

(2) $\quad \Delta K_t = -aq\, K_{t-1} + Z_t$ [7])

mit K = numerisch darstellbare Kapazität

Z = Zugang an Kapazität

aq = Abgangsquote aus dem Kapazitätsbestand

t = Zeitindex

Δ = griechisch Delta für Veränderung

Die Kapazitätsveränderung, ΔK_t, der bestehenden Infrastruktur ist gleich der Summe ihres Zugangs und ihres Abgangs, letzterer als Funktion des Bestandes der Vorperiode.

Die inhaltliche Interpretation von (2) kann sich selbstverständlich auf Personal, Betriebsmittel und Gebäude erstrecken. Entsprechend den jeweiligen Sachverhalten sind die Abgangsquote und die Zugänge von ganz unterschiedlichem Charakter.

— *Begrenzte Handlungsspielräume*
Den hier betrachteten Infrastrukturbereichen (vgl. III./1.) ist gemeinsam

1. daß die Abgangsquoten für Personalkapazität praktisch ausschließlich durch Ausscheiden aus Altersgründen oder aus privaten Gründen der Arbeitnehmer, nicht aber durch Entlassungspolitik des Arbeitgebers bestimmt und nicht sehr hoch sind,

---

[7]) Eine genauere Darstellung ist möglich bei Verwendung von Differenzengleichungen höherer Ordnung, die es erlauben, den bestehenden Kapazitätsbestand und seine Abgänge nach Zugangsjahren getrennt auszuweisen. Der Übersichtlichkeit halber und wegen des so einfacheren Rahmens für die Ableitung optimaler Zugangsstrategien (s. letzter Abschnitt von III.) verzichten wir darauf.

2. daß die Abgangsquoten der infrastrukturellen Gebäude bisher in erster Linie durch die Alter der Gebäude bestimmt — und entsprechend niedrig — war, weniger durch die Möglichkeit, Pacht- oder Mietverträge zu lösen,

3. daß allein im Bereich der Betriebsmittel, hier also Spiel-, Lern- und Lehrmittel, mit relativ hohen Abgangsquoten zu rechnen ist,

4. daß die Zugangspolitik insbesondere im Schulbereich, weniger im vorschulischen Versorgungsbereich, bisher bestimmt wurde durch freie Studienplatzwahl und Beschäftigungsgarantie der Studiengangsabsolventen,

5. daß die Zugangspolitik in den Bereichen Betriebsmittel und Gebäude Beschaffungsschwankungen als Folge von Nachfrageschwankungen auf den Markt, also die Hersteller abwälzt [und dort angesichts des Ausmaßes der zu erwartenden Bedarfsveränderungen erhebliche Beschäftigungsschwankungen auszulösen in der Lage ist, wenn man berücksichtigt, daß die hier aufgezeigten Tendenzen keine in Bremen isoliert auftretende Erscheinung sind].

Die jährlichen Raten der geschätzten Bevölkerungsabnahme der hier betrachteten Gruppen liegen zwischen 3,35 und 7,06 %. Geht man davon aus, daß in der Ausgangsperiode Bedarf und Versorgungskapazität gerade gleich groß sind, so setzt eine Anpassungspolitik, die sich allein auf Kapazitätsanpassungen — nicht auf politisch bestimmte Bedarfserhöhungen — stützt und das Gleichgewicht von Bedarf und Versorgungskapazität zum Ziel hat, eine Abgangsquote mindestens in Höhe des prozentualen Rückgangs der jeweils relevanten Bevölkerungsgruppe voraus.

Wie angedeutet ist das für den Betriebsmittelbereich unproblematisch. Im Personalbereich dürfte durch das erfolgte Nachrücken junger Jahrgänge die Abgangsquote in der Größenordnung von 3—4 % beim Lehrpersonal liegen. Genauere Daten, z. B. durch eine Personalfluktuationsstatistik oder durch eine nach Alter und Einsatzbereichen gegliederte Personalstandstatistik, liegen nicht vor.

Die Nutzungsdauer von Gebäuden dürfte zwischen 50 und 70 Jahren liegen, also bei zeitlich gleichmäßiger Erstellung eine Abgangsquote von zwischen 1,3 und 2 % erwarten lassen. Da aber die Annahme kontinuierlicher Erstellung nicht der Realität entspricht, sondern große Teile des Gebäudebestandes von Schulen, Kindergärten usf. erst in den fünfziger und sechziger Jahren erstellt sind, dürfte die globale Abgangsquote im Betrachtungszeitraum eher bei 1 % als bei 2 % oder gar darüber liegen.

Unterstellt man zunächst, daß eine Infrastrukturpolitik der Versorgung der Kinder und Jugendlichen ohne Kapazitätszugänge möglich ist und daß in den beschriebenen Bereichen im Ausgangszeitpunkt Nachfrage und Infrastrukturangebot übereinstimmen, dann ist selbst unter diesen Prämissen nicht zu erwarten, daß Überangebote an Infrastrukturkapazitäten im Personal- und vor allem im Gebäudebereich vermieden werden können. Gemildert werden kann diese Situation selbstverständlich durch die oben diskutierten Bedarfserhöhungen. Selbst wenn hier substantielle Verbesserungen durch z. B. 20%ige Anhebung der Bedarfskoeffizienten angestrebt würden, deren Realisierbarkeit angesichts der verlangsamt steigenden Finanzierungsmittel zu überprüfen wäre, so kämen lediglich im Personalbereich Abgangsquoten und Bedarfssenkungsraten etwa zur Deckung, nicht aber im Gebäudebereich. Voraussetzung dafür wären im Personalbereich dann immer noch Versetzungen von Lehrern zwischen den einzelnen Schulstufen, da recht unterschiedliche Abnahmeraten beim Bedarf vorhanden sind.

Tab. 4:
Erwartete Infrastrukturbedarfsabnahme 1974—1985
— Altersgruppen, Werte in % —

Alters-gruppe	ohne Versorgungsverbesserung		mit 20%iger Versorgungsverbesserung	
	1974—1985	jährlich	1974—1985	jährlich
3+ 4	— 31,4	— 3,4	— 17,7	— 1,8
5	— 46,1	— 5,5	— 35,3	— 3,9
3— 5	— 36,9	— 4,1	— 24,3	— 2,5
6— 9	— 55,3	— 7,1	— 46,4	— 5,5
10+11	— 55,2	— 7,1	— 46,4	— 5,5
12—15	— 37,8	— 4,2	— 25,4	— 2,6

Zu beachten bleibt jedoch, daß die Prämisse des Kapazitätszugangsstopps erhebliche Nachfrageausfälle für die Zulieferbranchen, u. a. Bau- und Verlagswesen, bedeuten und entsprechende Beschäftigungsanpassungen induzieren.

Für den Personalbereich im Bildungswesen, wo zunächst Abgangsquote und globaler Bedarfsrückgang bei Erhöhung der Bedarfskoeffizienten sich soweit annäherten, daß von Personalkapazitätsüberhängen nicht auszugehen war, ist die Prämisse des vermiedenen Neuzugangs, wie die jüngsten Einstellungsdiskussionen im Erziehungsbereich zeigen, völlig unrealistisch. Weder ist eine Zugangssperre zum Erzieherstudium noch die Weigerung des Staates, keinen der ausgebildeten Pädagogen zu übernehmen, zu erwarten.

Daher kann zunächst festgestellt werden, daß sowohl in der Personal- wie bei der Gebäudeausstattung im Erziehungsbereich mit Überkapazitäten zu rechnen ist.

Politisch-administrative Aufgabe ist es daher, nach Möglichkeiten zu suchen, die die Abgangsquoten bei Gebäuden, z. B. durch Zuführung zu neuen Verwendungsarten oder durch Abriß, und beim Personal, z. B. durch Hilfen für Lehrer, in andere Berufe zu wechseln, in erheblichem Umfang — der Größenordnung nach: Verdoppelung bis Verdreifachung der Abgangsquoten — erhöhen.

b) Die Kalkulation der Überkapazitäten und die Auswirkungen alternativer Anpassungsstrategien

(1) Die Entwicklung der Infrastrukturkapazitäten

Durch den Vergleich der jährlichen Bedarfsrückgangsraten mit den Abnahmequoten konnte auf der Basis von Gleichung (2) geprüft werden, ob Anzeichen für die Entwicklung von Überkapazitäten im Infrastrukturbereich vorhanden sind. Dies war klar zu bejahen, wenn auch für die Bauten aus anderem Grund als für den Personalbereich.

Für Aussagen über das Ausmaß dieser Entwicklung eignet sich (2) in Verbindung mit (1) nicht sehr. Die Lösung der Differenzengleichung (2) bietet bessere Einsichten. Wir haben

(2a) $\quad K_t - K_{t-1} = -a q K_{t-1} + Z$

Es gilt weiter:

(2b) $\quad K_t - (1 - aq) K_{t-1} = Z$

mit der Lösung[8])

---
[8]) GANDOLFO (1971), pp. 14 f., 18 f.

(3) $\quad K_t = A(1-aq)^t + \dfrac{Z}{aq}$

mit A als wiederum zunächst unbekannter Konstante, die von der Ausgangsbedingung (zum Zeitpunkt 0)

(3a) $\quad A = K_0 - \dfrac{Z}{aq}$

her aus (3) bestimmbar ist.

Damit erhalten wir

(3b) $\quad K_t = (K_0 - \dfrac{Z}{aq})(1-aq)^t + \dfrac{Z}{aq}$

(2) Gleichgewichtsorientierte Zugangspolitik

Die Interpretation dieser Lösung hängt wesentlich von der des Quotienten Z/aq und der Abgangsquote ab.

Aus (2b) folgt: Wenn man $K_t = K_{t-1} = K$ setzt[9]), K sich also im Zeitablauf nicht mehr verändert, oder: sein Gleichgewicht erreicht hat, oder: Zugang und Abgang gleich sind, was bei Bedarfsdeckung unterstellt werden kann, gilt

(4) $\quad K = \dfrac{Z}{aq}$

ist also der Wert, den K_t annimmt, wenn — politisch fixierter — Bedarf und Angebot gleich sind, Bedarfsdeckung erreicht ist.

K_t wird nach (3b) durch drei Ausdrücke bestimmt:

— $(K_0 - \dfrac{Z}{aq})$ gibt die Differenz zwischen der Infrastrukturkapazität zu Beginn des Betrachtungszeitraumes und der anzustrebenden, weil bedarfsdeckenden Kapazität an.

— $(1-aq)^t$ läßt sich als Gewichtsfaktor des ersten verstehen, der die Veränderung von $(K_0 - \dfrac{Z}{aq})$ bestimmt.

— Das Produkt aus beiden Werten wird verständlich, wenn man (3b) unter Berücksichtigung von (4) wie folgt schreibt:

(3c) $\quad K_t - K = (K_0 - \dfrac{Z}{aq})(1-aq)^t$,

da dann deutlich wird, daß es die nach t Perioden noch vorhandene Differenz zwischen tatsächlicher und angestrebter Infrastrukturkapazität angibt.

Nehmen die einzelnen Größen z. B. folgende Werte für die Lehrerkapazität an Primarschulen[10]) an

$K_0 = 1000$ Lehrer

---

[9]) Ebd., S. 22.

[10]) Die in diesem und den in den Abschnitten b (2) zur gleichgewichtsorientierten Zugangspolitik, b (3) zu optimaler Zugangspolitik angeführten Beispielen verwendeten Daten sind ihrer Größenordnung nach bundesweiten Verhältnissen oder denen großer Flächenländer nicht angemessen. Um jeweils relevante Größenordnungen zu erhalten, sind die Ausgangsdaten z. B. durch 1,2 zu dividieren und mit dem v.H.-Anteil der Bevölkerung eines anderen Bundeslandes zu multiplizieren. Für das Bundesgebiet ergibt sich ein Multiplikationsfaktor von etwa 80.

K = 600 Lehrer
aq = 4 %

so ergibt sich aus (3 c)

(3 c*) $K_t - 600 = 400 \cdot 0{,}96^t$

Von einer abzubauenden Kapazität von 400 Personen sind z. B. nach 10 Jahren noch knapp 64 % vorhanden also etwa 260 Lehrer. Somit errechnet für t = 10 die bestehende Gesamtkapazität sich aus der Zielkapazität K und der nicht abgebauten Überkapazität, 600 und 260, beträgt also 860 Lehrer.

Die Gleichung enthält also eine Reihe von wesentlichen Informationen für die Bedarfs- und Kapazitätspolitik.

Tab. 5:

Abgebauter Kapazitätsanteil nach 10 Jahren in Abhängigkeit von der Abgangsquote

Abgangsquote	abgebaute Überkapazität in % des Solls
2 %	18,3 %
4 %	36,6 %
10 %	65,2 %
20 %	89,3 %

Tabelle 5 zeigt, daß der Abbau von Infrastrukturkapazitäten bei einer „gleichgewichtsorientierten Zugangspolitik" außerordentlich langsam erfolgt für Gebäude und Personalbestände. Daraus wird insbesondere deutlich die bereits oben angedeutete Notwendigkeit, durch Aufzeigen von Nutzungsalternativen die Abgangsquoten der personellen und baulichen Infrastruktur erheblich zu erhöhen, wenn in erträglichen Zeiträumen Überkapazitäten abgebaut werden sollen.

Die Verluste, die durch eine solche Politik eines langsamen Abbaus von Überkapazitäten entstehen, lassen sich leicht auf der Basis von (3 c) kalkulieren, wenn die jährlichen Kosten für Personal und Gebäude je Kapazitätseinheit errechnet werden. Wir erhalten dann mit c für diese Kosten je Kapazitätseinheit

(3 d) $c(K_t - K) = c(K_0 - \frac{Z}{aq}) \cdot (1 - aq)^t$.

Die Gleichung gibt die Kosten der abzubauenden Kapazität im Jahre t an.

Die Gesamtkosten einer solchen Anpassungspolitik lassen sich leicht ermitteln, da $0 < (1 - aq) < 1$ und $t \to \infty$, so daß eine konvergierende geometrische Reihe mit der Summe, also den Gesamtverlusten, C,

$$C = \sum_{t=0}^{\infty} c(K_0 - \frac{Z}{aq})(1 - aq)^t$$

(5) $C = \frac{c}{aq}(K_0 - \frac{Z}{aq})$

entsteht.

Beispielsweise seien durchgerechnet die Kosten einer „gleichgewichtsorientierten Zugangspolitik für Lehrpersonal" mit den Annahmen:

$aq = 0,04$
$c\ = 50\,000$ DM
$K_0 = 1\,000$ Lehrer
$K\ = K_0 \cdot 0,536$

Wir erhalten dann:

$$C = \frac{50\,000}{0,04}\ (1\,000 - 536)$$

$$= \frac{50\,000 \cdot 464}{0,04} = 5\,000\,000 \cdot 116$$

$$= 580\ \text{Mio. DM}.$$

Die gegenüber einer Politik maximaler Anpassung entstehenden Mehrkosten lassen sich berechnen, wenn der Zeitraum ermittelt ist, innerhalb dessen die Kapazitätsanpassung ereicht wird und drei neue Variable definiert werden:

Setzt man

(6) $\quad zb = \dfrac{K}{K_0} \quad$ als Zielbedarfsquote

und

(7) $\quad mb = (1 - zb)$ als Minderbedarfsquote

und bezeichnet schließlich

mbj als jährliche Minderbedarfsquote (vgl. Tabelle 2)

sowie t^* als Zeitraum, der zum Abbau der Überkapazität bei maximaler Anpassung, d. h. mit $Z = o$, benötigt wird, so betragen

die Kosten der Überkapazität bei maximaler Anpassung, C^m, d. h. keiner Zuführung weiterer Kapazität,

(9) $\quad C^m = \displaystyle\sum_{t=o}^{t^*} cK_0\,(1-aq)^t - \sum_{t=o}^{t^*} cK_0\,(1-mbj)^t$

(9a) $\quad C^m = cK_0 \left[\dfrac{(1-aq)^{t^*}-1}{-aq} - \dfrac{(1-mbj)^{t^*}-1}{-mbj} \right]$

und die Mehrkosten einer gleichgewichtsorientierten Zugangspolitik ergeben sich als Differenz zwischen (5) und (9 a).

Während wir auf die Probleme der Erhöhung der Abgangsquoten bereits hingewiesen haben, die ja auch im Rahmen einer „gleichgewichtsorientierten Zugangspolitik" wesentliche Bedeutung hat, ist hier noch auf Schwierigkeiten bei der Festlegung der Gleichgewichtswerte, also implizit der Kapazitätszugangswerte, hinzuweisen.

Wir haben bisher unterstellt, daß die Zugangsdimensionierung im Rahmen der hier angeführten Politik an der Höhe des Infrastrukturbedarfs des Jahres, das den Prognosezeitraum abschließt, ausgerichtet wird. Das ist selbstverständlich dann unbefriedigend, wenn dieser Wert selbst als Extremwert, also als unrepräsentativ für einen längeren Zeitraum angesehen werden muß.

Ein Lösung dieses Problems könnte sein, den Prognosezeitraum z. B. um 4 Jahre zu verlängern und anstelle des Bedarfswertes für das bisher geltende Endjahr einen Mittelwert über die letzten 9 Jahre des erweiterten Prognosezeitraums zu verwenden.

Selbst wenn der Endjahreswert des Prognosezeitraums durchaus als repräsentativ gelten kann, könnte die erwartete Schwankungsbreite des Bedarfs um diesen Wert unvertretbar groß sein, z. B. im Bereich gesundheitlicher Versorgung. Dies Problem ließe sich beispielsweise dadurch lösen, daß — politischerseits — Werte festgelegt werden, die eine bestimmte Marge unterhalb der Spitzenbedarfswerte nicht unterschreiten, womit ebenfalls Bedarfsorientierungswerte gegeben werden, die die Berechnung von Z-Werten gestatten, auch wenn sie innerhalb des Prognosezeitraums liegen und nur als Zwischenziele zu betrachten sind. Dies gilt letztlich natürlich auch für Zielwerte, die das letzte Prognosejahr betreffen, wenn von gleitender Planung ausgegangen wird.

(3) Ein Modell zur Ableitung optimaler infrastruktureller Anpassungsstrategien

Die beiden bisher diskutierten Handlungsstrategien einer maximal zulässigen Anpassung der Infrastrukturkapazität an den erwarteten Bedarf und einer gleichgewichtsorientierten Zugangspolitik können als extreme Strategien interpretiert werden, die in der Realität auf weitere situationsspezifische Restriktionen treffen und nicht in „reiner" Form praktiziert werden können.

Eine erhebliche Flexibilität in der Aufnahme solcher Randbedingungen ist bei der Ableitung von Handlungsstrategien durch Optimierungsmodelle gegeben.

In vorliegendem Fall lassen sich leicht Kostenfunktionen, die z. B. die Abweichung zwischen Bedarf und Infrastrukturkapazität minimieren, konstruieren und mit (2) ist die Gleichung zur Kapazitätsveränderung über Z und mit (3 b) eine zustandsbeschreibende Gleichung gegeben. Damit liegt die Modellstruktur von Lagerhaltungsmodellen vor, die mathematisch gesehen — bei nicht-linearen Zielfunktionen und relativ wenigen Entscheidungspunkten innerhalb der betrachteten Periode, z. B. 4 bei 12jähriger Prognoseperiode — als Modelle der Dynamischen Programmierung eingeordnet werden können[11]). Für diese liegen Lösungsalgorithmen vor. Sind beispielsweise noch zusätzliche Bedingungen über einen anzustrebenden Kapazitätswert gegeben, so lassen sich Ansätze der Dynamischen Programmierung als diskrete Version der Problemstellung der Optimalen Steuerungen interpretieren[12]).

Das Modell läßt sich wie folgt darstellen

(10) $\quad \text{Min } C \stackrel{!}{=} \sum_t \sum_i C_t^i (K_t^i, Z_t^i, K_t^{ib})$

s.t.

(11) $\quad K_t^i = (1 - aq) K_{t-1}^i + Z_t^i$ für $t = 1, \ldots, 4$ bei z. B. 3jährigen Perioden und 12jährigem Betrachtungszeitraum

(12) $\quad \underline{K_t^i} \leq K_t^i \leq \overline{K_t^i}$

---
[11]) WAGNER (1969), pp. 261 ff.
[12]) LERNER, ROSENMAN (1970, 1973), S. 85 ff.

(13) $\underline{Z}_t^i \leq Z_t^i \leq \overline{Z}_t^i$

(14) $K_0^i = K^{*i}$

(15) $K_4^i = K^{**i}$

(16) $Z_t^i, K_t^i \geq 0$

Die Zielfunktion (10) ist nicht näher spezifiziert worden, da sie im Rahmen der Beschränkungen jeweils die abzuleitenden Strategien der Zugangspolitik stark beeinflussen dürfte, also die alternativ aufgestellten Zielfunktionen alternative Strategien induzieren. Wesentlich erscheint, daß sie die Elemente angebotene, K_t^i, und nachgefragte Kapazität, K_t^{ib}, sowie durch die Zugangspolitik, Z_t^i, selbst hervorgerufene Kosten enthält.

Der Index i wurde eingeführt für unterschiedliche Versorgungsleistungen, z. B. für die von Gebäuden und Personal.

(11) stellt die Zustandsgleichung des Modells, sein Kernstück, dar und ist aus (2) abgeleitet. Werden mehr als eine Versorgungskapazität im Modell erfaßt, so erhöht sich der Rechenaufwand zur Ermittlung optimaler Strategien erheblich[13]). Werden z. B. lediglich zwei Versorgungskapazitäten, Personal und Gebäude, eingesetzt, so wird einerseits eine für globale planerische Betrachtungen ausreichende, andererseits den Rechenaufwand in erträglichen Grenzen haltende Beschreibung der Realität erreicht.

Die Gleichungen (12) und (13) beschreiben Restriktionen, denen die Kapazität und die Zugangsgröße unterliegen für alle Zeitpunkte t und alle Kapazitätsarten i. Die Gleichungen für (12) werden häufig aus (11) abgeleitet. Das ist in der gewählten Formulierung offen gelassen.

Diese Restriktionen sind es, die gemeinsam mit der Zielfunktion den Optimierungsmodellansatz zur Ableitung von Strategien der Kapazitätspolitik flexibler und realitätsnäher machen, als die beiden extremen Strategien, die wir oben behandelt haben.

(14) und (15) beschreiben festgelegte Ausgangs- und Zielkapazitäten. (15) ist fakultativ, (16) beschreibt die übliche Nicht-Negativitätsbedingung.

Handelt es sich bei den Kapazitätsdaten und den Zugangsdaten um sehr fein teilbare Werte, z. B. 1000 Lehrer für einen Personalkapazitätswert, so dürfte es zweckmäßig sein, künstlich die Wertefolgen zu diskretionieren[14]), insbesondere dann, wenn eine grobe Ermittlung der Strategien ausreicht und auf Maschinennutzung beim Rechnen verzichtet wird. Die Reduzierung auf 4 Entscheidungszeitpunkte bei z. B. 3jährigen Zeiträumen (vgl. oben Anmerkung zu [11]) diente ebenfalls diesem Zweck.

Bei der Lösung des Modells fallen im übrigen neben den optimalen Werten für Z_t und K_t selbstverständlich die jeweiligen Kostengrößen der zu ermittelnden Politik mit an, brauchen also nicht noch wie bei den extremen Strategien gesondert ermittelt werden.

Zur Verdeutlichung eines solchen Ansatzes geben wir ein Beispiel aus dem Primarstufenbereich:

Wir gehen von 4-Jahreszeiträumen aus und setzen in den Zeitpunkten 0, 1, 2 und 3 36 000, 35 000, 30 000 bzw. 20 000 als Schüler-Prognosewerte fest. Zu verändern ist die Anzahl der benötigten Schulgebäude. Als Bedarfsrelationen sind politischerseits fixiert für die 4 Zeitpunkte 500, 500, 450, 400 Schüler je Schule, implizieren also eine Ver-

---

[13]) NEMHAUSER (1966), pp. 111—114.
[14]) NEMHAUSER, S. 104 ff.

besserung der Klassenfrequenzen. Die Anzahl der benötigten Schulen beträgt 72, 70, 66 bzw. 50. Der Gebäudeabgang beträgt etwa 6 % für einen 4-Jahreszeitraum. Aus Finanzierungs- oder Gründen der Belastbarkeit des örtlichen Baumarktes können nur bis zu 2 Schulen jährlich erstellt werden zu einem Preis von je 10 Mio. DM. Zu minimieren sind folgende Kosten:

(1) Kosten leer stehender Schulen in Höhe von jährlich 1,2 Mio. DM gemessen als Kapazität abzüglich Bedarf, $K_t - B_t$;

(2) Kosten aus Unterversorgung, $B_t - K_t$, politisch gewichtet mit sich selbst und in Finanzgrößen umgesetzt mit dem Faktor 2 Mio. DM;

(3) die Baukosten in Höhe von 10 Mio. DM je Schule.

Danach ergibt sich folgende Optimierungsaufgabe:

(17) $\text{Min } C \stackrel{!}{=} \sum_t C_t + 10 Z_t \quad C_t \begin{cases} (K_t - B_t) \cdot 1,2 \text{ für } K_t > B_t \\ (B_t - K_t)^2 \cdot 2,0 \text{ für } B_t > K_t \end{cases}$
s.t.

(18) $K_t = (0,94)^t K_{t-1} + Z_t$

(19) $K_0 = 72$

(20) $Z_t \leq 2$

(21) $K_t, Z_t \geq 0$ und ganzzahlig

Bei der Berechnung wurde K_t der Einfachheit halber und um der Erfordernis der Ganzzahligkeit Rechnung zu tragen, wie folgt gesetzt:

$K_0 = 72, K_1 = \{68, 69, 70\}, K_2 = \{64, 65 \ldots, 68\}$
$K_3 = \{60, 61 \ldots, 66\}$

Die optimale Strategie ist:

$K_0 = 72, K_1 = 69, Z_1 = 1, K_2 = 65, Z_2 = 0, K_3 = 61, Z_3 = 0$.

Es wird also nur eine Schule, und zwar mit Fertigstellungstermin $t = 1$ gebaut. Die Kosten C betragen 27,2 Mio. DM, mit 10 Mio. DM Baukosten, zweimal 2 Mio. DM aus Bedarfunterdeckung und 13,2 Mio. Kosten für Überkapazitätskosten (Abschreibung, Zinslast).

Daraus wird u. a. sichtbar, daß die Strategie nicht zuletzt von der Formulierung der Zielfunktion abhängt, für deren alternative Formulierung im Rahmen von Modellen der Dynamischen Optimierung sehr viel Freiheit besteht — schon in unserem Beispiel: nur stückweise kontinuierlich, quadratisch und ganzzahlig. Daher erscheinen nicht zuletzt diese Modelle als geeigneter Rahmen zur Ableitung alternativer Strategien der Zugangspolitik.

Es erscheint nicht sehr wahrscheinlich, daß die ausgewählte Strategie ohne klare Modellformulierung tatsächlich gewählt worden wäre. Wahrscheinlicher ist, daß die Bedarfserhöhung soweit irgend möglich in die erste 4-Jahresperiode gezogen und entsprechend dem so fixierten Bedarf gebaut worden wäre, und zwar ohne allzu große Rücksichtnahme auf die Lage in der Periode 3.

Die Strategie maximalen Kapazitätsabbaus ($Z_t = 0$ für $t = 0, \ldots, 4$), ist mit C = 28,0 Mio. DM, bei 16 Mio. DM Strafen für Unterdeckung und 12 für Überkapazitäten die zweitbeste Strategie.

Die „Minimalstrategie" gleichgewichtsorientierter Zugangspolitik hätte bedeutet:

$K_0 = 72, K_1 = 71, Z_1 = 3, K_2 = 69, Z_2 = 2, K_3 = 68, Z_3 = 3$,

mit C = 106,4 Mio. DM, wovon 80 Mio. DM Baukosten und 26,4 Mio. DM Überkapazitätslast gewesen wären. Zu fragen bleibt, ob diese Strategie nicht vielleicht Realisierungschancen besitzt, da weder den Schülern und ihren Eltern noch der betroffenen Wirtschaft „Unbilligkeiten" zugemutet werden müßten.

IV. Infrastrukturpolitische Flexibilitätsanforderungen vs. Bevölkerungspolitik

Mit Hilfe der quantitativen Formulierung der städtischen infrastrukturpolitischen Probleme konnte das Ausmaß der notwendigen Kapazitätsanpassungen angedeutet werden.

Die Anpassungsprobleme sind besonders ausgeprägt in den kapazitätserstellenden Bereichen: z. B. Bauwirtschaft, Lehrerausbildungsinstitutionen usf.

Angesichts des Ausmaßes der notwendigen Kapazitätsanpassungen scheint eine kombinierte Strategie von — auf der Kapazitätsseite — Zugangsreduktion und Umwidmung bzw. Umschulung am ehesten realisierbar zu sein, da sie die Anpassungslasten nicht nur auf die kapazitätserstellenden Bereiche abwälzt. Da diese Wege allein nicht ausreichen, werden Maßnahmen auf der Bedarfsseite ebenfalls in Aussicht genommen werden müssen, und zwar sowohl Ausstattungsverbesserungen als auch Maßnahmen zur Steuerung der Wanderungsbewegungen zur Erhaltung der Bevölkerungszahl in infrastrukturell gut ausgestatteten Gebieten. Die gegenwärtig zu beobachtende Politik von Randgemeinden der Kerngebiete steht dem häufig direkt entgegen. Die Ergebnisse der Finanzreform von 1970 erweisen sich insoweit als wenig zweckmäßig.

Es werden auch Politiken vorgeschlagen, die auf eine Hebung der Geburtenzahlen abzielen. Dazu mag es möglicherweise eine Reihe plausibler Zielvorstellungen geben. Eine davon, die Existenz von Menschen um der Füllung fehlinvestierter Infrastrukturkapazitäten willen vorschlägt, erscheint jedoch als Ausgeburt technokratischen Denkens weil Umkehrung der Zweckbestimmung. Aus dem Vorhandensein freier, fehlgeleiteter Kapazitäten wird sich kein Argument zur Befürwortung expansiver Bevölkerungspolitik ableiten lassen. Sie wäre bestenfalls als Bankrotterklärung einer auf Flexibilität gerichteten Kapazitätsnutzungspopolitik zu interpretieren, der immerhin die o. g. vier Wege offenstehen: Zugangs und Umwidmungspolitik, Ausstattungs- und Bevölkerungsverteilungspolitik.

Literaturhinweise

Arbeitsgruppen der Langfristigen Globalplanung, Bevölkerung, Wirtschaft und Finanzen — Bremen 1985, Bremen 1975.
GANDOLFO, GIANCARLO: Mathematical Methods and Models in Economic Dynamics. Amsterdam 1971.
LERNER, A. J., und ROSENMAN, E. A.: Optimale Steuerungen. Moskau 1970, deutsch: Berlin 1973.
MILLS, EDWIN S.: Studies in the Structure of the Urban Economy. Baltimore and London 1972.
NEMHAUSER, G. L.: Introduction to Dynamic Programming. New York 1966.
SCHWARZ, KARL: Umfang des Geburtenrückgangs in regionaler Sicht. In: Untersuchungen zur kleinräumigen Bevölkerungsbewegung, Forschungs- und Sitzungsberichte der Akademie für Raumforschung und Landesplanung, Band 95, Hannover 1975.
WAGNER, HARVEY M.: Principles of Operations Research, Englewood Cliffs, N. J., 1969.

Planungsprobleme bei städtischem Einwohnerrückgang[1])

von

Karl-Heinz Dehler, Hanau

> "We can mention two main reasons why the extended planning contributions have not given the expected results. The first is that theoretical foundations for policy decisions are rather weak. When the politicians choose their means, they as a rule know little of the spatial effects. And secondly, there is a scarcity of planning models which are applicable on practical planning problems and which can be used in the decision process. Probably the second weakness is a consequence of the first."
>
> P. Holm in: Karlqvist, Lundqvist, Snickars (Hrsg., 1975, S. XVI).

I. Einsatz von Prognosen, Zielen und Steuerungsmaßnahmen in der Stadtentwicklungsplanung

1. Funktionen kleinräumlicher Bevölkerungsprognosen im Planungsprozeß

Wissenschaftlich fundierte Alternativprognosen kleinräumlicher Bevölkerungsentwicklungen sind als integrierter Bestandteil städtischer Planungen Voraussetzung für die politische Auswahl von Zielen der Stadtentwicklung. Zunächst hat der von jeder Alternativrechnung aufgezeigte Entwicklungsverlauf die Chance, zur gewollten Zukunft erklärt zu werden. Zentrales Problem der Planung ist dabei die Berücksichtigung der Wirkung alternativer Steuerungsmaßnahmen in den Zukunftsrechnungen, so daß Struktur und Entwicklung der Bevölkerung unter verschiedenen Bedingungen transparent werden.

Der Planungsprozeß wird allerdings durch begrenzte Steuerbarkeit künftiger Stadtentwicklung nachhaltig erschwert: Das liegt nicht nur an unzureichender Kenntnis optimaler Ansatzpunkte zur Steuerung der Entwicklung der Bevölkerung als zentraler planerischer Bezugsgröße, sondern auch daran, daß politische Entscheidungen im Prognose- bzw. Realisierungszeitraum nicht immer mit dem bei der Auswahl einer verbindlichen Variante künftiger Bevölkerungsentwicklung ursprünglich festgelegten Verlauf der Stadtentwicklung harmonieren. Trotz dieser potentiellen Schwächen sind langfristige Alternativrechnungen kleinräumlicher Bevölkerungsentwicklung notwendig, dienen sie doch u. a. zur

- Überprüfung langfristigen Verhaltens des Stadtsystems,

---

[1]) Zur theoretischen und methodischen Fundierung von Planungsprognosen cf. DEHLER 1976b, 1976c, 1976d; praktischer Einsatz alternativer Prognosen, Ziele und Steuerungsmaßnahmen für ausgewählte Bereiche wird u. a. bei DEHLER 1974, 1975, 1976a, 1977 dargestellt.

- Ableitung von Etappenzielen (inkl. Prioritäten) als Planungseckwerte der Stadtentwicklung,
- Absicherung eines geschlossenen Aktionsprogrammes der Stadtentwicklungsplanung,
- Entwicklungskontrolle im Verlauf der Planrealisierung.

Um ihre Aufgabe als Entscheidungs- und Kontrollinstrument erfüllen zu können, sind die Prognosewerte entsprechend der Problemstellung beispielsweise zu gliedern nach

- Alter - Geschlecht - Familienstand - Nationalität und - Stellung im Erwerbsleben (nach ausgeübtem, nicht dem erlernten Beruf!), wobei insbes. den jugendlichen Arbeitslosen künftig verstärkte Bedeutung zukommt.

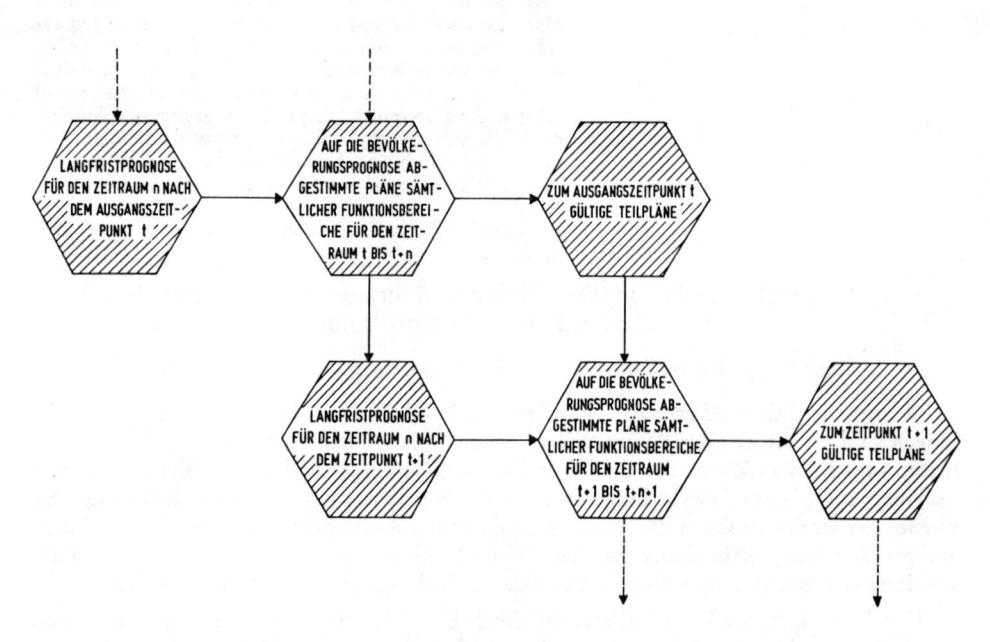

Graphik 1: Bevölkerungsprognosen als zentrale Schritte im System städtischer Planung mit gleitendem Zeithorizont

In einer strukturgleichen Graphik in: Autorenkollektiv (1973, S. 35) sind die Zusammenhänge zwischen verschiedenen Leitungselementen in Planwirtschaften dargestellt.

Das Schema impliziert, daß periodisch die verbindliche(n) Bevölkerungsprognose(n) überprüft und ggf. einer neuen Zielrichtung angepaßt wird(werden). Dabei handelt es sich bei der Beeinflussung der neuen Zielprognosen und auf diesen basierenden Teilplänen z. B. durch Vorjahrespläne eigentlich um Feedbackbeziehungen, da die alten Wertevorgaben zunächst an der Realität auf den Grad der Zielerfüllung überprüft werden und nun in modifizierter Form in die aktuellen Pläne einfließen.

Allgemeinverbindliche Maßgaben räumlicher Differenzierung der Prognoseresultate verbieten sich. Entscheidend ist aber, daß ausschließlich gesamtstädtische Prognosen weder zum exakten Ansetzen von Steuerungsmaßnahmen beitragen noch hinreichende Entwicklungskontrolle im Verlauf der Planrealisierung ermöglichen. Je nach der Datenverfügbarkeit und den individuellen Erfordernissen (z. B. Ermöglichen von Zeitreihenfortschreibungen, wenn bereits ältere Daten vorliegen) können als solche kleinen Einheiten nach städtebaulichen und funktionalen Kriterien abgegrenzte Stadtteile, Stadt- bzw. Wohnbezirke, Distrikte u. ä. gelten. Zusätzlich sind — zumindest für Planungen in Problemgebieten — Werte auf Block-, ggf. sogar Blockseitenbasis wünschenswert, die z. B. über Kapazitätsrechnungen ermittelt werden können, wenn kurz- bis mittelfristige Wohnbauplanungen abzusichern sind. Zwar gilt für kleinräumliche städtische Bevölkerungsprognosen: „*Je kleinräumlicher die Gliederung der Prognosewerte, desto größer ist die Notwendigkeit einer Zielorientierung der Prognosen, um probate Steuerungsmaßnahmen festlegen zu können; entsprechend niedriger wird bei planungspraktischem Einsatz in aller Regel aber auch der Prognosehorizont der verbindlichen Zukunftswerte sein ...*" (DEHLER, 1976 d, S. 123)*), gleichzeitig sind Kurzfristprognosen aber durch Langfristprognosen mit einem Horizont von zumindest einer statistischen Generation abzusichern, da nur so Interdependenzen, z. B. zwischen dem Wandel von Bevölkerungs- und Stadtstruktur, hinreichend abgeklärt werden können.

2. Praktischer Einsatz von Zielprognosen

Zielprognosen sind nicht mit Zielwerten identisch, unabhängig davon, ob mit diesen im Einzelfalle nun als Soll-, Richt-, Planungseckwerten o. ä. gearbeitet wird. Ihr Einsatz verfolgt vielmehr das Ziel, langfristig wirksame Planungsvorhaben bezüglich ihrer Realisierungsmöglichkeiten und Folgewirkungen kritisch zu überprüfen; auch, um in einer Zeit der Planung unter veränderten Verhältnissen wenig realitätsnahe Planungsziele schon im Ansatz verhindern zu helfen.

Derartige Zielprognosen eignen sich vorzüglich als didaktisches Hilfsmittel: Bei ihrer Darstellung im Verlaufe der politischen Diskussion um die Zielfindung werden Schritt für Schritt die einzelnen Etappen bei der Berechnung alternativer Zukünfte auch für den Laien transparent. Diese reichen von der Vergangenheitsanalyse über die Kalkulation künftigen Einsatzes von Steuerungsmaßnahmen bis hin zur Vorab-Auswahl verschiedener möglicher Ziele zunächst als Punktwerte und dann für diese jeweils unterschiedlicher Entwicklungsverläufe bis zum Zielhorizont. Ein solches Vorgehen erscheint vor allem wichtig, um z. B.

- sowohl Kommunalpolitikern als auch der Öffentlichkeit die Notwendigkeit bestimmter Planungshandlungen deutlich zu machen,
- Alternativen künftiger Stadtentwicklung inkl. Folgewirkungen bestimmter Systementwicklungen und Zielkonflikte aufzuzeigen,
- die Öffentlichkeit möglichst früh in die Zieldiskussion einzubeziehen und zu verhindern, daß deren Interessen verplant werden, was zu negativen Überreaktionen der Bürger gegenüber städtischen Planungen führen könnte,
- nicht zuletzt planerische und politische Phantasie anzuregen und einen besseren Vergleich von Wunschvorstellungen der Stadtentwicklung mit lokalen und regionalpolitischen Möglichkeiten zu garantieren.

---

*) Die Angaben in Klammern verweisen auf die Bibliographie am Schluß dieses Beitrages.

Ob die Rechenmodelle jedoch so konstruiert sein sollten, daß sie politischen Entscheidungsträgern plausibel sind, muß bezweifelt werden.

Mit der Kennzeichnung hier interessierender kleinräumlicher Bevölkerungsprognosen als „Mittel zur Zielvorgabe/Zielwertabsicherung und Entwicklungskontrolle" (DEHLER, 1976 b, S. 10) soll bewußt kein Gegensatz zu allgemein üblichen Prognosedefinitionen hergestellt werden; allerdings geht diese Sichtweise von Prognosen über das übliche Verständnis von Zukunftsrechnungen hinaus, da besonders auch die politischen Verwertungszusammenhänge der wissenschaftlich abgesicherten Prognoseaussagen bedacht werden (cf. Punkt 3 in Tab. 1). Daher sind im Rahmen der hier angesprochenen Zukunftsrechnungen nicht alternative Wirkungsanalysen alleine entscheidend; *besondere Bedeutung kommt in der Praxis vielmehr auch der Offenlegung des komplexen Prozesses iterativen Vorgehens von ersten Trendrechnungen bis zur Auswahl einer verbindlichen Zukunftsvariante zu*, von der bekannt ist, wie sie realisiert werden kann und welche Folgewirkungen sich daraus ergeben. Entsprechend ist die Untersuchung von „Wenn-dann-Beziehungen" auf den verschiedensten Ebenen des Einsatzes von Steuerungsmaßnahmen bei Analyse künftiger Bevölkerungsentwicklungen wesentlicher als die Ergebnisse von Zukunftsrechnungen an sich.

Daß prononcierte Zielorientierung vor allem bei kleinräumlichen Bevölkerungsprognosen vonnöten ist, sollte nicht weiter verwundern: Bei konsequenter Planung ist in kleineren Räumen (als die beliebige Teile des Stadtgebietes gelten können) durch die höhere Wirksamkeit von Steuerungsmaßnahmen in der Regel eine bessere Zielerreichung möglich. Auch gilt es zu bedenken, daß z. B. durch Flächennutzungspläne — die sich in der Vergangenheit oft genug als recht schwaches Steuerungsinstrument erwiesen haben — nur ein äußerer Rahmen für künftige Planungen vorgegeben wird, bildhaft vergleichbar mit einem Setzkasten: Verschiedene Möglichkeiten, diesen auszufüllen, also Alternativen der Zielerreichung, können z. B. mit experimentellen Modellauswertungen untersucht werden. Die oben dargelegte *Koppelung von Prognosen, Steuerungsmöglichkeiten und Planungszielen ist unabdingbarer Bestandteil jeder Planung. Bei kleinräumlicher Betrachtung ist der Grad der Zielerreichung besonders gut überschaubar.*

Es stellt sich jedoch die Frage nach dem Sinn von Planzielwerten bei nicht ausreichend verfügbaren Mitteln zur Steuerung der Systementwicklung. Wie sind dann aber übergeordnete Raumordnungsziele zu beurteilen, wenn bisweilen nur vage abgeschätzt werden kann, wie darauf abgestimmte Steuerungsmaßnahmen greifen[2])? Daher gilt obige Definition wegen unterschiedlicher groß- und kleinräumlicher Wirksamkeit zielorientierter Planungshandlungen zunächst nur für kleinere Raumeinheiten. Allerdings sind solche Zielprognosen großräumlicher Bevölkerungsentwicklung grundsätzlich wünschenswert. Denkbar wäre z. B. eine Vertiefung und Weiterführung des Bundesraumordnungsprogramms[3]). Es bleibt jedoch zu untersuchen, wie weit detaillierte großräumliche Sollwerte

---

[2]) So betont z. B. die Hessische Arbeitsgemeinschaft kommunale Wirtschaftspolitik im Hessischen Städtetag in ihrem Grundsatzpapier (April 1977, S. 4): „Unter dem Gesichtspunkt der regionalen Wirtschaftspolitik von Bund und Ländern wird die Effizienz der bisher eingesetzten Förderungsmaßnahmen (Ausweisung von $^2/_3$ des Bundesgebietes als Fördergebiet, direkte Zuschüsse an Unternehmen vorwiegend der gewerblichen Wirtschaft) zunehmend in Frage gestellt. Immer deutlicher wird eine neue Orientierung der Regionalpolitik gefordert."

[3]) Zur Darstellung der recht robusten Prognoserechnungen für die Raumordnungsprognose 1990 im Rahmen der Aktualisierung des BROP cf. KOCH (1977) sowie zur Erläuterung von Inhalt und Bedeutung dieser Zukunftsrechnungen den Beitrag von SELKE in diesem Band (insbes. S. 39 ff.).

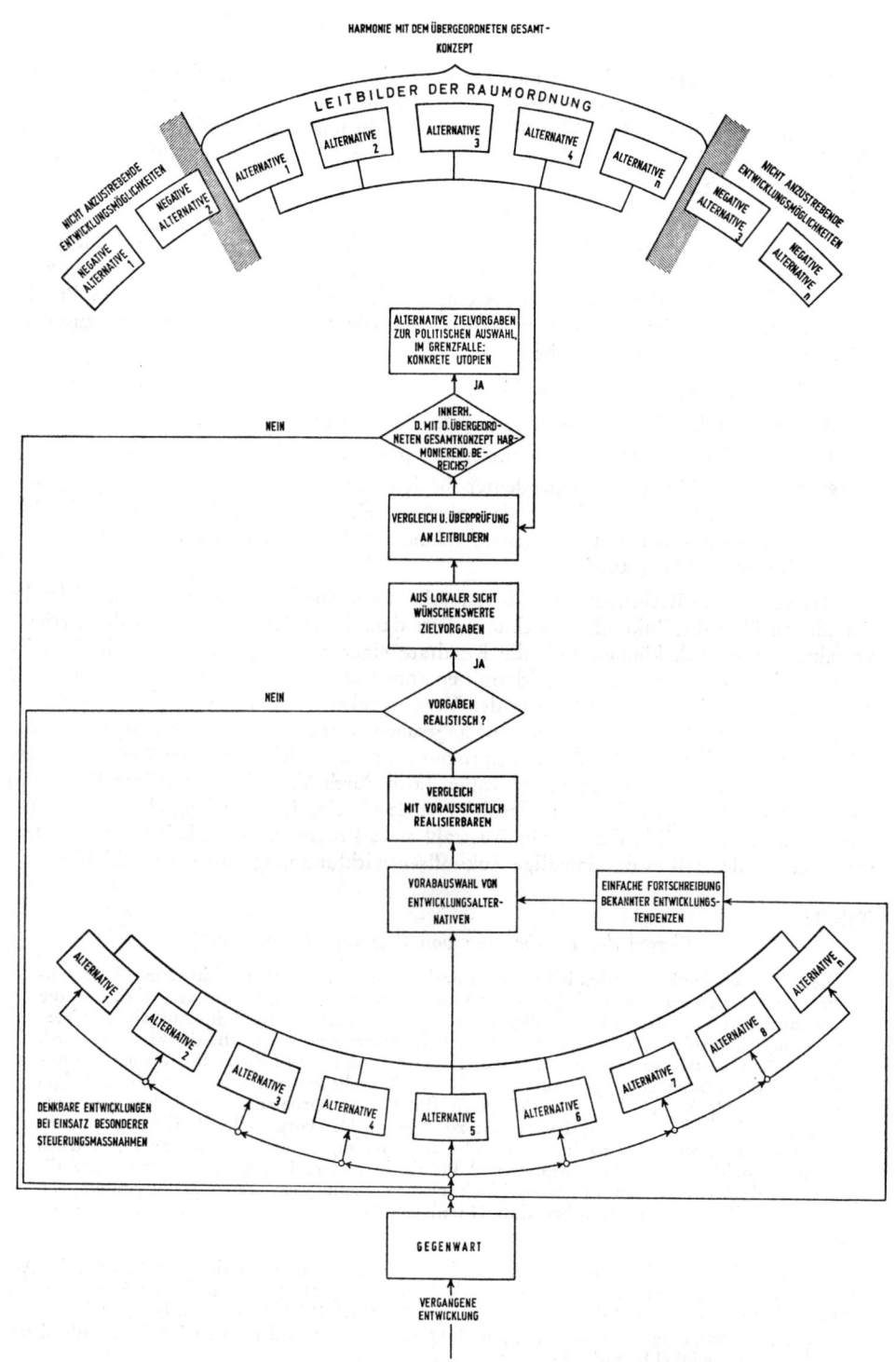

Graphik 2: Abstimmen der Zielvorgaben mit den raumordnerischen Leitbildern

als Planungsvorgaben sowohl mit unserem politischen als auch dem Planungssystem vereinbar sind, die schließlich auch die Steuerbarkeit der Bevölkerungsentwicklung bestimmen. Erfolgt aber die maßgebliche Orientierung (nicht nur) großräumlicher Planungen an Trend- als Quasi-Richtwerten, dann können u. a. fatale Konsequenzen auftreten, wie sie auf S. 260 f. beschrieben werden[4]).

Nach allgemeinem Verständnis sind Prognosen methodisches Hilfsmittel zur Zukunftserkenntnis; deren Resultate können jedoch durch verbindliche Auswahl Zielcharakter annehmen. Mit der oben vorgestellten Definition wird versucht, die Verbindung zwischen beiden herzustellen, gleichsam als eine Brücke zwischen Wissenschaft und Praxis; entsprechend gilt es im Detail darzustellen, wie künftige Bevölkerungswerte zustande gekommen sind, z. B. unter Angabe

- des Verfahrens der Zielauswahl,
- von Gründen der Entscheidung gerade für diese Entwicklungsvariante,
- notwendiger Ausgangsbedingungen und probater Maßnahmen zur Zielerreichung,
- der Entwicklung interdependenter Beziehungen zwischen der Bevölkerung und der mit ihr zusammenhängenden planungsrelevanten Bereiche (Frage z. B.: Wie wirken sich dortige Steuerungsmaßnahmen im Prognosezeitraum auf die Bevölkerungsentwicklung aus?).

Das verwandte Rechenverfahren ist zunächst zweitrangig; wesentlicher sind vielmehr Annahmen über die Zukunftsentwicklung. Erst danach erfolgt die Auswahl der Rechenverfahren. Natürlich können auch die Resultate einer Status quo-Prognose durch politische Entscheidung sehr wohl Zielcharakter annehmen. Spätestens bei Offenlegung der Basisperiode wird deutlich, welche in der Vergangenheit wirksamen Kräfte auch für bestimmte künftige Zeiträume als relevant angesehen werden. Es erscheint fragwürdig, die Güte von Modellen zur Bevölkerungsprognose an der „richtigen Prognose" von Vergangenheitsentwicklungen messen zu wollen (also durch Vergleich ehemaliger Prognosewerte mit der Realentwicklung); allerdings ist damit eine Überprüfung ehemaliger Ausgangsannahmen möglich, die mit zur Auswahl eines Prognosemodells beitrugen, von dem erwartet wurde, daß es die damalige Zukunftsentwicklung möglichst genau abbildet.

Tab. 1:
Phasen der Erarbeitung von Planungsalternativen[5])

Die folgenden Punkte werden bei planungspraktischem Einsatz zwar nicht immer klar voneinander zu trennen sein, doch ist ihre detaillierte Konzipierung vorab wesentlich, um die verschiedenen Verfahrensschritte möglichst breit abzusichern. Wesentliche Aufgabe der Verwendung eines solchen Katalogs ist auch die Erleichterung politischer Beschlußfassung durch besondere Transparenz einzelner Arbeitsschritte (cf. auch S. 264). Zusätzlich vermag die Reduktion der Zukunftsaussagen auf wesentlichste Bereiche unter Angabe jeweiliger Folgewirkungen das Verständnis von Politikern für Planungsprobleme zu erhöhen und entsprechend deren Entscheidungsfreudigkeit zu steigern. Die vorgestellte Auflistung ist nicht vollständig: Sie will nur einzelne Arbeitsschritte hinterfragen, denen im hier angesprochenen Spannungsfeld zwischen Wissenschaft und Politik besondere Bedeutung zukommt. Detailliert wird das Vorgehen in einem idealtypischen Planungsprozeß u. a. dargestellt von STRASSERT, TREUNER (1975, insbes. Kap. II und Tab. 1).

---

[4]) Weiterführend sei hier nur verwiesen auf die Diskussionen anläßlich der 8. Sitzung des Arbeitskreises „Soziale Entwicklung und regionale Bevölkerungsprognose" sowie der 5. Sitzung der Sektion IV „Siedlungsräume" der ARL am 30. bzw. 31. März 1977 in Köln (cf. Istel, 1977).
[5]) Cf. zur Vertiefung die Tabellen 2, 3 und 9 (in: DEHLER 1976d): Dort wird der Problemkreis aus anderem Blickwinkel betrachtet.

Die Punkte 3 und 6 gehen über die übliche Darstellung von Planungsphasen hinaus: Die „Vertiefte Analyse und Diagnose der aktuellen Situation" dient der Abklärung politischer Verwertungsmöglichkeiten und -absichten wissenschaftlich abgesicherter Zukunftsvarianten. Nicht nur das Verhältnis zwischen Politik-Beratern und Entscheidungsträgern ist hier zu überprüfen (cf. z. B. Fig. 1 in DIMITRIOU, 1973), sondern u. a. auch der Kontakt der Planung zu den von ihr bearbeiteten Problemfeldern.

Mit dem „Aufzeigen von Zielkonflikten" soll das Problembewußtsein aller am städtischen Planungsprozeß Beteiligten geschärft werden. Geschlossene Aktionsprogramme der STEP erfordern vorab verbindliche politische Entscheidungen zu einzelnen Problemen, die nicht alleine durch Berechnungen der Planer zu lösen sind.

1. **Analyse und Diagnose der Vergangenheitsentwicklung**
   - Welche signifikanten Entwicklungslinien zeichnen sich ab?
     - Wie stark sind diese von Trends großräumlicher/kleinräumlicher Systemdynamik geprägt?
   - Wie wirken sich allgemeine ökonomische und demographische Trends im Planungsraum aus?
   - Wie ist die bisherige Planungspolitik von Nahbereichsgemeinden/konkurrierenden Städten für die Eigenentwicklung zu beurteilen?
   - Gab es besondere Divergenzen zwischen angestrebter und tatsächlicher Entwicklung?
     - sachlich/räumlich
   - Liegen besondere Erkenntnisse über die Wirksamkeit verschiedener Steuerungsmaßnahmen vor?
     - Welche Ansatzpunkte, Zeitdauer des Einsatzes etc. erwiesen sich als sinnvoll?
     - Gab es „zwangsläufige" Zielkonflikte mit anderen Bereichen?

2. **Alternative Status quo-Prognosen**
   (Besonderer Bedacht liegt auf der Auswahl der Basisperiode und des Prognosehorizonts, da auch die Resultate von Status quo-Prognosen zur gewollten Zukunft erklärt werden können.)
   - Welche Besonderheiten ungesteuerter und gesteuerter Systementwicklung zeichnen sich für verschieden lange vergangene Zeiträume ab?
     - cf. Systemdynamik, Steuerungsmaßnahmen, zusätzliche besondere Einflußkräfte etc.
   - Für welche künftigen Zeiträume können in der Vergangenheit beobachtete Entwicklungen als repräsentativ angesehen werden?
     (Vor allem berücksichtigen: Für reine Status quo-Prognosen wird zur Erhöhung des Bereiches gesicherter Wahrscheinlichkeit die Prognose auf Basis größerer Bezugseinheiten sinnvoll sein, bei [anschließenden] kleinräumlichen Zielprognosen bieten sich wegen höherer kleinräumlicher Wirksamkeit von Steuerungsmaßnahmen u. a. im Rahmen erweiterter Wirkungsanalysen dagegen Zukunftsrechnungen auch für kleinste Raumeinheiten an.)

3. **Vertiefte Analyse und Diagnose der aktuellen Situation**, um im Ansatz Möglichkeiten der Einflußnahme auf künftige Entwicklungen abzuchecken
   (Einbezug demographischer, wirtschaftlicher, politischer, räumlicher, finanzieller Gesichtspunkte)
   - Sind Trendumbrüche erkennbar?
   - Welche drängenden aktuellen Fragen stehen an?
   - Wie ist die aktuelle politische Situation zu beurteilen in bezug auf das Problembewußtsein städtischer Politiker, deren Entscheidungsfreudigkeit etc.?
     - Wird der planenden Verwaltung von diesen ein enger Zwangsrahmen vorgegeben?
   - Wie sind die Verfügbarkeit von Ressourcen und Einsatzmöglichkeiten von Steuerungsmaßnahmen zu beurteilen?

4. **Kalkulation alternativer Zukünfte aufgrund unterschiedlicher Steuerungsmaßnahmen sowie deren (positive und negative) Folgewirkungen auf abgeleitete Zielgrößen**
   - Ist die Kommune künftig bereit, durch besondere fördernde oder restriktive Planungshandlungen, die über bisher praktizierte Ausschöpfung des bestehenden rechtlichen Instrumentariums hinausgehen, verstärkten Einfluß auf städtisches Bevölkerungsgeschehen zu nehmen (z. B. Gewähr von Finanzzuschüssen zur Mietpreisdämpfung, Erlaß einer Satzung zur Beschränkung von Funktionsumwidmungen)?

- Sind Auswirkungen veränderten Planungsrechts auf künftige Steuerbarkeit zu erwarten?
- Welche Restriktionen und Unsicherheiten ergeben sich evtl. aus bisher beobachteter Wirksamkeit von Steuerungsmaßnahmen für experimentelle Modellauswertungen?
- Sind Basisdaten in der nötigen Detaillierung für diese direkt abrufbar (auch im weiteren Planungvollzug wesentlich, um permanent Ist- an Sollwerten überprüfen zu können)?
- Wie groß ist der maximale Spielraum von den Zukunftsrechnungen aufgezeigter Entwicklungsvarianten?

5. **Vorabauswahl langfristiger alternativer Planungsziele sowie Kalkulation alternativer Entwicklungsverläufe für sämtliche Zielvarianten**

(Von Planern getroffene Vorabauswahl: Überprüfung umfassender Realisierbarkeit aufgrund räumlicher, finanzieller, juristischer u. ä. Kriterien; Gefahr: starke Einengung des Spektrums von Zukunftsvarianten durch planende Verwaltungen vor der politischen Entscheidungsfindung; kein Aufzeigen echter Alternativen.)

dann in alternative wünschenswerte Zukunftsentwicklungen

- Wird der aufgezeigte Spielraum von Zukunftsvarianten (zusätzlich) durch Konflikte mit übergeordneten Zielvorstellungen (z. B. der Regional- und Landesplanung) eingeschränkt? (cf. Graphik 2, S. 251, und zur notwendigen Übereinstimmung kommunaler Planungsvorhaben mit großräumlichen Raumordnungszielen, um notwendige Landes- und Bundesmittel sicherzustellen S. 260 und 264 f.).
- Wie ist im Lichte obiger Rechnungen die Realitätsnähe bisher diskutierter Planungsziele zu beurteilen (cf. insbes. die Verfügbarkeit von Ressourcen)?
- Vergleicht man Zielvorstellungen der Vergangenheit mit den heute diskutierten, welche signifikanten Wandlungen zeichnen sich ab?
  — Wie sind diese zu erklären (z. B. schlechtere Durchsetzungsfähigkeit öffentlicher Planungen durch zunehmend kritische Bevölkerung, Wandel politischer Machtverhältnisse)?
- Nach welchem Verfahren werden nicht nur langfristige Punkt-, sondern auch Etappenziele festgelegt?
  — Welche Kriterien entscheiden über die Prioritätenfestlegung?
- Ist es evtl. sinnvoll, mit gleitendem Zielhorizont zu arbeiten?
  — Ergeben sich daraus besondere Konsequenzen für entsprechende Zukunftsrechnungen (Arbeiten mit offenen Prognosen u. ä.)?

6. **Aufzeigen von Zielkonflikten**

- Sollte es (z. B. aufgrund gegebener Restriktionen) nicht möglich sein, in sich widerspruchsfreie komplexe Zielspektren anzubieten, dann sind solche Schwachstellen offenzulegen, um sie den Politikern bewußt zu machen und durch entsprechende Entscheidungen (cf. Prioritätenfestlegung bei der Planrealisierung etc.) eine besondere Absicherung dieser Punkte der Ziel- und Maßnahmenkataloge herbeizuführen.
- Welche „zwangsläufigen" Zielkonflikte ergeben sich künftig zwischen verschiedenen städtischen Funktionsbereichen, welche mit Planungen von Umlandgemeinden, welche mit Maßnahmen der Landes- und Bundespolitik?

Die verschiedenen aufgezeigten Punkte sollen Phasen der Erstellung alternativer Planungs- als Zielprognosen kritisch beleuchten. Deutlich wird bereits bei der Entscheidungsvorbereitung der schrittweise Wandel von wissenschaftlich abgesicherten zielfreien in zielorientierte Zukunftsrechnungen zur breiteren Fundierung der politisch motivierten Auswahl einer (oder mehrerer) Variante(n) aus dem Prognosespektrum. Entsprechend beruht die Absicherung des hier aufgezeigten Einsatzes von Zukunftsrechnungen letzten Endes weniger auf mathematisch-wahrscheinlichkeitstheoretischen Überlegungen, sondern verstärkt auf einer Einschätzung der Wirksamkeit zielorientierter Planungshandlungen; das ist bisher kleinräumig am besten möglich (cf. zur „Prognoseeffizienz" S. 271). Allerdings kann solcher prononciert zielorientierter Prognoseeinsatz nach dem aktuellen Erkenntnisstand recht problematisch sein; schließlich hängt z. B. der aus den Zukunftsrechnungen abzuleitende Einsatz von Steuerungsmaßnahmen (bezügl. optimaler Ansatzpunkte, erstmaligem Einsatz etc.) wesentlich von der subjektiven Erkenntnisfähigkeit des Steuernden ab.

Die Absicherung eines umfassenden Zielkonzepts der Stadtentwicklung ist bei rückläufigen Einwohnerzahlen um so wesentlicher, als auch vielfach knapper werdende Finanzmittel optimal eingesetzt werden müssen. Daher wird — anders als noch in den 60er Jahren — auch in absehbarer Zukunft eine Planungspolitik der kleinen Schritte dominieren. Entsprechende Planungshandlungen sind jedoch nicht technokratisch auszuführen, sondern sollten — wie bereits oben dargelegt — den Dialog zwischen planender Verwaltung, politischen Entscheidungsträgern und Bürgern schon bei der Zielfindung berücksichtigen.

3. Interdependenzen zwischen Planungszielen und Steuerungsmaßnahmen

Im Prinzip können in der Folge vorgestellte Planungshandlungen auch bei städtischen Einwohnerzuwächsen eingesetzt werden: Besonderer Stellenwert kommt einigen bei abnehmenden Einwohnerzahlen aber deshalb zu, weil sie nicht nur geeignet sein können, Rückgänge aufzufangen, sondern auch den damit gekoppelten Strukturwandel der Bevölkerung besser in den Griff zu bekommen. Dieser wurde bei Einwohnerzuwächsen nur zu oft verdeckt, tritt aber z. B. bei Abwanderungen in den Nahbereich deutlich zutage, wenn vor allem der Wegzug mittlerer und gehobener Sozialschichten zu einem Absinken des durchschnittlichen Sozialniveaus städtischer Bevölkerungsgruppen beiträgt. Da sich bei knapper verfügbaren Ressourcen gleichzeitig die Wertigkeit zwischen verschiedenen Zielen und Prioritäten verschiebt, brechen zusätzlich zuvor nicht immer offenkundige Zielkonflikte zwischen verschiedenen Bereichen verstärkt auf: Auch deshalb steigt die Bedeutung von Prognoserechnungen unter Berücksichtigung der Einsatzmöglichkeiten entsprechender Steuerungsmaßnahmen[6]).

Es genügt zur Durchführung von Planungshandlungen jedoch nicht, wenn Zielformulierungen über Allgemeinplätze wie „Schaffen optimaler Wohnbedingungen für alle Stadtbewohner" oder „Erhaltung einer ausgewogenen Bevölkerungsstruktur" kaum hinausgelangen. Auch scheint es wenig sinnvoll, nur globale Zielzahlen der Einwohnerentwicklung anzugeben (z. B.: Stabilisierung auf einem niedrigeren Niveau von x Tsd. oder Auffangen von x Tsd. potentiell Abwandernden noch innerhalb des Stadtgebietes), wenn jene Zielgruppen, die von Einzelplanungen (z. B. zur Revitalisierung der Innenstadt) besonders angesprochen werden sollen, mit ihrem Infrastrukturbedarf in Abhängigkeit von der Alters- und Sozialstruktur nicht bekannt sind.

In der Vergangenheit bestand kommunale Prognosetätigkeit aber vielfach nur aus einfachen Trendrechnungen, und die entsprechende „Planung" der Bevölkerungsentwicklung beschränkte sich auf Flächenausweisungen in peripheren Bereichen. Daher kann nicht verwundern, daß manche Planer und Politiker nunmehr zu Überreaktionen neigen, seit der städtische Einwohnerrückgang nicht mehr zu ignorieren ist.

Nicht unterschätzt werden sollte allerdings auch *die psychologische Wirkung rückläufiger Prognose- als Planungszielwerte* z. B. auf die Investitionsbereitschaft der lokalen Wirtschaft und damit die Stadtentwicklung allgemein. Besteht jedoch nicht die Gefahr, daß Politiker in den Augen der kritischen Öffentlichkeit unglaubwürdig werden, wenn sie an unrealistisch hohen Planungszielen festhalten?

---

[6]) Aktuelle Ansätze zur Bewältigung der „Prognosekrise" durch das Mittelfristige Forschungsprogramm Raumentwicklung und Siedlungsentwicklung stellt GANSER (1977, insbes. S. 20 ff.) dar.

Auffangen abwandernder Einwohner und Stabilisierung der Bevölkerungsstruktur heißt die Devise: Zu oft wird vergessen, daß das aber nur wirksam möglich ist, wenn

- die Bevölkerungsentwicklung nicht global gesteuert wird (also lediglich im Hinblick auf Zu- oder Abnahme),
- Zielgruppen-orientierte Planung dominiert,
- was entsprechende Kenntnis von Präferenzen der Wohnstandortwahl voraussetzt (z. B. Abhängigkeit der Wanderungsbewegungen vom Lebenszyklus [cf. Augsburg, 1974; Centre National de la Recherche Scientifique, 1975; DUNCAN, NEWMAN 1976], ebenso wie der Wunsch expansiver Familien, an der Peripherie zu wohnen, während Alleinstehende und kinderlose Familien eher zu citynahem Wohnen neigen).
- die soziale Selektion in der verbleibenden Stadtbevölkerung nicht schon so weit fortgeschritten ist, daß aufgrund sozialer Erosionserscheinungen die Bevölkerungsentwicklung fast nicht mehr steuerbar ist.
- vorab das Spektrum denkbarer Zukünfte durch Alternativrechnungen kleinräumlicher Bevölkerungsentwicklung im Hinblick auf seine Realisierbarkeit abgecheckt wurde.

Ein Zielkatalog der Stadtentwicklung kann in der Planungspraxis nämlich nur dann seinen Sinn erfüllen, wenn er mit einem Maßnahmenkatalog unter Bedacht auf verfügbare Ressourcen gekoppelt ist. Daher stellt sich die Frage, ob in Plänen der Stadtentwicklung wirklich alle planungsrelevanten wünschenswerten Entwicklungen als Vorgaben darzustellen sind, oder ob nicht eine Beschränkung auf solche Bereiche sinnvoll ist, die tatsächlich durch öffentliche Planungen gesteuert werden können — schließlich ist es unüblich, z.B. direkt in das Marktgeschehen einzugreifen (cf. S. 262). Gilt nicht für Zielkataloge der Stadtentwicklungsplanung (STEP) dasselbe wie für Planungsprognosen allgemein: Ohne Mut zur Vereinfachung und Reduktion auf das Wesentliche können diese nicht mit wünschenswertem Erfolg eingesetzt werden? Greifen nicht ohnehin die (auch nach novelliertem BBauG) für öffentliche Planungen verfügbaren Steuerungsinstrumentarien vielfach so schwach, daß nur Rückzugsgefechte gegenüber Privatplanungen geführt werden können und entsprechend detaillierte Wertevorgaben nur mit besonderen Anstrengungen realisierbar sind? Machen nicht britische Erfahrungen, insbesondere mit dem "Strategic Planning", deutlich, daß die städtische Zukunftsentwicklung sehr viel besser bei Konzentration auf zentrale Planungsgrößen in den Griff zu bekommen ist als beim Versuch der Steuerung eines extrem gefächerten Spektrums sämtlicher planungsrelevanten Bereiche (cf. FRIEND, 1976)?

Diese Aussagen stellen keinen Widerspruch zur obigen Forderung einer genauen Angabe der Zielbevölkerung dar, doch sollten schon bei der verbindlichen Entscheidung für eine Zukunftsalternative als gewollte Entwicklung jeweils Schwankungsbreiten einkalkuliert werden: Die Systemdynamik kann sich überraschend ändern, die Wirkung von Steuerungsmaßnahmen entspricht eventuell nicht den Erwartungen (was sich besonders negativ bei Disparitäten zwischen der Entwicklung von Bevölkerung und notwendigen Folgeeinrichtungen auswirken kann); auch bestehen durch Bedacht auf alternative denkbare Maßnahmen flexiblere Reaktionsmöglichkeiten auf städtischen Interessen zuwiderlaufende Planungen von Umlandgemeinden. Es mag sogar sinnvoll sein, bei der Umverteilung negativen Wachstums der Einwohnerzahlen mit offenen Prognosen zu arbeiten — vorausgesetzt, die finanzielle Realisierbarkeit von Planungsvorhaben wird dadurch nicht in Frage gestellt.

II. Ursachen und Folgewirkungen städtischen Bevölkerungsrückganges

In der öffentlichen Diskussion um rückläufige städtische Einwohnerzahlen wird allgemein zu wenig berücksichtigt, daß von den Abwanderungen vor allem die Städte als administrative Gebietseinheiten betroffen sind, weniger dagegen die verstädterten bzw. Verdichtungsräume als ganzes: In das betreffende Umland erfolgen nämlich in der Regel Zuwanderungen sowohl aus den Kernstädten als auch ländlichen Räumen; — trotz gegensteuernder Maßnahmen der Raumordnungspolitik, deren Wirksamkeit aber sehr begrenzt ist. Gerade die Umverteilung negativer städtischer Wachstumswerte stößt bei politischen Entscheidungsträgern noch vielfach auf besondere Schwierigkeiten, weil sie Einwohnerverluste als zwangsläufig negativ ansehen und glauben, diese als Eingeständnis der Schwäche lokaler Planungspolitik gegenüber potentiellen Wählern nur schwer vertreten zu können.

Maßgebliche Einflußgröße auf den Bevölkerungswandel ist der steigende Lebensstandard; das gilt insbesondere auch für verändertes generatives Verhalten. In einer Überschau lassen sich folgende Hauptmerkmalsgruppen aufzeigen, die entweder einzeln oder in Kombination auftreten können:

Tab. 2:
Hauptursachen städtischen Einwohnerrückganges
- Wandel generativen Verhaltens durch veränderte Einstellung zum Kind,
- Rückgang der Wohnungsbelegungsdichte mit höheren Ansprüchen an Wohnkomfort,
- bessere Erreichbarkeit von Umlandgemeinden mit Ausbau des Straßennetzes und steigender Motorisierung.

Diese sind in den einzelnen Städten der jeweiligen Problemlage entsprechend zwar unterschiedlich stark ausgeprägt, doch tragen allgemein folgende Gegebenheiten zum Einwohnerrückgang bei:
- keine Verfügbarkeit adäquaten Wohnraumes für alle Bevölkerungsgruppen,
- fehlendes Bauland und zu hohe Bodenpreise für Bauwillige,
- unzureichende Möglichkeiten der Eigentumsbildung auch im Geschoßwohnungsbau,
- Segregationserscheinungen als Resultat der Mischung stark heterogener Sozialschichten,
- erzwungene Verdrängung durch innerstädtische Expansion des tertiären Sektors (generell sowohl Zunahme des Wohn- als auch des Arbeitsflächenbedarfs pro Kopf der Bevölkerung, cf. BOUDEVILLE, 1972; CHISHOLM, 1976; HANSEN, 1975; SCHAFER, 1974),
- zunehmende städtische Umweltbelastung auch im Wohnbereich [7]),
- Mangel an nötigen Wohnfolgeeinrichtungen insbes. im Freizeit- und Erholungssektor.

Aufgrund dieser Ursachen kommt es in vielen Städten zu einer brisanten demodynamischen Entwicklung. Diese wird vielfach aufgrund weit verbreiteter Fehleinschätzungen der aktuellen Situation und entsprechend fehlendem oder falschem Einsatz gegensteuernder Maßnahmen verschärft: Die Bevölkerungsumschichtung vollzieht sich zunehmend schneller und ist in manchen Städten nicht mehr in den Griff zu bekommen, wenn nicht bald eine Zielrevision der STEP erfolgt und entsprechende Maßnahmenbündel angesetzt werden — zumal diese in aller Regel erst mit größeren Zeitverzögerungen wirksam greifen. Es wurde u. a. von BOURNE (1975), HILLEBRECHT (1976) und SPENCE (1976) darauf hingewiesen, daß gerade bei einem breiten Spektrum von Abwanderungsmotiven nur der Einsatz flankierender Maßnahmen zum gewünschten Planungserfolg führt.

---

[7]) Einflüsse der Umweltbelastung (insbes. Luftverschmutzung) auf die Wohnsitzwahl wurden im Detail von V. K. SMITH (1977) untersucht.

Idealtypisch lassen sich einige Charakteristika städtischen Einwohnerrückganges wie in Tabelle 3 aufzeigen. Dabei wird unterstellt, daß

- vor allem junge Familien mittlerer und gehobener Sozialschichten die Städte verlassen,
- was (trotz gedämpfter Konjunkturentwicklung) zu einem zumindest relativen Anstieg des Anteils der ausländischen an der Gesamtbevölkerung beitragen kann.
- Ausländer konzentriert in einzelnen Stadtteilen leben.

Tab. 3:
Charakteristika städtischen Einwohnerrückganges
WANDEL DER BEVÖLKERUNGS- UND NUTZUNGSSTRUKTUR

- Generatives Verhalten
  — Ausländische Geburten werden deutsches Geburtendefizit künftig schwächer dämpfen; vereinzelt schon heute zu beobachten: mit stärkerer Assimilierung ausländischer Bevölkerungsgruppen zwar höherer Rückgang ausländischer als deutscher Fruchtbarkeitsziffern, doch werden diese aufgrund stark unterschiedlicher Geburtenhäufigkeit mittel- bis langfristig noch über den deutschen Werten liegen.

- Abwanderungen
  — Übergang von wellenförmigem zu sprunghaftem Abwandern auch als Folge des Bevölkerungsdrucks auf nicht ausreichend vorhandenen adäquaten Wohnraum (Größe, Lage, Preis, Verfügbarkeit etc.) für alle Bevölkerungsschichten: vor allem jüngere aktive Bevölkerungsgruppen verlassen die Stadt; Nachdrängen von Angehörigen der sozialen Grundschicht, soziale Erosionserscheinungen greifen vom Stadtzentrum ausufernd um sich; mit zunehmender Geschwindigkeit der Bevölkerungsumschichtung wird die städtische Einwohnerentwicklung für die öffentliche Planung immer schwieriger steuerbar.

- Soziale Entmischung
  — Mit Erhöhung des Anteiles von Randgruppen in der Innenstadt Verschärfung von Segregationserscheinungen: bei Mischung stark heterogener Sozialschichten in der Regel Abwanderung gehobener Sozialschichten,
  — Untersuchungen des Deutschen Instituts für Wirtschaftsforschung zufolge (cf. ULBRICH, 1976, und BARTHOLMAI, ULBRICH, 1977) werden die Wohnungsmieten (insbes. in den Sozialbauten der 70er Jahre) stark ansteigen; noch wirken aber frei finanzierte Wohnungen durch regionale Überangebote allgemein dämpfend: Soziale Selektionsprozesse im Wohnbereich können sich aber mittel- bis langfristig verschärfen.

- Wohnungsbelegungsziffern
  — Stark heterogene Entwicklung der Belegungsziffern insbes. in älteren Sozialbauten: Verbleiben einer überalterten Restbevölkerung und Zuzug von Angehörigen der sozialen Grundschicht (künftig verstärkt: auch Abnutzungsmieter).
  — Ist die Wohndichte langfristig weiterhin rückläufig, dann können in den 90er Jahren durchschnittliche städtische Wohnungsbelegungsziffern noch unter 2,0 Pers./WE dominieren.

- Altersstruktur
  — Nachhaltige innerstädtische Verschiebung der Altersstruktur: Überalterung der Stadtbevölkerung bei Ausdünnung mittlerer und jüngster Jahrgänge, da insbes. expansive Familien in das Umland abwandern; erst mit Absinken des durchschnittlichen Sozialniveaus durch Ausländerzuzug wieder Verbreiterung der Jugendbasis.

BEURTEILUNG DES WANDELS DER STADTSTRUKTUR

- Randwanderungen, Wohnflächenausweisungen und Infrastrukturbedarf
  — Aufgrund negativer Folgewirkungen städtischer Ausuferung, wie z. B. Zersiedelung der Landschaft, mit größerer Wohn-/Arbeitsstättendiskrepanz verstärkter Umweltbelastung durch Verkehr, in Randbereichen verstärktem Bedarf an Infrastruktur-

einrichtungen, die in zentralen Wohngebieten vorhanden sind, dort aber nicht ausreichend genutzt werden, sowie aufgrund periodischer Maxima der Nachfrage z. B. nach Kindergärten, Spielplätzen, Schulraum, die auch in neuen Wohngebieten aufgrund der Altersverschiebung mittel- bis langfristig nur sehr viel schwächer genutzt werden[8]), kann das Auffangen abwandernder Einwohner am Stadtrand kein Allheilmittel sein.

— Trotz der aufgezeigten negativen Folgen kann es bei rückläufigen Einwohnerzahlen aufgrund sinkender Wohnungsbelegungsziffern sinnvoll sein, zusätzliche Flächenausweisungen für Wohnbebauung vorzunehmen, wenn bei steigenden Ansprüchen an Wohnkomfort genügend Wohnfläche selbst für eine rückläufige Einwohnerzahl verfügbar sein soll (cf. DEHLER, 1975, Tab. 1: Einwohnerrückgang in Gießen: Vorteile/Nachteile).

- Künftige Sanierungsprobleme
    — Städte mit starken Kriegszerstörungen werden Anfang der 80er Jahre besondere Schwierigkeiten bei Stabilisierung von Zahl und Struktur ihrer Einwohner haben: Wohngebiete aus der Wiederaufbauphase, die ursprünglich nicht unter Bedacht auf anspruchsvolle Wohnwünsche bebaut wurden, da es vor allem die Wohnraumnot zu beseitigen galt, müssen dann umfassend saniert sein, will man stärkere Abwanderungen in das Umland verhindern.

- Verdrängung der Wohnbevölkerung durch innerstädtische Expansion des tertiären Sektors
    — Großflächige Umfunktionierung von Wohn- in Geschäftsfläche mit Wohnungsbelegung durch Übergangs- und Abnutzungsmieter als Vorstufe wird zunächst zu Verslumung, dann Verödung der Innenstädte führen. (Man könnte aber auch eine Wirkungskette mit anderer Abfolge der Einzelschritte darstellen, nämlich: flächenhafte Expansion des Citybereiches, entsprechend bessere Verkehrserschließung ermöglicht höhere Zentralität; diese führt mit Reduktion der Wohnfunktion sowie steigenden Boden- und Mietpreisen zur Verdrängung der angestammten Bevölkerung; der Zuzug in innerstädtische Wohnquartiere erscheint für gehobene Sozialschichten aufgrund zunehmender Umweltbelastung durch Verkehr nicht mehr attraktiv genug; erhöhter Parkflächen- und Erschließungsbedarf als Folge der Aufstockung zentraler Nutzung wird eine immer stärkere Barriere für den Zuzug ehemals hier lebender Bevölkerungsgruppen sein; — es sei denn, eine hochrentierliche Zwischennutzung als Vorstadium der Geschäftsflächenausweitung erlaubt noch vorübergehend Wohnraumbelegung.)

III. Wandel städtischer Planungsziele bei rückläufiger Einwohnerzahl

1. Einflußgrößen auf Planungszielwerte

Die Vorab-Formulierung aufeinander abgestimmter Planungsziele zur Fundierung politischer Entscheidungsfindung gehört zu den wesentlichsten Aufgaben städtischer Entwicklungsplanung. Noch zu oft wird dabei aber heute verkannt, daß mit dem quantitativen vor allem der qualitative Einwohnerverlust das Resultat weniger hoher Lebensqualität in städtischen Wohnbereichen als in denen der Nahbereichsgemeinden bzw. Randgebiete des Verdichtungsraumes ist, auch aufgrund von Schwierigkeiten, bei der Verbesserung der Wohnumwelt mit schneller steigenden Ansprüchen an den Wohnkomfort Schritt zu halten. Daher sollten von Prognoserechnungen abgeleitete bzw. diese absichernde Steuerungsmaßnahmen ebenso wie gewandelte Zielvorstellungen der Stadtentwicklung unbedingt auch sich notwendig ändernden Planungsnormwerten zur Versorgung der Bevölkerung (Wohnfläche pro Pers., Grünflächen, Spielplatzflächen etc.) Rechnung tragen. Es genügt nämlich nicht, nur die Zielbevölkerung im Auge zu haben und davon starre Planungshandlungen

---

[8]) Allerdings zeichnet sich in manchen Städten ein gegenläufiger Trend ab, da — aufgrund einer älteren Zuzugsbevölkerung, geringeren Anteils von Sozialwohnungen und veränderten generativen Verhaltens — nicht mehr wie bisher üblich größte Kinderzahlen in peripheren Bereichen, sondern vor allem einzelnen Teilen der City und Innenstadtrandzone auftreten; nicht zuletzt wegen des dort hohen Anteils von Angehörigen der sozialen Grundschicht und Ausländern.

abzuleiten; vielmehr müssen auch ständig größere Anreize geboten werden, um diese zum Verbleiben bzw. zur Rückkehr in die Stadt zu bewegen. Das dürfte aber auf besondere Schwierigkeiten stoßen, wenn heute geltende Normwerte unverändert in langfristige Planungsprogramme eingebaut werden. Planer sind sich jedoch oft nicht der politischen Implikationen bewußt, wenn sie z. B. mit zwar nicht wert-, aber doch scheinbar zielfreien Faustzahlen und Richtwerten operieren, die bei Übertragung in Planungshandlungen letztlich als willkürliche Wertefestlegung anzusehen sind. Selbst geringe Variationen von Zielwerten zur Versorgung der Bevölkerung (z. B. mit öffentlichen Infrastruktureinrichtungen) können einen sehr viel größeren Einfluß auf die Notwendigkeit des Einsatzes bestimmter Steuerungsmaßnahmen haben als Veränderungen der Bevölkerungszahl. Ziele der Stadtentwicklung werden zwar durch Berechnungen künftiger Bevölkerungsentwicklung abgesichert, Versorgungswerte der Bevölkerung aber letztlich willkürlich festgesetzt, so daß im Einzelfalle probate Steuerungsmaßnahmen sehr viel mehr den Zielvorstellungen der Stadtentwicklung als der Bevölkerungsentwicklung an sich angepaßt werden müssen.

Zwar erscheint es vielfach schier unmöglich, dem künftigen Wandel der Bedürfnisse der Bevölkerung bei Erstellung langfristiger Planungsprogramme bereits im Ansatz Rechnung zu tragen, doch ist planerisch die Umschichtung der Bevölkerung nur in den Griff zu bekommen, wenn in den Ziel- und Aktionsprogrammen eine Abkehr von rein quantitativen Planungsansätzen und statt dessen die zusätzliche besondere Berücksichtigung qualitativer Ansprüche erfolgt. — Das wird aber nur möglich sein, wenn Planung den engen Kontakt zu jenen Problemfeldern hält, die es gerade bei rückläufigen Einwohnerzahlen zu bewältigen gilt: Dazu zählt oftmals die — wenn auch nur relative — Erhöhung des Anteiles von Unterprivilegierten wie Ausländern und Randgruppen an der Gesamtbevölkerung, die zu verstärkten Abwanderungen der Stammbevölkerung beiträgt.

Die Anfechtbarkeit, wenn nicht gar Fragwürdigkeit vieler aktueller städtischer Planungsziele ist auch Resultat der Zurückdrängung des Einflusses wissenschaftlicher Politik-Berater auf die Zielformulierung in einer Zeit, in der viele angeblich „wissenschaftliche Prognosen" sich als obsolet erwiesen haben. Sollten sich heute Planungsgutachten rächen, in denen Gutachter — nicht zuletzt in Hoffnung der Erlangung von Folgeaufträgen — glaubten, ihren politischen Auftraggebern in der aufgezeigten Zukunftsperspektive entgegenkommen zu müssen? Besteht nicht die Gefahr, daß bei stärkerem politischen Einfluß auf die Zielfindung und -formulierung sogar schon in frühem Stadium der Erstellung explorativer- als Basis von Planungsprognosen die wissenschaftliche Basis vieler Planungs-/Prognoserechnungen erschüttert wird, weil diese sich immer weniger an tatsächlich langfristig Realisierbarem denn aktuell politisch Machbarem — also schon im Ansatz einem politischen Zwangsrahmen — orientieren? Es gilt jedoch auch zu bedenken, daß das zur Fundierung der politischen Beschlußfassung erarbeitete Entwicklungsspektrum in aller Regel von Planungsberatern bereits eingeschränkt ist, deren Tätigkeit immer mehr weg von bloßer Entscheidungsvorbereitung und hin zur Vorabentscheidung tendiert. (Zur Berücksichtigung finanzieller Restriktionen cf. LUTZKY, 1976.)

2. Probleme der Zielwertabsicherung

Eine saubere Trennung zwischen der Erarbeitung wissenschaftlich fundierter Alternativrechnungen und politisch motivierter Auswahl einer Entwicklungsvariante erfolgt nicht immer. Mehr oder minder willkürlich gesetzte Zielwerte der Bevölkerungs- und damit der Sadtentwicklung laufen aber Gefahr, hilflos Umlegungen landesplanerischer Zielwerte als Orientierungsrahmen für kleinere Raumeinheiten ausgeliefert zu sein. Erfolgt nämlich keine Überprüfung der Verfügbarkeit nötiger Ressourcen und der Einsatzmöglichkeiten auch alternativer Steuerungsmaßnahmen im Hinblick auf angestrebte Planungsziele, dann ist die Erstellung eines abgesicherten Aktionsprogrammes entsprechend problematisch. Das könnte gerade bei zunehmend fremdbestimmten Haushalten und steigender kommunaler Schuldenlast fatale Folgen haben — schließlich kommt insbesondere den nötigen Landesmitteln zur Realisierung größerer Infrastruktureinrichtungen besondere Bedeutung zu. (Daß damit Demokratieverlust und abnehmende Bürgernähe der Planung einhergehen, steht außer Zweifel.) Solche Zuweisungen richten sich primär nach landes- und regionalplanerischen Zielvorstellungen, die ihrerseits von Prognosen der Bevölkerungsentwicklung auf Landesebene abgeleitet sind. Derartige Prognosen Statistischer Landesämter sind aber lediglich Status quo-Prognosen[9]. Bei ihrer Verwendung als zusätzliche Orientierungshilfe für planerische Handlungen (z. B. aufgrund der Fehleinschätzung, daß solche Prognosen „wahre" Aussagen über Zukunftsereignisse lieferten) bestehen u. a. folgende Gefahren:

- Werden Resultate von Status quo-Rechnungen zur gewollten Zukunftsentwicklung erklärt, dann können diese zur Trendstabilisierung und damit auch Zementierung bestehender Mißstände beitragen: Gerade im Bereich innerstädtischer Bevölkerungsumschichtung sind dabei aber z. B. aufgrund der Mischung heterogener Sozialschichten überraschend ruinöse, kaum mehr steuerbare Mobilitätsprozesse denkbar.

- Der Wandel großräumlicher Systemdynamik erfolgt in aller Regel schwerfälliger als in kleineren Gebietseinheiten. Nicht alleine deshalb, sondern u. a. auch, weil Besonderheiten der Stadtentwicklung bei entsprechender Umlegung von Landes- und Regionalergebnissen nicht zum Tragen kommen, sollte keine zu starke Orientierung der STEP an solchen — wenn bisweilen auch nur impliziten — Wertevorgaben erfolgen.

Gerät die kommunale Planung aber nicht zwangsläufig in Bedrängnis, wenn sie sich zur Beachtung von Prognosen gehalten sieht, die als Trendrechnungen im Grunde ohne politische Entscheidung und Kontrolle in Planzielwerte transformiert wurden? Zum einen weiß man, daß zur Sicherstellung ausgewogener Stadtentwicklung derart schematische Prognosen als planerische Wertevorgaben schwerlich taugen können, andererseits kann es wichtig sein, offiziell zu bekunden, daß man mit solchen „Ziel"prognosen arbeite, um entsprechende Zuschüsse z. B. für Bauvorhaben sicherzustellen. Da diese bisher aber vorrangig gewährt wurden, wenn es gelang, künftiges Bevölkerungswachstum aufzuzeigen, standen Kommunen bisweilen vor der Alternative eines Superausbaus oder Bauverzichts. Insbesondere im Bereich der Verkehrsplanung kann solches Vorgehen, z. B. bei räumlicher Trennung verschiedener Bevölkerungsgruppen voneinander durch Überdimensionierung von Verkehrswegen, drastischer Minderung innerstädtischen Wohnwertes etc., fatale Folgen haben.

Um künftig ähnliches zu vermeiden, sollten Planungsbehörden die Qualität jener Prognosen, die sie in die Zielwertdiskussion einbringen, so verbessern, daß diese zumindest fachlich nicht mehr angreifbar sind; es müßten im jeweiligen Falle vor der Planrealisierung deutlich werden:

- die Ausgangsannahmen,
- die Eingangsdaten,

---

[9] Eine Ausnahme sind vertiefende Zukunftsrechnungen der Statistischen Landesämter Berlin, Bremen und Hamburg, die wegen der besonderen Lage und Größe ihres Untersuchungsgebietes Funktionen städtischer Statistischer Ämter mit übernehmen.

- das Prognoseverfahren
- und neben dem Vertrauensbereich der Zukunftsaussagen
- auch der politische Wille, Steuerungsmaßnahmen einzusetzen,

um *einen* der im Spektrum politischer Planungsberater aufgezeigten Entwicklungsverläufe zu realisieren[10]). Nicht selten wird das zwar zur Überschätzung eigenen städtischen Entwicklungspotentials führen, so daß z. B. Regionalplanungsbehörden regulierend eingreifen sollten, doch wäre dann zumindest sichergestellt, daß diese besser als bisher vermittelnd zwischen zielorientierten Landes- bzw. Regional- und städtischen Prognosen tätig werden und somit zu stärker ausgewogener Entwicklungsplanung mit realistischen Planungszielen beitragen können.

IV. Ansätze zur Steuerung kleinräumlicher Bevölkerungsentwicklung

1. Aktionsradius der Stadtentwicklungsplanung

Die städtische Bevölkerungsentwicklung kann durch öffentliche Planungen nicht direkt gesteuert, sondern nur indirekt beeinflußt werden. Bei dem heute und in absehbarer Zukunft verfügbaren Gesetzesinstrumentarium laufen solche Bemühungen in der Praxis darauf hinaus, bei Verzicht auf Eingriffe in das Marktgeschehen einerseits Anreizplanungen zu betreiben, gleichzeitig aber private Planungen durch öffentliche Limitierungen indirekt zu beeinflussen. Oftmals arbeiten solche Anreizplanungen (wie z.B. Förderung von Modernisierungsmaßnahmen in älteren Wohngebieten [cf. dazu das Themenheft 42 der Bauwelt, 1976], Aufstockung des innerstädtischen Wohnflächenanteils durch Begrenzung von Geschäftsflächenexpansionen zum Abbau von Mobilitätszwängen, Ausweisungen und Erschließungen von Wohn- und Gewerbegebieten ggf. mit Gewährung von Preisnachlässen, Finanzierungsbeihilfen, Steuervergünstigungen etc.) mit offenen Prognosen, da nur unzureichende Erfahrungen mit zielorientierten Steuerungsmaßnahmen bezüglich

- des Ansatzpunktes,
- des optimalen Zeitpunktes erstmaligen Einsatzes,
- nötiger Einsatzstärke,
- probater Einsatzdauer
- und zweckmäßiger Absicherung durch flankierende Maßnahmen u. ä.

vorliegen. Entsprechende Schwierigkeiten können dann allerdings mit der mittelfristigen Finanzplanung und der Abstimmung zeitlicher Realisierung — sowie Überprüfung langfristiger Realisierbarkeit — von Infrastruktureinrichtungen auftreten (Prioritätenfestlegung!); ganz zu schweigen von Erschwernissen koordinierter Planungen zwischen verschiedenen Funktionen wie den Bereichen „Wohnen", „Arbeit", „Erholung", „Verkehr" etc.

---

[10]) Um im Verlauf der Planrealisierung flexibel z. B. auf unerwartete Ereignisse reagieren zu können, sollten für einzelne Ziele vorab alternative Wege der Zielerreichung untersucht werden (cf. auch Punkt 5 in Tab. 1, S. 254).

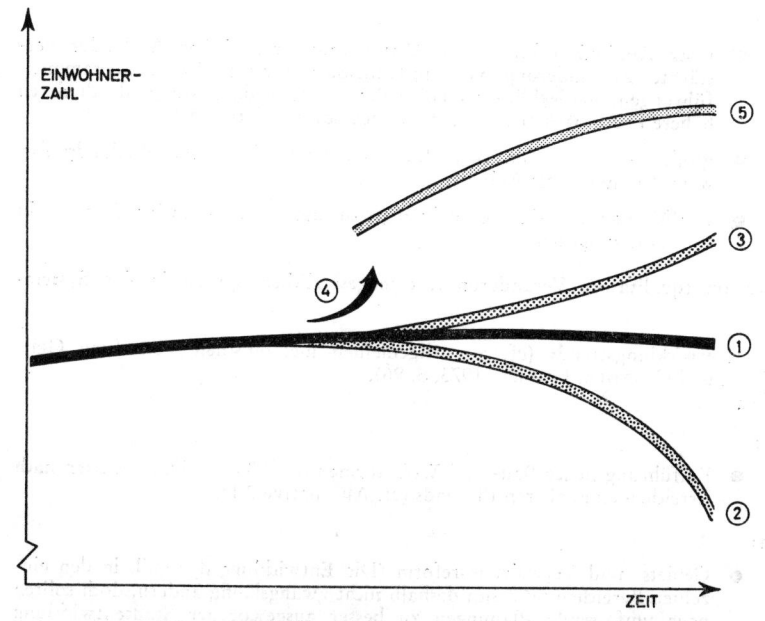

*Graphik 3: Mögliche Effekte von Diskontinuitäten der Stadtentwicklung
auf Bevölkerungswachstum in Städten*

1. Scheinbar ungebrochener Verlauf der Systementwicklung: möglich jedoch, daß sich hinter der nahezu konstanten Gesamtzahl der Stadtbewohner drastische Umstrukturierungen der Bevölkerung (wie z. B. Überalterung) oder besondere Anstrengungen der Kommune zur Stabilisierung der Bevölkerungszahl (großzügige Ausweisungen von Wohnbauflächen etc.) verbergen.
2. Abflachen bzw. Abknicken des Entwicklungstrends
   denkbare Ursachen

   — systemintern:
     - Erreichen eines oberen Plafonds (Sättigung), z. B. Bebauung sämtlicher verfügbarer Restflächen,
     - Absterben des Altenüberhanges und zusätzlich aufgrund ungünstiger Altersstruktur sowie rückläufiger Fruchtbarkeitsziffern geringere Geburtenzahlen,

   — systemextern:
     - durch Eingriffe politischer Entscheidungsträger wird die Entwicklung gestoppt, Pläne dürfen nicht voll realisiert werden,
     - kein adäquates Wohnraumangebot für Bevölkerungsgruppen, die aufgrund innerstädtischer Expansion des tertiären Sektors verdrängt wurden,
     - auch denkbar, daß stadtnahe Umlandgemeinden städtische Planungen unterlaufen,
3. Ansteigen des Entwicklungstrends
   denkbare Ursachen

   — systemintern:
     - ehemals höhere Geburtenraten insbes. bei der deutschen Bevölkerung,
     - dto. Zuzug von Ausländern mit großer Kinderzahl als Folge von Industrieansiedlungen,

— systemextern:

- trotz Konjunkturflaute und Abwanderung männlicher Ausländer verstärkte Zuwanderung von ausländischen Frauen (Familienzusammenführungen) maßgeblich als Folge der Kindergeldanpassung: durch deren höhere Fruchtbarkeit Ausgleich des deutschen Geburtendefizits,
- größerer Anreiz für Bauwillige aufgrund niedrigerer Baulandpreise, wenn Kommune als Anbieter auftritt,
- Realisierung von Geschoßwohnungsbau, um junge expansive Familien in der Stadt zu halten,

4. inhärente Innovation (qualitative Veränderung): eigengesetzlicher Sprung in der Systementwicklung,

5. Veränderung des Entwicklungstrends (cf. zur allgemeinen methodischen Vertiefung GEHMACHER, 1971, S. 21, und GÖTTNER, FISCHER, 1973, S. 96), denkbare Ursachen

— systemintern:

- Einführung neuer Bau- und Wohnformen mit höheren Dichtewerten nach Erreichen eines oberen Plafonds (cf. Alternative 2.1),

— systemextern:

- Gebiets- und Verwaltungsreform (Die Entwicklungsdynamik in den einzelnen Bereichen muß sich deshalb nicht zwangsläufig ändern, doch sollten neue umfassende Planungen zu besser ausgewogener Stadtentwicklung beitragen.).

Daß aufgrund sehr beschränkter Eingriffsmöglichkeiten in das Marktgeschehen die städtische Entwicklungsplanung tendenziell zur Anpassungsplanung wird, liegt nicht allein am verfügbaren Gesetzesinstrumentarium, sondern maßgeblich auch an unterschiedlichen öffentlichen und privaten Planungsansätzen. Private Planungen optimieren in der Regel auf ein Ziel hin, nämlich Gewinnmaximierung; öffentliche Planungen gehen allgemein vom Globalziel der optimalen Lebensqualität für alle Stadtbewohner aus: Dessen Realisierung aber ist Ausdruck der Machtverhältnisse zwischen rivalisierenden Bevölkerungsgruppen, so daß öffentliche — nur zu oft als Reaktion auf private — Planungen eher schwerfällig in die Tat umgesetzt werden können. Dieser zwangsläufige Verlust an Flexibilität ist aber in Kauf zu nehmen, will man eine Verplanung von Interessen der Stadtbewohner vermeiden. Jedoch vermag das oben erläuterte Verfahren der Erstellung von Zielprognosen wesentlich zur Strukturierung und damit auch Erhellung des politischen Willensbildungsprozesses für Außenstehende beizutragen. Damit wird aber auch offenkundig, daß im Rahmen der STEP nicht nur Planungszielwerte an sich wesentlich sind; *Transparenz der politischen Entscheidungsfindung gehört zu den Spielregeln in Demokratien: Entsprechend machen bereits die möglichst frühe Offenlegung der Verfahren zur Bestimmung von Alternativen sowie der Wege zur Zielerreichung in jedem Falle einen Teil des politischen Zieles selbst aus.*

Die besondere Berücksichtigung von Steuerungsmaßnahmen in Alternativrechnungen zur Zielwertabsicherung wird allerdings nachhaltig erschwert. Trotz allgemeiner Einsicht in die Notwendigkeit großräumig koordinierter Planung, also vor allem wechselseitiger Abstimmung kommunaler Planungen, verstärkte sich nämlich bei heute überwiegender städtischer Bevölkerungsstagnation und -schrumpfung die Konkurrenz zwischen den Kommunen — nicht zuletzt aufgrund des bestehenden Steuersystems und der vielfach prekären Finanzlage. Entsprechende Planungen werden nur in Ausnahmefällen koordiniert: Üblich ist jedoch in den Umlandgemeinden eine Steuerung gegen die Stadtentwicklung und in den Städten eine Gegensteuerung gegenüber Abwanderungen vor allem in den Nahbereich. Ob aber tatsächlich Einwohnerverlust zwangsläufig zu Finanzverlusten führt und ob nicht evtl. aufgrund geringerer öffentlicher Folgeleistungen, z. B. im direkten Wohnfolgebereich, Minderbelastungen auf die Kommune zukommen, die letztlich sogar als Bilanzgewinne zu Buche schlagen können, wird heute in den Städten überraschend unterschiedlich beurteilt.

Unabhängig davon paralysieren sich jedoch nach wie vor Planungen benachbarter Kommunen maßgeblich aufgrund des politisch motivierten Gerangels um Einwohnerzahlen. Viele Städte bemühen sich heute — wenngleich bisher nur zu oft vergeblich — durch innerstädtischen Funktionswandel vertriebene Bevölkerungsgruppen in Randbereichen aufzufangen. Sind aber nicht zusätzliche kommerzielle Nutzungen im Zentralbereich aufgrund höherer Einnahmen aus der Gewerbe- gegenüber der Lohnsteuer als Teil der Schlüsselzuweisungen rentierlicher? Wohl letzten Endes nur dann, wenn die abwandernde Bevölkerung keine zentralörtlichen öffentlichen Versorgungsleistungen mehr in Anspruch nimmt. — Das ist in aller Regel aber auszuschließen. Wenn der Deutsche Rat für Stadtentwicklung mit besonderem Nachdruck darauf hinweist, daß kommunale Infrastrukturleistungen nicht eingefroren oder gar abgebaut werden sollten (cf. Bundesbaublatt, 1976, 7, insbes. S. 301), daß es vielmehr darauf ankomme, besondere Anreize zu schaffen, um die städtische Bevölkerung zu halten bzw. zurückzuführen — sind dann nicht viele Städte überfordert, da sie ohnehin schon zentralörtliche Versorgungseinrichtungen für ein weites Umland mit wachsender Bevölkerung bereitstellen, die primär von der Stadtbevölkerung getragen werden? Ist es andererseits aber bei gegebenem Planungsinstrumentarium und der üblichen Planungsorganisation für die Städte überhaupt noch möglich, bei steigender Schuldenlast und zunehmend fremdbestimmten Haushalten wirksam wider den Trend zu steuern, wenn wir gleichzeitig wissen, daß aus konstanter Wohnfläche bei steigendem Lebensstandard aufgrund zunehmender Arealitätsziffern immer eine rückläufige Einwohnerzahl resultiert? — Doch nur dann, wenn Zielgruppenorientierte Planung betrieben wird, z. B. für Alleinstehende, junge Familien und Paare etc.

2. Maßnahmen zur Dämpfung von Abwanderungen und Stabilisierung der Bevölkerungsstruktur

Wollen die Städte nämlich Abwanderungen in das Umland stoppen und damit großflächige Zersiedlungen verhindern helfen, dann können sie zwar ähnliche Steuerungsmaßnahmen wie die Umlandgemeinden ansetzen: Dazu sollten aber nicht nur Ausweisungen von Wohnflächen für Bauwillige (die ohnehin nicht mehr immer verfügbar sind) zählen, sondern ebenso die Bereitstellung oder Förderung von Wohnraum für junge expansive Familien, deren Nachfrage auf dem städtischen Wohnungsmarkt kein adäquates Angebot gegenübersteht. Eine solche Maßnahme trägt aber nicht zu ausgewogener Entwicklungsplanung bei, wenn sie auf periphere Siedlungsbereiche beschränkt bleibt, denn Ungleichgewichte in der räumlichen (Verschiebung der) Alters- und Sozialstruktur der Stadtbevölkerung und entsprechende Nachfragen nach Infrastrukturleistungen werden dadurch nicht gemindert, sondern verstärkt. Das sollte vor allem bei Untersuchung wechselseitiger Abhängigkeiten zwischen kleinräumlichem Wandel der innerstädtischen Nutzungsstruktur und der entsprechenden Wohnbevölkerung bedacht werden.

Daher ist gleichzeitig mit peripherer Wohnflächenerschließung eine Revitalisierung des Innenstadtbereiches durch umfassende aber dennoch einfühlsame Sanierung und Modernisierung von Wohnbereichen anzustreben. Solche Maßnahmen haben bei einer relativ jungen Nutzungsbevölkerung (Alleinstehende, kinderlose Ehepaare etc.) größte Erfolgschancen, auch, weil deren Anforderungen an die Infrastruktur besser als anderen Bevölkerungsgruppen entsprochen werden kann. Ob es aber der Kommune immer ohne weiteres möglich sein wird, die Expansion von Flächen des tertiären Sektors zugunsten von Wohnflächen zu stoppen, steht dahin, selbst wenn man bedenkt, daß z. B. viele Einzelhandelsgeschäfte nicht citygerecht sind und besser in Subzentren lokalisiert wären. In welchem Maße sollte aber öffentliche Planung steuernd in das Marktgeschehen eingreifen? Wie hoch liegt die Reizschwelle, wenn z. B. das Verkehrsaufkommen zur City den Wohnwert der Innenstadtrandzone so mindert, daß jene, die es sich leisten können, auch deshalb eine andere Wohnung suchen[11])?

Das Auffüllen von Baulücken im gesamten Stadtgebiet sollte mit den oben genannten Maßnahmen einhergehen: Es kann zur Verhinderung einseitiger Bevölkerungsstrukturen bei Minimierung öffentlicher Folgeleistungen beitragen. Allerdings stellt sich in vielen Städten die Frage, inwieweit solche Forderungen nicht schon alleine wegen der Grundbesitzverhältnisse und entsprechend schwacher öffentlicher Einflußmöglichkeiten auf privates Entscheidungs- bzw. Investitionsverhalten Leerformeln bleiben. Fast mag es für die Mehrzahl der Städte wie die Quadratur des Kreises anmuten, wenn bei zunehmend prekärer Haushaltslage simultane Planungsmaßnahmen in den o. g. Bereichen realisiert werden sollen, doch ist ein solches umfassendes Vorgehen anzustreben: Werden nicht in allen Stadtteilen, sondern nur vereinzelt Maßnahmen zum Auffangen bzw. zur Rückführung von Einwohnern ergriffen, dann besteht die Gefahr, daß durch unkontrollierte Fehlentwicklungen in anderen Stadtgebieten (z. B. überproportionale Erhöhung des Ausländeranteils) bevölkerungsstrukturelle bzw. soziale Erosionserscheinungen sprunghaft um sich greifen und somit die Wirksamkeit an anderer Stelle eingeleiteter Maßnahmen zur Gegensteuerung in Frage stellen.

Im übrigen sollten gezielte Ansätze zur Beeinflussung der Bevölkerungsentwicklung nicht nur in allen Teilen des Stadtgebietes, sondern entsprechend auch in den Umlandgemeinden realisiert werden: Erfolgen dort nämlich keine Ortskernsanierungen u. ä., dann besteht mit weiterem Zuzug mittlerer und gehobener städtischer Sozialschichten auch dort die Gefahr einer Polarisierung der Bevölkerungsstruktur mit den heute aus vielen Städten bekannten Negativfolgen (cf. insbes. die Beiträge von B. J. L. BERRY und N. KANTROWITZ in: PEACH, Hrsg., 1975). Ohnehin wird noch zu oft eine Stabilisierung der Bevölkerungs*zahl* angestrebt, ohne zu bedenken, daß diese Bemühungen langfristig nur bei Stabilisierung der Bevölkerungs*struktur* Erfolg haben können. Wie das in einigen Ballungsräumen

---

[11]) In ähnlichem Zusammenhang äußerte sich J. KAMPS in einem Referat anläßlich der Arbeitstagung süddeutscher Wirtschaftsförderungsämter am 2. 4. 76 in Mannheim kritisch zu Anwendungsmöglichkeiten von Kosten-Nutzen-Analysen als „objektivem Entscheidungsinstrument" im Rahmen kommunaler Entwicklungsplanung. Er wies diesen stärkere Bedeutung zur Beurteilung von Projekten bei großräumlichen Planungen zu und stellte Vermutungen darüber an, ob nicht evtl. Forderungen nach KNA aus dem politischen Raum zurückgingen, da es aufgrund veränderter Wirtschaftsverhältnisse künftig weniger um qualitative Aspekte bei Betriebsansiedlungen denn quantitative Arbeitsplatzbedürfnisse ginge (cf. zur Vertiefung R. HANUS, A. DREYER, M. ZAUS: Zur Leistungsfähigkeit der Nutzwertanalyse in der Regionalplanung. Structur, 1975, 10/11, insbes. Kap. 3.2.1.: Implikationen der Prognoseungewißheit).

aber alleine aufgrund des hohen Ausländeranteils an der Wohnbevölkerung realisiert werden soll, steht dahin: Wir wissen aufgrund von Untersuchungen des Städtebau-Instituts Nürnberg (1975)[12], daß bei einem Anteil von über 10 % an der Wohnbevölkerung deren künftige Entwicklung nur noch sehr schwer steuerbar ist. Wesentlicher als gesamtstädtisch nivellierte Durchschnittswerte sind aber Maxima kleinräumlicher Ausländerkonzentration. In aller Regel sind diese im Zentralbereich und der Innenstadtrandzone anzutreffen. Es ist nachgewiesen, daß eine wirksame Steuerung gesamtstädtischer Bevölkerungsentwicklung kaum möglich ist, wenn städtische Entwicklungsplanung nicht den Wandel der Bevölkerung im Zentralbereich in den Griff bekommt (cf. BROOKS, HERBERT, PEACH, 1975). Solche Bemühungen dürften — trotz dominierender Bedeutung einer Befriedigung der Nachfrage nach angemessenem Wohnraum — erst dann durchschlagenden Erfolg haben, wenn über Verbesserungen im Wohn- und Wohnfolgebereich hinaus flankierende Maßnahmen zur Stabilisierung der Bevölkerungsstruktur ergriffen werden, wie sie HEUER und SCHÄFER (1976) vorstellten (cf. auch EVERSLEY, 1975 b).

Oben angesprochene soziale Erosionserscheinungen sind in vielen Städten zu beobachten. Damit erhöht sich aber trotz Anwerbe- und Zuzugsstop vielfach der Ausländeranteil an der Gesamtbevölkerung, auch weil deutsche Einwohner verstärkt das Stadtgebiet verlassen, die ausländische Geburtenrate aber trotz vielfach überproportional starken Rückganges noch immer deutlich über der deutschen liegt. Nur zu oft hat die Entwicklungsplanung mit Folgen der Kindergeldanpassung zu kämpfen, die maßgeblich zur Zusammenführung von Gastarbeiterfamilien beitrug. Um möglichen Mißverständnissen vorzubeugen: Das Ausländerproblem ist keines ethnischer Andersartigkeit, sondern das der Mischung nicht benachbarter Sozialschichten. Das gilt auch für ausländische Truppen und deren Gefolge, die z. B. im Rhein-Main-Gebiet verstärkten Druck auf den Wohnungsmarkt ausüben. Da sich für die Stadtplanung dieses Problem durch die wirtschaftliche Lage und den Ausländerfortzug nur zum geringen Teil quasi von selbst löst, wird es maßgeblich auf die Hebung des Sozialniveaus insbesondere der Gastarbeiter ankommen. Gelingt das nicht, dann werden allgemein bekannte Negativfolgen hohen Ausländeranteils künftig nicht schwächer, sondern stärker werden, wenn wir z. B. an besondere Probleme der Arbeitslosigkeit ausländischer Jugendlicher denken.

CHISHOLM (1976), DUNCAN, NEWMAN (1976), HÜBLER (1976) und SCHÄFERS, PODEWILS (1975) haben neben anderen auf Interdependenzen zwischen Ursachen des Bevölkerungswandels und planerischen Möglichkeiten zu dessen Beeinflussung hingewiesen. Bei genauerer Untersuchung wechselseitiger Abhängigkeiten zwischen verschiedenen Einflußgrößen stellen sich folgende Fragen:

- *Gilt die von EVERSLEY (1973, S. 266 ff.) getroffene Feststellung, daß jeder Planer unbedingt für die Interessen sozial Schwacher einzutreten habe, auch dann, wenn durch konzentrierten Zuzug solcher Bevölkerungsgruppen in einzelne Stadtviertel*

---

[12]) Der genaue Titel der im Auftrage des Bundesbauministeriums erstellten Forschungsarbeit lautet: Anforderungen an Wohnungen für integrationswillige Gastarbeiter im Demonstrativbauprogramm. Querschnittsuntersuchungen an Beispielen aus den Demonstrativbauprogrammen und relevanten Kontrollgebieten über städtebauliche, grundrißmäßige, gestalterische, stadt- und wohnhygienische sowie medizinische und psychologische Anforderungen an Wohnungen für integrationswillige Gastarbeiter hinsichtlich Plazierung, Dimensionierung und Eingliederung in die städtebauliche Struktur sowie hinsichtlich der wirtschaftlichen Voraussetzungen u. a. m. für künftige Planungen auf diesem Gebiet.

soziale Erosionserscheinungen mit entsprechend fatalen Folgen für sehr viel größere Bevölkerungsgruppen und damit die gesamte Stadtentwicklung verursacht werden? Ist diese Frage gar vielleicht falsch gestellt, weil sie nur Symptome erfaßt, nicht aber die Ursachen, z. B. erzwungene Mobilität, berücksichtigt?

- *Lassen sich die planerischen Einflußmöglichkeiten der Kommune tatsächlich nur in zwei Gruppen gliedern, nämlich:*

  — *Bemühungen zur Sicherung des „Heimatrechtes" der Bevölkerung mit entsprechender Bereitstellung von Folgeeinrichtungen durch die Kommune* (was im Extremfalle auf eine „Laissez faire, laissez aller"-Haltung hinausläuft),

  — *oder Sicherstellung optimaler Auslastung von Infrastruktureinrichtungen durch entsprechende „Verschiebung" der Bevölkerung?*

Entziehen sich nicht Maßnahmen wie z. B. Bereitstellung öffentlicher Mittel zur Erhaltung der Wohnqualität in Problembereichen oder städtische Zurückhaltung bei der Finanzierung neuer oder weiter ausgebauter Straßen zu den Umlandgemeinden, die deren Erreichbarkeit verbessern, einer so scharfen Kategorisierung?

3. Erschwernisse bei der Steuerung künftiger Bevölkerungsentwicklung

Zur Vertiefung der Problemschau erscheint die Darstellung eines planungspraktischen Beispiels sinnvoll. Die Stadt Hanau, industrieller Schwerpunkt am Rande des Rhein-Main-Ballungsgebietes, verzeichnet, wie eine Vielzahl anderer Städte auch, rückläufige Einwohnerzahlen: Die besondere Brisanz ergibt sich aus kleinräumlichen Maxima der Ausländerkonzentration, deren Mischung mit einer überalternden deutschen Bevölkerung, einem hohen Bestand an Sozialbauwohnungen aus der ersten Nachkriegsphase und bisherigen Schwierigkeiten, vor allem junge Familien in der Stadt zu halten. Um die Zielwertdiskussion zwischen planender Verwaltung, politischen Entscheidungsträgern und interessierter Öffentlichkeit zu strukturieren, war es im Ansatz wesentlich, den Blick abzuwenden von Veränderungen der Gesamtbevölkerungszahl (immerhin schien auf lange Sicht die Möglichkeit zu bestehen, in den Kreis der Großstädte zu gelangen) und hinzuwenden auf weniger augenfälligen, aber doch sehr wesentlichen kleinräumlichen Wandel von Zahl und Struktur der Bevölkerung.

Von besonderem Interesse sind dabei Untersuchungen der Veränderung kleinräumlicher Infrastrukturauslastung, wenn abgeklärt ist, welche Bevölkerungsgruppen z. B. durch Wohnflächenausweisungen aufgefangen werden können. Welche Maßnahmen sollte nämlich die Stadtentwicklungsplanung unter Berücksichtigung der absehbaren wirtschaftlichen und demographischen Entwicklung bei verstärktem Trend zum Eigenheim und damit zum 1- bis 2-Familienhaus einsetzen, um eine „Laissez faire"-Entwicklung zu verhindern und eine ausgewogene Gesamtplanung zu ermöglichen? Zur Verbreiterung der planerischen Sicherheitsbasis bot sich die Darstellung möglicher Trends und Folgewirkungen der Zuwanderung in periphere Neubaugebiete sowie denkbarer öffentlicher Eingriffsmöglichkeiten in einer Kausalkette an (cf. DEHLER, 1977, S. 42 ff.):

„1. In Neubaugebieten ist die Erstellung von 1- bis 2-Familienhäusern nur für eine Minderheit der Bevölkerung realisierbar. (Aufgrund unterschiedlicher Chancen sind Grundbesitzer bei der Grundstücksvergabe im Vorteil.)

2. Da entprechend finanzstarke Interessenten, die in der Stadt bauen wollen, auch aus dem (insbesondere westlichen) Umland kommen, sind Abwandernde immer nur zum Teil aufzufangen ...

3. Nicht nur aufgrund hoher Baulandpreise ergibt sich eine scheinbar paradoxe Bevölkerungsumschichtung: Idealtypisch ist das Verbleiben bzw. der Zuzug von Angehörigen der sozialen Grundschicht in die Innenstadt (z. B. durch Segregationen, verfügbare freie Wohnungen aufgrund von Abwanderungen etc.). Bauwillige und (insbesondere jüngere) Wohnungssuchende ... aus der Stadt finden im Umland günstigere Voraussetzungen (cf. niedrigere Miet- und insbesondere Baulandpreise, wenn die Kommune als Anbieter auftritt; evtl. auch günstigere Steuern und Abgaben). Aus geringem städtischen Grundbesitz resultiert eine fatale Konkurrenz von privater Seite auf dem Wohnungs- und Baulandmarkt, insbesondere auch in Randbereichen. Die Folge ist eine soziale Auslese nicht nur im Zentralbereich (cf. Segregationen aufgrund des Ausländerzuzugs), sondern auch in städtischen Neubaugebieten, die aufgrund hoher Preise Gefahr laufen, künftig Wohn„ghettos" für gehobene Sozialgruppen zu werden.

4. Mit Nivellierung des Sozialniveaus, insbesondere im Citybereich nach unten (cf. Wohnbaubestand der ersten Nachkriegsphase, der steigenden Ansprüchen an den Wohnkomfort nicht mehr genügt etc. sowie Verdrängungswettbewerb zwischen Wohnnutzung und expansivem tertiären Sektor) und besonderen Schwierigkeiten für andere als mittlere und gehobene Sozialschichten die geforderten Bauland- und Mietpreise in Neubaugebieten zu zahlen, besteht die Gefahr einer Polarisierung städtischer Sozialstruktur bei minimalen öffentlichen Eingriffsmöglichkeiten.

5. Daher ist die Argumentation nicht schlüssig, daß (insbesondere die Auflockerungs-)Bevölkerung maßgeblich durch Bebauung mit 1- und 2-Familienhäusern in Randbereichen aufgefangen werden könne, da von privater Seite kein Interesse am Bau mehrgeschossiger Wohngebäude bestehe. (Im übrigen sollten aufgrund stärkerer flächenhafter Expansion neuer Wohngebiete besondere Probleme infrastruktureller Versorgung der Bevölkerung im direkten Wohnfolgebereich bedacht werden.)

6. In bezug auf verstärkt abwandernde Auflockerungsbevölkerung ist vielmehr richtig, daß ein Großteil dieser Bevölkerung nur in mehrgeschossigen Wohnbauten aufgefangen werden kann. Die Steuerung dieser Entwicklung ist aufgrund der aktuellen wirtschaftlichen Lage, des verfügbaren Gesetzesinstrumentariums, der Bevölkerungsdynamik und mit steigendem Lebensstandard zunehmenden Ansprüchen an den Wohnkomfort nur in sehr beschränktem Umfange möglich, weil

- es bei der derzeitigen und absehbaren künftigen Lage auf dem Bau- und Wohnungsmarkt für private Bauherren wenig erstrebenswert ist, Mietwohnungen bereitzustellen.

- neuere Mietwohnungen des sozialen Wohnungsbaus im Mietpreis nicht mehr deutlich niedriger als in vergleichbaren privaten Neubauten liegen.

- bei Modernisierung älterer — und preislich z. T. deutlich niedrigerer — Wohnungen die Zinsen und der Abtrag dieser Aufwendungen auf die Mieten umgelegt werden, so daß sozial Schwache von der Mehrbelastung finanziell am stärksten betroffen sind.

- zwar für die Stadt Hanau die Möglichkeit besteht, Finanzierungshilfen für die Mietpreisdämpfung zu leisten, diese Aufgabe aufgrund zunehmender Einengung freier Mittel jedoch immer schwieriger zu bewältigen ist. Das gilt eingeschränkt auch für die Rückführung gehobener Sozialschichten in eine zu schaffende Appartementzone zur Attraktivierung citynahen Wohnens.

- der private Wohnungsbau nur noch kurzfristig durch ein regionales Überangebot dämpfend auf die allgemeine Mietpreisentwicklung wirkt, so daß sprunghafte Mietpreisanstiege zu Beginn der 80er Jahre entsprechend nachhaltige Folgen für die Bevölkerungsumstrukturierung haben werden.

- auch aufgrund obiger Einflußgrößen sehr viel schwerer als früher abzuschätzen ist, ob neue Wohnbauten in jedem Falle angenommen werden, wie das noch in Zeiten städtischen Bevölkerungswachstums der Fall war: Damals angesetzte Kapazitätsrechnungen zur Ermittlung der Aufnahmefähigkeit von Wohngebieten hatten mit sehr viel geringeren Unsicherheiten zu kämpfen als heute ...

7. Schon mittelfristig ist abzusehen, daß Aufwendungen sowohl für privaten Wohnungsbau als auch Mieten unverhältnismäßig hohe Belastungen für den Privathaushalt darstellen: Die heute auch aufgrund der Mischung heterogener Sozialschichten sich im Wohnbereich immer schneller vollziehende Bevölkerungsumschichtung könnte dann wesentlich gedämpft werden. Allerdings wird sich bei starker Mieterhöhung für einen Teil der Bevölkerung die Frage stellen, ob nicht eigener Wohnbesitz vorzuziehen ist. Dessen Erwerb belastet bisweilen nur geringfügig mehr als laufende Mietkosten.

8. Die Folgen für die Stadtentwicklung liegen auf der Hand: Trotz oben aufgezeigter gegenwirkender Einflußkräfte werden Eigenheime als angestrebte Wohnform weiterhin Priorität genießen."

Obige Übersicht verdeutlicht beispielhaft den begrenzten Handlungsrahmen kommunaler Gesamtentwicklungsplanung und läßt vor allem Schwachstellen erkennen, an denen öffentliche Planung vielfach durch private Aktivitäten unterlaufen werden kann. Nicht obwohl, sondern gerade weil das so ist, sollten derartige Probleme offen diskutiert werden, um schon im Ansatz die Vorgabe unrealistisch hoher Ziele für die Stadtentwicklungsplanung zu verhindern. Entsprechend kann nur der Einsatz fortgeschrittenen wissenschaftlichen Instrumentariums zur gewünschten Planungsabsicherung beitragen: *Wenn nämlich nur ein geringer Teil künftiger kommunaler Gesamtentwicklung von öffentlicher Planung direkt gesteuert werden kann und die STEP vielfach nur in der Lage ist, Frühwarnfunktion zu übernehmen, ohne erkannte künftige Mißstände aufgrund des verfügbaren Instrumentariums immer verhindern zu können, dann müssen Handlungen öffentlicher Planung möglichst breit fundiert und abgesichert sein, um überhaupt wirksam zu werden.* Allerdings sind bei so frühem Erkennen Fehlentwicklungen in Folge- und Nachbarbereichen besser aufzufangen.

4. Grenzen der Bevölkerungsprognose = Grenzen der Steuerbarkeit der Bevölkerungsentwicklung?

Es gibt verschiedene Möglichkeiten, Ungleichgewichte zwischen Zahl und Struktur der Einwohner zum einen und dem verfügbaren Wohnraum zum anderen abzubauen; das gleiche gilt für Disharmonien zwischen der — nicht nur städtischen — Bevölkerung und den zu ihrer Versorgung nötigen Infrastruktureinrichtungen:

- Umfunktionierung (z. B. Nutzung ehemals „reiner" Wohnungen als Altenheim oder Begegnungsstätte),
- Errichtung mobiler Bauten (z. B. Schulpavillons, die bei Bedarf an anderer Stelle wieder aufgestellt werden können),
- bei Verzicht auf Umfunktionierung Wandel der Nutzungsbevölkerung (z. B. die Verwendung eines Kindergartens in Citylage durch Kinder von Einkaufsbesuchern, wenn aufgrund von Abwanderungen nur noch eine geringe Auslastung durch die verbliebenen Einwohner erfolgt).

Da Planern im Prognose- bzw. Planungszeitraum solche Möglichkeiten der Systembeeinflussung zur Verfügung stehen, stellt sich die zentrale Frage:

- Ist das eigentliche Problem kleinräumlicher Planungsprognosen nicht sehr viel weniger eines mathematisch-statistischer Berechnungen als vielmehr des Einsatzes von Steuerungsmaßnahmen im Prognose- bzw. Planungszeitraum (cf. auch S. 254 f.)?

Läßt nicht alleine schon das Interesse an Ermittlung der besten und schlechtesten, genauesten und weniger genauen Verfahren zur Bevölkerungsprognose für Planungszwecke verfehlte Erwartungen und Ansprüche an solche Zukunftsrechnungen erkennen? Sind nicht Antworten auf die Frage nach der „Prognoseeffizienz" wesentlicher? — Schließlich können diese Vorausberechnungen über das Aufzeigen denkbarer alternativer Zukünfte hinaus durch entsprechende Auswahl verbindliche Planungsgrundlage und damit Basis von Investitionsentscheidungen sein. Auch hängt die Güte jeder Zielprognose städtischer Bevölkerungsentwicklung, die aufgrund politischer Entscheidungsfindung festgelegt wird, maßgeblich vom Greifen der entsprechenden zielorientierten Steuerungsmaßnahmen ab.

Natürlich steigt die Steuerbarkeit des Stadtsystems mit wirksameren Möglichkeiten der Plandurchsetzung und des Einsatzes dirigistischer Maßnahmen; damit nimmt auch die Prognosesicherheit zu. *Wäre unter „idealen" Bedingungen eine totale Wirksamkeit der Planung möglich und damit im voraus die Auswirkungen steuernder Systemeingriffe stets genau bekannt, dann wären auch keine Prognosen mehr nötig:* Deren Resultate als Richtwerte sind dann verzichtbar, weil ein Über- oder Untersteuern nicht mehr denkbar ist; es bedarf aber keiner näheren Erläuterung, daß ein derartiger Planungsansatz mit optimaler Wirksamkeit steuernder Systemeingriffe wohl kaum optimal im Sinne bedürfnisgerechter Planung wäre, da er tendenziell zur Verplanung der Interessen der Bevölkerung beiträgt.

Unter den gegebenen Bedingungen laufen daher — wie oben bereits angedeutet — Untersuchungen der Einsatzbedingungen und -möglichkeiten kleinräumlicher Bevölkerungsprognosen auf die Erforschung von Grenzen der Steuerbarkeit städtischer Bevölkerungsentwicklung hinaus. Darüber ist bisher aber noch zu wenig bekannt. So ist zum Beispiel ungeklärt, wieviele % der Bevölkerungsentwicklung durch die Planung potentiell

Tab. 4:

Arbeitshinweise: Phasen des Planungsprozesses[13])

Erarbeitung des Basismaterials
- Zwar möglichst breite Datensammlung, doch in Planungskonzepten zur Erleichterung politischer Entscheidung Konzentration auf wesentlichste Größen (Vermeidung eines Zahlenfriedhofs)
- Untersuchung von Schwachstellen in der eigenen Datenbasis: z. B. welche Wohnungen sind schon umgewidmet? (Ausländische Truppen und Gefolge in deutschen Wohnungen sind statistisch nicht erfaßt und drücken offizielle Wohnungsbelegungsziffern.)

Analyse vergangener Systementwicklung
- Feststellen:
  — Systemdynamik
  — Pole der Bevölkerungsumschichtung (Von wo aus setzt wellenförmiges bzw. sprunghaftes Wandern ein?)

---

[13]) Diese Übersicht dient der zusätzlichen Abklärung einiger in der Tabelle „Phasen der Erarbeitung von Planungsalternativen" bereits dargestellter Arbeitsschritte. Vor Ableitung politisch erwünschter Planungshandlungen aus (einer der) alternativen Zukunftsrechnungen sollen potentielle Schwachstellen bei der Umsetzung aufgedeckt und damit im Ansatz verhindert werden.

- sozialgruppenspezifische Umzugsanalyse
- wichtige Trends der Veränderung von Relationszahlen zwischen Bevölkerungs- und Stadtstruktur (z. B. Dichtewerte)

● Gegenüberstellung von rückläufiger Bevölkerungszahl und steigenden Arealitätsziffern: Ergibt sich trotz Einwohnerrückgang erhöhter gesamtstädtischer Wohnflächenbedarf?
Ermittlung
- räumlich veränderter Infrastrukturbedarfe
- durch Bevölkerungsumschichtungen verursachter kleinräumlicher Infrastrukturdefizite und -überhänge

Analyse alternativer künftiger Systementwicklungen

● Abchecken der Bedeutung verschiedener Einflußgrößen für Zahl, Struktur und Verteilung der Bevölkerung während des Prognosezeitraumes im
- Stadtgebiet
- (dieses überdeckenden) Untersuchungsraum

● Alternativrechnungen der Bevölkerungsentwicklung zur Ermittlung künftiger Entwicklungen, wenn
- keine zielorientierten Steuerungsmaßnahmen ergriffen werden
- gleiche oder ähnliche wie in der Vergangenheit angesetzt werden
- künftig andere Steuerungsmaßnahmen angesetzt werden

● Feststellen, inwieweit bei rückläufiger Einwohnerzahl für die verbleibende Stadtbevölkerung evtl. mehr Lebensqualität erreicht werden kann (z. B. durch größeres Angebot an infrastrukturellen Einrichtungen pro Kopf)

Einbeziehung der Öffentlichkeit

● Möglichst frühe Einschaltung von Politikern, um deren Kooperationsbereitschaft sicherzustellen: Kommunikation zwischen Politik und Planung, Abbau des Informationsvorsprunges der Verwaltung; entsprechend geringere Gefahr politischer Überreaktion, also der Festlegung eines stark restriktiven politischen Zwangsrahmens

● dto. Beteiligung von Bürgern: Breite Bevölkerungsgruppen in die Zielwertdiskussion einbeziehen und verhindern, daß „Öffentlichkeit" ausschließlich durch das Dreieck von politischen Entscheidungsträgern, planender Verwaltung und starken Interessengruppen gebildet wird.

Überprüfung des Einsatzes von Steuerungsmaßnahmen
- die aktuell maximal möglich sind und
- ihrer Wirksamkeit in der Vergangenheit sowie
- künftig eventuell möglicher Steuerungsmaßnahmen; zusätzlich:
- denkbare Erleichterungen und Erschwernisse
  · finanziell
  · juristisch

● Abklären des unterschiedlich starken Einflusses von Variationen der Prognosewerte zum einen und planerischen Normgrößen zum anderen auf (Ableitungen von) Art und Umfang künftiger Investitionen

Vorabzielauswahl

● Ableitungen aus Bevölkerungsprognosewerten und Überprüfung, ob sich ggf. Zielkonflikte mit anderen Bereichen ergeben

● Ggf. Überwindung von langfristigen Punktplanungen mit entsprechenden Prognosen und auf diese abgestimmte Steuerungsmaßnahmen: statt dessen Ableitung von gleitenden Zielwerten

● Erstellung alternativer hierarchisch gestaffelter Zielkataloge; möglichst Vermeiden der Angabe von Zielgrößen, die durch Einsatz planerischer Steuerungsmaßnahmen nicht oder nur sehr schwach realisiert werden können (Grenzen der Steuerbarkeit bedenken!)

● Generell bei Vorab-Formulierung alternativer Bevölkerungsprognosen zur Absicherung von Planungszielen bedenken: Entscheidend ist der Prognoseeinsatz durch politische Gremien, weniger dagegen Erwartungen, die sie im voraus mit den Zukunftsaussagen verbinden.

steuerbar sind und wie stark die „autonome" Entwicklung ist. Bisher kann das im Grenzfalle nur negativ festgestellt werden; z. B.:

- Wieviele Einwohner welcher Struktur wären in der Stadt geblieben, wenn ein adäquates Wohnraumangebot vorhanden wäre?
- Welche Wohnraumansprüche können generell nicht in der Stadt befriedigt werden?
- Wieviele in den Verdichtungsraum Zuwandernde werden im Nahbereich abgefangen, obwohl sie ihre Arbeitsplätze, Ausbildungsstätten u. ä. in der Kernstadt haben?

Im Rahmen solcher Untersuchungen sollte nicht alleine die Wirkung alternativer Steuerungsmaßnahmen auf die Bevölkerungsentwicklung überprüft werden, sondern ebenso das Netz der Informations- und Entscheidungskanäle, das Rückschlüsse auf den Einsatz zielorientierter Steuerungsmaßnahmen und damit die Effizienz der Stadtentwicklungsplanung zuläßt. Das ist vor allem wichtig, weil z. B. der Vorab-Zielauswahl im Rahmen wissenschaftlicher Politik-Beratung der Stadtplanung noch zu wenig Beachtung geschenkt wird. Damit erweitert sich die ursprünglich primär statistisch-demographische Untersuchung kleinräumlicher Bevölkerungsprognosen über die Überprüfung von deren Einbau in den Prozeß der Stadtentwicklungsplanung hinaus bis hin zur Erörterung primär politikwissenschaftlicher Aspekte.

V. Aktuelle Erschwernisse zielorientierten Prognoseeinsatzes zur Absicherung von Planungshandlungen

1. Konsequenzen der gegenwärtigen Bevölkerungsentwicklung für den Einsatz von Steuerungsmaßnahmen

Eine Trendwende im Rückgang städtischer Einwohnerzahlen zeichnet sich nicht ab, im Gegenteil: Der Wegzug mittlerer und gehobener Sozialschichten verschärft soziale Diskrepanzen in Wohnquartieren und trägt damit tendenziell zu weiteren Abwanderungen bei. Sozialer Niedergang aber macht Städte für Zuziehende weniger anziehend; — vor allem, wenn im stadtnahen Umland attraktivere Wohnungen und Wohnbauflächen angeboten werden. Bei verbleibender enger Bindung Abwandernder an die Stadt, insbesondere durch Arbeitsplätze und Einkaufsmöglichkeiten, verstärken sich Stadt-Umland-Verflechtungen: damit auch die innerstädtische Verkehrsbelastung, die in einigen Teilen des Stadtgebietes zu weiterer Wohnwertminderung, also verstärkten Abwanderungen, beiträgt.

Der Regelkreis ließe sich beliebig erweitern. Wie sollten aber Planer den Politikern raten, ihn zu durchbrechen? Zwar ist es z. B. so, daß rückläufige Einwohnerzahlen quasi automatisch zu — planerisch durchaus wünschenswerten — besseren Versorgungswerten der Stadtbevölkerung an öffentlichen Infrastruktureinrichtungen führen, doch können drastische Einwohnerverluste zusammen mit Veränderungen der Stadtstruktur auch dazu beitragen, daß die künftige Stadtentwicklung sehr viel schwerer durch öffentliche Planung steuerbar ist: sei es durch hohen Ausländeranteil, Betriebe, die den ehemaligen Einwohnern ins Umland folgen oder allgemein städtischen Interessen zuwiderlaufende Handlungen von Umlandgemeinden. Daher ist die These, daß verminderte städtische Entwicklungsgeschwindigkeit auch ihr Positives habe, da sie mehr Zeit zu abgewogener Entscheidungsfindung lasse (cf. Deutscher Rat für Stadtentwicklung, 1976, S. 301; HOBERG, 1975, S. 151 f.), mit Zurückhaltung aufzunehmen.

Die aktuelle demographische Welle mit verstärkten Familiengründungen sollte trotz ihrer besonderen Bedeutung für die Stadtentwicklung nicht überschätzt werden: Wohl steht maßgeblich der steigenden Nachfrage jüngerer expansiver Einwohnergruppen kein adäquates städtisches Wohnraumangebot gegenüber, zusätzlich zum demographischen Aspekt sind aber besondere ökonomische Einflußkräfte auf diese Nachfrage und damit rückläufige städtische Einwohnerzahlen zu berücksichtigen, ebenso wie veränderte Erreichbarkeit des Umlandes im Einzelfalle sehr viel stärker dämpfend auf die städtische Einwohnerentwicklung wirken kann.

Entscheidend ist, daß allgemein niedrigere Wohn- und Belegungsdichtewerte bei steigendem Lebensstandard nicht nur Folge aktueller Trends sind, sondern wesentliche Voraussetzung zur Realisierung höherer Wohn- und damit Lebensqualität, — selbst wenn mit weiterer flächenhafter Expansion eine Zersiedelung der Landschaft droht. Das heißt aber auch, daß städtische Neubelebung nicht Konservierung des Bestehenden, sondern Anpassung an gewandelte Bedürfnisse bedeutet. Allerdings sollten vor allem die Innenstädte damit nicht zwangsläufig ihr Gesicht wandeln müssen: Städtische planende Verwaltungen sehen sich aber gerade deshalb vor besondere Schwierigkeiten gestellt, weil es vielfach eine innerstädtische Expansion des ständig nutzungsintensiveren tertiären Sektors zugunsten des Wohnens mit rückläufiger Nutzungsintensität zu stoppen gilt — und das bei schwachem Planungsinstrumentarium ... (cf. als neuere Möglichkeit der Steuerung u. a. das Wohnungsmodernisierungsgesetz vom 23. August 1976).

Es erscheint nicht gerechtfertigt, alleine von einer Gemeindefinanzreform, die u. a. den unfruchtbaren kommunalen Wettbewerb um Einwohnerzahlen (und damit das Unterlaufen landesplanerischer Ziele /cf. S. 256 f.) mindern könnte, automatisch die Lösung bevölkerungspolitischer Probleme der Städte zu erhoffen; unabhängig davon sollten in jedem Falle Maßnahmen ergriffen werden, um kleinräumliche Bevölkerungsstrukturen zu stabilisieren.

Wesentliche Voraussetzung für eine erhöhte Effizienz der Steuerung städtischer Bevölkerungsentwicklung ist vor allem die Einsicht politischer Entscheidungsträger in das vielfältige Wechselspiel zwischen Bevölkerungs-, Wirtschafts- und Stadtentwicklung, die über besser hinterfragte Zielkataloge für kommunale Planungen auch zu ausgewogenerem Mitteleinsatz beitragen könnte. So bleibt zu überlegen, ob es trotz der oben beschriebenen Notwendigkeit, Maßnahmen zum Auffangen von Einwohnern nicht vereinzelt, sondern im gesamten Stadtgebiet anzusetzen, bei begrenzten finanziellen Ressourcen mitunter nicht doch zweckmäßig sein kann, „Prioritätsgebiete für die Reaktivierung von Stadtquartieren" (MÜLLER-IBOLD, 1977, S. 138) festzulegen, um durch Bündelung von Aktivitäten der Kommune eine besondere Planwirksamkeit zu erreichen.

2. Kleinräumliche Bevölkerungsprognosen zur Verbreiterung der politischen Entscheidungsbasis

Politischer Mut zu unkonventionellen Lösungen und besonderen Anstrengungen bei Steuerung der Bevölkerungsentwicklung kann erst erwartet werden, wenn es gelingt, die Entscheidungsträger von aktuellen Entwicklungstrends und langfristig realisierbaren Entwicklungschancen zu überzeugen. Dazu eignen sich besonders Zielprognosen kleinräumlicher Bevölkerungsentwicklung als fundierte Entscheidungsbasis. Voraussetzung ist allerdings der feste Prognoseeinbau in den Planungsprozeß; auch kann damit verhindert werden, daß die künftige Bevölkerungsentwicklung zu stark als quantitatives Problem gesehen wird, ohne Bedacht z. B. auf diese gleichzeitig bedingende qualitative Veränderungen der Stadtstruktur.

Solche Prognosen könen vor allem zur Verhinderung symptomtherapeutischer Planungshandlungen beitragen, die auf lange Sicht Probleme nicht lösen, sondern verschlimmern. Nur die Beschränkung der Prognosen auf wesentliche sturkturbestimmende Größen unter Vermeidung der Angabe eines extrem breit gefächerten Output an Prognosewerten kann aber zu vermehrter Entscheidungsfreudigkeit der Politiker beitragen. Das erscheint in der heutigen Zeit nachhaltigen demographischen Wandels besonders wichtig.

Allerdings sollten Überlegungen zu besonderen Erschwernissen der Stadtentwicklungsplanung unter den Bedingungen der Stagnation und Schrumpfung ein zentrales Problem nicht außer acht lassen: Wohl treffen Fachwissenschaftler oder generell Verwaltungen mit ihren Planungen Vorabentscheidungen über die künftige Stadtentwicklung, doch stehen ihnen bei der Planrealisierung nur Steuerungsmaßnahmen mit recht begrenzter Wirksamkeit zur Verfügung. Kommt nicht erschwerend hinzu, daß taktisches Kalkül und Prestigedenken die Verantwortlichen bisweilen daran hindern, Fakten über Veränderungen strukturbestimmender Größen zur Kenntnis zu nehmen und damit Probleme als solche überhaupt zu erkennen? Gelingt es aber Planern als wissenschaftlichen Politik-Beratern nicht, die politischen Entscheidungsträger davon zu überzeugen, daß

- sich die Grundvoraussetzungen für prosperierende Stadtentwicklung entscheidend gewandelt haben, auch wenn diese heute noch nicht immer augenfällig zutage treten,
- daher gängige, noch immer wachstumsorientierte strukturpolitische Konzepte zwischenzeitlich überholt und revisionsbedürftig sind,
- insbesondere rückläufige Einwohnerzahlen nicht ausschließlich Negativfolgen zeitigen,

dann ist der Wert sämtlicher Alternativpläne zur Steuerung der Schrumpfung, also Umverteilung negativen Wachstums, in Frage gestellt.

VI. Ausgewählte Bibliographie

Augsburg, Amt für Statistik und Stadtforschung (Hrsg.): Die Bedeutung der demographischen Entwicklungstendenzen in städtischen Agglomerationen für die Städte und die Stadtentwicklung. Reihe: Beiträge z. Statistik u. Stadtforschung 3, Augsburg 1974.

Autorenkollektiv: Langfristige Planung und Prognose. Berlin (Ost) 1973.

BALDERMANN, J., HECKING, G., KNAUSS, E.: Wanderungsmotive und Stadtstruktur. Empirische Fallstudie zum Wanderungsverhalten im Großstadtraum Stuttgart. Reihe: Schriftenreihe 6 d. Städtebaul. Inst. d. Univ. Stuttgart, Stuttgart 1976.

BARTHOLMAI, B., ULBRICH, R. (Bearb.): Zur längerfristigen Entwicklung der Wohnungsnachfrage. Wochenbericht des Deutschen Instituts für Wirtschaftsforschung (1977) 26.

BAUER, J.: Stadtentwicklung zwischen Planungstheorie und politischer Ohnmacht. Archiv für Kommunalwissenschaften (1976) 1.

BECKER, H.: Wohnwert — Anmerkungen aus deutscher Sicht. Bundesbaublatt (1976) 8.

BECKER, K.: Planung unter veränderten Verhältnissen. Gemeinsame wissenschaftl. Plenarsitzung d. Akademie f. Raumforschung u. Landesplanung u. d. Deutschen Akademie f. Städtebau u. Landesplanung 25.—26. Sept. 1975 in Duisburg, Raumforschung und Raumordnung (1975) 6.

BOUDEVILLE, J. R.: Aménagement du territoire et polarisation. Paris 1972.

BOURNE, L. S.: Urban Systems: Strategies for Regulation. A Comparison of Policies in Britain, Sweden, Australia and Canada. London 1975.

BOUSTEDT, O.: Die Situation in der prognostischen Forschung und die Reaktion auf die gegenwärtigen Planungsunsicherheiten. Dispositionspapier f. d. Sektion IV „Siedlungsräume" d. Akademie f. Raumforschung u. Landesplanung anläßl. d. Wissenschaftl. Sitzung am 15. Okt. 1976 in Mainz.

Brösse, U.: Ziele in der Regionalpolitik und in der Raumordnungspolitik. Zielforschung und Probleme der Realisierung von Zielen. Berlin 1972.

Brooks, E., Herbert, D. T., Peach, C. K.: Spatial and Social Constraints in the Inner City (Symposium, London 1975). Geographical Journal (1975) 3.

Bückmann, W.: Vorüberlegungen für eine Theorie der Steuerung kommunaler Systeme. Analysen und Prognosen (1976) 47.

Bundesbaublatt (Redaktion): Wanderungsbewegungen in den Städten. Bundesbaublatt (1976) 9.

Carp, Ir. J. C.: Wohnwert aus realistischer Sicht. Bundesbaublatt (1976) 9.

Catanese, A. J.: Planners and Local Politics: Impossible Dreams. Reihe: Sage Library of Social Research 7, London 1974.

Centre National de la Recherche Scientifique (Hrsg.): Migrations intérieures. Méthodes d'observation et d'analyse. Reihe: Colloques Nationaux du C. N. R. S. 933, Paris 1975.

Dass.: L'analyse démographique et ses applications. Reihe: Colloques Nationaux du C. N. R. S. 934, Vorabdruck, Paris 1976.

Chisholm, M.: Regional Policies in an Era of Slow Population Growth and Higher Unemployment. Regional Studies (1976) 2.

Dehler, K.-H.: Struktur und Entwicklung der Bevölkerung in Gießen. Planungsgutachten im Auftrage des Magistrats der Universitätsstadt Gießen (Gegengutachten), Gießen Dez. 1974.

Ders.: Alternative Ziele der Stadtentwicklung Gießen. Ergebnisse und Schlußbericht der Strukturuntersuchungen zur Stadtentwicklungsplanung. Planungsgutachten im Auftrage des Magistrats der Universitätsstadt Gießen, Gießen Dez. 1975.

Ders.: Entwicklungsperspektiven der Gießener City. Grundlagen der Zieldefinition: Offenes Gutachterverfahren „Innenstadt Gießen". Planungsgutachten im Auftrage des Magistrats der Universitätsstadt Gießen, Hanau Jan. 1976a.

Ders.: Plädoyer für kleinräumliche Bevölkerungsprognosen als Basis kommunaler Entwicklungsplanung. Werkstattpapiere d. Geogr. Inst. d. Justus-Liebig-Universität Gießen (1976b) 3.

Ders.: Aktuelle Erforschung kleinräumlicher Bevölkerungsprognosen. Zeitschrift für Bevölkerungswissenschaft (1976c) 3.

Ders.: Zielprognosen der Stadtentwicklung. Untersuchung am Beispiel kleinräumlicher Bevölkerungsprognosen. Reihe: Schriftenreihe des Bundesinstituts für Bevölkerungsforschung, Wiesbaden, Band 3, Boppard am Rhein 1976d.

Ders.: Städtische Bevölkerungsentwicklung. Reihe: Stadtentwicklungsplanung Hanau, Band 1, hrsg. v. Magistrat der Stadt Hanau (Statistische Aufbereitungen: E. Krick), Hanau März 1977.

Deutscher Rat für Stadtentwicklung: Stadtentwicklung ohne Wachstum? Beschluß vom 27. Apr. 1976, Bundesbaublatt (1976) 7.

DIFU (Hrsg.): Aufgaben und Probleme kommunaler Wirtschaftsförderung (Tagungsbericht). Berlin 1975.

Dimitriou, B.: The Interpenetration of Politics and Planning. Socio-Economic Planning Sciences (1973) 1.

Duncan, G. J., Newman, S. J.: Expected and Actual Residential Mobility. Journal of the American Institute of Planners (1976) 2.

Etzioni, A.: Futures Analysis. Analysen und Prognosen (1976) 46.

Eversley, D.: The Planner in Society. The Changing Role of a Profession. London 1973.

Ders.: Planning in an Age of Stagnation. Built Environment (1975a) 1.

Ders.: Planning without Growth. Reihe: Fabian Research Series 321, London Jul. 1975b.

Ders.: Who Will Rescue Our Cities? Built Environment (1975c) 3.

Friend, J. K.: Entwicklungsplanung — politische Grundsätze, organisatorische Grenzen. Planungstheoretische Anmerkungen zur Verwaltungsreform in Großbritannien. Stadtbauwelt (1976) 50.

Ganser, K.: Zukunftsforschung im Forschungsprogramm Raumentwicklung und Siedlungsentwicklung. Analysen u. Prognosen (1977) 51.

Gehmacher, E.: Methoden der Prognostik. Freiburg 1971.

GILBERT, A. (Hrsg.): Development Planning and Spatial Structure. Chichester, New York, N.Y. 1976.

GÖB, R.: Planung unter veränderten Verhältnissen: Neue Heilslehren. Structur (1976) 1.

GÖDERITZ, J., GULDAGER, R., HABEKOST, H., STRACKE, F. (Hrsg.): Stadtentwicklungsplanung unter dem Einfluß struktureller Veränderungen und konjunktureller Schwankungen. Stadterweiterung und Stadterneuerung — Akzentverlagerung in der Stadtentwicklungsplanung. Reihe: Veröff. d. Seminars f. Planungswesen d. TU Braunschweig 14, Braunschweig 1976.

GÖTTNER, R., FISCHER, P.: Was soll, was kann Prognostik? Leipzig, Jena, Berlin (Ost) 1973.

GRANFIELD, M.: An Econometric Model of Residential Location. Cambridge, Mass. 1975.

HANSEN, N. M.: The Challenge of Urban Growth: the Basic Economies of City Size and Structure. Reihe: Saxon House Studies, Farnborough 1975.

HARTENSTEIN, W.: Bessere Informationen zur Raumentwicklung: Sechs Thesen und zwei Strategien. Raumforschung und Raumordnung (1976) 3.

HEUER, H., SCHÄFER, R.: Möglichkeiten der Beeinflussung kleinräumiger Wanderungsprozesse in großstädtischen Verdichtungsgebieten. Raumforschung und Raumordnung (1976) 4.

HILLEBRECHT, R.: Stadtentwicklung unter veränderten Voraussetzungen. Vortrag z. öffentl. Sitzung d. Ordens Pour-le-Mérite f. Wissensch. u. Künste am 2. Jun. 1976 in Bonn. In: Deutscher Städtetag (Hrsg.): Für die Zukunft der Städte. Reihe: DST-Beiträge zur Kommunalpolitik A3, Köln 1976.

HOBERG, R.: Stadtentwicklungsplanung unter den Bedingungen der Stagnation. Stadtbauwelt (1975) 47.

HOFSTÄDTER, M.: Kriterien zur Zielgrößenbestimmung bei Siedlungseinheiten in Randzonen von Verdichtungsgebieten. In: Strack, H. (Hrsg.): Beiträge zur kommunalen und regionalen Entwicklungsplanung. Festschr. f. E. Gassner, Bonn 1973.

HÜBLER, K. H.: Veränderte demografische und ökonomische Rahmenbedingungen und ihre Konsequenzen für die kommunale Planung. Vortrag, 80. Kurs d. Inst. f. Städtebau Berlin d. Deutschen Akademie f. Städtebau u. Landesplanung: „Kommunale Gewerbeplanung I", Berlin Mai 1976.

Institut für Siedlungs- und Wohnungswesen und zur Raumplanung der Universität Münster (Hrsg.): Indikatoren zur Präzisierung von Zielen für Raumordnung und Landesplanung. Reihe: Materialien z. Siedlungs- u. Wohnungswesen u. z. Raumplanung 12, Münster 1976.

ISTEL, W.: Landesplanerische Zielprognose. Vortrag anläßl. d. 5. Sitzung d. Sektion IV „Siedlungsräume", d. Akademie f. Raumforschung u. Landesplanung 31. Mrz. 1977 in Köln. (Maschinenschriftl.), München o. J. (1977).

JOST, P.: Raumwirksame Effekte einer Bevölkerungsimplosion. Unveröff. Arbeitspapier im Rahmen des Arbeitskreises „Soziale Entwicklung und regionale Bevölkerungsprognose" d. Akad. f. Raumforschung u. Landesplanung, ergänzte Fassung, o. O. (Saarbrücken), o. J. (Nov. 1975).

KARLQVIST, A., LUNDQVIST, L., SNICKARS, F. (Hrsg.): Dynamic Allocation of Urban Space. Reihe: Saxon House Studies, Farnborough 1975.

KOCH, R.: Natürliche Bevölkerungsentwicklung und Erwerbspotential in der Raumordnungsprognose 1990. Informationen zur Raumentwicklung (1977) 1/2.

KÖNIG, K.: Leitfaden für Modelluntersuchungen; Suburbanisierung und Wandlung der Siedlungsstruktur; Entwicklung und Umverteilung von Wohnungen (Einwohnern) und Arbeitsplätzen (Beschäftigten) in den Stadtregionen (1939/1970). Hrsg. v. Augsburg, Amt f. Statistik u. Stadtforschung, Augsburg 1974.

KRUECKERBERG, D. A., SILVERS, A. L.: Urban Planning Analysis: Methods and Models. New York, N.Y. 1974.

KÜHN, J., SCHWARZ, K.: Modelluntersuchungen zur Beurteilung der Auswirkungen von Veränderungen der Geburtenhäufigkeit und Sterblichkeit auf Entwicklung und Altersaufbau der Bevölkerung. Zeitschrift für Bevölkerungswissenschaft (1975) 3/4.

LANGKAU-HERRMANN, M., TANK, H., SCHULZ, A.: Ziele für den Städtebau in Ballungszentren. Zielvorstellungen und Zielzusammenhänge zur Lösung städtischer Probleme in Agglomerationen auf der Basis einer umfassenden Entwicklungsplanung. Reihe: Städtebauliche Forschung d. BMBau 03.032, Bonn-Bad Godesberg 1974.

Lewis, J. Parry, White, C. J., Kilsby, D. J. E., Edwards, D. G.: Central Area Redevelopment Simulation Model. Regional Studies (1975) 4.

Lutzky, N.: Finanzplanung und kommunale Entwicklungsplanung. Zur Überprüfung des finanzpolitischen Planungsinstrumentariums bei reduziertem ökonomischen Wachstum. Stadtbauwelt (1976) 51.

Mannheim, Oberbürgermeister (Hrsg.), Stadtentwicklungsplanungsbüro, Schultes, W. (Bearb.): Einwohner- und Wohnungsbedarfsprognose für Mannheim 1975—1985. Reihe: Informationen zur Mannheimer Stadtentwicklung, Mannheim Sept. 1976.

Mercer, C.: Living in Cities. Harmondsworth 1976.

Möller, J.: Perspektiven und Probleme räumlicher Entwicklungen. Reihe: Schriften d. Kommission f. wirtschaftl. u. soz. Wandel 104, Göttingen 1975.

Müller-Ibold: Probleme kommunaler Bauverwaltungen in der absehbaren Zukunft. Die Bauverwaltung (1977) 4.

Peach, C. (Hrsg.): Urban Social Segregation. London, New York, N.Y. 1975.

Rees, P. H., Wilson, A. G.: Spatial Population Analysis. Maidenhead Nov. 1976.

Regional Studies Ass'n (Hrsg.): Planning for Areas of Population Decline. Conference Papers, London Jul. 1975.

Richardson, H. W., Vipond, J., Furbey, R.: Housing and Urban Spatial Structure: a Case Study. Reihe: Saxon House Studies, Farnborough 1975.

Romanos, M. C.: Residential Spatial Structure. Reihe: Lexington Books, Lexington, Mass., Toronto, London 1976.

Ronge, V., Schmieg, G.: Restriktionen politischer Planung. Frankfurt/M. 1973.

Schäfers, B., Podewils, U.: Grundlagen und Probleme der Steuerung des Verstädterungsprozesses in der Bundesrepublik Deutschland. Anmerkungen zur Stadtentwicklungspolitik. Verwaltung (1975) 2.

Schafer, R.: The Suburbanization of Multifamily Housing. Lexington, Mass. 1974.

Schreiber, K.-H.: Wanderungsursachen und idealtypische Verhaltensmuster mobiler Bevölkerungsgruppen. Untersucht in ausgewählten Gemeinden der kernstadtnahen Zone des Rhein-Main-Gebietes. Reihe: Rhein-Mainische Forschungen 79, Frankfurt/M. 1975.

Schwarz, K.: Planung unter veränderten Verhältnissen — Demographische Aspekte. Vortrag anläßl. d. gemeinsamen wissenschaftl. Plenarsitzung d. Akademie f. Raumforschung u. Landesplanung u. d. Deutschen Akademie f. Städtebau u. Landesplanung 25.—26. Sept. 1975 in Duisburg. In: Akademie f. Raumforschung u. Landesplanung (Hrsg.). Reihe: Forsch.- u. Sitz.ber. 108, Hannover 1976.

Smith, B. M. D.: Is the West Midlands Sinking into Decline? Regional Studies Ass'n Newsletter (1975) 74.

Smith, V. K.: Residential Location and Environmental Amenities: a Review of the Evidence. Regional Studies (1977) 1.

Spence, N.: Population and Employment Trends in British Cities 1951—1971. Vortrag z. Regional Studies Ass'n Conference "The Economic Crisis and Local Manufacturing Employment", Univ. of Aston in Birmingham, July 8th—9th 1976, o. O. (London) 1976.

Städtebau-Institut Nürnberg (Hrsg.): Wohnen ausländischer Arbeitnehmer. Reihe: Die Stadt/ Studien 208, Nürnberg 1975.

Steinberg, E.: Wohnstandortwahlverhalten mobiler Haushalte bei interregionaler Mobilität. Diss., TU München 1974.

Stiens, G.: Planung ohne Wachstum. Gemeinsame wissenschaftl. Plenarsitzung d. Akademie f. Raumforschung u. Landesplanung u. d. Deutschen Akademie f. Städtebau u. Landesplanung 25.—26. Sept. 1975 in Duisburg, Structur (1975) 11.

Strassert, G., Treuner, P.: Zur Eignung ausgewählter Methoden für die Bearbeitung typischer Fragestellungen der Raumplanung und der empirischen Regionalforschung. In: Akademie f. Raumforschung u. Landesplanung (Hrsg.): Methoden der empirischen Regionalforschung (2. Teil). Reihe: Forsch.- u. Sitz.ber. 105, Hannover 1975.

Szyperski, N., Kaiser, K.-H., Metz, W.: Analyse und Modellierung der Interdependenzen zwischen langfristiger Kommunalplanung und strategischer Unternehmensplanung. Wirtschaft und Standort (1976) 4.

TEGTMEYER, H.: Mobilitätsanalyse als demographischer Forschungsansatz. Verwendungsmöglichkeiten von Daten aus der amtlichen Statistik. Zeitschrift für Bevölkerungswissenschaft (1975) 1.

THORNS, D. C.: The Quest for Community: Social Aspects of Residential Growth. London 1976.

ULBRICH, R. (Bearb.): Die Entwicklung der Mieten in der Bundesrepublik Deutschland von 1965 bis 1976. Wochenbericht des Deutschen Instituts für Wirtschaftsforschung (1976) 40—41.

WARTENBERG, G. Wahl 1976: Bestandsaufnahme und Perspektiven der Städtebau- und Wohnungspolitik. Bauwelt (1976) 36.

Taschenbücher zur Raumplanung
der Akademie für Raumforschung und Landesplanung

Band 3, Karl Schwarz:

Methoden der Bevölkerungsvorausschätzung unter Berücksichtigung regionaler Gesichtspunkte

Aus dem Inhalt:

	Seite
1. Vorbemerkungen	1
2. Extrapolationsmethoden	8
3. Vorausschätzungen der Gesamtbevölkerung	34
4. Vorasschätzung der Bevölkerung nach dem Alter	74
5. Vorausschätzung der Wanderungen	130
6. Vorausschätzung der Erwerbspersonen	170
7. Vorausschätzung der Schüler	182
8. Vorausschätzung der Haushalte	199

Anhang:

Verwendung von Sterbetafeln für Vorausschätzungen nach dem Alter	205
Ausgewählte Literaturangaben	213
Stichwortverzeichnis	215

Der gesamte Band umfaßt 216 Seiten; Taschenbuchformat; 1975; Preis 16,— DM.

Auslieferung

HERMANN SCHROEDEL VERLAG KG · HANNOVER